江苏文库

研究编

江苏历代文化名人传

江苏文脉整理与研究工程

江苏历代文化名人传·段玉裁

王华宝 著

江苏人民出版社

图书在版编目(CIP)数据

江苏历代文化名人传.段玉裁/王华宝著.--南京:
江苏人民出版社,2022.10
ISBN 978-7-214-26123-6

Ⅰ.①江… Ⅱ.①王… Ⅲ.①文化-名人-列传-江
苏②段玉裁(1735-1815)-传记 Ⅳ.①K825.4
②K825.5

中国版本图书馆 CIP 数据核字(2021)第 199098 号

书　　　名 江苏历代文化名人传·段玉裁
著　　　者 王华宝
出 版 统 筹 张　凉
责 任 编 辑 白立业　朱　超
责 任 监 制 王　娟
装 帧 设 计 姜　嵩
出 版 发 行 江苏人民出版社
地　　　址 南京市湖南路 1 号 A 楼,邮编:210009
照　　　排 江苏凤凰制版有限公司
印　　　刷 苏州市越洋印刷有限公司
开　　　本 718 毫米×1 000 毫米　1/16
印　　　张 23.5　插页 4
字　　　数 333 千字
版　　　次 2022 年 10 月第 1 版
印　　　次 2022 年 10 月第 1 次印刷
标 准 书 号 ISBN 978-7-214-26123-6
定　　　价 80.00 元

(江苏人民出版社图书凡印装错误可向承印厂调换)

江苏文脉整理与研究工程

总主编

吴政隆　　许昆林

学术指导委员会

主　任　周勋初

委　员　（按姓氏笔画排序）

冯其庸　　邬书林　　张岂之　　郁贤皓　　周勋初
茅家琦　　袁行霈　　程毅中　　蒋赞初　　戴　逸

编纂出版委员会

出版说明

　　江苏文化源远流长、历久弥新，文化经典与历史文献层出不穷，典藏丰富；文化巨匠代有人出、彪炳史册，在中华民族乃至整个人类文明的发展史上有着相当重要的地位。为科学把握江苏文化的内涵与特征，在新时代彰显江苏文化对中华文化的贡献，江苏省委、省政府决定组织实施"江苏文脉整理与研究工程"，以梳理江苏文脉资源，总结江苏文化发展的历史规律，再现江苏历史上的文化高地，为当代江苏构筑新的文化高地把准脉动、探明趋势、勾画蓝图。

　　组织编纂大型江苏历史文献总集《江苏文库》，是"江苏文脉整理与研究工程"的重要工作。《文库》以"编纂整理古今文献，梳理再现名人名作，探究追溯文化脉络，打造江苏文化名片"为宗旨，分六编集中呈现：

　　（一）书目编。完整著录历史上江苏籍学人的著述及其历史记录，全面反映江苏图书馆的图书典藏情况。

　　（二）文献编。收录历代江苏籍学人的代表性著作，集中呈现自历史开端至一九一一年的江苏文化文本，呈现江苏文化的整体景观。

　　（三）精华编。选取历代江苏籍学人著述中对中外文化产生重要影响、在文化学术史上具有经典性代表性的作品进行整理，并从中选取十余种，组织海外汉学家翻译成各国文字，作为江苏对外文化交流的标志性文化成果。

　　（四）方志编。从江苏现存各级各类旧志中选择价值较高、保存较好的志书，以充分发挥地方志资治、存史、教化等作用，保存江苏的地方文献与历史文化记忆。

（五）史料编。收录有关江苏地方史料类文献，反映江苏各地历史地理、政治经济、文化教育、宗教艺术、社会生活、风土民情等。

（六）研究编。组织、编纂当代学者研究、撰写的江苏文化研究著作。

文献、史料、方志三编属于基础文献，以影印方式出版，旨在提供原始文献，以满足学术研究需要；书目、精华、研究三编，以排印方式出版，既能满足学术研究的基本需求，又能满足全民阅读的基本需求。

"江苏文脉整理与研究工程"工作委员会

江苏文库·研究编编纂人员

主　编

王月清　张新科

副主编

徐之顺　姜　建　王卫星　胡发贵　胡传胜　刘西忠

一脉千古成江河

——江苏文库·研究编序言

樊和平

　　"江苏文脉整理与研究工程"是江苏文化史上继往开来的一个浩大工程。与当下方兴未艾的全国性"文库热"相比,江苏文脉工程有三个基本特点:一是全面系统的整理;二是"整理"与"研究"同步;三是以"文脉"为主题。在"书目编—文献编—精华编—史料编—方志编—研究编"的体系结构中,"研究编"是十分独特的板块,因为它是试图超越"修典"而推进文化传承创新的一种学术努力。

　　"盛世修典"之说不知起源于何时,不过语词结构已经表明"盛世"与"修典"之间的某种互释甚至共谋,以及由此而衍生的复杂文化心态。历史已经表明,"修典"在建构巨大历史功勋的同时,也包含内在的巨大文化风险,最基本的是"入典"的选择风险。《四库全书》的文化贡献不言自明,但最终其收书的数量竟与禁书、毁书、改书的数量大致相当,还有高出近一倍的书目被宣判为无价值。"入典"可能将一个时代的局限甚至选择者个人的局限放大为历史的文化局限,也可能由此扼杀文化多样性而产生文化专断。另一个更为潜在和深刻的风险,是对待传统的文化态度。文献整理,尤其是地域典籍的整理,在理念和战略上面临的最大考验,是以何种心态对待文化传统。当今之世,无论对个体还是社会,传统已经不仅是文化根源,而且是文化和经济发展的资源甚至资本。然而一旦传统成为资源和资本,邂逅市场逻辑的推波助澜,就面临沦为消费和运作对象的风险,从而以一种消费主义和工具主义的文化态度对待文化传统和文献整理。当传统成为消费和运作的对象,其文化价值不仅可能被误读误用,而且也可能在对传统的消费中使文化坐吃山空,造就出文化上的纨绔子弟,更可能在市场运作中使文化不断被糟蹋。"江苏文脉整理与研究工程"的"整理工程"以全面系统的整理的战略应对可能存在的第一种风险,即入典选择的风险;以"研究工程"应对第二种可能的风险,即消费主义与工具主义的风险。我们不仅是既往传统的继承者,更应当是未来传统的创造者;现代人的使命,不仅是继承优秀传统,更应当创造新的优秀传统,这便是传统的创造性转化与创新性发展的真义。诚然,创造传统任重道远,需要经过坚忍不拔的卓越努力和大浪淘沙般的历史积淀,但对"江苏文脉整理与研究工程"而言,无论如何必须在"整理"的同时开启"研究"的千里之行,在研究中继承和发展传统。这便是"研究编"的价值和使命所在,也是"江苏文脉整理与研究工程"在"文库热"中于顶层设计层面的拔群之处。

一 倾听来自历史深处的文化脉动

20 世纪是文化大发现的世纪,20 世纪以来西方世界最重要的战略,就是文化战略。20 世纪 20 年代,德国社会学家马克斯·韦伯的《新教伦理与资本主义精神》,揭示了西方资本主义文明的文化密码,这就是"新教伦理"及其所造就的"资本主义精神",由此建构"新教伦理+资本主义"的所谓"理想类型",为西方资本主义进行了文化论证尤其是伦理论证,奠定了 20 世纪以后西方中心论的文化基础。20 世纪 70 年代,哈佛大学教授丹尼尔·贝尔的《资本主义文化矛盾》,揭示了当代资本主义最深刻的矛盾不是经济矛盾,也不是政治矛盾,而是"文化矛盾",其集中表现是宗教释放的伦理冲动与市场释放的经济冲动分离与背离,进而对现代西方文明发出文化预警。20 世纪 70 年代之后,亨廷顿的《文明的冲突与世界秩序的重建》将当今世界的一切冲突归结为文明冲突、文化冲突,将文化上升为西方世界尤其是美国国家战略的高度。以上三部曲构成西方世界尤其是美国文化帝国主义的国家文化战略,正如一些西方学者所发现的那样,时至今日,文化帝国主义被另一个概念代替——"全球化",显而易见,全球化不仅是一种浪潮,更是一种思潮,是西方世界的国家文化战略。文化虽然受经济发展制约甚至被经济发展水平所决定,但回顾从传统到现代的中国文明史,文化问题不仅逻辑地而且历史地成为文明发展的最高最难的问题,正因为如此,文化自信才成为比理论自信、道路自信、制度自信更具基础意义的最重要的自信。

在全球化背景下,文脉整理与研究具有重大的国家文化战略意义,不仅必要,而且急迫。文化遵循与经济社会不同的规律,全球化在造就广泛的全球市场并使全球成为一个"地球村"的同时,内在的最大文明风险和文化风险便是同质性。全球化催生的是一个文化上的独生子女,其可能的镜像是:一种文化风险将是整个世界的风险,一次文化失败将是整个人类的文化失败。文化的本质是什么? 梁漱溟先生说,文化就是人的生活的根本样法,文化就是"人化"。丹尼尔·贝尔指出,文化是为人的生命过程提供解释系统,以对付生存困境的一种努力。据此,文化的同质化,最终导致的将是人的同质化,将是民族文化或西方学者所说地方性知识的消解和消失;同时,由于文化是人类应对生存困境的大智慧,或治疗生活世界痼疾的抗体,它所建构的是与自然世界相对应的精神世界和意义世界,文化的同质性将导致人类在面临重大生存困境时智慧资源的贫乏和生命力的苍白,从而将整个人类文明推向空前的高风险。应对全球化的挑战和西方文化帝国主义的国家战略,"江苏文脉整理与研究工程"是整个中华民族浩大文化工程的一部分和具体落实,其战略意义决不止于保存文化记忆的自持和自赏,在这个全球化的高风险正日益逼近的时代,完整地保存地方文化物种,认同文化血脉,畅通文化命脉,不仅可以让我们在遭遇全球化的滔滔洪水之时可以于故乡文化的山脉之巅"一览众山小"地建设自己的精神家园和文化根据地,而且可以在患上全球化的文化感冒甚至某种文化瘟疫之后,不致乞求"西方药"来治"中国病",而是根据自己的文化基因和文化命理,寻找强化自身的文化抗体和文化免疫力之道,其深远意义,犹如在今天这个独生子女时代穿越时光隧道,回首当年我们的"兄弟姐妹那么多"

和父辈们儿孙满堂的那种天伦风光,不只是因为寂寞,而且是为了中华民族大家庭的文化安全和对未来文化风险的抗击能力。

"江苏文脉整理与研究工程"是以江苏这一特殊地域文化为对象的一次集体文化自觉和文化自信,与其他同类文化工程相比,其最具标识意义的是"文脉"理念。"文脉"是什么?它与"文献"和文化传统的关系到底如何?这是"文脉工程"必须解决的基本问题。

庞朴先生曾对"文化传统"与"传统文化"两个概念进行了审慎而严格的区分,认为"传统文化"可能是历史上曾经存在过的一切文化现象,而"文化传统"则是一以贯之的文化道统。在逻辑和历史两个维度,文化成为传统都必须同时具备三个条件:历史上发生的,一以贯之的,在现实生活中依然发挥作用的。传统当然发生于历史,但历史上发生的一切,从《道德经》《论语》到女人裹小脚,并不都成为传统,即便当今被考古或历史研究所不断发现的现象,也只能说是"文化遗存",文化成为传统必须在历史长河中一以贯之而成为道统或法统,孔子提供的儒家学说,老子提供的道家智慧,之所以成为传统,就是因为它们始终与中国人的生活世界和精神世界相伴随,并成为人的生命和生活的文化指引。然而,文化并不只存在于文献典籍之中,否则它只是精英们的特权,作为"人的生活的根本样法"和"对付生存困境"的解释系统,它必定存在于芸芸众生的生命和生活之中,由此才可能,也才真正成为传统。《论语》与《道德经》之所以成为传统,不只是因为它们作为经典至今还为人们所学习和研究,而且因为在中国人精神的深层结构中,即便在未读过它们的田夫村妇身上,也存在同样的文化基因。中国人在得意时是儒家,"明知不可为而偏为之";在失意时是道家,"后退一步天地宽";在绝望时是佛家,"四大皆空",从而建立了与自给自足的自然经济结构相匹合的自给自足的文化精神结构,在任何境遇下都不会丧失安身立命的精神基地,这就是传统。文化传统必须也必定是"活"的,是在现实中依然发挥作用的,是构成现代人的文化基因的生命因子。这种与人的生活和生命同在的文化传统就是"脉",就是"文脉"。

文脉以文献、典籍为载体,但又不止于文献和典籍,而是与负载它的生命及其现实生活息息相关。"文脉"是什么?"文脉"对历史而言是

"血脉"，对未来而言是"命脉"，对当下而言是"山脉"。"江苏文脉"就是江苏人的文化血脉、文化命脉、文化山脉，是历史、现在、未来江苏人特殊的文化生命、文化标识、文化家园，以及生生不息的文化记忆和文化动力。虽然它们可能以诸种文化典籍和文化传统的方式呈现和延续，但"文脉工程"致力探寻和发现的则是跃动于这些典籍和传统，也跃动于江苏人生命之中的那种文化脉动。"江苏文脉整理与研究工程"的最大特点就在于它是"文脉工程"而不是一般的"文化工程"，更不是"文库工程"。"文化工程""文库工程"可能只是一般的文化挖掘与整理，而"文脉工程"则是与地域的文化生命深切相通，贯穿地域的历史、现在与未来的生命工程。

　　"江苏文脉整理与研究工程"是"整理"与"研究"的璧合，在"研究工程"中能否、如何倾听到来自历史深处的文化脉动，关键是处理好"文献"与"文脉"的关系。"整理工程"是对文脉的客观呈现，而"研究工程"则是对文脉的自觉揭示，若想取得成功，必须学会在"文献"中倾听和发现"文脉"。"文献"如何呈现"文脉"？文献是人类文明尤其是人类文化记忆的特殊形态，也是人类信息交换和信息传播的特殊方式。回首人类文明史，到目前为止，大致经历了三种信息方式。最基本也是最原初的是口口交流的信息方式，在这种信息方式中，信息发布者和信息传播者都同时在场，它是人的生命直接和整体在场并对话的信息传播方式，是从语言到身体、情感的全息参与，是生命与生命之间的直接沟通，但具有很大的时空局限。印刷术的产生大大扩展了人类信息交换的广度和深度，不仅可以以文字的方式与不在场的对象交换信息，而且可以以文献的方式与不同时代、不同时空的人们交换信息，这便是第二种信息方式，即以印刷为媒介的信息方式或印刷信息方式。第三种信息方式便是现代社会以电子网络技术为媒介的信息方式，即电子信息方式。文献与典籍是印刷信息方式的特殊形态，它将人类文化史和文明史上具有特殊价值的信息以印刷媒介的方式保存下来，供后人学习和研究，从而积淀为传统。文字本质上是人的生命的表达符号，所谓"诗言志"便是指向生命本身。然而由于它以文字为中介，一旦成为文献，便离开原有的时空背景，并与创作它的生命个体相分离，于是便需要解读，在解读中便可能发生误读,但无论如何,解读的对象并不只是文字本身,而是文字背后的生命现象。

文献尤其是典籍是不同时代人们对于文化精华的集体记忆,它们不仅经受过不同时代人们的共同选择,而且经受过大浪淘沙的历史洗礼,因而其中不仅有创造它的那个个体或文化英雄如老子、孔子的生命表达,而且有传播和接受它的那个民族的文化脉动,是负载它的那个民族的文化生命,这种文化生命一言以蔽之便是文化传统。正因为如此,作为集体记忆的精华,文献和典籍是个体和集体的文化脉动的客观形态,关键在于,必须学会倾听和揭示来自远方的生命旋律。由于它们巨大的时空跨度,往往不能直接把脉,而需要具有一种"悬丝诊脉"的卓越倾听能力。同时,为了把握真实的文化脉动,不仅需要对文献和典籍即"文本"进行研究,而且需要对创造它们的主体包括创作的个体和传播接受的集体的生命即"人物"进行研究。正如席勒所说,每个人都是时代的产儿,那些卓越的哲学家和有抱负的文学家却可能成为一切时代的同代人。文字一旦成为文献或典籍,便意味着创作它的个体成为一切时代的同代人,但无论如何,文献和它们的创造者首先是某个时代的产儿,因而要在浩如烟海的文献和典籍中倾听到来自传统深处的文化脉动,还需要将它们还原到民族的文化生命之中,形成文化发展的"精神的历史"。由此,文本研究、人物研究、学派流派研究、历史研究,便成为"文脉研究工程"的学术构造和逻辑结构。

二 中国文化传统中的江苏文脉

江苏文脉是中国文化传统的一部分,二者之间的关系并不只是部分与整体的关系,借助宋明理学的话语,是"理一"与"分殊"的关系。文脉与文化传统是民族生命的文化表达和自觉体现,如果只将它们理解为部分与整体的关系,那么江苏文脉只是中国文化传统或整个中华文化脉统中的一个构造,只是中华文化生命体中的一个器官。朱熹曾以佛家的"月映万川"诠释"理一分殊"。朗月高照,江河湖泊中水月熠熠,此番景象的哲学本真便是"一月普现一切水,一切水月一月摄"。天空中的"一月"与江河中的"一切水月"之间的关系是"分享"关系,不是分享了"一月"的某一部分,而是全部。江苏文脉与中国文化传统之间的关系便是"理一分殊",中国文化传统是"理一",江苏文脉是"分殊",正因为如此,关于江苏文脉的研究必须在与整个中国文化传统的关系中整体性地把握和展开。其中,文化与地域的关系、江苏文化在中华文化发展中的贡献和地位,是两个基本课题。

到目前为止的一切人类文明的大格局基本上都是由以山河为标志的地理环境造就的,从轴心文明时代的四大文明古国,到"五大洲四大洋"的地理区隔,再到中国山东—山西、广东—广西、河南—河北,江苏的苏南—苏北的文化与经济差异,山河在其中具有基础性意义。在这个意义上,可以将在此以前的一切文明称为"山河文明"。如今,科技经济发展迎来一个"高"时代:高铁、高速公路、电子高速公路……正在并将继续推倒由山河造就的一切文明界碑,即将造就甚至正在造就一个"后山河时代"。"后山河时代"的最后一道屏障,"山河时代"遗赠给"后山河时代"的最宝贵的文明资源,便是地域文化。在这个意义上,江苏文脉的整理与研究,不仅可以为经过全球化席卷之后的同质化世界留下弥足珍贵的"文化大熊猫",而且可以在未来的芸芸众生饱尝"独上高楼,望尽天涯路"的孤独之后,缔造一个"蓦然回首"的文化故乡,从中可以鸟瞰文化与世界关系的真谛。江苏独特的地域环境与江苏文化、江苏文脉之间的关系,已经不是所谓"一方水土一方人"所能表达,可以说,地脉、水脉、山脉与江苏文脉之间的关系,已经是一脉相承。

我们通过考察和反思发现,水系,地势,山势,大海,是对江苏文脉尤其是文化性格产生重大影响的地理因素。露水不显山,大江大河入大海,低平而辽阔,黄河改道,这一切的一切与其说是自然画卷和自然事件,不如说是江苏文脉的大地摇篮和文化宿命的历史必然,它们孕生和哺育了江苏文明,延绵了江苏文脉。历史学家发现,江苏是中国唯一同时拥有大海、大江、大湖、大平原的省份,有全国第一大河长江,第二大河黄河(故道),第三大河淮河,世界第一大人工河大运河,全国第三大淡水湖太湖,全国第四大淡水湖洪泽湖。江苏也是全国地势最低平的一个省区，绝大部分地区在海拔 50 米以下，少量低山丘陵大多分布于省际边缘，最高峰即连云港云台山的玉女峰也只有 625 米。丰沛而开放的水系和低平而辽阔的地势馈赠给江苏的不只是得天独厚的宜居，更沉潜、更深刻的是独特的文化性格和文脉传统，它们是对江苏地域文化产生重大影响的两个基本自然元素。

不少学者指证江苏文化具有水文化特性，而在众多水系中又具长江文化的特性。"水"的文化特性是什么？"老聃贵柔"，老子尚水，以水演绎世界真谛和人生大智慧。"天下莫柔弱于水，而攻坚强者莫之能胜。"柔弱胜刚强，是水的品质和力量。西方文明史上第一个哲学家和科学家泰勒斯向全世界宣告的第一个大智慧便是：水是万物的始基。辽阔的平原在中国也许还有很多，却没有像江苏这样"处下"。老子也曾以大海揭示"处下"的智慧："江海所以能为百谷王者，以其善下之，故能为百谷王。"历史上江苏的文化作品、江苏人的文化性格，相当程度上演绎了这种"水性"与"处下"的气质与智慧。历史上相当时期黄河曾经从江苏入海，然而黄河改道、黄河夺淮，几番自然力量或人力所为，最终黄河在江苏留下的只是一个"故道"的背影。黄河在江苏的改道当然是一个自然事件或历史事件，但我们也可能甚至毋宁将它当作一个文化事件，数次改道，偶然之中有必然，从中可以发现和佐证江苏文脉的"长江"守望和江南气质。不仅江苏的地脉"露水不显山"，而且江苏的文化作品，江苏人的文化性格，一句话，江苏文脉，也是"露水不显山"，虽不是"壁立千仞"，却是"有容乃大"。一般说来，充沛的水系，广阔的平原，往往造就自给自足的自我封闭，然而，江苏东临大海，无论长江、淮河，还是历史上的黄河，都从这里入大海，归大海，不只昭示江苏的开放，而且演绎江苏文化、江苏文脉、江苏人海纳百川的博大和静水深流的仁厚。

黄河与长江好似中华文脉的动脉与静脉，也好似人的身体中的任督二脉，以长江文化为基色的江苏文化在中华文脉的缔造和绵延中作出了杰出贡献。有学者指出，在中国文明史上，长江文化每每在黄河文化衰弱之后承担起"救亡图存"的重任。人们常说南京古都不少为小朝廷，其实这正是"救亡图存"的反证，"天下兴亡，匹夫有责"的口号首先由江苏人顾炎武喊出，偶然之中有必然。学界关于江苏文化有三次高峰或三次大贡献，与两次大贡献之说。第一次高峰是开启于秦汉之际的汉文化，第二次高峰是六朝文化，第三次高峰是明清文化。人们已对六朝文化与明清文化两大高峰对中国文化的贡献基本达成共识，但江苏的汉文化高峰及其贡献也应当得到承认，而且三次文化高峰都发生于中国社会的大转折时期，对中国文化的承续作出了重大贡献。在秦汉之际的大变革和大一统国家的建构中，不仅在江苏大地上曾经演绎了波澜壮阔的对后来中国文明产生深远影响的历史史诗，而且演绎这些历史史诗的主角刘邦、项羽、韩信等都是江苏人，他们虽然自身不是文化人，但无疑对中国文化产生了深远影响。董仲舒提出"罢黜百家，独尊儒术"的主张，奠定了大一统的思想和文化基础，他本人虽不是江苏人，却在江苏留下印迹十多年。江苏的汉文化高峰对中国文化的最大贡献，一言概之即"大一统"，包括政治上的大一统和思想文化上的大一统。六朝被公认为中国文化发展的高峰，不少学者将它与古罗马文明相提并论，而六朝文化的中心在江苏、在南京。以南京为核心的六朝文化发生于三国之后的大动乱，它接纳大量流入南方的北方士族，使南北方文化合流，为保存和发展中国文化作出了杰出贡献。明朝是中国历史上第一次在南京，也是第一次在江苏建立统一的帝国都城，江苏的经济文化在全国处于举足轻重的地位，扬州学派、泰州学派、常州学派，形成明清时代中国文化的江苏气象，形成江苏文化对中国文化的第三次重大贡献。三大高峰是江苏的文化贡献，在重大历史转折关头或者民族国家危难之际挺身而出，海纳百川，则是江苏文化的精神和品质，这就是江苏文脉。也正因为如此，江苏文化和江苏文脉在"匹夫有责"的担当精神中总是透逸出某种深沉的忧患意识。

江苏文脉对中国文化的独特贡献及其特殊精神气质在文化经典中得到充分体现。中国四大文学名著，其中三大名著的作者都来自江苏，这就是《西游记》《红楼梦》《水浒》，其实《三国演义》也与江苏深切相关，虽然罗贯中不是江苏人，但却以江苏为重要的时空背景之一。四大名著中不仅有明显的江苏文化的元素，甚至有深刻的江苏地域文化的基因。《西游记》到底是悲剧还是喜剧？仔细反思便会发现，《西游记》就是文学版的《清明上河图》。《清明上河图》表面呈现一幅盛世生活画卷,实际却是一幅"盛世危情图",空虚的城防,懈怠的守城士兵……被繁华遗忘的是正在悄悄到来的深刻危机。《西游记》以唐僧西天取经渲染大唐的繁盛和开放,然而在经济的极盛之巅,中国人的精神世界却空前贫乏,贫乏得需要派一个和尚不远万里,请来印度的佛教,坐上中国意识形态的宝座,入主中国人的精神世界。口袋富了,脑袋空了,这是不折不扣的悲剧。然而,《西游记》的智慧,江苏文化的智慧,是将悲剧当作喜剧写,在喜剧的形式中潜隐悲剧的主题,就像《清明上河图》将空虚的城防和懈怠的士兵淹没于繁华的海洋一样。《西游记》喜剧与悲剧的二重性,隐喻了江苏文脉的忧患意识,而在对大唐盛世,对唐僧取经的一片颂歌中,深藏悲剧的潜主题,正是江苏文脉"匹夫有责"的担当精神和文化智慧的体现。鲁迅说,悲剧将人生的有价值的东西毁灭给人看。《西游记》是在喜剧形式的背后撕碎了大唐时代人的精神世界的深刻悲剧。把悲剧当作喜剧写,喜剧当作悲剧读,正是江苏文化、江苏文脉的大智慧和特殊气质所在,也是当今江苏文脉转化发展的重要创新点所在。正因为如此,"江苏文脉研究"必须以深刻的哲学洞察力和深厚的文化功力,倾听来自历史深处的江苏文化的脉动,读懂江苏,触摸江苏文脉。

三 通血脉,知命脉,仰望山脉

江苏文化的巨大魅力和强大生命力,是在数千年发展中已经形成一种传统、一种脉动,不仅是一种客观呈现的文化,而且是一种深植个体生命和集体记忆的生生不息的文脉。这种文化和文脉不仅成为共同的价值认同,而且已经成为一种地域文化胎记。在精神领域,在文化领域,江苏不仅有灿若星河的文学家,而且有彪炳史册的思想家、学问家,更有数不尽的才子骚客。长江在这片土地上流连,黄河在这片土地上改道,淮河在这片土地上滋润,太湖在这片土地上一展胸怀。一代代中国人,一代代江苏人,在这里缔造了文化长江、文化黄河、文化淮河、文化太湖,演绎了波澜壮阔的历史诗篇,这便是江苏文脉。

为了在全球化时代完整地保存江苏文脉这一独特地域文化的集体记忆,以在"后山河时代"为人类缔造精神家园提供根源与资源,为了继承弘扬并创造性转化、创新性发展中国优秀传统文化,2016 年江苏启动了"江苏文脉整理与研究工程"。根据"文脉"的理念,我们将研究工程或"研究编"的顶层设计以一句话表达:"通血脉,知命脉,仰望山脉。"由此将整个工程分为五个结构:江苏文化通史,江苏历代文化名人传,江苏文化专门史,江苏地方文化史,江苏文化史专题。

"江苏文化通史"的要义是"通血脉",关键词是"通"。"通"的要义,首先是江苏文化与中国文明的息息相通,与人类文明的息息相通,由此才能有民族感或"中国感",也才有世界眼光,因而必须进行关于"中国文化传统中的江苏文脉"的整体性研究;其次是江苏文脉中诸文化结构之间的"通",由此才是"江苏",才有"江苏味";再次是历史上各个重要历史时期文化发展之间的"通",由此才能构成"史",才有历史感;最后是与江苏人的生命与生活的"通",由此"江苏文脉"才能真正成为江苏人的文化血脉、文化命脉和文化山脉。达到以上"四通","江苏文化通史"才是真正的"通"史。

"江苏文化专门史"和"江苏文化史专题"的要义是"知命脉",关键词是"专",即"专门"与"专题"。"江苏文化专门史"在框架上分为物质文化史、精神文化史、制度文化史、特色文化史等,深入研究各类专门史,总体思路是系统研究和特色研究相结合,系统研究整体性地呈现江苏历史上的重要文化史,如哲学史、文学史、艺术史等,为了保证基本的完整性,我们根据国务院学科分类目录进行选择;特色研究着力研究历史上具有江苏特色的历史,如民间工艺史、昆曲史等。"江苏文化史专题"着力研究江苏历史上具有全国性影响的各种学派、流派,如扬州学派、泰州学派、常州学派等。

"江苏地方文化史"的要义是"血脉延伸和勾连",关键词是"地方"。"江苏地方文化史"以现省辖市区域划分为界,13 市各市一卷。每卷上编为地方文化通史,讲述地方整体历史脉络中的文化历史分期演化和内在结构流变,注重把握文化运动规律和发展脉络,定位于地方文化总体性研究；下编为地方文化专题史，按照科学技术、教育科举、文学语言、宗教文化等专题划分，以一定逻辑结构聚焦对地方文化板块加以具体呈现，定位于凸显文化专题特色。每卷都是对一个地方文化的总结和梳理，这是江苏文化血脉的伸展和渗入，是江苏文化多样性、丰富性的生动呈现和重要载体。

"江苏历代文化名人传"的要义是"仰望山脉"，关键词是"文化"。它不是一般性地为江苏历朝历代的"名人"作传，而只是为文化意义上的名人作传。为此，传主或者自身就是文化人并为中国文化的发展、为江苏文脉的积累积淀作出了重要贡献；或者虽然自身主要不是文化人而是政治家、社会活动家等，但对中国文化发展具有重大影响。如何对历史人物进行文化倾听、文化诠释、文化理解，是"文化名人传"的最大难点，也是其最有意义的方面。江苏历史上的文化名人汗牛充栋，"文化名人传"计划为 100 位江苏文化名人作传，为呈现江苏文化名人的整体画卷，同时编辑出版一部"江苏文化名人辞典"，集中介绍历史上的江苏文化名人 1000 位左右。

一脉千古成江河，"茫茫九派流中国"。江苏文脉研究的千里之行已经迈出第一步，历史馈赠我们一次千载难逢的宝贵机遇，让我们巡天遥看，一览江苏数千年文化银河的无限风光，对创造江苏文化、缔造江苏文脉的先行者们献上心灵的鞠躬。面对奔涌如黄河、悠远如长江的江苏文脉，我们惟有以跋涉探索之心，怵惕敬畏之情，且行且进，循着爱因斯坦的"引力波"，不断走近并播放来自江苏文脉深处的或澎湃，或激越，或温婉静穆的天籁之音。

我们一直在努力；

我们将一直努力！

目 录

引言:一个中国学术故事

南京大学李开教授认为,"段玉裁是一个永远说不完的中国学术故事"①。学术故事的主人公段玉裁(1735—1815),是江苏金坛人。学术文化界推许他是清代乾嘉学派的代表人物之一,一代朴学宗师,"湛深经史,尤精六书"②,"在文字学上坐第一把交椅"③,"杰出的中国语言学思想家"④,有着著名的语言学家、经学家、文献学家、思想家等文化标识。"不耕砚田无乐事,不撑铁骨莫支贫"的祖训,养成了他读书与从政都重"君子之直立"、特立独行的品行;崇尚实学、无征不信的科学精神与时代风气、师从学术大师戴震(1724—1777)的经历,促成了他治学既以经明道、尊师重道,又实事求是、开拓创新的理念。他留下了丰硕的学术成果,影响最大的《说文解字注》,同时代的学术大师王念孙(1744—1832)作序称誉"千七百年来无此作";另有《六书音均表》《古文尚书撰异》《诗经小学》《毛诗故训传定本小笺》《周礼汉读考》《仪礼汉读考》《经韵楼集》等书近 30 种⑤,校勘群籍,讨论学术,均有很高的学术造

① 李开:《丰硕的成果——段玉裁诞辰 280 周年纪念暨段学、清学国际学术研讨会学术成果述要》,《宏德学刊》第五辑,江苏人民出版社 2016 年版,第 5 页。
② 吴修:《昭代名人尺牍小传》卷二十三,第 2 页,《丛书集成续编》第 256 册,台北:新文丰出版公司 1989 年版。
③ 王力先生语,见《中国语言学史》,复旦大学出版社 2007 年版,第 133 页。
④ 鲁国尧先生语,见《新知:语言学思想家段玉裁及〈六书音均表〉书谱》,《汉语学报》2015 年第 4 期,第 1—14 页。
⑤ 今汇编为《段玉裁全书》,收段氏自著作品 15 种,附录他人所撰段氏年谱 2 种,计 175 卷,近 400 万字。赖永海主编,江苏人民出版社 2015 年版。

诣和文化价值。

古代读书人素以治国平天下为自己学术成就与人生价值的最高实现,其知识学问最终只有通过政治的实践与检验来确证其价值。在这种强烈的单一价值理念驱使下,由士而仕,博取功名,投身宦海,成为古代读书人最为规范的自我角色认同。"学而优则仕",出仕为官成为古代读书人实现理想抱负的一条基本途径。《孟子·滕文公下》直接表达为"士之仕也,犹农夫之耕也","士之失位也,犹诸侯之失国家也"。段玉裁也不例外,36 至 46 岁时曾担任贵州、四川、重庆等地的县令,成为一名沉沦县令与代理县令长达 10 年、颇有个性的基层官员。他到黔、川"千里为官不为财",而是牢固树立"廉政勤政""亲民化民"的从政理念,实行"吏不扰民,而民自不扰吏"的施政方式,兴办学校,修建祠堂,表彰忠烈,处理公务之暇,挑灯夜读,刻苦治学,显示出"经济(经世济民)"出自"学问"、"学问"发为"经济"的特色,关心下层民众疾苦的人文主义理想,赢得同时代人孔继涵(1739—1784)"官况清卓"的赞誉①。

了解和研讨段玉裁的学术思想,探究其从政理念,并通过他读书、为官、治学的完整过程,以略窥清代学术流派的兴起、形成、鼎盛乃至解体,学术群体的区域流向,不同学术观点的交流、冲突或融合的历程,或可对当今学术研究、学风建设、为政之道、文化发展与社会文明进步等具有一定的借鉴作用。而我们通过了解他们的故事,走近前贤的人生,可以接受中华优秀传统文化的洗礼与创新精神的熏陶,传承中华文化生生不息的基因,以开拓更加美好的未来。

段玉裁的生平事迹与学术成就等,他自己留下了《八十自序》等记载,书信、序跋及相关论著等当中也多有反映;前贤与今人从学术文化的维度介绍与研究较多,如清人王念孙有《大清敕授文林郎四川巫山县知县段君墓志铭并序》,《清史稿·儒林二》有传;刘盼遂有《段玉裁先生

① 原见孔氏《与段茂堂等十一札》,附于段氏《戴东原先生年谱》后;参见拙撰:《段玉裁年谱长编》,江苏人民出版社 2016 年版,第 149 页。

年谱》①，陈鸿森对之作《〈段玉裁年谱〉订补》②，罗继祖有《段懋堂先生年谱》③，马树杉有《〈段玉裁先生年谱〉补正》④；当代论著有郭在贻、傅杰《段玉裁评传》⑤，董莲池《段玉裁评传》⑥，赵航《段玉裁评传》⑦，拙撰《段玉裁年谱长编》⑧，等等，相关研究论著不计其数。各种乾嘉学术年谱、中国经学史、学术史、学术思想史资料或研究，一般都涉及段玉裁。

段玉裁《说文解字注》有许惟贤整理本行世。影印本《段玉裁全书》四册，收罗了存世的所有段氏著作，所书各书均有学术性的"叙录"，附有刘盼遂、罗继祖两位先生所撰段氏年谱，资料丰富。以上文献资料与研究论著，较为专业晦涩，一般读者难以亲近。通俗性的读本则有丁寅生著《字仙段玉裁》，王双林著《一代朴学宗师——段玉裁》，齐心著"中外巨人传"丛书之一《段玉裁》等⑨。通俗读本有的介绍称"以段玉裁铁骨支贫瘵注《说文》的传奇故事为经，正史与野

图 1 《段玉裁全书》书影

---

① 刘盼遂：《段玉裁先生年谱》，《清华学报》自然科学版 1932 年第 2 期版，文字较简略；1936 年北平来薰阁《段王学五种》本，材料丰富，有不少刘氏按语，今有整理本，较为通行。原本收入《段玉裁全书》第四册，江苏人民出版社 2015 年版，第 359—466 页。

② 陈鸿森：《〈段玉裁年谱〉订补》，载《历史语言研究所集刊》第六十本第三分，1989 年 9 月，第 603—650 页。

③ 1934 年库籍整理处校印《朱程段三先生年谱》本。原本收入《段玉裁全书》第四册，江苏人民出版社 2015 年版，第 471—539 页。

④ 马树杉：《〈段玉裁先生年谱〉补正》，载《山西师大学报（社会科学版）》1984 年第 4 期。

⑤ 郭在贻、傅杰：《段玉裁评传》，收入《中国古代语言学家评传》，山西教育出版社 1992 年版。赵航教授认为该文"虽然不足万字，但却是建国以后第一篇全面论述段氏学术成就、治学特点的纲领性文章"，见赵航《段玉裁评传》"后记"，江苏人民出版社 2009 年版，第 284 页。

⑥ 董莲池：《段玉裁评传》，南京大学出版社 2006 年版。

⑦ 赵航：《段玉裁评传》，江苏人民出版社 2009 年版。

⑧ 王华宝：《段玉裁年谱长编》，江苏人民出版社 2016 年版。

⑨ 丁寅生：《字仙段玉裁》，上海书店出版社 2001 年版；王双林：《一代朴学宗师——段玉裁》，南京出版社 2004 年版；齐心：《段玉裁》，辽海出版社 2012 年版。

乘参半,传说与虚构汇流,故事情节曲折迷离,人物形象鲜明生动,既符合历史的真实,又充满戏剧性,具有相当的艺术感染力和可读性"。这种写法不失为一种向大众普及传统语言学知识、传播中华文化、弘扬学术精神的良方,有其可取之处,但以虚构入传,似已属于文学创作而非严格意义上的学人评传。

斗转星移,段玉裁诞辰 280 周年的 2015 年,4 月 23 日世界读书日这一天,江苏拉开首个全民阅读日序幕,倡导将阅读融入生活,让读书成为一种生活方式,期待让社会每个角落飘起书香。当天江苏省委宣传部等启动了"江苏传世名著评选"活动,选出百部名著,承载千年文脉,段玉裁的《说文解字注》榜上有名。当年 8 月 15 日,由南京大学中华文化研究院、中国训诂学研究会主办的"段玉裁诞辰 280 周年纪念暨段学、清学国际学术研讨会"在南京开幕,重在"求全""存真"的《段玉裁全书》首发式同步举行,来自中国(含香港、台湾地区)、美国、德国的一百余名学者,围绕段学、清学领域的十五个议题展开为期两天的学术研讨与交流,将段玉裁研究推向了一个新的高度。

段玉裁在学术文化史上的贡献,得到世人的公认,也早已赢得前人赞扬与肯定而载入史册。《清史稿·段玉裁传》引述清代学术领袖性人物阮元(1764—1849)的话说:"仪征阮元谓玉裁书有功于天下后世者三:言古音一也,言《说文》二也,《汉读考》三也。"并在《诗经》《尚书》《左传》等方面成就卓著。段玉裁以学术名世,以其献身学术、穷且益坚的人格魅力,严谨求实、开拓创新的学术精神,取得的原创成果、重大发现等,被尊为楷模,受到后世敬仰,已成为江苏人民的骄傲,中华优秀传统文化的杰出代表。

江苏启动"江苏文脉整理与研究工程",段玉裁顺理成章列入了"江苏历代文化名人传"。东南大学樊和平教授在《一脉千古成江河——江苏文库·研究编序言》中提出"文化名人传"的要义是"仰望山脉",关键词是"文化","如何对历史人物进行文化倾听、文化诠释、文化理解,是'文化名人传'的最大难点,也是其最有意义的方面"。基于以上所述与"文化名人传"的撰写体例,本书以乾嘉时代学术为背景,以段玉裁的著述、前贤及时人的研究为主要依据,重史料,主贯通,考察其一生行实,呈现其学术精神成长的内在逻辑与完整过程,重点在文化学术,对其主要作品及学术思想、从政理念及为官情况等从时代性、独特性、创新性等维度进行阐释,并涉及与文化相关的教育、出版等事宜;段氏与当代学人的交流,与段氏相关之文化要事,以及学术流派的兴起、形成、鼎盛乃至解体,学术群体的区域流向,不同学术观点的交流、冲突或融合之历程,也有记述与讨论,力求结合历史语境展示段氏的学术特色与个性风采。"言之无文,行而不远",本书力求成为基于史料而有可读性的传记读本。

今据段玉裁《八十自序》、前人年谱、评传及拙撰《段玉裁年谱长编》等,将其一生大体分为五个时期来叙述,最后概述"后世遗响":

一是26岁考中举人之前的在家乡学习时期,从清世宗雍正十三年(1735)到乾隆二十五年(1760)。此期段玉裁主要从家人读书学习,得到江苏学使尹会一赏识、受知于名家沈德潜等,乡举中式,打下良好的学术基础,取得出仕为官的基本条件。这也从一个侧面反映出江南耕读人家的生活样态。

二是26岁开始入都会试、担任教习的居住京城与短暂外出的近十年历练时期,从乾隆二十六年(1761)到乾隆三十四年(1769)。此期段玉裁主要在京城参加会试,担任教习,向戴震等问学,结交钱大昕、程晋芳、邵晋涵等学人,随戴震短暂至山西主讲寿阳书院、助修县志,回家两年整理《诗经韵谱》《群经韵谱》等,明确了学术方向,与当代学者有了一定的学术互动,参与到江南学术文化与京师学术文化等的交流。

三是36岁开始担任黔、川县令亦仕亦学的十余年宦游时期,从乾隆三十五年(1770)到乾隆四十五年(1780)。此期段玉裁断断续续担任县官,三起三落,自称"不学而仕者十年,政事无可纪"。先"铨授"贵州玉屏县,不到两年"以违误入都";"越三年,宰于蜀",先后署理富顺县、南溪县,并有半年时间兼任"化林坪"兵站的站务,有一年时间调回"成都候补";只有乾隆四十三年至四十五年,任巫山知县,相对平稳。此期段玉裁新交往学者不多,而在学术上有不少收获,如完成了古音学方面的由"两谱"到《六书音均表》,撰写诗经学方面的《诗经小学》《毛诗故训传定本小笺》,纂定颇具特色的《富顺县志》,开始撰写《说文解字读》,另撰多篇学术文章和诗作,在学术界开始产生一定的影响。

四是47岁辞官回乡的近十年广结学友、勤奋治学时期,从乾隆四十六年(1781)到乾隆五十六年(1791)。此期段玉裁"引疾致仕",次年四月途经江宁时拜会钱大昕,返回家乡金坛著书立说,曾短暂居住镇江、入武昌毕沅幕,并游历南京、苏州、常州、扬州等地,与众多学人交流,旧雨新知,切磋学术,并有《古文尚书撰异》等重要著作刻成,获得较高的学术声誉。增编《东原文集》十二卷本,并有《覆校札记》一卷,传承弘扬戴震学说。然因祖茔风波,个人精力受到不少影响。

五是58岁迁居苏州,多次至杭州,苦耕砚田、传承学术的成果丰硕时期,从乾隆五十七年(1792)到嘉庆二十年(1815)去世。因祖茔事遭讼而难解,段玉裁不得不避祸移家苏州,长期居住于阊门外枝园。而从其一生学术来说,段氏反而因祸得福,有机会与吴门及更多的学者交流,得到苏州藏书家的帮助而阅览更多经典,拓宽了学术视野。此期时间较长,学术成果丰硕,学术活动较多,并提携后进,传承学术。如辨《水经注》案、辨《直隶河渠书》、做《戴东原先生年谱》等建构"戴学"、弘扬皖学,曾助阮元校订《十三经注疏校勘记》,出版礼学重要成果、发明义例的《周礼汉读考》,与顾千里展开学术争论,多篇重要的论学书信、序跋等,标志性成果《说文解字注》晚年刻成,编定包含300余篇文章的《经韵楼集》,等等,终成一代朴学宗师。嘉庆二十年(1815)九月八日,81岁的段玉裁去世,归葬金坛县城西之大坝头,魂归故里。此期历时久、经事多,学术思想与学术成果较多,拟分三章来叙述,前一、二章是大体按时间顺序分"移居苏州与苦耕砚田"上下两章,第三章是评述段玉裁晚年在"戴学"建构方面所做工作,以便了解戴、段、二王这一学术脉络以及段氏在中国学术文化史上的地位。

最后以"魂归故里与后世遗响"一章作结,简要概述段玉裁去世后古代对他的评论以及近现代对其人其书的整理研究、纪念活动、段学的建构等。

第一章　江南耕读世家

段玉裁,字若膺,曾字乔林,又字淳甫,号茂堂、茂堂老人,又号砚北居士,晚年自号长塘湖居士、侨吴老人,清世宗雍正十三年(1735)出生于镇江府金坛县城西大坝头村落、一个江南的耕读世家。这是雍正的最后一年,时逢乾隆、嘉庆盛世,段玉裁师承戴震,继承并发展考据学,与多个学术文化圈有交融,终成一代大师。学术的发展,与其时代的政治、经济、文化等环境相关,与学术的内在理路、传承分不开,与学者个体的认知、志趣、勤奋和努力等更密不可分。本章从家世、时代、早期教育、名人影响与科举等方面入手,展示段玉裁的成长环境与过程,揭示其性格特征、学术风格与特点等形成的前因。

第一节　金坛段氏

段玉裁生活的金坛,今属常州,而古代多数时间属镇江,段玉裁属于清代镇江府金坛县人。

金坛历史悠久,行政区域、名称与隶属关系等变化较大。境内发现的"三星村"原始文化,属于新石器时代;商周时代,属古扬州;春秋时期属吴地,战国时期为越、楚所割;秦属云阳县,后改曲阿县,汉归曲阿县;三国东吴复称云阳县,晋系延陵县金山乡;隋开皇十五年(595)于曲阿县分置金山府,隋末离乱,乡人自立为金山县。唐武德三年(620)李子通于县置茅州,八年(625)并金山入延陵;唐武周垂拱四年(688)复置金坛县,取"句曲之山(即茅山)、金坛之陵"之义,属江南道润州。县名从此沿用不变,而境域和隶属关系多有变动,北宋属两浙路润州,南宋属两浙西路镇江府,元属江浙等处行中书省镇江路,明、清两代属镇江府。此后的变化是,金坛 1912 年仍称金坛县,1914—1927 年属金陵道,1934—1937 年属溧阳行政督察区。1949 年 4 月 24 日,金坛解放,属苏南行政公署武进行政分区,11 月改属常州专区。1953 年 1 月,撤常州专区,属镇江专区。1958 年 8 月撤镇江专区,属常州专区。1959 年 9 月,撤常州专区,属镇江专区。1983 年 3 月,实行市管县体制,金坛县属常州市。1993 年 11 月 10 日,撤销金坛县,设立金坛市(县级),改由江苏省直辖。2015 年 4 月,撤销县级金坛市,设立常州市金坛区。

金坛、溧阳之间的洮湖,郦道元《水经注》称之为"五古湖"之一。洮湖系古太湖分化湖之一,是镶在苏南平原上的一面"明镜",又称长荡湖、长塘湖,金坛人视之为母亲湖,段玉裁晚年自号长塘湖居士,寄托了他对故乡的深深眷念。

一、迁居金坛

由历代递修、段玉裁曾参与修订、最后在光绪七年(1881)段溶源编撰、现藏南京大学图书馆的《段氏家乘》等材料可知,段氏为金坛旧族之一。段玉裁的挚友、清代史学家、经学家、考据学家王鸣盛(1722—1798),在《段氏家乘序》中说到,当时金坛有一俗语:"于、王新发迹,虞、段旧人家。"称金坛有于、王、虞、段四个大姓,"科举莫显于于氏,文献莫盛于王氏,而皆敛手推虞、段为望族。""旧人家"与"望族"之说,可见段氏由河南迁江苏金坛一支从宋至清的发展情况。

据《段氏家乘》卷首"新旧序新书凡例"所载清初著名儒学大家、金坛人王步青(1672—1751)《段氏增修族谱序》称:

> 吾邑凤推望族,自明初数虞、段、冯、高,数百年来人文彪炳,世跻朝班。……四氏之称旧族,故至今无异辞。顷段氏以其所修族谱请余序,余乃益叹其家之种德绩学由来已旧,匪偶然也……段氏乃不独以医显,盖其家累世绩学,亦多年所矣。本朝生息蕃衍,籍诸生者不少,好学能文章,以数奇困踬场屋,然寖昌寖炽,显庸自有

时，如茂才世续，试辄冠军，蜚鸣在转瞬间尔。即今与渠叔雍文，吾门大中，以族谱自南洲公厘订为修辑一新，别宗支，详世裔，达而宦者必书，伏处而有潜德者必书，萃涣合离，奖善扶义。

由此恰可查考段玉裁十八代祖宗以及先祖对他的影响。段氏先世有称伯三①者，靖康之难，自河南随宋南渡，卜居镇江府金坛县。伯三的兄长定居丹阳，以医名世。因河南陷于金人，不得归葬，就"县之北三洞乡北渚之原葬焉"，后来"人呼之为段家埠"，这在《段氏家乘》有详细的记载。卷首"新旧序新书凡例"所载元至正十年（1350）段广《段氏族谱初序》自述家世，较为清晰：

> 段氏世为河南人，自褒封之后失谱，子孙出处不显，百三公贯开封，举进士未捷，因慨然叹曰：贾谊有云，不在朝廷之上，必居医卜之中。仕进既难，不退何待，遂刻意方术，久之为搢绅所知，稍罗致焉。属钦宗靖康之变，挈家南渡，寓居京口之金坛，其伯氏于丹阳，各定居之。复以儒医名于浙右，常戒诸子保守其业，毋贪荣显。……兹因家谱损蠹，恐久而散轶，故重录而完之，以贻诸后，庶世世子孙无忘所自始。至正十年庚寅岁仲春初吉元孙广载拜谨书。

由《段氏家乘》，可以查考出段玉裁本人的宗支情况。《段氏族谱》卷一的《世系图》，一世为伯三公；二世有康民、康年、康元；三世有宗永、宗起等；四世有从龙等；五世有文荣，文荣有子三，德明、德润、德潜。二世祖郑康年，当年为毛姓一人治病不接受报酬，与许姓者"许傅正以所让金作桥"，留下了后世以二人姓氏命名的"许段桥"，传为佳话。元代俞希鲁撰《段许桥记》称："若二公者既能用医药以济之夭死，又能推其所不受之赀以利夫人的病涉，高风激乎当时，遗泽垂乎后世，其不可均也。"该桥元代时桥身破损，六世祖段德潜又与许姓后人出资重修。

卷二《世系表》有"一世　始祖伯三公，讳某字某，旧谱行伯三，号助教，河南开封府人。宋靖康之变，挈家南渡，居京口之金坛，……葬县北

---

① 明弘治八年何乔新所撰《金坛段氏族谱序》、明正德六年林瀚所撰《段氏宗谱后序》作"百三"。

三洞乡北渚之原,千一孺人钱氏,生一子康民,继十一孺人王氏,生二子康年、康元"。

据上可知,段玉裁的一世祖为伯三公,二世祖为段康年(继室王氏所生),三世祖为段宗起,四世祖为段从龙,五世祖为段文荣,六世祖为段德潜。

五世祖文荣一脉子孙众多。卷二记载,"文荣,从龙长子,号仁斋,行新二……以孝友称于乡里,外宽内严,治家有法,善属文,诗五百余。……积年五十四,坐暑疾,自知不起,尽呼子侄集榻下,嘱余事而逝。生宋咸淳庚午,卒元至治癸亥"。

六世祖段德潜传医业,立身行谊,颇有可道。《段氏家乘》卷八收有洪武十二年里人费昌龄撰写的《明故太医段公行状》。

七世祖段权,"德潜三子,字用衡,行四……洪武间第二贡举入太学。初授河南杞县司训,后升四川彭水县知县,所在有声,卒于任。"

八世祖段焕,"权次子,字叔文,行宁五,恪守祖业。"

九世祖段坦,"焕次子,字平仲,行二。性宽缓,淡然无求,绝粮勿愠,任医学,不预外事。生永乐丁亥,寿六十九,卒成化乙未。"

十世祖段洪,"坦五子,字敬夫,行八,以医为业。"

十一世祖段潜,"钦子,字惟昭,号白斋。敦厚朴直,不诡随于世,入粟为冠带百户。晚事农业,游优令终生。……合葬下塘祖茔。"

十二世祖段荐,"潜长子,字子贤,行二,号敬修。性刚果直谅,尚气节,人有过辄面诘不阿,己有过人告之即深服,闻义勇,为吾段氏家会及祭田,皆其力也。为邑庠生,二十余年,以亲老告养家居,寿五十,葬下塘茔。"

十三世祖段尚锦,"荐次子,字乐闲,行二,生卒失考,葬前堡茔。"庠生。

十四世祖段璜,"尚锦三子,字兆先,行三,任训科,另有行略。生万历丁未,卒于康熙辛未,寿八十五……合葬后潮茔。"段璜,为段玉裁的高祖,业医,让利讲义,"足为人心风俗劝"。《段氏家乘》卷十"行实"有王步青撰《兆先段君行略》有详细介绍。

段玉裁的祖先,多以医名世,或事农业,仅有七世祖段权科举入仕,总的来说，金坛段氏并无显赫的家世。康乾之时，段氏在族谱序中称金坛望族有虞、冯、高、于、王、曹、蔡七姓，而同邑人王步青《段氏增修族谱序》说："吾邑夙推望族，自明初数虞、段、冯、高"，称段氏为望族，素来"种德绩学"。

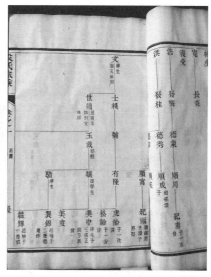

图 2　段玉裁家谱

关于金坛大姓，段玉裁的外孙龚自珍，在《金坛方言小记》文后有一段较为详细的表述，分明代 5 姓、清代 4 姓，及其变迁，并提及各家未涉及的"尹"姓：

> 先母金坛段氏，考讳玉裁，姊于氏。金坛在明嘉靖朝以迄崇祯，其大姓五，曰虞、段、高、冯、尹；入国朝则曰于、王、曹、蔡。先母告自珍如此。但自珍考明进士碑，于、王已登进士科，又有闻人，则似不在五姓之后。先母云尔者，入本朝五姓颇不振，段氏亦力田，而于氏乃两中状元，故土人以耳目所见闻为界限之。土人思旧德，则诵五姓，且别有轩轾之词，先母意亦不谓然也。先母以道光三年癸未卒，甲申七月，自珍既小祥，作此记。自记。①

---

①《龚自珍全集》，上海人民出版社 1975 年版，第 268 页。

二、三世书香

十五世祖段武，为段玉裁的曾祖，邑庠生，生子五人。曾说"士无论穷达，当为天地间有用之人"。《段氏家乘》卷二记载：

> 武，璜长子，字九程，邑庠生。天资颖异，自幼多识略，为人豪侠自喜。凡族中及邑中事有不平为利害所关者，咸排解而伸理之。金坛无鱼麟册，虚浮赔累甚多，康熙中圣驾南幸，驻跸金山，公具呈请旨丈量，邑人咸多其义，尝曰：士无论穷达，当为天地间有用之人，不可录录过一生也。晚年不得志，乃从辟书为人之佐，非分之财不取，非法之言不道。壬寅游京华，恭遇仁皇帝万寿，得与太和殿御宴，钦赐绢银糕饼等项，给引归里，都人士荣之。生于顺治壬辰，寿八十一，卒于雍正丙午，合葬后潮先茔。子五：文、会潮、接文、郁文、雍文。女三，适童、适张、适汤。

十六世祖即段玉裁的祖父段文（？—1741），是段武的长子，字孟超，号芦中人，邑庠生。生子二，士模、世续。世续即玉裁之父。段文著有《书法心得录》，今佚。其姻弟于梓撰写的《芦中人传》，载于《段氏家乘》卷十，称：

> 芦中人姓段氏，讳文，字孟超，行一。其先为坛邑望族，诸年少多豪侠自喜，先生有忧之，因自号曰芦中，其翛然物外之志可知矣。先生沉静简厚，爱好人伦。……勤学之余，尤精书法，银钩铁画，为世所珍，间以诗自娱，意趣闲旷，绰有余味。所著《拙斋制艺》《书法心得录》《艾余诗草》藏于家。晚年杜门不出，家塾课子若孙，长君早世，次莘得早誉簧宫，试辄冠军。莘得长子玉裁，年十三，尹博野以神童拔芹藻，论者以为渊源之绪，皆燕诒之所致云。

段玉裁治学之余也爱好书法，当与其祖父有关。玉裁 6 岁从祖父发蒙，7 岁教至《论语》"南面"章时祖父去世，第二天祖母张氏去世，"二丧并举，吾父赤手支拄，惫甚；吾母亦憔悴甚"[①]。祖父去世后，玉裁跟随叔祖

---

① 《经韵楼集》卷九《先妣梳几铭有序》，凤凰出版社 2010 年版，第 213 页。

父段郁文读书,《段氏家乘》卷二记载郁文"其刚直与长兄同。族中大小事,一言立决。尤善于经营,以致家计颇裕"。玉裁"刚直"性格,有乃祖之风。

其父段世续(1710—1803),字莘得,号菊圃,邑廪生,以授徒为生,长期坐馆于镇江、常州、扬州等地,"严课程,善开导",教子"务读经书,勿溺时艺"。年26,生段玉裁。后来因段玉裁而诰封文林郎。嘉庆六年,生玄孙义正,朝廷恩赐"七叶衍祥"扁,又赐银币。嘉庆八年(1803)以94高龄去世。著有《物恒堂制义》,佚。姚鼐《封文林郎巫山县知县金坛段君墓志铭》称其:"不遇于举场,终身以训生徒为事。其训必使以读经为根本,与讲授熟复之,唯恐有弗达也。朝夕课之,多方以诱之,唯恐己力之余而弗致也。其后学徒多成立,而君子玉裁遂以经学名天下者,君之教也。"①对段世续赞赏有加。王步青《段氏增修族谱序》说:"段氏乃不独以医显,盖其家累世绩学,亦多历年所矣。本朝生息蕃衍,籍诸生者不少,好学能文,以数奇困踬场屋,然寖昌寖炽,显庸自有时,如茂才世续,试辄冠军,莹鸣在转瞬间尔",称赞段世续的才华,认为他会很快发达,但这种美好的祝愿似乎未来实现。

段父段世续有兄长一人,即段士模。段士模生子一人,即段黼,为玉裁堂兄,长十岁。段黼生一子二女。

段玉裁有一姐一妹和三个弟弟。其弟段玉成(1737—1808),有功名,《段氏家乘》卷三《世系表》载:

> 玉成,世续次子,继郁文后,为嗣孙,字器之。生于乾隆丁巳,中式乾隆丙午科举人,桐城县教谕。寿七十二,卒于嘉庆戊辰。

清李斗《扬州画舫录》卷三记载他:"亦为训诂之学。受知于李学使因培,令其肄业安定,同学称为'二段'。"刘盼遂《段玉裁先生年谱》"乾隆二十三年戊寅　先生二十四岁"条:日本人山本悌二郎、纪成虎合著《宋元明清书画名贤详传》卷十四有《段玉裁传》云:"与弟玉成肄业于扬州之安定书院,当时同学皆以'二段'目之。"又友人武陟李濂云:"曾见

① 姚鼐:《惜抱轩全集》,中国书店1991年版,第271—272页。

段先生画山水一幅于都门琉璃厂，今不知属谁氏矣。"即有一山水画，分不清是兄弟中哪位所创作。

三、母亲影响

段玉裁的母亲史氏，为同邑庠生史建屏的长女，生于康熙五十二年(1713)三月二十五日子时，积劳成疾，卒于乾隆十六年(1751)闰五月初二日亥时，葬大坝头。18岁嫁入段家，侍奉公婆非常孝顺。生四男二女。23岁时生长子段玉裁。段玉裁兄弟的功名、段氏子孙情况，嘉庆十二年(1807)姚鼐撰《封文林郎巫山县知县金坛段君墓志铭(并序)》记载比较详细，称玉裁之父"君娶史孺人，生：玉裁，乾隆庚辰科举人，巫山县知县；玉成，丙午科举人，桐城训导；玉章，贡生；玉立，副榜贡生；女一，适江都杜士彬。孺人亡，继娶钱孺人，无出，亦先君丧。孙七，曾孙十二，玄孙二"。①

图3　段玉裁母亲墓(钱争艳拍摄)

乾隆六十年(1795)正月，其父段世续为其母史氏撰写小传《诰赠孺人史氏传》，对史氏的生平交待较细，称赞史氏"仰事翁姑，俯育儿女，苦心劳力，足称贤淑"，特别是段玉裁出生时母亲所做"梦产四羊"及父亲的解梦之语，颇为传神：

> 余元配孺人姓史氏，同邑庠生建屏先生长女也。年十八来归，性孝谨，肯勤苦。余父母治家颇严，孺人曲意事之，得其懽心。贫甚，余尝远馆，孺人仰事翁姑，俯育儿女，苦心劳力，足称贤淑。乾

---

① 姚鼐：《惜抱轩全集》，中国书店1991年版，第271—272页。

隆辛酉九月，余父母以两日内接踵长逝，后事一无所出，孺人拮据相余措办，以致劳瘵。产四男二女。常顾之嗟叹，虑身不能终其事，果以中年殁，时长女尚未出室，幼子甫四岁，群伥伥无所依，伤何如之！忆昔妊玉裁时，谓余曰："梦己同胞产四羊，惧甚。"余曰："羊者祥也，殆同胞生四男之兆。"而果如所言。数十年间，吾门祚不至衰薄，四子玉裁、玉成、玉章、玉立稍稍克振其家声。庚子岁，玉裁知巫山县事，恭遇覃恩，诰赠孺人。于今孙九人，曾孙七人，列国学泮官者五，门闾渐以光大，始知前此占梦之不诬，实由孺人，起敬起孝，克俭克勤，以获厥报。惜其未及亲见耳，儿曹恶可忘其所自耶。孺人生于康熙癸巳三月二十五日子时，卒于乾隆辛未闰五月初二日亥时，享年三十有九，葬大坝头之新茔。乾隆六十年岁次乙卯人日世续。①

乾隆五十九年(1794)，段玉裁取母亲故物梳头几一供书室中，思慕不已，作《先妣几梳铭有序》。他在《先妣梳几铭有序》等多篇文章中记叙母亲及家庭生活：

> 吾家故贫甚，吾祖父、吾父皆以授徒为生，每岁计所入修脯数十两以为出，家徒壁立。自吾之有知也，见吾父馆于镇江、扬州之洲间，一年二三归。吾祖父祖母皆七旬，吾母晨昏侍奉米盐，炊煮舂磨，漱浣缝纫，以及马子溺器，无奴婢可使，无不躬亲之。又乳哺管领诸儿女，终日无一息可弛。衣止于粗布，食止于朝暮用大麦糁糊，午间则每二日米粥，一日米饭。吾祖父祖母则逐日米饭，略具蔬菜。苦辛婉顺，得吾祖父祖母欢。辛酉之九月二十日，吾祖父卒；廿一日，吾祖母卒。二丧并举，吾父赤手支拄，惫甚；吾母亦憔悴甚。②

段玉裁的祖父母段文夫妇两日内接踵病逝，家庭贫困，母亲史氏勉力帮助父亲办理丧葬，以致劳累成疾，于乾隆十六年(1751)病逝，才 39 岁。家中没有佣人，家事都由其母操劳，母亲积劳成疾而病故。失去亲人的

---

① 段溶源编撰：《段氏家乘》卷十，光绪七年刻本，南京大学图书馆藏。
② 《经韵楼集》卷九《先妣梳几铭有序》，凤凰出版社 2010 年版，第 213 页。

悲痛,缺衣少食生活的煎熬,让身为长子的玉裁从小懂得生活的艰辛。当时塾师的收入低微,《儒林外史》中穷塾师周进"每年馆舍十二两银子",日常用饭无非是"一碟老菜叶,一壶热水",段父的收入也不会高,段家生活之艰窘可以想见。这些情况表明段家长期以来经济拮据,段玉裁笔下的"食贫""贫甚",一点不夸张。而段母知书达礼、勤俭持家、孝长抚幼、任劳任怨等良好品行,对段玉裁影响至深。此外,玉裁的岳父也是秀才,对女婿在学业方面也会有一定的帮助指导。

四、族谱修订

族谱,也称家谱、家乘、祖谱、宗谱等,是一种以表谱形式记载一个以血缘关系为主体的家族世系繁衍和重要人物事迹的特殊图书体裁。族谱是中国特有的文化遗产,是中华民族的三大文献(国史、地志、族谱)之一。其内容一般分为二部分:第一部分是世系图,即某人的世系所承,属于何代、其父何人;第二部分是家谱正文,按照世系图中所列各人的先后次序编排,分别介绍各人的字号、父讳、行次、时代、职官、封爵、享年、卒日、谥号、姻配等。有宋一代形成了以官僚士绅为核心力量,以"敬宗睦族"为指导思想,以"尊尊亲亲"为核心的伦理观念的新型家族形态。这一新型家族形态注重对家谱的编修以及家族总集的编纂。传统家谱具有"敦宗睦族""凝聚血亲""强宗固族"的功能作用,方便分别世系,认祖归宗,而家谱在精神传承上具有重要功能,因为家谱中还常有家规、家训以及治家格言等内容。这些内容,以伦理纲常礼教为重点,强调孝于亲、睦族人、和亲友、恤孤贫、戒赌博、戒奢侈、戒懒惰、戒淫逸等等,对家族成员的品格行为、言谈举止等作出规范性要求。

段氏族谱不断修订。乾隆十五年(1750),玉裁16岁时,其父参与修订,对他产生一定的影响。据《段氏家乘》卷首"新旧序新书凡例"载,乾隆十五年七月,族叔段大中为族谱撰序,说明段氏族谱历年修撰及付梓情况;其父段世续为族谱撰序,记修谱经过,谈族谱作用,并涉及金坛望族,有虞、冯、高、于、王、曹、蔡七姓;同邑人王步青(1672—1751)为段氏族谱撰序,述及望族有"虞、段、冯、高",称段氏"种德绩学由来已旧"并赞誉段玉裁父亲。八月,叔祖父段雍文撰族谱序,又附记祠产情况。

此次修谱延续时间较长,乾隆六十年(1795)前后再一次大修。玉裁参加修谱,与段簠同撰"重修族谱凡例",还请了毕沅、王鸣盛等名家作序。

今传世本有段溶源编撰《段氏家乘》,十卷首末各一卷,清光绪七年(1881)刻本,书名据版心、书签题。卷端题"重修段氏家乘"。序题"段氏重修族谱"。南京大学图书馆收藏。共九册。封面为"段氏家乘"有小字双行"辛巳年修 宙字号",八册;第9册为"天字号",版心为"滋生谱"。扉页背面有小字"文茂公一支月川公下二十一世孙溥渊领宙字号一部"。据卷末"领谱登号""衍庆堂存留天字壹号谱壹册;文荣公一支,惟新公下,二十一世孙贤忠领天字贰号谱壹册;惟新公下,二十三世孙文美领元字号谱壹册;元本公下,二十三孙焕信领宇字号谱壹册……月川公下,二十一世孙兆华领宙字号谱壹册;月川公下,二十一世孙溥渊领宙字号谱壹册"等,可知当时刻书22部,各有登记,南大所藏为其中一部,当为8册;第9册为另一号之遗存。《中国家谱总目》认为:"谱初修于元至正十年,此为九修本。"[1]此谱的学术价值尚有待进一步挖掘。一个家族在道德、行为与学识等方面形成一种连贯性,这就是一般意义上所说的家风、家学,而了解这种连贯性较好的资料非家谱莫属。

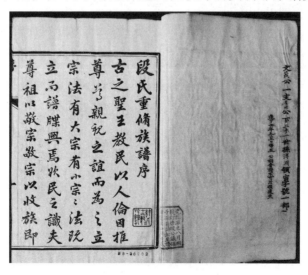

图4 南京大学图书馆藏《段氏家乘》

① 上海图书馆编:《中国家谱总目》,上海古籍出版社2008年版,第1758页。

这里附带交待一下段玉裁的生日之谜。其出生时间,公认为清世宗雍正十三年乙卯年,即公元 1735 年。这一点有文献记载作印证,如段玉裁自撰《先妣梳几铭有序》:"吾母姓史氏,……生于康熙癸巳三月廿五日,不讳于乾隆辛未闰五月初二日,享年三十有九。年十八归吾父,……二十三生玉裁。……辛未夏五月乍病,……遂于闰五月初二日五更时不讳,是时吾姊年十九,玉裁十七。"并说:"吾母娠玉裁,梦生四羊而惧,以告吾父,曰:'羊者,祥也。其将生四男乎?'后果验。"①以其母 23 岁生段玉裁、去世时段玉裁 17 岁等来推,他生于 1735 年。

段玉裁出生的具体月日,则少有记载,或有未必正确的记载。《金坛文博》2007 年第 2 期第 12 页"段玉裁纪念馆专辑"之"段玉裁生平画传"说:"段玉裁,字若膺,号茂堂,1735 年 10 月诞生于金坛花山西乡大坝头村。"10 月出生之说缺少文献资料的支撑。1985 年 10 月,中国训诂学研究会暨金坛县人民政府召开段玉裁诞辰 250 周年纪念活动,10 月只是结合段玉裁纪念馆落成开馆日期,并不是准确的段玉裁诞辰时间。这是需要加以说明的。

因其具体生日无考,而此年八月二十三日,清朝第五位皇帝、入关后第三位皇帝雍正(清世宗爱新觉罗·胤禛,1678.12.13—1735.10.8)驾崩。九月初三日,皇太子弘历于太和殿即皇帝位,以明年为乾隆元年。一般来讲,段玉裁出生于 10 月 8 日之前。

乾隆有"合行事宜"二十六款,其中有增加会试中额之举。此举增加了汉族知识分子入仕的机会,对学术的发展颇为有益。段玉裁生于雍正末、乾隆初,适逢历史转折之期,是其个人之大幸,也是中华学术文化之幸。

第二节 时风世运

讨论一段时期或一个学派或一位学者的学术特征,除了重视学术风气与学术前缘之外,当不能脱离其时代。段玉裁所处的时代,正值清

①《经韵楼集》卷九《先妣梳几铭有序》,凤凰出版社 2010 年版,第 213—214 页。

朝中期,即乾隆、嘉庆时期。乾隆时期上承顺治、康熙、雍正三朝上升发展的态势,正是"康乾盛世"鼎盛及后续之时,政治上相对稳定,"圣祖在位六十年,政事务为宽大"(《清史稿·食货志二》语),文教发达,认可儒家文化,选拔汉族士子参加统治机构,缓和了民族矛盾特别是汉族士子的民族对抗,经济上采取了一系列恢复和发展生产的政策和措施,社会经济充足发展,承平日久,休养生息,至康乾之世,已是国富民殷。这就为文化学术的繁荣发展创造了适宜的环境和条件。乾嘉学派的兴盛,当是康乾盛世的必然产物。"经世致用"的学术要求,也在某种程度上推动着知识分子的思想解放,从学术研究中去实现匡时救世的价值理念。戴逸概括说:"有头脑的知识分子从笼罩数百年之久的宋儒说经的迷雾中冲出来,将走向何处? 新的近代知识的宝库的大门还是紧闭着的,他们不可能打开它。于是探本寻源,回到古代,希望从遥远的过去寻找到思想依据。在他们看来,汉代去古未远,遗说尚存,是求知的宝藏,要寻求古代经籍的本来面目,只有回复到汉儒的经说……从反宋走向复汉,这是清代前期学术思想的趋势。"①段玉裁生活的时代,可以说是中国文化奠定最后一个古典学术范式与形态的朝代。

一、文教背景

明清之际是被当时知识分子称为"天崩地解"的大动荡时代。深受夷夏观念影响的汉人,不仅遭遇汉族"治统"的丧失,而且有中华文化"道统"中断之虞,一些明朝遗民不愿承认清廷统治的合法性。面对这样的信任危机,清初统治者从稳定秩序、巩固政权、钳制思想等考虑不断在政治上自造"道统",恩威并用,兴科举,在文化上利用汉族读书人,塑造其儒家"道统传人"的形象;倡修书,新出大量经书,规定士子所学内容,建构"道统"以统一思想。如康熙《日讲四书解义序》说:"朕惟天生圣贤,作君作师,万世道统之传,即万世治统之所系……道统在是,治统亦在是矣。历代圣贤创业守成,莫不尊崇表章,讲明斯道。"将清廷统治的"治统"与儒家"道统"合一,以提倡儒家学说作为治国方略,规定

① 戴逸:《履霜集》,中国人民大学出版社 1987 年版,第 85 页。

了清代政治与文化的发展方向,影响深远。而清王朝随着国家政治形势的稳定、经济的发展,一直加强思想统治,特别是文化传承、科举考试、图书编纂与刊刻等的控制,大兴文字狱以达到强化其在政治上、文化上合法性的目的。

乾隆时期仍沿这一方向发展,不断强化清朝统治的合法性。以段玉裁出生之年即雍正十三年(1735)来说,十月十六日,刚刚登基的乾隆即颁谕命"厘正文体,勿得避忌""嗣后凡考试命题颁诏全国,不得过于拘泥,俾士子殚思用意,各出手眼,以觇实学"①。

乾隆三年(1738)又训饬士子"究心经学""崇实学";印发官本经书,"并准坊间翻刻广行"。实学,即"实体达用之学",明清之际是中国实学发展的高潮时期。与"考据"结合,则形成"考据实学",包括"史学经世"论、"明经致用"论等,也有人称清代的经学即实学。

乾隆五年(1740)十月十二日,乾隆训饬诸臣"研精理学",强调"治统原于道统,学不正则道不明"。十月二十九日,乾隆颁谕"训饬士习流弊,申明为己之学",重朱子书。其中"朕膺君师之任,有厚望于诸生"等语透露出朝廷对"道统""学统"的兼并,这种现象,葛兆光《中国思想史》评论说:

> 由于这种话语权力由士人向官方、从民间到朝廷的转移,当皇权普遍适用而且不容置疑的意识形态,建构了一种普遍的、绝对的、象征性的真理话语之后,它以"公"的名义迫使所有人接受,并且以同一性淹没了所有的士大夫,于是,丧失了真理诠释权力和社会指导能力的士人,便在公共领域里失去了自己的立场,只能在"私"的方面表达自己个人的思考。②

葛先生用话语分裂的说法,尝试给清代考据学的缘起提供一种解释思路。

乾隆九年(1744)七月二十四日,乾隆颁谕整顿科场陋习,可见考试程序、内容等,更可见当时科举之弊。古代社会选拔的官吏,有德行、经

---

① 参见《清实录》之《高宗实录》,中华书局 1986 年影印。下同。
② 葛兆光:《中国思想史》第二卷,复旦大学出版社 2005 年版,第 400—401 页。

术、文章和吏能之别,科举考试所选多为文儒型,乾隆"务使弊绝风清",既"考其学",又"验其用",有助于选拔兼擅德行、经术、文章和史能的综合型人才。

上列乾隆时期几项措施,只是管中窥豹,并不周全,简略勾勒以呈现青少年时代的段玉裁所处的思想统治与文教背景。

二、学术风气

清代学术史的流变是由兼采综取和多元汇聚开始的。皮锡瑞《经学历史》第十部分《经学复盛时代》有过论述:"国朝经学凡三变。国初汉学方萌芽,皆以宋学为根柢,不分门户,各取所长,是为汉宋兼采之学。"[①]顾炎武、黄宗羲、王夫之、万斯同、万斯大、全祖望、颜元、李塨等一大批一流的学者,大多高举经世致用的大旗,探求"博综经世多方之学"(钱穆语)[②],对明代空疏学风是一很好的反拨。

乾隆时期思想文化与学术旨趣发生明显的转向,这可以从清人的论述中找到相应的表述,如章学诚《与钱献之书》曾概括康熙中期到乾隆时开四库馆的情况,认为"自康熙中年,学者专攻制义""三十年来,学者锐意复古"成为主流,"至四库馆开,校雠即为衣食之业""而中才子弟,亦往往能摘诎誻商商之愒,则愈盛矣"。皮锡瑞《经学历史》称:"乾隆以后,许、郑之学大明,治宋学者已鲜。说经皆主实证,不空谈义理。是为专门汉学。"学者们在笼络与高压并重的环境中,更多埋首于经书训诂,重视实证,并由文字音韵以通经,崇尚汉代古文经学,形成了乾嘉学派。学术大师戴震、段玉裁早期不免热心科场,而最终"锐意复古"。

从学术史来看,康雍与乾嘉之"风气又一变",乾隆时的"汉学""朴学"盛况空前,戴震是"集诸儒之大成"(汪喜孙《汉学师承记跋》语)的领袖人物。戴震将明清之际兴起的"实学"思潮转化为乾隆时期的朴学。"实学"原意为实用、实际之学,实学思潮强调注重研究探索有关社会民

① 皮锡瑞:《经学历史》,中华书局 1959 年版,第 341 页。
② 钱穆:《国学概论》,商务印书馆 1997 年版,第 267 页。

生实际的"经世致用"和"疾虚求实"。顾炎武、黄宗羲、颜元、李塨为清初的代表人物。有学者将戴震看成是颜李学派的南方传人。"朴学"原意为"质朴无华之学",自然可视为"实学"的一种。钱大昕《戴先生震传》就称赞戴震"实事求是,不偏主一家",凌廷堪《戴东原先生事略状》更是推崇戴震治学的"事实求是"精神,说:"昔河间献王实事求是。夫实事在前,吾所谓是者,人不能强辞而非之;吾所谓非者,人不能强辞而是之也。如六书、九数及典章制度之学是也。"①清代学者郭嵩焘《大学章句质疑自序》总结说:"雍乾之交,朴学日昌,博闻强力,实事求是,凡言性理者屏不得与于学,于是风气又一变矣。"②而所变之重点就在"以实事求是为本"。

考据学是乾嘉时期学术的主流,清代考据学也是对中国考据学悠久传统的继承,而戴震无疑是清代考据学的代表人物。段玉裁处在这样的文化和学术背景之中,又师从戴震,宜乎其以"实事求是"作为终生的治学宗旨。时风所至,段氏前后的学者也多有崇尚"实事求是"的言论,如早于段玉裁的学者何焯《义门读书记》卷十七《前汉书》说"实事求是四字,是读书穷理之要",与段玉裁同时而略长的钱大昕(1728—1804),其《廿二史考异序》称"惟实事求是、护惜古人之苦心,可与海内共白";同时而略晚的阮元(1764—1849),其《揅经室集·自序》言"余之说经,推明古训,实事求是而已,非敢立异也"。阮元又将数学乃至自然科学纳入儒学,凌廷堪、焦循等也有类似的见解。陈居渊③评论说:

> 十八世纪末至十九世纪初,儒家学说仍起着指导性的作用,然而"儒者之学,务在穷经,然未有不习数学而能通经者"的时代要求,深化了汉学家对知识与价值,特别是对传统经学的重新审视,尽管最终未能走出传统注释的旧模式,但是典型地反映了十八世纪末至十九世纪初汉学研究的变迁。从这一意义上说,阮元、凌廷

---

① 凌廷堪:《校礼堂文集》,中华书局1998年版,第317页。
② 郭嵩焘:《郭嵩焘诗文集》卷三,岳麓书社1984年版,第23—24页。
③ 陈居渊:《汉学更新运动研究——清代学术新论》第五章《汉学的更新运动》第三节《重新诠释实事求是》,凤凰出版社2013年版,第235页。可参王应宪《清代"实事求是"学风的复兴与沉寂》(《安徽史学》2007年第6期,第43—50页)等文。

堪、焦循等人的科学"乃儒流实事求是之学"的思想,实可视为丰富了"实事求是"的内涵,成为汉学在跨入近代"中学为体,西学为用"转折点上的一次质变。

段玉裁成为接续并推动这种学术新气象的重要一员。清人朱琦在为胡承珙所作祭文中充分肯定段玉裁与钱大昕等人承继与弘扬皖学与吴学的贡献:

> 自经义之难明兮,汉与宋同源而异支。宋学只臆断以理兮,证之名物、象数而多非。不若两汉之近古兮,沿溯七十子之徒而传授皆有自来。前明竞尚制艺以致空疏兮,虽博雅如杨升庵、郝楚望而未免于疵。维昭代之崇实兮,太原之阎、德清之胡始启其藩篱。近人益加探讨兮,徽则东原而苏则松崖。竹汀、茂堂其接武兮,余子亦纷纷而并驰。①

风云际会之际,段玉裁不失为时代学术潮头之人。

中国传统经学有汉、宋之分,汉学重训诂考证,宋学重性理诠释。清代学者各有取法好尚,或尚汉,或尚宋,或兼采汉、宋,或汉、宋不分。乾隆以后汉、宋之争日炽,在戴震周边尤其明显。后人分汉学之吴派、皖派,近世增以扬州学派、浙派,其间又杂有今、古文之争讼。一般认为,18世纪中期,汉学到达了鼎盛时期。陈居渊在章太炎、梁启超、钱穆等人研究的基础上,认为"从总体上看,十八世纪汉学鼎盛时期的经学表征,主要体现在贯通家法与师法、倡导小学与明道、批评经学理学化、勤于考证与崇古等四个方面"②。这也是考察讨论此期经学重要代表人物金坛段玉裁比较全面的维度。段玉裁被视为皖派宗师戴震的正宗传人,而段玉裁对宋学相对平和,且与宋学人物多有交流,其外孙龚自珍明确提出"非汉非宋"③,而汉宋不分,昌言"清学",当与段氏有一定关联。

---

①《祭墨庄观察文》,见《小万卷斋文稿》,《清代诗文集汇编》第494册,上海古籍出版社2010年版。

②陈居渊:《汉学更新运动研究》第三章"汉学鼎盛的经学表征",凤凰出版社2013年版,第114页。

③龚自珍:《与江子屏笺》:"夫实事求是,千古同之""若以汉与宋为对峙,尤非大方之言。汉人何尝不谈性道""宋人何尝不谈名物训诂""非汉非宋,亦惟其是而已矣。"《龚自珍全集》第五辑,上海人民出版社1975年版,第346—347页。

三、文字狱的影响

康熙深谙儒家文化,其高明之处在于,文字狱这样的"大棒政策"与"请君入彀"的怀柔政策并举。通过文字狱的淫威,对异己者进行超常规的打击与虐杀,以形成对人的独立精神的剿灭。通过恢复科举、设立"博学鸿词"科等手段,以达延揽人才、诱导入彀之目的。梅光迪指出:"专制时代,君主卿相操功名之权,以驱策天下士,天下士亦以君主卿相之好尚为准则。"①而这正是统治者真正用意之所在。

乾隆时代倡导"实学"与实施"文字狱"两手还在并行。乾隆即位(1735)后的十二月十九日,以"泄臣民公愤"为由,将雍正已免罪释放的曾静(1679—1735)、张熙(?—1735)处死。这是清朝清除诸王朋党残余与扑灭汉人反满意识相结合"一石二鸟"的一个重大事件,在文字狱史上具有特殊意义。

关于文字狱的数据,据郭成康、林铁钧《清朝文字狱·大事记》记载,顺治朝十八年,至少有五起;康熙朝六十一年,至少有十一起;雍正朝十三年,约有二十五起;乾隆朝六十年,至少一百三十五起。可见经历乾隆朝全部六十年的段玉裁,亲身经历并感受着该时期的文网之密与"入吾彀中"的艰难选择。清人石韫玉的表述或可体现那个时代学人的心曲:"违时甘作孤生竹,结习真同老蠹鱼""闭门重理经生业,惠子藏书富五车"。②

章太炎《訄书·清儒》谈论其时之人:

> 清世理学之言,竭而无余华,多忌,故歌诗文史楛;愚民,故经世先王之志衰。家有智慧,大凑于说经,亦以纾死,而其术近工眇踔然矣。

《学隐》篇则说:

> 处无望之世,炫其术略,出则足以佐寇。反是,欲与寇竞,即网

---

① 梅光迪:《评提倡新文化者》,《梅光迪文录》,辽宁教育出版社 2001 年版,第 4 页。

② 《林和靖有深居杂兴诗十章爱其闲适依韵和之》,《独学庐三稿·晚香楼集三》,第 13 页,《续修四库全书·别集类》,上海古籍出版社 2002 年版。

罗周密,虞候枑互。执羽籥除暴,终不可得。进退跋疐,能事无所写,非施之训诂,且安施邪?①

这就是乾嘉汉学兴起原因诸种说法中较为流行的"文字狱说"。段玉裁的外孙、思想家龚自珍在《咏史》诗中称:"避席畏闻文字狱,著书都为稻粱谋。"一针见血地揭示了那时文化学术界的尴尬与无奈。清史专家孟森曾指出文字狱产生的严重的消极影响,并以段玉裁作为"以避时忌"的典型事例之一:

> 自《字贯》之狱兴,清一代无敢复言字书者。桂、段诸家以治经不能不识字,则尽力于许书,以避时忌。清中叶聪明特达之士,恒舍史而谈经,皆是此意。于是二百年中,承学之士无不是古非今,以应用之学术文字为市井浅俗之所为,通人不屑道之矣。②

文字狱是造成噤若寒蝉的文化背景,也是研究清代学术文化无法回避的初始条件。只是清代思想文化与学术旨趣,从顺治、康熙、雍正到乾隆初(1644—1735),已历九十余年,逐渐产生了一些大的转向。葛兆光认为:

> 从清代初年以来曾经是士人精神支柱的民族主义感情,在时间无情地流逝和权力严厉地批判中,已经基本瓦解了,偏激的民族主义已经失去了它的合理性。
>
> 人们的空间认同与种族认同,已经由汉族文明为中心的"大明帝国"扩展到了满、蒙、汉共同体的"大清帝国",所谓"中国"已经成了一种文明的意味而不再是种族的意味。于是,士大夫的责任又从维护种族尊严逐渐转向了建设道德秩序。③

大兴文字狱之外,清政府组织书籍的编纂与出版,甚至用"御纂"之名,以控制思想文化,清朝官方修书之盛,是历朝历代无法比拟的。同时,为争正统,朝廷大兴文治,崇儒尊孔是重要举措之一。清代极

---

① 章太炎著、徐复注:《訄书详注》,上海古籍出版社 2000 年版,分别见第 139 页、第 177 页。
② 孟森:《明清史论集刊》,中华书局 2005 年版,下册第 581 页。
③ 葛兆光:《中国思想史》第二卷第三编第三节"考据学的兴起:十七世纪中叶至十八世纪末知识与思想世界的状况",复旦大学出版社 2005 年版,第 388—389 页。

力推崇孔子,乾隆时有多项举措,将祭孔仪制提升到大祀,将孔子的地位也推向了历史最高峰。朝廷做足了稽古右文、崇兴儒学的姿态,相当多的文人学士顺势汇入了这一时代洪流。引得钱穆既慨叹"学者怵目惊心,又将何途之出,以为我安身立命之地,而期康济斯民之实?此又当时诸儒一切己之问题也",又苛责"乾嘉诸儒,优游于太平禄食之境"①。梅光迪《论今日吾国学术界之需要》则认为,历史上的"真正学者,为一国学术思想之领袖,文化之前驱,属于少数优秀分子,非多数凡民所能为也。故欲为真正学者,除特异天才外,又须有严密之训练,高洁之精神,而能名副其实"。② 在当时的政治学术氛围中,儒家知识分子努力将儒家学说作为转化政治与社会道德的精神资源,"有严密之训练,高洁之精神",当不失为"真正学者"。具有强烈个性与傲岸品格的段玉裁等学人,似又更加遵循学术自身发展的理路,并未完全使思想与学术同轨,思想学术独立这一潜流在其外孙龚自珍身上得以迸发。

每一位学者都属于他的那个时代与社会,在权力将一切问题都归结于政治、窒息讨论空间、学术的独立品格缺少保证的时代,倡导"实事求是"的学术精神,"乃一注于学问,以寄其守先待后之想"③,让先人的本真圣智在极微弱的搏动中与后世相感通,由学术的自觉意识来描绘段玉裁等乾嘉大师的隐曲,而非单纯归因于"大棒政策"下的奴化形态,或亦不失为一种宽容的视角。段玉裁在47岁时以孝亲名义"引疾致仕",壹意学术,正是汪中所说"入世既深,必思所以自立,学术观其会通,行业归于平实,是所望也"④,返里著述,又何尝不是一种回乡归隐,以自得之见名垂后世,体现出那种陶渊明式的人生价值取向"没身仍不辱"。

---

① 钱穆:《国学概论》,商务印书馆1997年版,第246页。
② 见《梅光迪文录》,辽宁教育出版社2001年,第16页。
③ 钱穆:《国学概论》,商务印书馆1997年版,第246页。
④ 汪中:《致孙星衍编修书》,《容甫先生年谱》乾隆五十二年下引。田汉云点校:《新编汪中集》附录一,广陵书社2005年版,第31页。

第三节 家风熏陶

段玉裁的祖父为邑庠生、父亲为邑廪生，都是当时的秀才。秀才分等级，最高等称为"廪生"，由公家按月发给粮食；其次称为"庠生"，不供给粮食。秀才是通过了科举中院试的生员，有资格参加上一级的"乡试"。秀才在地方上受到一定的尊重，有一点特权。如免除差徭，见知县时不用下跪、知县不可随意对其用刑、遇公事可禀见知县，属士大夫中的最基层，也是地方士绅阶层的支柱之一。秀才不中举，则无法做官，家贫者多做塾师授徒为生。段家数代为读书人，但并非富户，只是普通的耕读人家。而经济拮据，祖、父均做村塾老师，"授徒为生"。段玉裁自述说："吾家故贫甚，吾祖吾父皆以授徒为生，每岁计所入脩脯数十两以为出，家徒壁立。自吾之有知也，见吾父馆于镇江、扬州之间，一年二三归。"①"贫甚""家徒壁立"已足以说明家境，所以段家有"不撑铁骨莫支贫"的祖训。无法中举的秀才，有条件教育子孙，可以使书香门祚不衰。段玉裁的早期教育就由祖父辈担任。

乾隆初期，颁谕命"广布御纂经书，定生员试经解""务宜实力奉行，以副朕尊经诵才之意"。所颁书籍多为理学著作，尊崇程朱，可见清初相当长的时期，理学仍为官方哲学思想。而此旨意，对于崇尚实学的段玉裁来说，则是有利之事，尹会一奖拔段玉裁，与此相关。

乾隆颁谕训饬直省书院师生以整饬书院，期以"导进人材，广学校所不及"。邓洪波评价说"这是清代书院建设中最重要的一个政策性官方文件……其后，乾隆皇帝屡下谕旨，规范书院管理，聘请院长，选择生徒，皆有标准""乾隆年间（1736—1795），清政府的书院政策不再动摇，寓控制于支持，以创建上下一统、制度完善、定性明确的官办书院教育体系为主要目标。"②教育体制与科举考试取士标准的调整，对清代士风、学风等产生了深刻的影响。

---

① 见《经韵楼集》卷九《先妣梳几铭自序》，凤凰出版社 2010 年版，第 213 页。
② 邓洪波：《中国书院史》第六章《书院的普及与流变》第二节《晚明遗风与清初政策》，东方出版中心2004 年版，第 436—437 页。

一、开蒙养正

据段玉裁自撰的《博陵尹师所赐朱子小学恭跋》《先妣梳几铭有序》《春秋左氏古经题辞》等文可知,他6岁时从祖父段文开蒙,读《论语》等书;第二年祖父去世,8岁时又从叔祖父段郁文读书;9岁时听从父亲之命,读胡安国《春秋传》等书;到11岁跟随父亲前之前,从叔祖父段雍文读书。11岁到14岁,跟随父亲读书于毗陵连江桥馆舍。毗陵连江桥馆,在今常州市钟楼区新闸镇,与段家所在的金坛大坝头村相距百里左右。此一时期,阅读了大量传统典籍。如11岁开始"读《左氏》,专读传而已。既长,乃知胡氏之经杂取左、公羊、谷梁三家之经书,不衷于一。"13岁,读朱子《小学》。

关于段氏读书情况,王念孙所撰《墓志铭》称"先生幼时颖异,有兼人之资"。段玉裁祖父为"制义名家",擅长书法,这对段玉裁从事文字学研究、做《说文解字注》影响至大。而清代科举,大体承元明旧式,宗法程、朱。宋胡安国《春秋传》是科举考试用书,理由是胡安国之学出于程氏。承袭日久,于《春秋》唯知《胡传》,不知有《左传》等书了。此时,教段玉裁读《春秋传》,董莲池说:"这样看来,段得莘命儿跟随四叔祖读《胡传》,求其实用是主要目的。"①开蒙时所读《论语》等书,也是科举考试的重要读本,八股试题主要从《论语》等书中拈出。其祖父辈相继以教,当有薪传段家书香、走科举之路的期望。

段玉裁在《怀人馆词序》中回忆自己年轻时喜爱词,而父亲告诫他"是有害于治经史之性情,为之愈工,去道且愈远",因此玉裁以后五十年不谈词,"锐意于经史之学"。②

二、铁骨支贫

段玉裁祖孙数代都是读书人,祖、父都做村塾老师,"授徒为生",属耕读人家,但经济拮据,"食贫""赤贫"。祖父段文留下了"不耕砚田无

---

① 董莲池:《段玉裁评传》,南京大学出版社2006年版,第4页。
② 《经韵楼集》卷九《怀人馆词序》,凤凰出版社2010年版,第212页。

乐事,不撑铁骨莫支贫"的祖训,他自幼铭记。父亲段世续设馆在外,则"谓食人之食而训其子弟,必求无愧于心",母亲"性孝谨,肯勤苦"。段玉裁重视个人品德的养成,从小乐学、中年辞官、晚年抱病治学等等,都是明显的表现。段氏晚年家境不好,经常生病,可以说贫病交加,这些在与学者的通信中都有表述。如曾向朋友募款刻书,王念孙助资 40两,段玉裁在给王念孙的信中说,暂时挪作他用了,有钱时再补回来刻书。试想,如果不是生活困难有急用,怎么可能会挪用刻书的钱呢!"铁骨支贫"是儒家正统思想的体现。孔子提出"士志于道",其学生曾参也说"士不可以不弘毅,任重而道远"①。孟子则强调士要"尚志",使志行高尚,如何才能"尚志",孟子说:"仁义而已矣。杀一无罪非仁也,非其有而取之非义也。居恶在? 仁是也;路恶在? 义是也。居仁由义,大人之事备矣。"强调的正是"仁义"。同时强调"无恒产而有恒心者,唯士为能"②。只有"尚志"才会清贫而乐道。

段玉裁受祖父影响巨大,在《说文解字注》卷十五下注说:

> 玉裁之先百三公,自河南随宋南渡,居金坛县十六代。至先王父讳文,食贫力学,善诲后进不倦,著《书法心得录》。生先考,讳世续,事父母至孝。卅二岁丧亲,终其身,每祭必泣。以赤贫好学厉行,授徒严课程,善开导。谓食人之食而训其子弟,必求无愧于心。每诵先王父诗句云:"不种砚田无乐事,不撑铁骨莫支贫。"以是律己,教四子,务读经书,勿溺时艺。嘉庆六年,生玄孙义正。恩赐"七叶衍祥"扁。并拜白金黄缎之赐。八年,年九十四终于苏。反葬于金坛大坝头。著有《物恒堂制义》。长子即玉裁也。③

"父菊圃翁工制艺""制艺为金坛六王后劲"④。金坛王氏,是清八股文鼎盛时期以词章为主的流派之一,与桐城方氏和宜兴储氏并列,以王汝骧、王步青、王澍等为代表。许乔林将段父称之为"金坛王氏后劲",

---

① 分见《论语》的《里仁》《泰伯》篇。
② 分别见《孟子》的《尽心上》《梁惠王上》。
③ 许惟贤整理:《说文解字注》,凤凰出版社 2007 年版,第 1343 页上栏。
④ 语出《段氏家乘》卷十"行实"下许乔林《懒斋段公传》,南京大学图书馆藏。

也可见其父的影响。关于父亲教导的作用，姚鼐《惜抱轩文后集》卷七《封文林郎巫山县知县金坛段君墓志铭》评论说："君终身以训生徒为事。其训必使以读经为根本，与讲授熟复之，唯恐有弗达也。朝夕课之，多方以诱之，唯恐己力之余而弗致也。其后学徒多成立，而君子玉裁遂以经学名天下者，君之教也。"可见，段家的历史以及祖、父、母亲对段玉裁一心向学及早期教育的影响。

清代藏书家、拜经楼主人吴骞（1733—1813）《拜经楼诗集再续编》一卷，其中《病中有怀诸耆宿诗》分别咏段玉裁、孙渊如等七人，咏段氏诗："清忠门第本金沙，侨寄苏台说岁华。七世一堂希世有，岂惟拜纪到君家。"称其"清忠门第"。蒋文野《金坛望族　经学世家——关于段玉裁家世的考索》说：

> 段玉裁以经学名扬天下，确得力于家学熏陶。段公世续有四子两女，皆为元配史氏所生。史氏为玉裁生母，生于康熙五十二年，为同县庠生史建屏长女，十八岁嫁到段家。"性孝谨，肯勤苦。"段世续设馆在外，"孺人仰事翁姑，俯育儿女，苦心劳力，足称贤淑。"（《诰赠孺人史氏传》）①

附带说明，乾隆十八年（1753），19 岁的段玉裁"娶于氏，县学生某女"②为妻，段氏笔下很少提及夫人于氏。蒋文野认为"于氏，长先生两岁""生于雍正十一年（1733），死于嘉庆二十年（1815），后与先生合葬于大坝头祖茔，生两子一女。"③段玉裁纪念馆编《中国语言文字的巨人——"大清字圣段玉裁"》说："段玉裁 19 岁娶妻于倩，其父与大学士于敏中是堂兄弟，于倩知书达理，勤俭持家，是位贤内助。"两人生有两子一女。长子段骧，字右白，为国子监生，著《梅冶轩集》一卷，见龚自珍《己亥杂诗》第一四二首自注："舅氏段右白……平生诗晚年自涂乙尽。

---

① 蒋文野：《金坛望族　经学世家——关于段玉裁宗世的考索》，载《镇江师专学报》（社会科学版）1985 年第 4 期，第 35 页。

② 王念孙：《王石臞文集补编·大清敕授文林郎四川巫山县知县段君墓志铭并序》，见《高邮王氏遗书》，江苏古籍出版社 2000 年版，附录一，第 4 页下栏。

③ 参见蒋文野：《金坛望族　经学世家——关于段玉裁家世的考索》，载《镇江师专学报》（社会科学版）1985 年第 4 期，第 35 页。

予尚抱其《梅冶轩集》一卷。"次子段骑,字两千,县庠生,即龚自珍的岳父。一女段驯,字淑斋,能文工诗,嫁给浙江仁和袭丽正,生子龚自珍与女龚自璋,著《绿华吟榭诗草》。

第四节 名人影响

一、学使赏识

段玉裁13岁时应童子试,受到学使尹会一(1691—1748)的赏识。据《尹健余先生年谱》卷下""乾隆十二年丁卯,公五十有七岁""六月,考试镇江府"记载:"公以小学立教,吴中士子多烦言。按试金坛,生员段士续对小学策详明,擢第一。其子玉裁,年十三,九经、《小学》已成诵,即予入泮,以示鼓励。"可见得学使赏识、拔为贡生并"授以小学书"之事,对13岁的段玉裁促动很大,以致段氏终生不忘。"这种震动、这种殊荣成为他人生道路上燃烧不息的动力。"[1]《小学》书二册,段玉裁70岁时"于四弟玉立架上得之,喜极继以悲泣"。因尹会一病逝于松江试院,段玉裁未及报恩,后对尹会一之子尹嘉铨执礼甚恭。《博陵尹师所赐朱子小学恭跋》记载当日情景以及有关朱子学之事:

> 乌呼!此《小学》二本,乃我师博野吏部侍郎尹公元孚之所赐也。……乾隆丁卯,余年十三,先君子授以《小学》。是年应学使者童子试,试之日能背诵《小学》、四子书、《诗》、《书》、《易》、《周礼》、《礼记》、《春秋左氏传》及胡传,尹师谓孺子可教,赐饭,宠异之。试卷面呈,面许入泮,遂面授以新刻梁溪高紫超氏所注《小学》,奉书而归,先君子及先孺人喜甚,线装庋阁惟谨,即此本是也。盖师之学宗朱子,尤重朱子《小学》,督学江苏以培植人才为先务,命诸生童皆熟《小学》为养正之功,以坊间所行陈恭愍注未善,惟高氏注条理秩然,得朱子编辑本意,重刊颁布,而手畀玉裁也。师盖有厚望

---

① 董莲池语,见《段玉裁评传》,南京大学出版社2006年版,第5页。

焉,谓先君子曰:"此儿端重,必教之成大器,勿自菲薄也。"先君子教玉裁,时举此书。①

朱子《小学》,为朱熹淳熙十年(1183)七月始编、十四年(1187)形成之书,见于《朱文公文集》卷三十五《答刘子澄书七》。《郡斋读志附志》卷下说:"《小学之书》四卷,右朱文公先生所编也。有内篇,有外篇。其宏纲有三:曰《立教》,曰《明伦》,曰《敬身》。《明伦》则有父子、君臣、夫妇、长幼、朋友之品,《敬身》则有心术、威仪、衣服、饮食之目。又采摭古今经传书史之所记载,曰《稽古》、曰《嘉言》、曰《善行》,以广其教而实其事。小学之工程,大学之门户也。"

关于《小学》的阅读与文化教育价值,朱熹说:"后生初学,且看《小学》之书,那是做人底样子。"后世学者也认为须从《小学》《近思录》为门庭户牖,如清张伯行辑《养正类编·小学辑说》:"杨园张氏曰:《小学》是读书做人基本,《近思录》,治经之阶梯。但要成诵,刻期可毕,若其义,则虽终身由之不能尽也。学者不从二书为门庭户牖,积渐以进,学术终是偏枯,立身必无矩法。"并且,乾隆八年以"朱子所辑《小学》一书,始自蒙养为立教之术,继以明伦为行道之实,终以敬身为自修之要,于世教民心,甚有裨补",已令各省学政,以《小学》命题,考试士子。则此书已成为段玉裁必读之书。段玉裁一生不完全摒弃宋学,应当与此有关。

此外,段玉裁从学于尹会一,尹氏又曾在江宁拜师方苞。《尹健余先生年谱》卷下乾隆十二年(1747)"八月,受业于望溪先生之门"有详细记载:"公至江宁,即以太夫人遗命造谢望溪先生,请师事之。先生以公有使命,三辞。公寓书,谓先生老矣,某亦病衰日甚,百年不易得之遭逢,可以避嫌小节终辍乎?先生乃许见。公止骑从于二里外,徒步造门,亲操几席杖屦而入,北面拜为弟子。"则段氏与方苞也有一些渊源。

方苞(1668—1749),字灵皋,亦字凤九,晚号望溪,亦号南山牧叟,江南桐城(今安徽省桐城市凤仪里)人,生于江宁府(今江苏南京六合留

① 《经韵楼集》卷八,凤凰出版社 2010 年版,第 185—186 页。

稼村)。康熙时进士,康雍乾时期历任武英殿修书总裁、翰林院侍讲学士、内阁学士兼礼部侍郎、礼部右侍郎、经史馆总裁等职。为学以程、朱为宗,为文尊奉唐宋散文,提倡写古文要重"义法",追求道与文并重,被称为"桐城派"的鼻祖。方氏晚年曾奉乾隆之命编纂大型"钦定"的八股文选本《钦定八股文》,选文数百篇,以"清真雅正"为标准。方氏一方面批评八股文,一方面又以八股之法评论古文,以八股文教授生徒,表现出较为明显的矛盾心理,无怪乎前人用"灵皋以古文为时文,却以时文为古文"来评价他。[1] 姚鼐后来在方苞"义法"说的基础上,融合刘大櫆的"神气、音乐、字句"说,提出义理、词章、考据三者的结合,是针对考据学派只知训诂考据而昧于义理、不懂词章而言。由段玉裁晚年借万季野告诫方苞之语告诫龚自珍"勿读无益之书,勿作无用之文",可知他并未沿方、姚之途发展,或与此时考据派已蔚为大宗相关,时人已形成一种价值观,以考据为实际学问,力避明人的空疏,同时一些朴学家进士及第,或担任考官,逐渐形成时趋。

二、始知古音大略

段玉裁 20 至 21 岁时曾从同邑蔡一帆游,对古音韵有了初步了解。嘉庆十六年(1811)八月,77 岁的段玉裁撰《蔡一帆先生传》[2]说:"先生生而颖异,时义诗辞律赋,髫年即工为之,弱冠为名诸生,于书篆、隶、真、草皆工,图章尤工绝,逼雪渔、三桥诸名手,自当代先辈达人以及一时髦俊,无不推服","玉裁弱冠时从先生游,得诗赋时义之说",蔡氏著有《律韵辨通》,"玉裁之言古韵实权舆于是""往者先生赁学基于氏书室居焉,时过从问字。"因言"弱冠时从先生游"。段玉裁《寄戴东原先生书》也有"甲戌、乙亥之间,从同邑蔡丈一帆游"之说。

该文记载,段玉裁还曾向县城的史一吟、曹可诗两位学习诗词。段氏自记史一吟有"余尝患家贫书少,丈诲之曰:'物聚于所好,能好之,则书自多矣'"。对段玉裁多有鼓励。所记曹氏"诗取味外味,以渔洋为

---

① 钱大昕《潜研堂集》卷三十三《与友人书》引王若霖语,《嘉定钱大昕全集》第九册,第 576 页。
② 载《经韵楼集》卷九,凤凰出版社 2010 年版,第 219—223 页。

宗"，即"曹可诗丈讳阶，字及三，号可诗，少壮为诸生有名，与归愚先生及诸公结盟称弟七子，余尝从论诗退学轩中，已将七十矣，风神高迈，诗取味外味，以渔洋为宗。有《浣香诗集》藏于家"。这些材料，对解读段玉裁的诗学主张当有帮助。

据《怀人馆词序》："予少时慕为词，词不逮自珍之工。先君子诲之曰：'是有害于治经史之性情，为之愈工，去道且愈远。'予谨受教，辍勿为。"①可知，因父亲认为治诗文有害于经史，所以段玉裁后来很少作诗。而蔡氏所著《律韵辨通》，据段玉裁所说：

> 言"律韵"者，谓近体律诗律赋所用，无需奇古鄙俗字，专取可用字也。曰"辨通"者，病下里坊刻小韵书说通转最缪，真、文或与庚、清、蒸同用，又或以是二者与侵同用，入声尤为淆乱，故本诸宋郑庠分六部者而详别之：东、冬可通，支、微可通，鱼、虞可通，佳、灰可通，真、文可通，寒、删可通，萧、肴、豪可通，阳与江亦可通，庚、清、青可通，蒸与庚、清、青亦可通，覃、盐、咸可通，上、去准是。入声屋、沃可通，质、物、月可通，曷、黠可通，药与觉亦可通，陌、锡、职可通，合、叶、洽可通。近体诗考试律赋最严，无可通也。自为吟咏，略可出入，然非效周、秦、汉之作，必依比近音谐者用之，去律不大远，故既云"律韵"又云"辨通"也②。

这是一代语言学大师段玉裁最早的音韵学启蒙教育。

三、受知名家沈德潜等

乾隆二十二年(1757)，23 岁的段玉裁为附生，受知于沈德潜尚书，其时李因培侍郎督学江苏，对段玉裁尤加激赏。这在王念孙所撰《墓志铭》与刘盼遂所撰《年谱》中均有记载。

沈德潜(1673—1769)，字确士，号归愚，江苏苏州府长洲(今江苏苏州)人。乾隆元年(1736)，荐举博学鸿词科，乾隆四年(1739 年)以67 岁高龄得中进士，授翰林院编修，为天子词臣，乾隆称其"江南老名

---

① 《经韵楼集》卷九《怀人馆词序》，凤凰出版社 2010 年版，第 212 页。
② 《经韵楼等》卷九《蔡一帆先生传》，凤凰出版社 2010 年版，第 219—220 页。

士"。乾隆二十二年（1757）加礼部尚书衔，段玉裁当于此后不久有机缘受知于沈氏。作为叶燮门人，沈氏论诗主"格调"，提倡温柔敦厚，其诗论后人称为"格调说"。所谓"格调"，本意指诗歌的格律、声调，也指由此表现出的高华雄壮、富于变化的美感。所著有《沈归愚诗文全集》。又选有《古诗源》《唐诗别裁》《明诗别裁》《清诗别裁》等，流传颇广。《清史稿》卷三〇五《沈德潜传》称："德潜少受诗法于吴江叶燮，自盛唐上追汉、魏，论次唐以后列朝诗为《别裁集》，以规矩示人。承学者效之，自成宗派。"

李因培（1717—1767），字其材，号鹤峰，晋宁锦川里（今云南昆明晋宁区）人。博学多才，尤精文史。曾两次任江苏学政，据《高宗实录》卷四八九记载："乾隆二十年五月，以光禄寺卿李因培提督江苏学政。"卷五二一："乾隆二十一年九月，谕：'各省学政，已届期满，江苏学政李因培，……俱着仍留。'"第二次任江苏学政，据同书卷六七〇："乾隆二十七年九月壬戌，谕曰：'各省学政，现届差满。……江苏学政，着李因培调补。'"段玉裁受李氏激赏，当在李氏第一次留任江苏学政之时。

受到前辈学者沈德潜与江苏学政李因培的赏识，学政是负责主持院试，选拔秀才，并督察府、县的学官。这对段玉裁的科举考试与学术声誉等当有一定的帮助。格调派在乾隆时代影响较大，段玉裁诗作不多，更少诗论，难以分析沈德潜对段玉裁的学术影响，而格调派重视诗作的音律、章法、句法、字法，此与段玉裁学术路向的关联，或可进一步抉发。

然而，明朝初期以来，以八股文取士。八股文从《四书》《五经》中抽取句子作为题目，让考生按照题旨、揣摸古人语气，"代圣人立言"，在写作格式上，有严格规定，不能稍有突破，极大地束缚了读书人的思想。因此，读书人必须放弃独立思考、遵循格式规范摹拟科举文。段玉裁似乎接受了举子业的训练，有"布衣博得一襕衫"之想，而对诗赋音韵等的敏感、受知于"江南老名士"沈德潜或许还有耿直、不愿受束缚的禀性等，又似乎牵引着他走向另一条道路。

第五节 "扬州读书说"辨

有段玉裁研究者或书院研究者认为,段玉裁肄业于扬州的书院,甚至误认为他曾执教于扬州书院。然从就读的时间、所谓同学均无直接记载、段氏本人文字从无相关叙述等来看,段玉裁的这一学历可疑,"扬州读书说"似难成立。这里结合对清李斗《扬州画舫录》、近人柳诒徵《江苏书院志初稿》等相关文献的释读,探讨误说产生的原因。

记载段玉裁一生行实较为齐全的前有罗继祖《段懋堂先生年谱》(以下简称"罗谱")、刘盼遂《段玉裁先生年谱》(以下简称"刘谱")①,后有董莲池、赵航《段玉裁评传》(以下分别简称"董传"、"赵传")等②。

"罗谱""乾隆十二年丁卯 十三岁"载:

> 六月,学使博野尹公会一按试镇江,洁斋先生及先生皆返里与试。尹公以《小学》策士,见洁斋先生所对详明,擢为第一。又以先生能背诵《小学》四子书、《诗》、《书》、《易》、《周礼》、《礼记》、《春秋》左氏及胡氏传,赐餐宠异之。阅试卷,许入学,以示鼓励。试毕,以新刊梁溪高氏所注《小学》授先生,且谓洁斋先生曰:"此儿端重,必教之成大器,勿自菲薄也。"

"刘谱"于此年记载相近,又有"尹会一《健余尺牍答图织造书》云:陆先生有女,择配以贤不以势,中略。仆当留意,成其美善。中略。顷试金坛,有段玉裁者,年方十二,系廪生段世续之子,背诵九经甚熟,气质亦端温。仆奇其才,拔取入泮,尚未能定其志气,且未知其已未曾聘,容再访之"一节,有"拔取入泮"之语。

---

① 罗著有上虞罗氏墨缘堂民国23年石印本,刘著有民国25年北平来熏阁书店铅印《段王学五种》本,今二书收入北京图书馆出版社1999年版《北京图书馆珍藏本年谱丛编》第108册,《段玉裁全书》附录收入此二谱。

② 董著有南京大学出版社2006年版,赵著有江苏人民出版社2009年版。

两家之说与段氏同时学者王念孙《大清敕授文林郎四川巫山县知县段君墓志铭并序》所说"年十三,入学为附生"、《清史列传》卷六八《段玉裁传》载"年十三,补诸生,学使尹会一授以小学书,遂究心焉"是一致的,即"年十三,补诸生"。补诸生,指考取秀才,成为县学生员。又,乾隆十一年十一月,尹会一充江苏学政。吕炽《尹健余先生年谱》卷下"十有一月之江苏学政任"有:"舟次维扬,至安定书院,受印视事,人怀旧德,欢声载道。"段玉裁在14岁以前跟随其父在常州"毗陵连江桥馆舍"读书①,玉裁自己有明确记载,而非就读于扬州安定书院。

然"刘谱"于"乾隆二十二年丁丑　先生二十三岁"下有:"为附生,有时名,初治词术,受知于沈尚书德潜,于时李侍郎因培督学江苏,尤加激赏。王撰墓志铭";于"乾隆二十三年戊寅　先生二十四岁"下有:"日本人山本悌二郎、纪成虎合著《宋元明清书画名贤详传》卷十四有《段玉裁传》云:'与弟玉成肄业于扬州之安定书院,当时同学皆以'二段'目之。'又友人武陟李濂云:'曾见段先生画山水一幅于都门琉璃厂,今不知属谁氏矣。'柳诒征《江苏书院志初稿》引《扬州画舫录》云:'安定、梅花两书院,四方来肄业甚多,如梁国治、任大椿、段玉裁、李惇、王念孙、宋绵初、汪中、刘台拱、洪亮吉、孙星衍、顾九苞等数十人。'"此说不见于"罗谱"。

"董传"第一章《家世、举业和从师》认为:"大约在二十一岁的时候,他结束了毗陵连江桥学馆的读书生涯,与弟段玉成前往扬州安定书院深造。安定书院在当时是国内有名的书院,四方青年来此求学者甚多,段玉裁在这里肄业之时,结识了不少学友,如扬州的汪中,常州的赵翼、孙星衍、洪亮吉等,这些人后来大都在乾嘉学坛上执牛耳于一方,成为一代大师。"②"赵传"则不涉及。

美国艾尔曼著、赵刚译《从理学到朴学——中华帝国晚期思想与社会变化面面观》第三章"江南学者的职业化"第四节"江南学界与书院":"安定、梅花两书院是扬州最著名的学校。何柄棣认为这两所学校是清

① 《经韵楼集》卷八《博陵尹师所赐朱子小学恭跋》:"十一年至十四年,乃从先君子读书毗陵连江桥馆舍。"凤凰出版社2010年版,第185页。
② 董莲池著:《段玉裁评传》,南京大学出版社2006年版,第6页。

初专为盐商子弟开办的,这说明盐商家庭似乎享受国内的最佳教育。许多汉学家、考据学者在此任教,其中有戴震、段玉裁(1735—1815)、王念孙、孙星衍、洪亮吉。"①关于戴震等任教的叙述是有问题的。除戴震受聘于盐商坐馆从教外,另四人为书院肄业者,非任教者。又,戴震亦非书院山长之类。

综上可知,"刘谱"认为段玉裁 24 岁肄业于扬州安定书院,"董传"认为是 21 岁时"前往扬州安定书院深造";"罗谱""赵传"则无就读于扬州书院之说。艾尔曼则误读为段玉裁任教于扬州书院。

然段玉裁作为一代学人,非常尊重老师。根据史料可知,主要有最早赏识他的尹会一,学诗赋时义的蔡一帆、史一吟、曹可诗,学官沈德潜、李因培,乡试的座师、房师钱汝诚、韩锡胙,学问师戴震等。段氏关于个人读书治学,从无就读于扬州安定书院的直接记载,也没有关于其时老师、同学的叙述。金坛属镇江府,与扬州有长江之隔,分属两府,从段玉裁的成长过程来看,似无赴扬州修习课业的时间。

致误的原因起始于误读《扬州画舫录》。清李斗撰《扬州画舫录》卷三(69 页):"段玉裁,字若膺,一字懋堂,镇江金坛人。乾隆庚辰举人,官玉屏知县。受业于戴东原,与御史王念孙齐名。著《六书音均表》《古文尚书考证》《许氏说文读》。弟玉成,丙午举人,亦为训诂之学。受知于李学使因培,令其肄业安定,同学称为'二段'。"②而据史料可知,该书记载历年的学生,上列诸人并没有同时就读。

"刘谱"说:日本人山本悌二郎、纪成虎合著《宋元明清书画名贤详传》③卷十四有《段玉裁传》云:"与弟玉成肄业于扬州之安定书院,当时同学皆以'二段'目之。"又友人武陟李濂云:"曾见段先生画山水一幅于都门琉璃厂,今不知属谁氏矣。"

---

① 美国艾尔曼著、赵刚译:《从理学到朴学——中华帝国晚期思想与社会变化面面观》,江苏人民出版社 1995 年版,第 87 页。

② (清)李斗:《扬州画舫录》,中华书局 1997 年第 1 版第 2 次印刷,第 69 页。

③ (日)山本悌二郎,纪成虎一:《宋元明清书画名贤详传》东京:筑地活版制造所,日本昭和 2 年(1927)铅印本。

柳诒征《江苏书院志初稿》引《扬州画舫录》云:安定、梅花两书院,四方来肄业甚多,如梁国治、任大椿、段玉裁、李惇、王念孙、宋绵初、汪中、刘台拱、洪亮吉、孙星衍、顾九苞等数十人。并总括说:段、王、汪、刘、洪、孙、任、顾诸贤,皆出于邗之书院,可谓盛矣。后世认为段玉裁曾在扬州读书,多因柳先生而起。

多位学者认为段玉裁曾读书于扬州,本人主张存疑。从《扬州画舫录》来分析,弟玉成亦为训诂之学,故被"同学称为'二段'",而非指二人同时就学于安定书院,此其一;当时扬州有众多汉学大师相继执教,而重视师承关系的段氏从未提及任何老师,《八十自序》称"余幼时,先君子亲授经典,博陵尹师授以朱子《小学》。吾父吾师之爱我者至深,责我者至重也",仅提老师尹会一,此其二;段氏个人的记述,从未见在扬州求学之事,段氏未言及任何同学,反之也未见他人与段氏同学于扬州的记载,此其三。综上,本人倾向于段玉裁未在扬州读书;致误的原因是误读《扬州画舫录》。

邓洪波在谈书院与学术关系时说:"吴派、皖派和扬州学派三派的产生、发展都与书院有着不可割舍的联系,各派的领袖人物和中坚学者或肄业、或执掌、或任教于书院。具体而言之,吴派之于苏州紫阳书院、南京钟山书院,皖派之于徽州紫阳书院、洋川毓文书院、婺源明经书院,扬州学派之于扬州的安定书院和梅花书院。""安定、梅花二书院自重新修复以后,不少汉学大师相继执教,如陈祖范、蒋恭斐、杭世骏、赵翼、洪亮吉、姚鼐等,他们将汉学研究和教学结合起来,不少汉学研究成果被直接传授给学生……这些书院肄业的乾嘉学者多利用其他书院讲学,如段玉裁就先后主讲山西的寿阳书院、浙江的鸳湖书院、娄东书院、杭州诂经精舍,任大椿则执掌淮安的丽正书院,对扬州学派思想的传播起到了推动作用。"[1]已将段玉裁与扬州学派的关系坐实。然段氏是否就读于扬州,需要更明确材料展开进一步讨论,特记于此。

---

① 详参邓洪波:《中国书院史》第六章第五节《书院与乾嘉汉学》,东方出版中心 2004 年版,第 476 页、480 页。

第六节　乡试中式

清代的科举制度,先是由各省学政主持岁试、科试。本省各类生员,经科考、岁科、录遗合格,才有资格参加乡试。乡试是人才选拔的重要环节,士子升迁的必由之路。考试方式是每三年举行一次,即在子、卯、午、酉这四个年中的八月举行乡试,遇庆典加科为恩科。中式称为"举人",原则上获得了选官的资格,也有资格参加次年在京师举行的会试。乡试第一名称为解元,第二名称为亚元,第三、四、五名称为经魁,第六名称为亚魁。乡试正副主考官一般由朝廷选派翰林、内阁学士赴各省充任。

据清福格《听雨谈丛》卷十"乡会试掌故二"记载:"二十五年庚辰恩科乡试。本年皇太后七旬万寿,又值西域平定,武功告成,正科会试后,举行恩科乡试。"①乾隆二十五年(1760)秋,26岁的段玉裁中式江南庚辰恩科乡试。明清以来,江南地区文化兴盛,人才济济,而录取名额有限,这就造成人才内卷严重,大批文人沉沦下层。段玉裁6岁读书,26岁中式,历时20载,较祖父辈有所突破,为人生打开了更大的空间。

段氏参加考试情况,罗盼遂《年谱》描述:"是年以慈寿七旬,又值西域平定,开恩科。先生膺乡荐。房师金匮知县青田韩公锡胙,主考礼部侍郎嘉兴钱公汝诚、副都御史海盐朱公振。试题为汤之盘铭曰,次题为黄衣狐裘,三题吾王不游。四句诗题秋露如珠,得如字。"主考官为钱汝诚、朱振,同考官为韩锡胙等。

主考官钱汝诚(1722—1779),字立之,号东麓,浙江嘉兴人。乾隆十三年(1748)进士。选翰林院庶吉士,散馆授编修,入直南书房。擢内阁学士。历任兵部左侍郎、顺天府府尹、户部左侍郎、刑部左侍郎等职,充《四库全书》、《三通》馆副总裁。以文学知名,兼工画,家多藏书。《清史稿》卷305,《清史列传》卷19,《国朝先正事略》卷15等有传。

同考官韩锡胙(1716—1776),字介屏,号湘岩,别署少微山人、妙有

山人,青田(今属浙江)人。乾隆十二年(1747)中举,历任山东平阳、禹城、平原、济河、莱阳,江苏金匮、宝山等县县令,迁安庆、松江、苏州知府、松太兵备道等。并曾任正谊书院、德州书院山长,武英殿纂修官等。所至皆有政声。学问渊博,工书画,诗文词尤峻拔绝俗,著有《滑疑集》8卷行世。为戏曲名家,有杂剧《南山法曲》《砭真记》,传奇《渔村记》等传世。

段玉裁早于戴震中举,而两人的考官同为钱汝诚、韩锡胙等,这为戴、段相交种下了一种机缘。段玉裁《戴东原先生年谱》"二十七年壬午四十岁"条:"是年,举于乡。考官为嘉兴少司寇钱先生东麓,讳汝诚,大庾戴太史篑圃,讳第元。同考官为金匮县知县青田韩先生介屏,讳锡胙。钱、韩二先生,即庚辰恩科玉裁之座师、房师也。韩先生尝语玉裁曰:'闱中阅东原卷,文笔古奥,定为读书之士。榜发,窃自喜藻鉴不谬云。'"段氏后来与钱、韩二师多有交往。

第二章　京师历练近十载

从乾隆二十六年(1761)到乾隆三十四年(1769),段玉裁在北京参加会试三次,均以失败告终。有机会6年左右的时间担任官学教习,从而为出仕为官创造了条件。这近10年段玉裁在学术上最为重要的是向戴震问学并拜师,结交钱大昕、程晋芳、邵晋涵等学者,短暂至山西主讲寿阳书院、助修县志,学习"拨镫法",回家两年整理《诗经韵谱》《群经韵谱》等,明确了一生从不动摇的学术方向。京师文化圈对段玉裁的滋养与影响是非常大的。

第一节　落第从教

一、初次入都

古代中式举子依照惯例要参拜参拜座师,第一次入都的段玉裁拜见了乡试主考官钱汝诚。段玉裁颇受钱师赏识,得住钱府。钱家藏书丰富,段玉裁因此有机会读到顾炎武《音学五书》,《六书音均表》卷首称:"惊其考据之博衍,始有意于音韵之学。"钱家之行,成为段玉裁后来攻治古音学的重要契机。

第一次入都,段玉裁还谒见了恩师尹会一之子尹嘉铨。尹嘉铨(1711—1781),字亨山,室名贻教堂。直隶博野(今属河北)人。雍正十三年(1735)举人,历任山东、甘肃等省司、道,官至大理寺卿。有《小学大全《偶然吟》等。《清史稿》卷308附尹会一传后。段玉裁在《博陵尹师所赐朱子小学恭跋》是这样记载的："玉裁至二十六,举于乡,入都,谒师令嗣亨山方伯,亦勤勤恳恳望以力学。"虽然老师多以治学相勉,而段玉裁自认为年轻时"好习辞章,坐耗岁月"。后来,尹嘉铨一而再、再而三地为其父请谥并从祀文庙,触怒了当时皇帝乾隆而遭处死。此事似对段玉裁辞官归里产生一定的影响。

二、会试落第

乾隆二十六年(1761)四月二十四日,段玉裁第一次参加会试,名落孙山。该科取士217人,乾隆亲定殿试三鼎甲:状元王杰,榜眼胡高望,探花赵翼。会试正考官为协办大学士刘统勋,副考官为侍郎于敏中、观保。于敏中与段玉裁除了是金坛同乡,还有亲戚关系。段玉裁在乾隆十八年(1753)19岁时"娶于氏,县学生某女",按辈份来说,属于于敏中的子侄辈。赵翼(1727—1814)是常州阳湖人(今常州武进区),以其与袁枚、蒋士铨并称为"江右三大家"的诗名,与王鸣盛、钱大昕并称为乾嘉考证史学三大家的史名,求真的学术精神与诙谐豪放的性格等赢得学人的赞誉,长段玉裁8岁且同为江南学子,二人虽同年参加会试,而似乎并无交往,当与科举功名有关。

此后,段玉裁又参加过两次会试。第二次为乾隆三十一年(1766),戴震同时落第。第三次为乾隆三十四年(1769),仍未中,从此不再参加科考。第三次入京参试时,与戴震确认了师生关系。

段氏参加科举,所读《诗》当为朱子《诗集传》。而此时惠栋著《毛诗古义》,戴震著《毛郑诗考正》,《毛诗》的学术价值得以充分显示,《诗》学也向汉学转变。段玉裁拜师戴震,有志于学,则尊奉《毛诗》,后来作《毛诗故训传定本小笺》也与此有关。此时段玉裁正致力于《诗经韵谱》的编撰。

三、京师教习

"长安索米怅何倚,年少江南一布衣",江南同乡赵翼落第后靠"捉刀"以谋生计时发此长叹,段玉裁三次北上为求功名,依然一袭青衫而难归故里,只能谋求教习一职维持生计,暂时留在京师。王念孙《大清敕授文林郎四川巫山县知县段君墓志铭并序》说段玉裁"乾隆二十五年,举江南乡试,寻充景山教习"。"寻"字所表不具体,即段玉裁何时担任景山教习,没有明确记载。《清史稿》志八十一《选举一》第9页记载:

> 景山官学,康熙二十四年,令于北上门两旁官房设官学,选内府三旗佐领、管领下幼童三百六十名。清书三房,各设教习三人。汉书三房,各设教习四人。初,满教习用内府官老成者,汉教习礼部考取生员文理优通者。寻改选内阁善书、射之中书充满教习,新进士老成者充汉教习。雍正后,汉教习以举人、贡生考取,三年期满,咨部叙用。学生肄业三年,考列一等用笔帖式,二等用库使、库守。乾隆四十四年,许回子佐领下选补学生四名。嘉庆间,定额镶黄旗、正白旗均百二十四,正黄旗百四十,回童四。

景山官学,康熙二十四年(1685)设,位于景山前门,是培养教育上三旗官员子弟学习满汉书籍的初级学校,属于内务府官学。"汉教习以举人、贡生考取,三年期满,咨部叙用",则段玉裁有以举人身份担任教习的可能。

段玉裁《戴东原先生年谱》也有相印证的材料,其中"三十二年丁亥,四十五岁"自述:"是年玉裁景山万善殿教习期满,住于户部雯峻家处。先生在京时,枉驾过之。四五月间,玉裁出京矣。"于雯峻,字次公,号小培,雍正元年状元于振之子。乾隆十九年(1754)年进士,官至监察御史。户部侍郎于雯峻是于敏中的族侄,与身为于氏女婿的段玉裁为同辈。乾隆三十二年丁亥(1767)春,段玉裁担任教习一事结束,暂住于雯峻家,戴震曾来访。

只是"景山万善殿教习"的表述令人疑惑,景山教习与所谓的万善殿教习不同。王念孙说"充景山教习",刘盼遂《年谱》也记叙"万善殿官学"之事。而查核相关史料,无万善殿官学之名,有"长房官学"之名,康熙三十五年(1696)设内监官学于蕉园,乾隆三十四年(1769)改设于中海万善殿长房,是教习太监粗识满、蒙、汉文字的学校,"万善殿官学"疑指此。据史料可知,清代八旗官学,隶属于国子监,系为培养八旗子弟而设。又有"内监官学",称"长房官学",教习太监。官学中的汉教习,三年期满,分等引见。一等任用为知县,二等任用为知县或教职。嘉庆、道光年间,官学渐渐废弛。清末改为八旗学堂。

段玉裁自乾隆二十六年(1761)任教习,到三十二年(1767)春期满,有六七年时间,而到乾隆三十五年(1770)吏部铨选县令,时间跨度达十年。按照"三年期满,咨部叙用"例,三年任满就有任命为邑令之类小官的机会,养家糊口自不成问题,何况他本来已是举人,大致取得了做官的资格。但是他至少任教两任才得以"铨放"。我们考察雍正时期教习考核制度,雍正十二年(1734)九月规定:"汉教习内三年期满,如果实心训课行走优勤者,臣衙门出具考语,咨部引见,以应升之缺补用。其训课平等者,三年期满仍留三年。俟六年期满,照依此例补用。……其不尽心教授者,参奏重处。如此,则劝惩兼施,诱励备至。学生等自必群知奋心以归于上进之途,而教习等亦不至有草率偷安之弊矣。请以此著为定例,永远遵行。"依此规定来看,段玉裁第一个三年期满,可能"训课平等"而留用三年,第二个三年期满,并未立即获得补用。此后,他极少提及此段经历,更无同时任教的人员、学生的任何记载,《八十自序》中也未提此经历,似讳言之。这可能与他的教习考核不顺相关,也可能与他的妻子家于氏重要人物于敏中后来的遭遇有关。

于敏中(1714—1780),字叔子,一字重棠,号耐圃,江苏金坛人。出身簪缨世家,曾祖父于嗣昌,祖父于汉翔,均考中进士,有名于时;父亲于树范,曾召入内廷充武英殿纂修,参与编辑《康熙字典》《佩文韵府》等书。幼年曾短暂过继给其叔于枋为嗣。曾师事王步青。于敏中乾隆二年(1737)中状元,授翰林院修撰。与其族兄于振并称"兄弟状元",成为金坛科举盛事。于敏中在朝42年,任职颇多,大略有:典山西乡试,督山东、浙江学政,兵、刑、户部侍郎或尚书,经筵讲官,日讲起居注官,上书房总师傅,翰林院掌院学士,方略馆副总裁,四库全书正总裁,国史馆、三通馆正总裁,文华殿大学士,军机大臣上行走,加太子太保衔,赏一等轻车都尉,谥"文襄"。于敏中成为乾隆朝汉臣首揆执政时间最久的人。其书法造诣精深,在文化方面更是多有贡献,如力主开四库全书馆,担任正总裁。个人著有《浙程备览》5卷,《素余堂集》34卷,《于文襄论四库全书手札》1 卷等。另外,还奉命纂修、考订、汇编了《钦定临清纪略》16 卷,《钦定户部则例》120 卷,《国朝宫史》36 卷,《钦定日下旧闻考》160 卷,《钦定满州源流考》20 卷,《钦定钱录》16 卷,《钦定西清砚谱》24 卷,《钦定重刻淳化阁帖及释文》10 卷等。乾隆四十四年十二月(1780 年 1 月 14 日)去世,乾隆帝下诏优赐恤,入祀贤良祠,谥"文襄",归葬金坛涑渎周庄村。死后数年,却因家庭不和睦、被查出当年不法之事而被撤出贤良祠,剥夺子孙世职。

自段玉裁入都之际,于敏中于乾隆二十五年(1760)十月受命为军机大臣,直接参与机务朝事,乾隆三十年(1765)擢户部尚书,乾隆三十三年(1768)加太子太保。作为于氏女婿的段玉裁,既然暂住在于敏中的亲侄、户部侍郎于雯峻家中,并能接待戴震等人来访,那么有机会见到于敏中,或受于氏相助,当是大概率之事。后来戴震入四库馆,由于敏中推荐,也可旁证相互的关系。于氏家族为金坛望族,段玉裁为于氏女婿,段家多人与于氏联姻,然今所见各种材料,几乎没有段玉裁与于敏中交往的任何文字记录。这可能与于敏中死后受朝廷处罚一事相关,段玉裁及其后人有意不记或删落了相关信息。

第二节　师事戴震

一、初识戴震

戴震在乾隆二十七年(1762)40 岁时考中举人,次年春,入都会试不第,滞留在新安会馆。当时任教习的段玉裁,与好学之士汪元亮、胡士震等前往新安会馆向戴震请教。段玉裁初见戴震,《声类表序》有记载:"始余乾隆癸未请业戴东原师,师方与秦文恭公论韵,言江慎修先生有《古韵标准》,据《毛诗》用韵书,真至仙十四韵,宋郑庠谓汉、魏、杜、韩合一者,《毛诗》实分二,余闻而异之,顾未得见江氏书也。"[1]同年夏,戴

---

[1]《经韵楼集》卷六,凤凰出版社 2010 年版,第 116 页。

震南归,段玉裁以信札问安,并自称弟子。

　　段玉裁早于戴震两年中举,依传统习俗,段氏为年兄,然段氏拜师东原,实出有因。其时,段玉裁初中式,并无学名,而戴震早已名满天下,当时人汪中说"戴君游京师,当世推为儒宗"①。董莲池《段玉裁评传》第一章"家世、举业和从师"议论说:

　　　　从年龄上看,戴震比段玉裁年长十二岁,段玉裁既然一厢情愿地认戴震为师,年龄不会让人感到不顺。可是若论中举的时间,段玉裁却早于戴震两年。按当时的世风,于举业上先中者是年兄,后中者则是年弟,因此,大段玉裁十二岁的戴震非但不能为师,连当兄都无资格。戴震大概内心深处强烈地感受到了这一点,出于自尊,他对段玉裁以弟子自称决不默许。可是段玉裁不管戴震许不许,他在心目中是认定了这个老师。②

董先生的判断,从段玉裁的表述中也有印证,如段氏《答黄绍武书》有"昔东原师坚拒愚称弟了,而愚必弟子焉"之语,并且在具体行为上有很多体现,如乾隆二十八年(1763)认真抄录戴震《原善》上中下三篇、《尚书古今文字考》、《春秋改元即位考》等;乾隆三十年(1765)八月,戴震校定《水经》一卷了,段玉裁"从之借抄",并自记一篇,这似乎为段氏后来的《水经注》研究与为戴震《水经注》案辩白埋下了伏笔。戴震与段玉裁终成师生,也可见二人气味相投,均是惊世骇俗之辈。梅光迪《论今日吾国学术界的需要》说:"吾国昔日学者,常孤介绝俗,不屑屑于众人之知⋯⋯故学者之令名,积久而后彰,其所恃者,在少数气味相投,不轻许可,而永久继续之智识阶级。若一时众人之毁誉,则所不计也。"③民国学术大师黄侃拜年长数岁且有"卿本佳人,奈何作贼"骂名的刘师培为师,也可以见到这种以学问为师的惊世骇俗之举。

　　戴震治学的特点,他自己有很好的概括:"经之至者道也,所以明道

---

① 见汪中《述学・别录》之《大清故贡生汪君墓志铭》。《新编汪中集》,广陵书社 2005 年版,第 483 页。
② 《段玉裁评传》,南京大学出版社 2006 年版,第 12 页。
③ 《梅光迪文录》,辽宁教育出版社 2001 年版,第 18 页。

者其辞也，所以成辞者字也。必由字以通其辞，由辞以通其道，乃可得之。"①"仆自十七岁时，有志闻道，谓非求之《六经》、孔、孟不得，非从事于字义、制度、名物，无由以通其语言。宋儒讥训诂之学，轻语言文字，是犹渡江河而弃舟楫，欲登高而无阶梯也。"②这种典型的以小学明经学、明经达道的考据家的自白，直接影响了段玉裁一生治学的路向。

二、壹意拜师

二人成为师生有一艰难的过程。段玉裁自撰《东原先生札册跋》③对拜师经过有一详细的补述："余辛巳不第，旅食都门；癸未，东原先生至，心慕其学，屡请正师弟之称，不许。先生不第，归；遂致书称弟子。丙戌相见，遽言尊柬久欲奉还，朋友自可取益，奚必此也。今册中犹存三札，缴还称谓。于以知先生德盛礼恭，远出昌黎氏抗颜之上。"由此可知，段氏初见戴震欲拜师，后写信称弟子，戴震一直未同意。

三年后即乾隆三十一年（1766），二人又入都参加会试，均落第。二人相见，戴震当面仍未接受师弟关系，并归还拜师帖。段玉裁再申拜师之意。这一情况保留在二人的往来信札中。段玉裁呈戴震书："《水经》一本，裁已抄完。乞将校定全书并裁所上，全部付来手。金五先生所书《夏小正》正文，亦祈发来。耑此，并请钧安。余不悉。裁谨禀。"《戴东原与段茂堂十一札》之《第一札》："弟校本数日前为姚六哥蕭取去，余俱奉上。尊谦不敢当，并缴。"④按《戴震全书》本《与段茂堂等十一札》校注（一）："此札是戴震在段玉裁来信上所加的批语。因'尊谦不敢当'，后欲将原信退回。此札及第二、三札之首均注有'丙戌'二字，是段玉裁的手迹，即是说前三札均作于乾隆丙戌三十一年（一七六六）。"⑤还保存于段玉裁所撰《戴东原先生年谱》中，乾隆三十一年记载：

---

① 《与是仲明论学书》，见《戴震全书》之三十二，黄山书社 1995 年版，册六，第 370 页。原文作"词"，本文从初稿作"辞"。

② 《与段茂堂等十一札》，见《戴震全书》之三十五，黄山书社 1995 年版，册六，第 541 页。

③ 《经韵楼集》卷七《东原先生札册跋》，凤凰出版社 2010 年版，第 173 页。

④ 《戴震全书》之三十五，朱阿明整理、杨应芹审订《与段茂堂等十一札》，黄山书社 1995 年版，册六，第 541 页。

⑤ 《戴震全书》黄山书社 1995 年版，册六，第 548 页。

始,玉裁癸未请业于先生,既先生南归,玉裁以札问安,遂自称
　　弟子。先生是年至京面辞之,复于札内辞之。又有一札云:"上年
　　承赐札,弟收藏俟缴,致离舍时,匆匆检寻不出。在吾兄实出于好
　　学之盛心,弟亦非谦退不敢也。古人所谓友,原有相师之义,我辈
　　但还古之友道可耳。今将来札奉缴。"观于姬传及玉裁之事,可以
　　见先生之用心矣。直至己丑相谒,先生乃勉从之。朱文正公尝曰:
　　"汝二人竟如古之师弟子,得孔门汉代之家法也。"

对二人师生关系的形成有明确说明,己丑年即乾隆三十四年,二人才正
式确立师生关系。并提及姚鼐拜戴震为师的一段公案。

　　此公案涉及清代汉学、宋学之争,考据与辞章的关系,学者文人的
交往等,有必要做一些交待。据段玉裁《戴东原先生年谱》乾隆二十年
记载:"先生学高天下,而不好为人师。姬传是时为孝廉,倾心先生之
学,欲奉为师。此书末,先生缴其称谓云。"姚鼐(1731—1815),清代安
徽桐城人,字姬传,一字梦谷,室名惜抱轩,世称惜抱先生、姚惜抱,清代
著名散文家,与方苞、刘大櫆并称为"桐城三祖",著有《惜抱轩全集》等。
编选《古文辞类纂》,选录战国至清代的古文约700篇,以"唐宋八大家"
之作为主,该书是代表"桐城派"散文观点的一部影响较大的选本。乾
隆二十年,姚鼐欲拜戴震为师,戴震不接受,相约为友。戴震致信姚鼐,
即著名的《与姚孝廉姬传书》,信中说:

　　至欲以仆为师,则别有说,非徒自顾不足为师,亦非谓所学如
足下,断然以不敏谢也。古之所谓友,固分师之半。仆与足下无妨
交相师,而参互以求十分之见,苟有过则相规,使道在人不在言,斯
不失友之谓,固大善。昨辱简,自谦太过,称夫子,非所敢当之,谨
奉缴。①

拜师而遭婉拒,加之戴震去世后姚氏多有批评,又涉汉、宋之争,故此事
颇受关注,有较多文献,涉及不同的观点。

　　以汉学、宋学之门派来讨论的,如章太炎《訄书·清儒第十二》:"桐

第二章　京师历练近十载

①《戴震全书》册六,黄山书社1995年版,第373页。

城诸家,本未得程、朱要领,徒援引肤末,大言自壮,故尤被轻蔑。范从子姚鼐欲从震学,震谢之,犹亟以微言匡饬。鼐不平,数持论诋朴学残破。其后方东树为《汉学商兑》,微章益分。"刘师培《近儒学术系统论》:"及姚鼐兴,亦挟其古文宋学与汉学之儒竞名,继慕戴震之学,欲执贽于其门,为震所却,仍饰汉学以自固,然笃信宋学之心不衰。"

有直斥姚氏学术水平不高的,如李慈铭《越缦堂读书记》:"惜抱经学甚浅,为同时汉学诸儒所轻,因循而尊宋儒,贬斥惠定宇、戴东原、朱石君诸君子。至自夸其笔记中所论史学,谓足与钱辛楣相匹。"

姚氏在戴震生前仍有学术互动,如乾隆三十八年癸巳(1773)戴震、姚鼐等人进入四库全书馆后,与尚理学、轻考据者有冲突,以戴震与钱载(1708—1793)之交锋为甚,①当时蒋士铨等支持钱氏,邵晋涵等支持戴震。翁方纲(1733—1818)貌似"持平",实诋毁戴震。而在戴氏去世后,姚鼐对戴震多有批评,表现为学术理念的差异。如《程绵庄文集序》称:

> 天下之学,必有所宗。论继孔孟之统,后世君子必归于程、朱者,非谓朝廷之功令不敢违也。以程、朱生平行己立身,固无愧于圣门,而其论说所阐发,上当于圣人之旨,下合乎天下之公心者,为大且多,使后贤果能笃信,遵而守之,为无病也。若其欲与程、朱立异者,纵于学者有所得焉,而亦不免贤智者之过。其下则肆焉为邪学以自饰其不肖者而已。②

以"孔孟之统"与程朱之学相对立,并强调朝廷对程朱之学的肯定立场。在《再覆简斋书》中又直接严厉批评戴震等说:"且其人生平不能为程、朱之行,而其意乃欲与程、朱争名,安得不为天下所恶,故毛大可、李刚主、程绵庄、戴东原率皆身灭嗣绝,此殆未可以为偶然也。"③在德行与名声方面,对戴震等做了否定,并言及"身灭嗣绝",当是非同寻常之语了。

---

① 详参蔡锦芳《钱载与戴震交恶之缘起》,载《上海大学学报(社会科学版)》2006年第1期,第92—98页。
② 奶鼐:《惜抱轩文集后集》卷一,第20页。
③ 姚鼐:《惜抱轩文集》,第19页。

后人也关注到这一情况,上升至学派、学术思想高度来讨论,如梁启超《清代学术概论》第十九认为,姚鼐"屡为文诋汉学残碎,而方东树著《汉学商兑》,遍诋阎、胡、惠所学不遗余力,自是两派交恶"。

戴震拒绝姚鼐拜师,实际上确实存在各自主观认知差异的问题。当时戴震有《与方希原书》,认为"古今学问之途,其大致有三:或事于理义,或事于制数,或事于文章。事于文章者,等而末者也"①。戴震认为文章只是一种技艺,是最次要的事业。这就牵涉到知识体系与学术范式问题,作为文学家的姚鼐是不会

图5 段氏手迹

认同的,所以进行了隔时空的直接交锋。在桐城前辈的基础上,姚鼐在《述庵文钞序》中提出了"义理、考证、文章"三合一的著名主张,"是三者,苟善用之,则皆足以相济;苟不善用之,则或至于相害"②。表面上说"以能兼长者为贵",而实际阐明的是将知识与德行完美融合的学问只有"文章"一途,与戴震观点针锋相对。有研究者认为:

> 可以肯定地讲,乾嘉学界曾就如何确立学术范式,并由之而获得学术的话语权,进行过一场持久而激烈的思想论战。③

戴、姚二人拜师不成而终有交锋,是其时代的一个侧面。戴、段二人则有着相近的学术理念,终成师生关系,虽然经历了乾隆二十八年(1763)夏戴震南归,段玉裁信中自称弟子,到乾隆三十一年(1766)戴震当面不承认师生关系,直到乾隆三十四年(1769)戴震勉强承认,至少有

---

① 《戴震全书》册六,黄山书社1995年版,第375页。

② 姚鼐:《惜抱轩文集》卷四,第20—21页。

③ 吴根友、孙邦金等著《戴震乾嘉学术与中国文化》,下册,福建教育出版社2015年版,第900页。

六年时间。而其间，二人实已有许多互动。如乾隆三十年八月，戴震校定《水经》一卷，示纪晓岚、钱竹汀、姚姬传、段玉裁等。段玉裁从之借抄，并自记一篇，拟他日镌赠同志。又如乾隆三十一年，戴震撰成《原善》三卷(即享誉后世的《孟子字义疏证》)，段氏亦曾见之。

至于段玉裁一心一意、甚至于有强行拜师之意的动机，前人有一些讨论，如董莲池认为："段玉裁应当是又很想在冲刺举业的同时于学问上有一番作为，这是一种不带功利性的追求。段玉裁要尽快达到这个目的，在当时的情况下必须依傍一位大师作自己的老师。"活在国人心中的俗语"名师出高徒"便是人们这种认识的真实写照，"段玉裁当时还在学问圈外，而大师则通常是圈子的核心，拜大师为师，有利于取得圈内人们的承认而走进这个圈子，取得和圈内人同等的地位，获得共同切磋的可能性。"①直白一点说，是想走学术捷径，但又无可厚非。

段玉裁是地道的江南人，为什么不拜吴派学者为师而偏要远拜皖人戴震为师？这与吴派的学术特点与形成过程、戴震的学术成就与社会影响、段玉裁的个人喜好与治学路向等有关，董莲池给出五个原因：

> 一是从吴派学术特点上看，都致力汉儒经学的发掘、钩稽和表彰。"但惠栋及其学友和弟子倾全力于汉学的发掘和钩稽，不免表现出嗜博、泥古、佞汉的弊端，乃至兼收并蓄，别择不精"②，不为段玉裁所喜。

> 二是段玉裁对古韵学很感兴趣，而这又不是吴派学术的亮点。

> 三是惠栋故去，其弟子当时还没有卓成大家者，且年龄大体与段玉裁相当。

> 四是戴震在学问上所攻面宽，且又精确，他是当时海内著名的考据学家、古音学家江永的弟子，在考据学、音韵学上都深得江永真传，戴震注重语言文字，以小学通经，比较实事求是，其学术传承和治学之路合于段玉裁心中所向。

> 五是戴震于学问上当时早已"声重京师"，乾隆十九年，礼部侍

---

① 董莲池：《段玉裁评传》，南京大学出版社 2006 年版，第 13 页。
② 引见黄爱平著：《18 世纪的中国与世界：思想文化卷》，辽海出版社 1999 年版，第 87 页。

郎秦蕙田编撰《五礼通考》，他把戴震接到府邸，为他朝夕讲授观象授时，并将戴震32岁写成的《勾股割圜记》等收入《五礼通考》"观象授时"一门。内阁中书钱大昕称戴震为"天下奇才"。吏部尚书王安国还特聘戴震教其子王念孙。这些消息传到段玉裁那里，在段玉裁心目中，必定会认为惠栋之后，学界引领风骚者此时唯独戴震而已，所以他觉得欲从师，自非戴震莫属。①

乾隆三十四年（1769），段玉裁在京师与戴震确认师生关系后，得到戴震在学术上的帮助很多，如借戴震书，临校北宋《礼记注疏》、明道二年《国语》各一部。段玉裁从此终生以师礼相待，传承并弘扬皖派学术，并最终形成自身的学术特色。

戴震有一篇较为充分展示其学术思想、并为后人所重视的文章《与是仲明论学书》：

> 仆自少时家贫，不获亲师，闻圣人之中有孔子者，定六经示后之人，求其一经，启而读之，茫茫然无觉。寻思之久，计于心曰：经之至者道也，所以明道者其辞也，所以成辞者字也。由字以通其辞，由辞以通其道，必有渐。求所谓字，考诸篆书，得许氏《说文解字》，三年知其节目，渐睹古圣人制作本始。又疑许氏于故训未能尽，从友人假《十三经注疏》读之，则知一字之义，当贯群经，本六书，然后为定。

提出了"由字以通其辞，由辞以通其道"的学术路向，接着又谈为什么经学难明，涉及天文历法，典章制度，鸟兽草木虫鱼，等等。再由"淹博难，识断难，精审难"三难，归结于舍"道问学"再无以"尊德性"：

> 凡经之难明右若干事，儒者不宜忽置不讲。仆欲究其本始，为之又十年，渐于有所会通，然后知圣人之道，如悬绳树艺，毫厘不可有差。仆闻事于经学，盖有三难：淹博难，识断难，精审难。三者，仆诚不足以与于其间，其私自持，暨为书之大概，端在乎是。前人之博闻强识，如郑渔仲、杨用修诸君子，著书满家，淹博有之，精审

① 董莲池：《段玉裁评传》，南京大学出版社2006年版，第14页。

未也。别有略是而谓大道可以径至者,如宋之陆,明之陈、王,废讲习讨论之学,假所谓"尊德性"以美其名,然舍夫"道问学",则恶可命之"尊德性"乎? 未得为中正可知。①

段玉裁《戴东原先生年谱》将此文记载于乾隆二十二年(1757),戴震35岁时,说:"仲明名镜,是姓,江阴人,客游于扬者,欲索先生《诗补传》观之,先生答此书。平生所志所加功,全见于此,亦以讽仲明之学非所学也。仲明筑室于江阴舜过山讲学,其人不为先生所重,故讽之。"关于此信作年,是仲明籍贯等,钱穆《中国近三百年学术史》第八章据《是仲明年谱》指段说不当。《东原年谱订补》续有论证,可参。

关于惠学、戴学与吴学、徽学之异同,钱穆《中国近三百年学术史》有一段评论说:"今考惠学渊源与戴学不同者,戴学从尊朱述宋起脚,而惠学则自反宋复古而来。顾亭林已言理学之名,自宋始有,古之所谓理学者,经学也。而通经则先识字,识字则先考音,亭林为《音学五书》,大意在据唐以正宋,据古经以正唐,即以复古者为反宋,以经学之训诂破宋明之语录。其风流被三吴,是即吴学之远源也……江浙人物荟萃,典册流播,声气易传,考核易广。清初诸老尚途辙各殊,不数十年间,至苏州惠氏出,而怀疑之精神,变为笃信考辨之工夫,转尚求真,其还归汉儒者,乃自蔑弃唐宋而然。故以徽学与吴学较,则吴学实为急进,为趋先,走先一步,带有革命之气度。而徽学以地僻风淳,大体仍袭东林遗绪,初志尚在述朱,并不如吴学高瞻远瞩,划分汉宋,若冀越之不同道也。"钱氏归纳学术流变与各自特征显其通达,而明显推崇吴学。进而认为戴震的一些观点本自惠氏:"东原论学之尊汉抑宋,则实有闻于苏州惠氏之风而起也。"推导出"其时不徒东原极推惠,而为惠学者亦尊戴,吴皖非分帜也"。陈祖武在此基础上继续探讨,认为"由惠学到戴学,实为乾嘉学派从形成到鼎盛的一个缩影"。身为吴地之人的段玉裁师从皖学宗师戴震,据其学术而言,实无吴、皖学明显的争论性的言论,仅是晚年在校勘理念上与顾千里有活校、死校之争。

---

① 见《戴震全书》之三十二,黄山书社1995年版,册六,第370—372页。原文作"词",本文从初稿作"辞"。

三、山西之行

乾隆三十四年(1769)夏五月，山西布政司使朱珪，邀请戴震入幕，段玉裁"随师至山西"，尽弟子之谊。此行段玉裁主要有两件事：一是主讲寿阳书院，秋冬之际结束，自寿阳回到京师；二是跟从戴震学习修志，离开后戴震仍有信来讨论。关于此行，段玉裁《戴东原先生年谱》"三十四己丑　四十七岁"条有详细记载：

> 是年夏，先生与朱文正公善。文正时为山西布政司使，先生偕玉裁往。玉裁主讲寿阳书院，先生客文正署中。已而汾州太守孙君和相聘修府志，是年成《汾州府志》三十四卷。其书之详核，自古地志所未有。……玉裁曾节抄《府志》《例言》《图表》《沿革》《星野》《疆域》《山川》《古迹》，将付诸梓，以为修志楷式。

方志是我国详细记载一地的地理、沿革、风俗、教育、物产、人物、名胜、古迹以及诗文、著作等的史志。编修方志是中国悠久的文化传统，现存方志在 8000 种以上，清代修志成就特出，段玉裁重修的《富顺县志》被公认为"著名方志"，梁启超推崇为"方志中之表者"，段玉裁也因此被称为"修志名家与方志学家"。而这一切可以说深受戴震的影响。对这一传承，赵航认为：

> 在清代，修志有两派主张，一为"地理派"，认为方志是地理书，应当"以山川为主而求其郡县"，要详细叙述地理而略及史事，注重古今疆域沿革与方位的考释，重视资料，重视考据；一为"历史派"，主张修志应注重历史文献、人物、史事等方面的内容。前者代表人物是戴震、洪亮吉，后者代表人物是章学诚。戴震注重文献和实证相结合的研究方法，一仍乾嘉学者考释精审的治学道路，深被段玉裁所领悟、授受，并贯彻落实到自己修志实践中去。①

秋八月，戴震受汾州太守孙和相之聘纂成《汾州府志》三十四卷，段氏称"其书之详核，自古地志所未有。……玉裁曾节抄《府志》《例言》

① 赵航著：《段玉裁评传》，江苏人民出版社 2009 年版，第 60—61 页。

《图表》《沿革》《星野》《疆域》《山川》《古迹》,将付诸梓,以为修志楷式。"①并倾心学习,为此后取得方志学成就奠定了坚实的基础。《戴东原与段茂堂十一札》中不乏具体讨论修志的内容。如戴震信中谈到:

> 县境图最紧要,须用方格,每方几里,方向里数,必大致可稽。一注明山名、水名,一注明村庄之名。恐太繁碎,同样绘二图,分注曰"县境山川图"、曰"县属村镇图"。至若志之俗体,凑合八景、十景,绘图卷首,近来名手颇有知为陋习,宜削去者。星野之载步天歌及星图,均属陋习。又如每篇有小序,序皆通套语,近来亦有删去不用者矣。村镇必分八到,东、西、南、北、东南、东北、西南、西北。注明距县治里数,不必注在某都。铺驿则注明某铺至某铺、某驿至某驿,两头递交里数,使考古知今,藉此为据。又寿阳县北境,有后汉广牧城及后魏神武郡治,县北三十里。尚有遗迹可访查否。宋靖康元年,种师中抵寿阳之石坑,为金将所袭,回趋榆次,至杀熊岭,去太原百里战死。则石坑地见于正史,亦当载。杀熊岭相传在寿阳西六十里,接榆次界,今属境内否。上数事似不可缺,望查核,以补旧志之疏。②

所论内容,即便今日新修志书,所不可缺。章学诚与戴震在方志编纂问题上观点不一,章氏多有批评之语。王记录认为,戴震在方志编纂上强调修志须明沿革,强调"切民用,明政事"的经世史学思想,因此,对章、戴之争,"应有持平的看法""章戴二人,治学路径不同,立言之旨各异,不必抑扬轩轾"③。段玉裁的修志理论与实践,多秉承戴氏,与山西之行密切相关,后文再加讨论。

关于舆地及其文献的探究与整理,段氏晚年还有一些成果,如收入《经韵楼集》卷五的《校汉书地理志注》《地志理观县考》《胊忍考》等文,考述郡国地望、山川、水文、风俗等,有校订,有注释,有补充,有发明义例,具有较大的史料价值。

---

① 见段玉裁《戴东原先生年谱》"三十四己丑 四十七岁"条。
②《戴震全集》册六,黄山书社1995年版,第537页。
③ 王记录:《中国史学思想通史》(清代卷),吴怀祺主编,黄山书社2002年版,第227—228页。

第三节　研习书法

　　段玉裁的祖父段文"精书法"，著有《书法心得录》，今虽不传，恰似播下了希望的种子。段玉裁的书法，颇为后世赞许。顾廷龙《章太炎先生篆书墨迹序》中论清代中晚期书坛有这样的论述：

　　　　影响所及，篆书之书法遂辟新径。邓石如创停云之间架，运行书之笔势，吴让之、陈曼生、胡甘伯、赵撝叔此一派也。王虚舟、洪北江、孙渊如、冯景亭，犹斯、冰之遗绪，此一派也。至吴愙斋则取法周金，罗叔言则撷采殷契，此又一派也。若江艮庭、段懋堂、陈硕甫、陈簠斋、俞曲园、孙仲容则皆随笔作书，不事工整而有高雅之致，此学者之派也。①

将段玉裁归入"有高雅之致"的学者书法一派。他早年确实为学习和研究书法，下过不少功夫。乾隆二十八年（1763），29 岁的段玉裁在京师向梁闻山学习，"虚心问以笔法"，始知"拨镫法"。何谓"拨镫法"？指的是一种执笔之法。段氏《述笔法》称："书法之不及古人者，无古人之胸中，又不得古人执笔之法也。执笔之法若何？曰：'指以运臂，臂以运身。'……古人知指之不能运臂也，是故使指顶相接以固笔，笔管可断指，锲痛不可胜，而后字中有力。其以大指与食指也，谓之单勾；其以大指与食指中指也，谓之双勾；中指者，所以辅食指之力也。总谓之拨镫法。王献之七八岁时学书，右军从旁掣其笔不得，谓此法也。舍此法皆旁门外道也。"后来了解此法的传授情况，"二王以后，至唐、宋、元、明诸大家，口口相传如是。董宗伯以授王司农鸿绪，司农以授张文敏，亳州梁闻山巘得于闻知"，又从梁氏口中得知年已 80 多的钦天监监正何国宗为此法传人，家在内城，于是在乾隆三十年冬日，"天甚寒，乘驴车至其家求见"，段氏笔下此事颇具戏剧性：

　　　　遣一孙相见，问何事欲见大父，余曰：以张文敏笔法惟令祖先

① 见《顾廷龙文集》，《芸香阁丛书》本，北京图书馆出版社、上海科学技术出版社 2002 年，第 226 页。

生见而知之,外间得于传闻者,虑其不真,故求面谒闻教。其孙曰:大父老病不能对客也,请以所闻入问诸大父而传语可乎? 余曰:幸甚。出而告余曰:大父云君已得之矣。一如闻山所闻之语,并赠以所临米、黄二帖,闻山壬午孝廉,以咸安宫教习满知县。①

四十多年后的嘉庆十三年(1808),段玉裁在娄东书院时作《述笔法》,记其学习"拨镫法"的经过,"回首追溯,一如东坡记文与可《筼筜谷偃竹篇》也",并称"予既学书不成,故详述其言以告来者,庶闻山所得不传之绪不至泯没终古也"。段玉裁的书法成就因今传其作品不多难以评说,而其记"拨镫法"之传承、前贤对其归于"学者之派"的评论,似宜重视。

常州市博物馆藏有段玉裁《论书札》一文,叶鹏飞有《挺拔秀雅 一丝不苟——段玉裁行书〈论书札〉》进行评论,王振华辑入其文《经韵楼遗文辑考》②。其文如下:

邓文原谓:东坡中年用宣城诸葛丰鸡毛笔,故字稍加肥。晚岁自儋州回,挟天海风涛之气,作字如古槎怪石、怒猊抉木、奇鬼搏人,书家不可及已。同里朱文畿上舍,抱隽才,负奇气,而不为时用。以其磊砢郁勃之积,一寓于书。于魏晋以来诸作者,无所不窥,而尤浸淫于宋之南宫、东坡,以尽其变,往临《天马赋》。见知于归愚、香树两尚书,命贞诸石以公同好,而文畿尤孜孜于笔篚,以志必传。兹所临东坡集陶《归去来辞》诗,纡徐宽博有得,于性情笔墨之外,其足以超时流恶札,而直造古人无疑也。昔东坡和陶诗尽卷而止,自谓得性之所近,文畿之临坡,毋亦犹坡之和陶云。段玉裁(钤印)

孙洵认为:"段氏书法以小篆最见功底,结字准确,笔笔中锋,提按变化丰富。楷、行书极富儒雅气。""就开风气而言,乾嘉学派的戴震、钱坫写的金文,段玉裁、孙星衍、洪亮吉写的小篆,与追随者、崇尚者相比较,几乎无一雷同者。但都重视传统,又能体现个人风格。尤其是段玉

---

① 《经韵楼集》卷十《述笔法》,凤凰出版社2010年版,第250页。
② 叶文见《青少年书法》2002年第8期;王文见《宏德学刊》第三辑,江苏人民出版社2012年版。

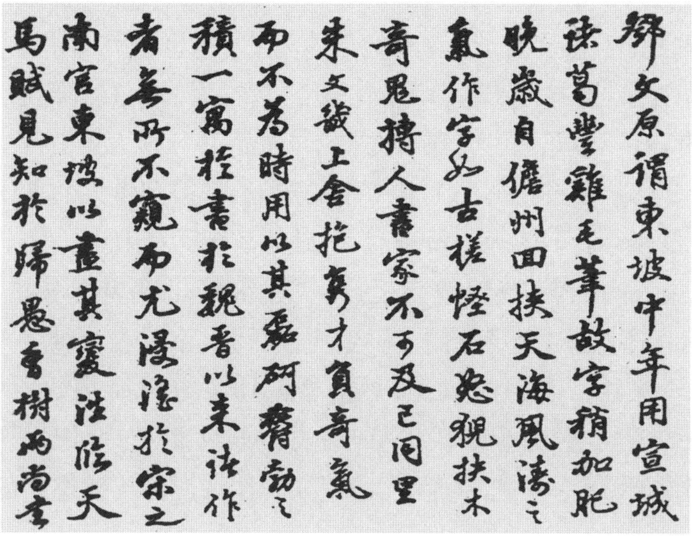

图6　段氏《论书札》(部分)

裁不仅书法造诣精湛,在自撰联中还提到'扬搉今古,镕铸中西'之说,可见当时这些学者治学的风气。"关于此书论,孙洵认为:"显而易见,这是段玉裁为同乡朱文畿写苏东坡集东晋陶渊明《归去来辞》的一篇赞颂的序跋。从元大德年间书家邓文原论及苏字开始的。证实段玉裁这位有实绩的小学家涉及过书法理论。"①

此外,玉裁弟玉章(1743—1824)"受笔法于祖,工于行楷",清人许乔林所作玉章传《懒斋段公传》称"公伯兄茂堂精于声音训诂之学,抉汉儒之蕴奥,发前人所未发,阮云台相国谓能深识大源,不为臆必之论。晚年刻所著《说文解字注》及经韵楼诸书,皆与公论定参酌。其书风行一时,学者望若山斗,而公所参订为多,公自以所学同于伯兄,亦不复别有著作"②。不但赞扬其书法精,还提出段玉章参与了《说文解字注》等书的学术讨论。

刘盼遂《年谱》"乾隆十三年戊辰(西历1748)先生十四岁"下有:"四弟玉立生。玉立字清标,又字鹤台,乾隆丙午科副榜。(光绪《金坛县志》)包世臣《艺舟双楫》卷五有《与段鹤台明经论书次东坡韵诗》自注:

① 孙洵:《清代乾嘉学派与书法》,天津人民美术出版社2005年版,第55页、182—185页、第272页。
② 《段氏家乘》卷二《懒斋段公传》,南京大学图书馆藏。

戊寅年。又《国朝书品》后增'能品下'三人,有段玉立,小真书及草书,知鹤台娴于书法矣。"称段玉立"娴于书法"。包世臣作《国朝书品》,将书法分为五品,即神品、妙品、能品、逸品、佳品。妙品以降,各分上下,共为九等,即五品九等说。段玉立见于"能品下",则为第五等。由此可见,段玉裁兄弟多人在书法上有一定的造诣,并得到世人的承认。

又,龚自珍笔下曾提及段玉立。《破戒草·丙戌秋日,独游法源寺,寻丁卯、戊辰间旧游,遂经过寺南故宅,惘然赋》:"鬓年抱秋心,秋高屡逃塾。宅住不可收,聊就寺门读。春声满秋空,不受秋束缚。一叟寻声来,避之入修竹。叟乃喷古笑,烂漫晋宋谑。寺僧两侮之,谓一猿一鹤。……(自注:叟为金坛段清标,吾母之叔父也。)"此记嘉庆十二年

(1807)龚自珍16岁在北京时事,段玉立曾往法源寺寻找逃塾的龚氏。

第四节　两部"韵谱"

《诗经均谱》和《群经均谱》是段学的发端,初研古音并为他赢得学术声誉的最初成果,标志着他由举业走向了学术道路。两部"韵谱"经历了33岁初撰、34岁继续修订、36岁初成且得钱大昕序、38岁时京师向戴震请益、41岁归入《六书音均表》这一跨时多年的过程。

关于作谱的缘起,段玉裁《戴东原先生年谱》"二十八年癸未　四十一岁"条有一些线索,是受秦蕙田与戴震谈音韵的影响:

> 是年春,先生入都会试不第。为王君涵斋作《诗比义述序》。涵斋,癸未进士王栗人宽之父也。不第后,居新安会馆,一二好学之士若汪元亮、胡士震辈,皆从先生讲学,玉裁与焉。是时秦文恭公闻江慎修先生及先生之论元与魂、痕,当依《三百篇》析为二;殷韵当从唐人与真同用;上声拯韵、去声证韵,当分出独用,奏请刊正韵书,荐先生与钱君晓征任其事。纯皇帝以相沿已久,未允也。先生深明音韵,其论韵之文,有《书玉篇卷末声论反纽图后》,有《书刘鉴切韵指南后》,有《顾氏音论跋》,有《书卢侍讲所藏宋本广韵》,盖皆成于是年。其夏,遂出都矣。

乾隆三十二年(1767)五月初出都回家后,他细读《毛诗》,认识到顾炎武、江永分韵的未尽当之处,遂分为十七部,与弟弟玉成撰成《诗经均谱》和《群经均谱》各一帙。其自撰《声类表序》说:"丁亥,自都门归里,取《毛诗》韵字,比类书之,诚画然分别,因又知萧、侯、尤之为三,真、文之为二,支、脂、之之必为三,二百六韵之书,总之为十七部,其入声总为八部,皆因《毛诗》之本然。已乃得崑山顾氏《音学五书》、婺源江氏《古韵标准》读之,叹两先生之勤至矣,后进所得,未敢自以为是也。"[1]

我国系统的古音学研究始于宋代吴棫(约 1100—1154),他在"叶音说"需有标准的原则指导下,以《广韵》206 韵为出发点,讨论韵部之间的"通""转"关系,据其系联,可以粗略归纳出 13 个上古韵部[2],其主要成果见于《毛诗叶韵补音》与《韵补》。吴氏所述并不完备,但对古韵做了初步探索,为后世古音学研究奠定了良好基础。明代陈第(1541—1617),有了历史的眼光,提出了"时有古今,地有南北,字有更革,音有转移,亦势所必至"的总体思路,对"叶音说"提出批评,明确了古音、今音之别,以诗骚文本材料研究古韵,以古还古,其成果见于《毛诗古音考》《屈宋古音义》等。顾炎武(1613—1682)接受了陈第的观点,撰写《音学五书》,即《音论》《诗本音》《易音》《唐韵正》《古音表》,建立了以考据学为基础的古音学体系,清代古音学研究与此一脉相承。他分古音为 10 部,成为后世讨论的一个重要基础。戴震的老师江永(1681—1762),上承顾炎武,又针对顾氏"考古之功多,审音之功浅"的缺点,进一步离析《广韵》206 部,辅以审音功夫,撰写《古音标准》,将顾氏 10 部修正为 13 部。戴震参与了《古音标准》的考定工作,段玉裁受其影响,由此涉足古音学研究并取得极大的成就。

段氏分古音为 17 部,其古音学体系实奠基于此,陈绍棠认为"惟此二书仅按字归类,极简略,非今见于《六书音均表》之本也"[3]。段玉裁在应试的同时,有了不带功利目的的从学之心,遂拜戴震为师,二谱即为

---

[1]《经韵楼集》卷六《声类表序》,凤凰出版社 2010 年版,第 116 页。

[2] 旧说 9 部,此据张民权说。张氏认为吴棫所注"通""转"有别,"通"者有 9 类,"转"者有 4 类,共 13 部,见张民权著《清代前期古音学研究》(上),北京广播学院出版社 2002 年版,第 22 页。

[3] 陈绍棠:《段玉裁先生著述系年》,载《新亚书院学术年刊》第 7 期,1965 年,第 144 页。

最初的学术成果。其拜师之由,最初与从学音韵有较为直接的关系。

两谱后来得到程晋芳赏识、邵晋涵录副本、钱大昕作序,向戴震请益而得指导,乾隆三十八年(1773)戴震再考古韵时认可段氏支脂之三分之说为"确论"。段玉裁不断精研、修改,此时已在川任职,至乾隆四十年成书,四十一年最终刊刻改入《六书音均表》。

第五节　京师交游

段玉裁一生活动的区域比较广泛,大体分为前期在京师,中期为官在黔、川,晚期长住江南,包括金坛、苏州、杭州以及少住或偶访的镇江、武昌、杭州等地。关于段玉裁交往的人员,36 岁前主要有:老师尹元孚、蔡一帆、戴震,乡试考官钱东麓,同考官韩东屏,问书法的梁闻山,追访的钦天监何国宗,一同访戴震的胡士震、汪元亮,一同缮写《礼记》《国语》的程晋芳、姚鼐,时任山西布政司使的朱珪,借给自己书的邵晋涵等。此外,当有母亲史氏家族、外祖母王氏家族,19 岁娶于敏中侄女后的于家,以及自己乾隆三十三年(1768)曾坐馆的句容裴玉等。20 余岁受知于沈德潜、江苏学政李因培。在京师曾住同邑于雯峻户部家。段玉裁拜师戴震,是早期最为重要,可以说是影响段氏一生学术旨趣与实践的人生大事。

赵航认为:"段玉裁则是因为仰慕戴震的学术,登门拜访,遂为戴震所赏识,逐步走进学术的殿堂……段在京的前期,真正称得上学术交游的是钱大昕、程晋芳、邵晋涵等人。"①并曾概括大致情况说:36 岁前的求学时期和 45 岁前为官时期是一般交往,20 人左右;46 岁归隐金坛和58 岁移居苏州后则偏重于学术交往,80 人左右。前期的特点:交往次数少,有的仅一面之缘;交往的理由单纯,借书、问学、引见、借寓、同官等。资料来源主要是作者自述。赵先生的概括让我们有了整体的感知,具体交游,详参拙著《段玉裁年谱长编》附录"段玉裁交游人名

---

① 赵航:《段玉裁评传》,江苏人民出版社 2009 年版,第 12—13 页。

索引"。①

这里先介绍程、邵二人。程晋芳(1718—1784),江苏江都人,祖籍安徽歙县,字鱼门,号蕺园,藏书家,经学家,诗人。乾隆十七年(1752)成进士,后充《四库全书》纂修官,擢编修。家世殷富,独嗜图书,疏财交友,晚年家境渐落,与朱筠、戴震等游,治经学,著有《周易知旨编》《尚书今文释义》《诗毛郑异同考》《礼记集释》《勉行斋文集》《蕺园诗文集》等。邵晋涵(1743—1796),浙江余姚人,字与桐,一字二云,号南江,经学家,史学家。乾隆三十六年(1771)成进士,充《四库全书》纂修官。博通经史,精于小学,所著《尔雅正义》是清代第一部全面注释《尔雅》的巨著,为世所重。邵氏与全祖望、章学诚等属于清代朴学中"浙派"开启风气的人物,他与段玉裁商讨学问,并成至交,促进了江南学术文化圈的互动。邵氏与程晋芳是最早对段玉裁有学术上帮助的友人。乾隆三十四年冬,段玉裁在京师借寓法源寺侧的莲花庵,键户烧石炭,从邵晋涵借书,注释《诗经均谱》《群经均谱》,每一部毕,邵氏辄取来缮写其副本。至第二年二月,书成。由钱大昕《与段若膺书》"顷邵孝廉与桐以足下所撰《诗经均谱》见示",可知邵晋涵促成了钱氏为段书作序。此时,程晋芳通读全书后称赞两谱,也对段氏有相当的鼓励作用。

再简要介绍在学术上较早肯定与帮助段玉裁的学者之一,对段氏影响较大,也是段氏终生服膺之人钱大昕(1728—1804)。钱大昕,江苏嘉定(今属上海)人,字晓征,号辛楣,又号竹汀,为清代著名朴学大师,学问广博精深,兼擅中西历法,尤长于考据,"论者推其考史之功,为有清第一"。其成果详参《嘉定钱大昕全集》②。乾隆十九年(1754)成进士,授编修,官至少詹事,提督广东学政等。在科名、声望、官位等各方面均在段氏之上。段氏二谱,初成于出仕前,钱大昕致书讨论音韵问题,对段氏有一定启发。乾隆三十五年(1770)四月初九日,钱大昕为段玉裁《诗经韵谱》撰序:

　　金坛段君若膺撰次《诗经韵谱》成,予读而善之,叙其端曰:自

① 王华宝:《段玉裁年谱长编》,江苏人民出版社 2016 年版,第 441—445 页。
②《嘉定钱大昕全集》,江苏古籍出版社 1997 年初版 10 册,凤凰出版社 2016 年增订本 11 册。

文字肇始，即有音声，比音成文，而《诗》教兴焉。三代以前，无所为声韵之书，然《诗》三百五篇具在，参以经传子骚，类而列之，引而伸之，古音可偻指而分也。许叔重云："仓颉初作书，依类象形，故谓之文。其后形声相益，即谓之字。"文字者终古不易，而音声有时而变。五方之民，言语不通，近而一乡一聚，犹各操土音，彼我相嗤，矧在数千年之久乎！谓古音必无异于今音，此夏虫之不知冰也。然而云古浸远，则于六书谐声之旨渐离其宗，故唯三百五篇之音为最善。而昧者乃执隋、唐之韵以读之，有所龃龉，屡变其音以相从，谓之叶韵，不唯无当于今音，而古音亦滋茫昧矣。明三山陈氏始知考《毛诗》、屈、宋赋以求古音。近世昆山顾氏、婺源江氏考之益博以审。今段君复因顾、江两家之说，证其违而补其未逮，定古音为十七部，谓《唐韵》之支、齐、佳也，脂、微、皆、灰也，之、咍也，古皆各自为部。魏、晋以降，歌部之字，半入于支，而脂、之两部，亦间有出入，然支与脂、之犹不相假借，虽杜子美近体犹然。又谓四声之分，自古有之，《南史》称永明中文章始用四声者，谓行文以四声相间，谐协可诵，非始创为四声。辨哉言乎！古人以音载义，后人区音与义而二之，声音之不通而空谈义理，吾未见其精于义也。此书出，将使海内说经之家奉为圭臬，而因文字声音以求训诂，古义之兴有日矣，讵独以存古音而已哉！①

这是一篇重要的语言学文献，钱氏序中对音学的重要及发展、段氏归为十七部的贡献等有所评议，"以为凿破混沌"，并赞许"此书出，将使海内说经之家奉为圭臬，而因文字声音以求训诂，古义之兴有日矣，讵独以存古音而已哉"。后来，段玉裁辞官返里，记录自己归途中拜访之人惟有钱大昕，《古文尚书撰异》卷十三段氏识语有："辛丑之四月，自四川引疾归。途谒钱詹事于钟山书院，詹事言'貌曰恭，言曰从，视曰明，听曰聪，思曰容'，此可补入尊著《六书音均表》。"由此可以觇测，段氏创通分别今古文《尚书》义例，也得到钱大昕的一些启发。

---

① 钱大昕《潜研堂文集》卷二十四，《嘉定钱大昕全集》，江苏古籍出版社 1997 年版，第 9 册第 370—371 页。

第三章　亦仕亦学又十年

　　乾隆三十五年(1770),36 岁的段玉裁"铨授"贵州玉屏县,两年左右"以讹误入都";"越三年,宰于蜀",先后署理富顺县、南溪县,并有半年时间兼任"化林坪"兵站的站务,有一年时间调回"成都候补";只有乾隆四十三年至四十五年(1778—1780),任巫山知县,相对平稳,而先以父老尽孝辞职未获批准,最终称身体有病辞职获批准。段氏《八十自序》说"庚寅出宰于黔,越三年,宰于蜀,至辛丑引疾归",《博陵尹师所赐朱子小学恭跋》称"三十六乃出为县令,不学而仕者十年,政事无可纪。四十六先君子已年过七十,请终养,未合例。遂引疾归"①。

　　这十年并非如段氏谦称的"政事无可纪",而是勤政廉政、赈灾救民、兴学劝化、表彰忠烈、重修县志。此期新交往的学人不多,公务之外,静心阅读与著述。除戴震外,见于记载有交往的人仅戴震在京借住的房主洪素人朴,作序的钱大昕,来信的程易田、孔继涵、戴震之子戴中立,好友四川学政吴省钦,钱塘人张宾鹤,延主学易书院的李瑞五,纳溪县令不君,借书的徐袖东等人。赵航评论说:

　　　　在黔、川期间,七品知县,固然有该处理的政务,但相当一部分精力是用在学问上,著书立说,经常是独居西楼,"一灯荧然"。基本是个体活动,也很少有学术交游,有交往的只有好友四川学政吴省钦、同官朱云骏等一、二人而已,形不成一定的学术氛围。与他的前期、后期相比,差别相当明显。前、中、后三个时期,从学术交

---

①《经韵楼集》卷八,凤凰出版社 2010 年版,第 186 页。

游的状况看,两头高涨、中间低落,呈马鞍形。这是非常有趣的文化现象。至少充分说明,经济和学术文化从来都是密不可分的⋯⋯因此,段玉裁足迹虽然遍及半个中国,北到燕山,南至五岭,但对他学术产生巨大影响的是两个中心地区所凝聚的文化圈:北京文化圈和江南文化圈。①

此一时期他在学术上有不少收获,如修订完成了古音学巨著《六书音均表》、诗经学成果《毛诗故训传定本小笺》,开始了《说文解字》研究的酝酿构思并有初步成果,另撰多篇学术文章和诗作。

以下从段氏为官的"三起三落"、政事、学术成果、交游等方面做一梳理。

第一节　三起三落

一、铨授玉屏

乾隆三十五年(1770)三月,36岁的段玉裁终于等到机会,由吏部"铨选"得贵州玉屏县知县。清代沿袭以前的官僚机制,仍以科举为选任官吏的"正途","铨选"则是一种吏部主选文官、兵部主选武官且官员或由皇帝任命、或由有关部门补选的一种选官制度。清代"铨选"制度有从多次参考的"落第"举人中选官的制度,段玉裁三次会试落第,最终只能以"教习"资格、举人身份,由吏部选拔得充县令。清朝对郡县政权建设应当说比较重视,如雍正八年(1730)曾说:"牧令为亲民之官,一人之贤否,关系百姓之休戚,故自古以来慎重其选。"

此年夏,段玉裁赴任,未有机会向戴震辞行。戴震寄来书信,鼓励段玉裁:"玉屏地在五岭发脉之所,想风气未开,未必不可施政教也。"并讨论音韵问题。戴震的信透露出当时学人的"经世思潮",表明乾嘉朴学家不重"言心言气言理"的形上性理之学,而注重实证、试验以及行为

---

①《段玉裁评传》第一章"段玉裁的生平述略",江苏人民出版社2009年版,第12页。

效应的社会功用。段玉裁赴任时的心情,在玉屏两年所做工作等,少有记载。由玉屏所处僻远而匆忙赴任来谈,对此任命,科场失意的段氏可以接受,用戴震的话说,"未必不可施政教"。何况当时官职"僧多粥少",获得任命的机会非常难得。

《经韵楼文集补编》卷下"附诗四首",其中有《咏叶山寺诗》:"几度经过叶山寺,单椒秀泽迥难攀。停舆忽忆旧游地,恰似临沅紫气山。"(刘盼遂按:诗见《富顺县志》三《坛庙类》)由其自注:"贵州玉屏县城内有紫气山,竹树森翠,梵宇俨雅,余爱登之。"①知其所咏眼前的富顺县叶山寺,而念及玉屏县城内的紫气山景观,并有"爱登"之说,虽任职时间不长、且因失官而仕途坎坷,但对当初获此任命似无嫌弃之意。何况,祖父与父亲孤身只影设馆于异地、一年才回家两三次的冷寂,家庭经济压力与人生困窘的况味,也似乎让他缺少了"嫌弃"的底气,出仕可以说帮他度过了人生旅途上的一道难关。

二、"以诖误入都"

在贵州玉屏两年时间左右,乾隆三十七年(1772)四月,段玉裁自称"因公诖误入都"。"诖误"有三个义项:1、欺误,贻误。2、官吏因过失受谴责或失官。3、被犯罪人牵连而受到处分或损害。多指受牵连而失官。一般认为,段玉裁做事不够圆通,因受牵连而失官。而从官员职责角度看,当与考核有关。清朝官吏考核主要分为三个方面,其一是日常监察,其二是年度考核,其三是最重要的三年考绩,即三年一次的官僚系统全员考核。王念孙《大清敕授文林郎四川巫山县知县段君墓志铭》:"被议,去官。总督察君状,奏请开复,得旨,发往四川以知县用。"表明段玉裁被同僚非议、考核未通过而被迫丢官。颇有个性之人,多不愿仰人鼻息、低昂随人,难免遭到周围一些人苛刻目光的挑剔。段玉裁壮怀磊落,递状申诉,而得云贵总督审察诉状后认可,"奏请开复",即上奏请求恢复段玉裁的原官衔。这让段玉裁有了八月至成都候补的机会,有了在蜀地较多的学术考察。如《跋黄荛圃蜀石经毛诗残本》说:

---

① 《经韵楼集》附补编·雨考,凤凰出版社 2010 年版,《经韵楼文集补编》卷下,第 56—57 页。

余少时,闻蜀石经兼有经、注,憾不得见。乾隆壬辰,至成都,暇则欲访寻文翁高朕讲堂旧址,孟蜀广政时所刻石,及宋皇祐以前所补,以为能见残碑破字于荆榛瓦砾中,未必不可以为雠校之助也。而知交无同好者,独往今府学中,光沈响绝,为踌躇歔欷者久之。自此留蜀数年,南至于泸定桥,东至于巫峡间,问诸所见士大夫,莫有藏拓本一片者。①

乾隆三十六年(1771),戴震又一次会试落第,再至山西纂修《汾阳县志》,下一年戴震与段玉裁谈修志,段玉裁称"壬辰,玉裁因公诖误入都,见先生案上有新修《汾阳县志》,举一条相示云云,今已忘之。"

当年十月,朱筠为安徽学政,多名学者王念孙、邵晋涵、章学诚、吴兰庭、黄景仁、洪亮吉等随至安徽幕府,汪中等也常来,形成较有影响的学术圈。江藩《汉学师承记》卷四"朱筠"称朱氏"博闻宏览,于学无所不通。说经宗汉儒,不取宋元诸家之说",其学"可谓地负海涵、渊渟岳峙矣",而"学者以不得列门墙为憾"。可见朱筠在学人之中威望之隆。其中有多位学者后来与段玉裁有交往,由此可间接表明段玉裁受皖学的影响。

乾隆三十七年(1772)正月初四日,颁谕命购访古今遗书,于访书标准、采集范围、采收方法等均有明确规定。乾隆于六年(1741)、十五年(1750)曾两次下诏访求图书,未得到各地的响应,因而未见成效。这是第三次下旨,有十月三日贵州巡抚图思德奏折称本省"地居山僻,书籍罕临,明经之士,于时艺诗章之外,鲜有撰述可邀圣明采择",次年正月安徽学政朱筠上奏折,引起朝臣争议,而得乾隆认可,黄爱平《〈四库全书〉七讲》认为:"所以,后来人们追溯本原,将乾隆三十七年正月的这道谕旨看作是编纂《四库全书》的先声,将朱筠看作是促成《四库全书》的功臣,确实是有一定道理的。"②乾隆三十八年(1773)闰三月十一日,清廷议从刘统勋等奏,增加姚鼐、程晋芳、任大椿、汪如藻、翁方纲(1733—1818)五人为《四库全书》修纂、并调取进士余集、邵晋涵、周永年,举人

---

① 《经韵楼集》卷一,凤凰出版社 2010 年版,第 6 页。
② 黄爱平:《〈四库全书〉七讲》,载彭林主编《清代学术讲论》,广西师范大学出版社 2005 年版,第 6 页。

戴震、杨昌霖等五人入京校书。后皆改入翰林,时称"五征君"。李开《戴震年谱》"1773 年"认为,仲秋戴震以举人被特邀至四库馆任纂修官,因四库馆正总裁于敏中等举荐①。

　　姚鼐、戴震等人入馆后,似与尚理学、轻考据者有冲突,以戴震与钱载(1708—1793)之交锋为甚,详参蔡锦芳《钱载与戴震交恶之缘起》②。翁方纲批驳戴震的观点,所撰《理说驳戴震作》后附有《与程鱼门平钱戴二君议论旧草》③,其文先从二人态度说起,指出钱氏态度"过激",而戴氏不尊"前辈",继之以名物训诂与义理的关系,称"今日钱、戴二君之争辩,虽词皆过激,究必以东原说为正也"。再笔锋一转,"然二君皆为时所称,我辈当出一言持其平,使学者无歧惑焉",似作"持平"之论,提出"东原固精且勤矣,然其曰圣人之道必由典制名物得之,此亦偶就一二事言之可矣,若综诸经之义……此又岂概以典制名物得之者乎",最后以"故吾劝同志者深以考订为务,而考订必以义理为主"作结,强调了"考订"只是方法,"必以义理为主"。当时蒋士铨等支持钱氏,邵晋涵等支持戴震。翁方纲貌似"持平",实诋戴震。这是考据学与宋学一次较为激烈的冲突,对后世有一定的影响。而段玉裁与姚鼐并无争执。77岁时撰《周漪塘七十寿序》记"吾老友"6 人,中有姚鼐,甚至还有翁方纲,由此可见段氏学术上的某些调和色彩。

三、权知富顺

　　凡官员出缺或离任,由其他官员暂时代理职务,称为署理。"候补"是一种官员补授实缺的制度,段玉裁被分到四川听候委用授官。而此后的六年间,段玉裁等到的只是"权知""署理",即暂时没有合适的人选,由段玉裁临时代理,随时面临调离;并临时被派督理化林坪站务半年左右的时间。

　　乾隆三十八年(1773)八月以后,段玉裁第一次权知富顺县事,代理职务至乾隆三十九年(1774)九月,期间读书撰稿不断。期间十月三十

① 李开:《戴震评传》,南京大学出版社 1992 年版,附录。
② 《上海大学学报(社会科学版)》2006 年第 1 期。
③ 翁方纲:《复初斋文集》卷七。

日,戴震自京师来信,一讨论音韵问题,一索还借款。

富顺县,今属四川自贡市。而历史上自贡只是富顺下属单位。自贡素有"千年盐都"美称,因盐业的鼎盛"富庶甲于蜀中",被誉为"川省精华之地"。段玉裁权知富顺县时,乾隆三十九年二月,小金川平定。关于大、小金川的来历、管理情况,嘉庆《四川通志·舆地·沿革·懋功厅》记载,大、小金川地处四川省西北部,山高水险,当时约有三万户藏民聚居其间。管理金川的土司时起战乱,清朝多次发兵征讨,损失惨重。小金川之乱于乾隆四十九年平定,大金川之乱于乾隆四十一年(1776)最终平定。

四、署理南溪

到了乾隆三十九年(1774)九月,段玉裁调任署理南溪县事。抵任后,他访察风物民情、表彰忠烈,勤于公务。罗继祖《段懋堂先生年谱》记载:"九月,先生调署南溪,及办理化林坪站务。拜县中汉黄烈妇庙。庙故卑隘,告邑人重新之。"段氏所撰《南溪县汉黄烈妇庙碑》有相应记载:"南溪在汉为僰道县,玉裁幼读《水经注》,辄嘉慕烈妇黄帛之为人。乾隆甲午季秋至南溪,问之士民,得拜其遗庙。"①

五、办理化林坪站务

到乾隆四十年(1775)六月前后,他曾短期参与平定金川之乱的粮草供应之事,戴震信中也曾提及此事。乾隆四十一年(1776)二月平定后,改土归流,废除两金川土司制,设厅委官,又置重兵镇守。撰于乾隆四十年十月的《寄戴东原先生书》称:"玉裁旋奉命发四川候补,八月至蜀。后署理富顺及南溪县事,又办理化林坪站务。王师申讨金酋,储偫挽输,无敢稍懈息。然每处分公事毕,漏下三鼓,辄簪镫改窜是书(指《六书音均表》)以为常。"②则督理化林坪站务事当在此时间之前。化林坪,当时属打箭炉(今四川康定),在今四川泸定县内。

---

① 《经韵楼集》卷十,凤凰出版社 2010 年版,第 252 页。
② 见《六书音均表》卷首。

段玉裁在蜀中作《登雅州城楼》诗等多首,今存者了了。《登雅州城楼》七律二首:雉堞嵯峨矗碧雯,登临豪兴百僚分。滩声不厌喧终古,山色从来媚夕曛。洛沫异源同到海,蔡蒙高处独干云。圣朝声教原无外,偶为筹边誓六军。其二:飞越峰高木叶声,从军岁晚不胜情。但知牧圉勤羁緤,敢道潺湲可濯缨。落落长松樛古堞,离离幽草入新晴。却愁一夜城头月,西照关山此夜营。(刘盼遂按:二诗录自《雪桥诗话续集》卷五)①由"偶为筹边誓六军"可知,此事记办理化林坪站务事。

段玉裁《题隆昌县石谿桥亭》诗:采雉朝飞宿麦青,春寒料峭入云屏。桃花流水仙源路,合著诗人一草亭。(刘盼遂按:右诗录自《雪桥诗话余集》卷五)乾隆四十年(1775)六月,段玉裁与隆昌知县兼好友朱云骏同有公务。隆昌县重修石溪桥亭,段玉裁当在此前后应邀而作。

关于段玉裁诗歌创作,前人记载与评论较少。王昶《段得莘先生九十寿诗序》载:"往予在蜀中,丹阳陆炳示予《蜀徼诗选》,中有段君诗,始知君为诗人。"②徐世昌《晚晴簃诗汇》评论说:"懋堂经学、小学,一代大家。词章非所置意,然如'滩声不厌喧终古,山色从来媚夕曛'之句,专家诗人所不易得也。"③

六、再署富顺

乾隆四十年(1775)冬季,段玉裁离开南溪县,再度署理富顺县事。乾隆四十一年,段玉裁在富顺县任,兴文教,著书立说。直至秋天离开,到成都候补。

民国20年《富顺县志·官师·段玉裁》记载:"江苏金坛举人。乾隆四十年再署富顺。学为经师,礼贤下士。又重修《富顺县志》,建文昌宫、薛翁祠,俱有记。世称名宦、名儒如熊景阳、段若膺、叶体仁均在乾隆朝。段诚经学名儒,为政固俱称无害吏,率以修祠,典右文雅,为举职于后有闻者以此为多。"又《艺文》篇:"(乾隆)《富顺县志》二十七卷,清

---

① 《经韵楼文集补编》卷下"附诗四首",《经韵楼集》附补编·两考,凤凰出版社2010年版,第56—57页。

② 王昶:《春融堂集》四十二。

③ 徐世昌:《晚晴簃诗汇》,中华书局1990年版。

进士李芝同知县段玉裁撰。"

段玉裁在富顺县的情况，罗继祖《段懋堂先生年谱》记载："在富顺任。县于川南最剧，号难治。是年二月，金川平，民气和乐，挽输不劳，风雨既时，年谷倍登，盗寝讼简，先生乃能以余力成《诗经小学》三十卷。又拟作《书经小学》《说文考证》《古韵十七部表》诸书。所居西湖楼，一灯荧然，人皆知为县尹读书处也。"他处理公务之暇，挑灯夜读，刻苦治学。

罗继祖《段懋堂先生年谱》对此际段氏的活动做了梳理："在南溪任。时王师征金川，县当其冲。储待挽输，无敢稍懈。然先生每处分公事毕，漏下三鼓，犹篝灯改窜所撰《韵谱》以为常。六月，与同官朱云骏入报销局。云骏与先生有同嗜，暇辄潜心商订。九月，书成，改名曰《六书音均表》。寄书东原，以写本就正，且乞序。冬，再权富顺县事。"

七、成都候补

个性使然，还是有其他原因，难以考明。有一点非常明显，段玉裁长期以来难以获得上司的高度肯定和朝廷的承认，常是仅做代理，不能实授。据《经韵楼集》卷九《纳溪县瘗溺记》文末所署时期"乾隆四十二年"及所署职衔"四川候补知县，前贵州玉屏县知县"，可知此时，段玉裁再一次在成都候补。候补的段玉裁，在当地有一些实地考察，并对古器物等有所重视。如当年六月，曾撰《薛尚功历代钟鼎彝器款识法帖二十卷写本书后》，认为古文当考，古器也不可忽视。候补之际，学业精进不已。

八、巫山县令

巫山僻处蜀东，巫邑"缘山为墉，周十里一百步。东、西、北三面皆带溪旁谷，南面岷江环之。"[①]山川包围，地理环境不佳。到乾隆四十三年(1778)，段玉裁终获实授，任职巫山。据光绪十九年连山、白曾煦主

江苏历代文化名人传·段玉裁

072

---

① 连山等修，李友梁等纂：《巫山县志》，巴蜀书社 1992 年版。

修《巫山县志》卷二十二《秩官志》"国朝巫山县知县"记载"段玉裁"名下有双行小字"江南金坛县举人,乾隆四十三年任"。

卷二十三《政绩志》记载:"段玉裁,江南金坛举人,乾隆四十三年莅巫,时值饥馑,斗米钱二贯。公到,先开仓发赈,乃请上宪,全活甚多。先是,邑有总里,最为民病,公概除免,著为令。公余时,入书院与诸生讲论文艺。书院斋舍迫连,复为置屋六楹,师生便之。喜著述,在巫时著有《十三经》《说文解字续》《声韵考》《六书音均表》若干卷,今尚有存者。"段氏勤于政事,即便是著书立说,也只是在"处分公事毕,漏下三鼓,辄篝灯改窜是书"(《段玉裁寄戴东原先生书》)。此处记载,段玉裁到任时,正值巫山闹饥荒,粮食昂贵。段氏到任,就毫不犹豫地打开粮仓赈济灾民,然后再向上级禀报,因放粮及时,救活了很多人。不先向上级请示获准就擅自做主放粮,从行政规范来说,属于违规甚至违法的行为,可能有被革职甚至杀头的危险。段氏应该清楚这种危险,但他并没有顾虑,而是到任就开仓赈济灾民。这是一件基于关心百姓疾苦而大胆决策的事例,实际上也是一个忠于职守、忠君爱民的典型事例。至于当地"总里""最为民病",危害了百姓利益,段玉裁也废除旧习弊制,并"著为令",即作为法令条文来沿袭下去,这一行为深得百姓拥护。该《政绩志》记载段玉裁的篇幅,明显多于他人。

此外,卷五《公署志》记载:"知县衙署一所在城内东南","乾隆年间,知县桂荃、朱斐然、段玉裁修仁重加修葺,规模始备。"又卷十六《学校志》记载:"圣泉书院在县治东北,旧名巫峰书院。乾隆十五年(1750),知县钱基创建,并捐置大宁场井灶,以为延师及生童膏火之费。四十三年(1778),知县段玉裁重修,以郦氏《水经注》巫山城东有孔子泉,亦曰圣泉,改名为圣泉书院。"圣泉书院成为清代川东最著名的书院。

总体上可以看出,段玉裁到任后开仓放粮,救济灾民;清除地方势力,秉公行事;捐廉补修书院,重视教育等,应当说是做了不少有利于百姓的实事。

九、祖、父获封

这一时期对段家来说,最为荣耀的事件就是段玉裁的祖父母、父母获得皇帝封赠。封赠是皇帝给予官员及其祖先的荣典,主要包括覃恩封赠和捐封。乾隆四十五年(1780),乾隆帝七十大寿,普遍封赠官员及其尊亲先辈,段玉裁的祖父母、父母因此获封赠。封赠文书是一种特定的文书形式,其内容含有一定的历史信息。通过解读两封"诰封",对了解段氏家族及段玉裁的生平相关事迹等,有一定的参考价值。

圣旨因具体的内容而采用不同的措词,主要有三种:一是"诏曰",诏告天下。凡重大政事须布告天下臣民的,使用"奉天承运,皇帝诏曰"。二是"制曰",皇帝表达皇恩、宣示百官时使用的,不下达于百姓,以"奉天承运,皇帝制曰"开头。段氏获封即是。三是"敕曰",有告诫之意。

乾隆四十五年(1780)正月初一,祖父段文获赠封为文林郎四川夔州府巫山县知县;祖母张氏获赠封为孺人。《段氏家乘》卷九"诰封"有:

> 奉天承运,皇帝制曰:考绩报循良之最,用奖臣劳;推恩溯积累之遗,载扬祖泽。生员段文,乃四川夔州府巫山县知县段玉裁之祖父,锡光有庆,树德务滋。嗣清白之芳声,泽留再世;衍弓裘之令绪,祜笃一堂。兹以覃恩貤赠尔为文林郎四川夔州府巫山县知县。锡之敕命。於戏!聿修念祖,膺茂典而益励新猷;有谷贻孙,发幽光而丕彰潜德。制曰:册府酬庸,聿着人臣之懋绩;德门集庆,式昭大母之芳徽。尔张氏乃四川夔州府巫山县知县段玉裁之祖母,箴诚扬芬,珩璜表德,职勤内助,宜家久著,其贤声泽裕后昆,锡类式承乎嘉命。兹以覃恩貤赠尔为孺人。於戏!播徽音于彤管,壶范弥光;膺异数于紫泥,天庥永劭。敕命。乾隆四十五年正月初一日。

"考绩""推恩"四句,为封赠官员祖辈的习惯用语。

正月初一,父亲段世续获封为文林郎四川夔州府巫山县知县;母亲史氏获封为孺人。《段氏家乘》卷九"诰封"有:

奉天承运，皇帝制曰：求治在亲民之吏，端重循良；教忠励资敬之忱，聿隆褒奖。尔贡生段世续，乃四川夔州府巫山县知县段玉裁之父，缇躬淳厚，垂训端严。业可开先式谷，乃宣猷之本；泽堪启后贻谋，裕作牧之方。兹以覃恩封尔为文林郎四川夔州府巫山县知县。锡之勅命。於戏！克承清白之风，嘉兹报政；用慰显扬之志，俾以殊荣。制曰：朝廷重民社之司，功推循吏；臣子凛冰渊之操，教本慈帏。尔史氏乃四川夔州府巫山县知县段玉裁之母，淑慎其仪，柔嘉维则，宣训词于朝夕，不忘育子之勤，集庆泽于门间，式被自天之宠。兹以覃恩赠尔为孺人。於戏！仰酬顾复之恩，勉思抚字；载焕丝纶之色，永贲幽潜。勅命。乾隆四十五年正月初一日。

"求治""教忠"四句，为封赠官员父辈的习惯用语。

以上我们从时间维度简要梳理了段玉裁十余年宦游生涯，赵航总结说："他的'三起三落'，不是从高位上跌落到尘埃的大起大落，而是连小小七品知县的位置也坐不稳，让他反反复复地兜圈子。这个'圈子'的含义，既有一会儿'宰于黔'、一会儿'宰于蜀'的频繁调动，又有一会儿让你做、一会儿不让你做的折腾"，托病请辞而获批，"只能解释为他从政的能力、业绩的平平，或者是他性格、处世不擅长应承，或者是兼而有之"，主动辞职，"更重要原因是官场给予他太多的人格侮辱（比如'诖误'），太大的精神打击（比如'候补'），使他逐步寒了心"。[1]

乾隆四十二年（1777）五月二十一日，戴震临终前不久给段玉裁的信还说道："吾友所为不苟，加以刚直，六年不补，固有由也。君子难进而易退，自立于无过之地，然求全之毁犹不能免。是以内刚外柔，谨慎谦逊，以与为委蛇可耳。"叮嘱段氏"内刚外柔，谨慎谦逊"。纵观历史，大凡有成就之人，大都有着鲜明、独特的个性。纪玲妹提出：

"狂狷之士在各个朝代、各个地方都有，而在毗陵这一地区，似乎更多，所以也可以说，狂狷成了毗陵文人的一个很显著的特点。我们考察毗陵的历史，发现狂狷的个性，也是毗陵先人们留下的传

① 赵航：《段玉裁评传》，江苏人民出版社 2009 年版，第 22—23 页。

统。""而这样性格的人在朝为官,一定也是敢作敢当,能犯颜直谏,不会趋炎附势,同流合污。"①

毗陵即今之常州,段玉裁也有着常州文人"狂狷"的特点。段玉裁的为官情况,具体记载文献不是太多,而从其个人行为"一灯荧然"等来说,"狷介自守,不苟附和",当属可能。从当时的情形来考量,段玉裁辞官的直接动因可能与于敏中、尹嘉铨有关,其鲜明、独特的个性当是基本原因。

第二节 "本经术为治术"

段玉裁为官近十年,三起三落,最后引疾致仕,归里著书,晚年自认为"政无可纪",而叶衍兰、叶恭绰《清代学者像传》则称"所至有政声,本经术为治术,循良叠著,民爱戴之"。

从古至今,不论有无科举,做官和读书学习都紧密相联。"学而优则仕",做官成为读书人实现理想抱负的一条重要途径。而儒家的从政理念是,欲为官须先修德,欲修德先修身。做人要讲人品,为官要讲官德。何谓官德? 其实就是个人修养在政治上的综合体现。孔子已提出"为政以德",三国时有诸葛亮"鞠躬尽瘁,死而后已",宋代有范仲淹"先天下之忧而忧,后天下之乐而乐",清代有林则徐"苟利国家生死以,岂因祸福避趋之",等等,中华传统文化是修身的宝库,更是官德修养的源泉。段玉裁从小"铁骨支贫",到黔、川"千里为官不为财","终身念师恩",无不展现高尚的人格品味,即便 79 岁时还不忘告诫外孙龚自珍"博闻强记,多识蓄德,努力为名儒,为名臣,勿愿为名士"②,最终成为老百姓心中的"循吏"。

段氏牢固树立"廉政勤政"的从政理念。对于"廉"字,在其所作《说文解字注》中注解为"仄也,此与广为对,引申之,为清也,俭也",即清

① 纪玲妹:《清代毗陵诗派研究》,凤凰出版社 2009 年版,第 75 页。
② 《经韵楼集》卷九《与外孙龚自珍札》,凤凰出版社 2010 年版,第 211 页。

白、廉政、节俭的意思。在富顺主政期间,他清廉自守,在老百姓中间颇有政声,故"民爱戴之"。

作为经学家的段玉裁,满脑子都是关心民瘼的思想。这些思想即使在一些应酬性的文字中也有所体现,如《新雨堂记》(辛未,1811年),松云太守将自己所居的府第闾门命名为"新雨堂",其本意在于纪念自己在科考时就试官"麦浪"之题所写诗句——"一犁新雨露,万顷助波澜"被嘉庆皇帝所赏识之事。段玉裁不认为这是松云故意要在人前夸耀得皇上赏识的"异数",而恰恰"可以观体群臣子庶民上下交孚之美"的意思,于是他引经据典,借题发挥,以证明雨露对于民生的重要性,强调"古圣人之用心,无不如是"。①

亲民化民则是段玉裁显明的从政理念。这一理念也体现在《送龚婿丽正之徽州郡守序》之中。该序云:

> 唐人之仕,重内而轻外。故昌黎、子厚刺潮州、柳州,非所乐为也。然二公者,有德于二州,庙食至今不替。二公不以僻远而鄙夷其民,亦可见矣……苟有可以及民,不必在朝廷也。郡县之长吏,亲民近而化民速,庶几可以尽其心,安见不贤于在朝廷也!②

因郡县一级的官员,执行朝廷指令最为关键、接触下层民众最为直接,上通下达,段玉裁已认识到"亲民近""化民速",需要"尽其心",其作用可以不亚于身在中央最高层。这种对县级官员在社会治理中发挥如此重要作用的论述,与清代河南省南阳市内乡县知县高以永于康熙十九年(1680)撰写的一副对联"得一官不荣,失一官不辱,勿道一官无用,地方全靠一官;穿百姓之衣,吃百姓之饭,莫以百姓可欺,自己也是百姓"一样,颇具卓见。

宦书亮《段玉裁仕巫山考述》认为段玉裁在巫山三年有余,"政绩表现在赈灾救民、除陋习安民、修葺衙署、捐廉修仓、重教兴学"。③ 刘海声、刘刚《四年清知县 百代学问家——段玉裁先生在富顺》认为段玉

---

① 《经韵楼集》卷九,凤凰出版社2016年版,第227页。
② 《经韵楼集》卷九,凤凰出版社2010年版,第210页。
③ 文载《宏德学刊》第五辑,江苏人民出版社2016年版,第35—41页,。

裁是"儒家知县"的楷模。① 以上可见,段氏具有一定的关怀下层民众疾苦的人文主义理想。

一、兴学劝化

富顺在宋明时期重教尚文,科考扬名巴蜀,有"富顺多才子"之说,而因明末清初的战乱,盐场遭到巨大破坏,田园荒芜,人口锐减,科举不振。段玉裁到任后,强调孝悌,并身体力行。"仁民爱物,未有不本孝弟者也。"②修缮富顺文庙,扩建"学易书院",修建文昌宫,培养人才,并亲自去书院讲学研讨。段氏《书富顺县县志后》称:"邑人李君瑞五,自楚北解组归,为延主学易书院。从学者数十人,李君为之口讲指画,所业皆日起。""予亦时过书院,论议辄竟日。"③当今的富顺文庙成为了全国重点文物保护单位。段玉裁在巫山县倡教兴学,重修圣泉书院,并在为政之余,亲自到书院授课,"多方以诱之",希望通过教育改变当地贫穷落后的现状,加强地方治理。

二、表彰忠烈

乾隆四十年(1775)冬,离开南溪县前,撰《南溪县汉黄烈妇庙碑》及《书所作南溪县汉黄烈妇庙碑后》,表彰烈妇。订正烈妇黄帛的时代非唐朝,而是汉朝,翻新黄帛祠,并亲为树碑立传,表彰节烈,砥砺德行:"当汉季时,会稽有曹娥,犍为有先络、黄帛,其事皆相类,而曹、先以孝闻,黄以节重,可谓德不孤,必有邻矣。一女子义烈之性,感动天地,垂声无穷,至今妇人小子,皆能欷歔感慨,羡述其事,又况乎士君子,学守卓卓,兴起百世者哉!"④

乾隆四十年冬以后,在富顺县修志时,发现有一隐者薛翁有传学之事,段玉裁考证之后载入县志,并建薛翁祠,因其人为奇士,"其学之可传",因而撰文《富顺县宋薛翁祠碑》称:"玉裁每求天下奇士于山林市肆

---

① 文载《宏德学刊》第五辑,江苏人民出版社 2016 年版,第 74—79 页。
② 语出《经韵楼集》卷九《仁和龚氏南高峰四世墓碑》,凤凰出版社 2010 年版,第 207 页。
③《经韵楼集》卷九,凤凰出版社 2010 年版,第 229 页。
④《经韵楼集》卷十《南溪县汉黄烈妇庙碑》,凤凰出版社 2010 年版,第 252 页。

而不一遇，入蜀以来，备员兹邑，景慕薛翁之高风，访求懿迹，莫有能举其人者，因立祠设位以祀之。呜呼！薛翁邃于《易》学，沈沦污贱，其著书不传也，其行事不传也，其名与字不传也，其游无定所也，其寄托无定业也，惟其学之可传，若隐若见于百家雅记而感动兴起于百世之下。"友人朱云骏亦作《薛翁祠》诗记之。

乾隆四十一年（1776），段玉裁为宋儒李见建亭于神龟山，朱云骏为此亭作《读易洞》诗记之，并见《画庄类稿·万里集五》。乾隆四十三年（1778），撰《前明四川定远县知县高苏生先生墓表》，转述王步青称高苏生为"天、崇十家"之一，又撰《高苏生先生传》一文。王步青是八股文大家，清代八股文流派金坛派的代表人物之一，折衷于词章、义理之间。储大文《王汉阶时文序》称："汉阶之文，超然独骛，脱云尘堨，而实谨于尺度。语曰节之欲其廉，又曰简而有法，汉阶之文之谓也。"王步青编选过《天崇十家文钞》《明文钞》《国朝制义所见集》《历科程墨所见集》等，特别是《塾课八集》流传最广，分为启蒙、式法、行机、参变、精诣、大观、老境、别情八集。王氏曾指导过状元于敏中，并为段氏家谱撰序，由此文可知，段玉裁早年当曾阅读过《天崇十家文钞》之类的八股文选本。

段玉裁通过对节烈之士、传经向学之士的表彰，来倡导儒家忠孝节烈思想，希望人们以先贤为榜样，摒弃俗念，读书传学。段氏的做法，得到了前人的赞扬，如民国20年宋育仁监修《富顺县志·官师·段玉裁》称："江苏金坛举人。乾隆四十年再署富顺。学为经师，礼贤下士。又重修《富顺县志》，建文昌宫、薛翁祠，俱有记。世称名宦、名儒如熊景阳、段若膺、叶体仁均在乾隆朝。段诚经学名儒，为政固俱称无害吏，率以修祠，典右文雅，为举职于后有闻者，以此为多。"有"诚经学名儒，为政固俱称无害吏"之语。新修《富顺县志》卷二十九"人物"类所作传记，也有段玉裁，称县人为纪念他，在他住所大书"循吏段玉裁先生公余读书处"。①

① 四川省富顺县志编纂委员会编纂：《富顺县志》，四川大学出版社1993年版，第681页。

079

第三章　亦仕亦学又十年

三、重修县志

段玉裁检阅县志，感到旧志体例不佳，载事缺略，且多差讹，于是有修志之念。关于该志体例，一般认为是段玉裁所定。成书过程，段玉裁《书富顺县县志后》有详细记载，称丙申年(1776)：

> 念权是县，如信宿逆旅耳，将何以遗县民？民之居错而广，非如学于院者之可以时面命也，县带洛而襟江，山气佳秀，典午以后，才俊蔚起，文物称最盛，而旧志苦无体例，且阙略不备，不足以论古证今，因粗举崖概，属李君网罗缺佚，属稿商订，五阅月而书成。凡德谊政事文章，事之系于县者，搜采无遗，县之士与民倘因此念山川之所孕毓，人事之所当师，秀者以古处自期，顽者以桀黠为耻，安必非予之所以遗一二者？志既成，而予去富顺矣，官君体仁、周君百川相继勾工镌板，以广其传，予念士民之茂美，李君之勤劳而官、周二君之成人之美，皆不可以不志也，遂书其后。①

民国 20 年《富顺县志·艺文》称："(乾隆)《富顺县志》二十七卷，清进士李芝同知县段玉裁撰。"关于此志的评论，梁启超《清代学者整理旧学之总成绩三——方志学》说："方志虽大半成于俗吏之手，然其间经名儒精心结撰或参订商榷者亦甚多。""斐然可列著作之林"，并视为"名志"者，所举之例就有"乾隆《富顺县志》。段茂堂为知县时独撰"。可见，在戴震的影响下，段玉裁在方志学方面也有可称道的成就。

四、吏不扰民

段玉裁《书富顺县县志后》由个人读书治学，到倡办教育，表彰忠烈，由此提出"吏不扰民，而民自不扰吏耳"的观点。时人孔继涵根据段玉裁的言行，曾赞誉他"官况清卓"②。"所居西湖楼，一灯荧然，夫人而指为县尹读书楼也"，段玉裁公务之余，读书治学，且持之以恒，

---

① 《经韵楼集》卷九，凤凰出版社 2010 年版，第 229 页。
② 原见孔氏《与段茂堂等十一札》，附于段氏《戴东原先生年谱》后，参见拙撰：《段玉裁年谱长编》，江苏人民出版社 2015 年版，第 149 页。

县人因此视其所居为"县尹读书楼"。董莲池评论说:"段玉裁十年七品,'权知'占着三分之二,这种情况下能做到'民爱戴之',难能可贵!"①

刘海声、刘刚《四年清知县　百代学问家——段玉裁先生在富顺》一文探讨"段玉裁先生执政治县主张",概括为"休养生息,吏不扰民""农工并兴,盐场兴旺""精编县志,重用人才""广励前贤,表彰妇女""日夜勤劳,治县著书""廉洁清白,流芳百世"六个方面。《段玉裁在富顺的为官治学之道及当代启示》一文概括"为官之道"有二,即"清正廉明"与"勤于政事";"治学之道"有二,即"勤勉刻苦"与"严谨朴实";其"教益与启示"有三,即"为官要有官德修养""廉政与勤政并重"与"进一步加强学风建设"。②

第三节　从"谱"到"表":《六书音均表》

段玉裁亦仕亦学期间,学术成就斐然。多部重要的学术成果终于成稿或付梓,有的开始了艰辛的撰写。如由"两谱"发展为《六书音均表》(41岁),有了诗经学的重要成果《诗经小学》(42岁),开始了"说文学"三部曲之序章《说文解字读》(42岁)的工作,"尤精六书",《毛诗故训传定本小笺》开始动笔。

乾隆四十年九月,段玉裁改定《六书音均表》五卷。前三表为新增;第四表"诗经韵分十七部表",由原"诗经韵谱"改订而成;第五表"群经韵分十七部表",由原"群经韵谱"改订而成。其"一曰《今均古分十七部表》,别其方位也;二曰《古十七部谐声表》,定其物色也;三曰《古十七部合用类分表》,洽其指趣也",合后者为一完整体系:表一为全书总纲,表二依其谐声学说胪陈各部声符,表三旨在叙述各部排列次序的远近及其根据,表四及表五是十七部体系下的《诗经韵谱》与《群经韵谱》。前

① 董莲池:《段玉裁评传》,南京大学出版社2006年版,第33页。
② 分别载《宏德学刊》第五辑,江苏人民出版社2016年版,第74—79页,第66—73页。

四表都有序,表一、表三中亦有部分文字叙述。全书结构谨严,博大精深。因改名为《六书音均表》。

段玉裁在顾炎武、江永以谐声类推古韵方法的启发下,明确提出了"同谐声者必同部"的谐声学说,即声符相同的字必然属于同一韵部,"一声可谐万字,万字而必同部,同声必同部",其《古十七部谐声表》说:

> 六书之有谐声,文字之所以日滋也。考周秦有韵之文,某声必在某部,至赜而不可乱。故视其偏旁以何字为声,而知其音在某部,易简而天下之理得也。许叔重作《说文解字》时未有反语,但云某声某声,即以为韵书可也。自音有变转,同一声而分散于各部各韵。如一"某"声,而"某"在厚韵,"媒""腜"在灰韵;一"每"声,而"悔""晦"在队韵,"敏"在轸韵,"晦""痗"在厚韵之类,参差不齐,承学多疑之,要其始,则同谐声者必同部也。

乾隆四十年(1775)十月,寄书戴震,讲述《六书音均表》的撰写过程,就万侯两韵分用、十七部排序、四声问题等坚持己见,并请戴震作序。

第二年四月,段玉裁在富顺县任上雕版刻成。乾隆四十二年(1777)正月戴震作《六书音均表序》:"其书始名《诗经韵谱》《群经韵谱》,兹易其体例,且益以新知,十七部盖如旧也。"五月段玉裁以四川学政吴省钦之名实为自作序,为全书发凡起例、展示主要观点[1]。二序加刻补入。今之通行单刻本诸篇次序如下:1. 钱大昕原序,2. 戴东原先生来书,3. 寄戴东原先生书,4. 戴震序,5. 吴省钦序,6. 六书音均表目录,7. 正文五表。此后嘉庆二十年乙亥(1815)段氏经韵楼刻《说文解字注》成,以《六书音均表》作为附录,卷首诸文次序较之单行本略有变动。道光初年阮元重刻入《皇清经解》丛书。《续修四库全书》收录《六书音均表》。

此书证明唐以前支、脂、之分为三部,实破千年来之疑案,同时代的学者孔广森,在刊于乾隆五十七年(1792)的《诗声类》自序中说:"近世

---

[1] 吴省钦:《六书音均表序》,见《白华前稿》卷十一。

又有段氏《六书音均表》出。藉得折衷诸家,从其美善。……真元之列为二,支、脂、之列为三,幽别于宵,侯别于幽,而复别于鱼,皆段氏得之矣。"段氏同时提出"音韵随时代迁移说""音转义不变说""古假借必同部说""古转注同部说""异平同入说"等,全面展示了他在上古音研究方面的成就。

图7 《六书音均表》书影

对段玉裁古音学的成就,今人有很高的评价。鲁国尧《〈六书音均表〉叙录》认为:"《六书音均表》三十八'说',汇聚了段玉裁的独创而系统的语言学思想。""段玉裁是杰出的语言学思想家,《六书音均表》是中国语言学史的前无古人、后乏来者的大制作,是一座巍峨矗立的丰碑。"①鲁国尧在《段玉裁:杰出的中国语言学思想家》一文中还曾举例说:《六书音均表》中尤其值得表彰的是说十八"音韵随时代迁移说":"今人概曰古韵不同今韵而已。唐虞而下,隋唐而上,其中变更正多,概曰古不同今,尚皮傅之说也。音韵之不同,必论其世。约而言之,唐虞夏商周秦汉初为一时,汉武帝后洎汉末为一时,魏晋宋齐梁陈隋为一时。古人之文具在,凡音转、音变、四声,其迁移之时代皆可寻究。"这是中国语言学史上第一个汉语史分期说,段玉裁将先唐时期的语音史分为三期。这是中国学者独立发明的学理,时在十八世纪的1775年,应该载诸史册。②

竺家宁在《论段玉裁在上古音研究的开创性》一文中指出:在音韵研究上,他能够思考到别人没有思考的问题。他在研究上古音方面,不仅仅是归纳《诗经》的韵脚,更能运用了形声字作为上古韵部分部的重

① 载《段玉裁全书》之《六书音均表》卷首。
② 鲁国尧:《段玉裁:杰出的中国语言学思想家》,载《宏德学刊》第五辑,江苏人民出版社2016年版,第103页。

要参考材料。因此,他创立了"谐声表",成为后世研究上古韵部的楷模,从他开始,没有一位古韵学家,不设计一份"谐声表"的。古韵部要如何排列,段玉裁又做了突破性的思考,改变了前人习习相因的"东冬锺江"顺序,而以"之部"开头,他首先思考到,上古音和中古音系统的不同,因此,上古音必须有它自己的排列顺序,这个排列顺序必须按上古的音近关系来决定。接着,如何决定上古的音近关系?他又做了一项开拓性的思考,利用韵部和韵部之间的例外通押现象,作为观察两部发音亲疏远近关系的依据,建立了他的"古合韵学说"。这种创见,表现在他《六书音韵表》中的"合用类分表"中。竺家宁总结说:

> 我们研究段玉裁在音韵学上的每一项作法,都有突破性的思考。每一个问题,都能提出他个人的真知灼见,而不是像其他学者一样,守着前人的藩篱,成为前代学者的影子而已。段玉裁的这种精神,在今天我们纪念他280周年诞辰的时刻,更应该提出来加以表彰,不但是对段先生的一份纪念,更是作为我们现代学者治学方法、治学态度、治学精神上学习的榜样。①

何九盈《乾嘉时代的语言学》一文则从学术史的角度高度肯定古音成果对"治古义"的重要作用,指出"顺应古汉语研究的规律"是乾嘉学者取得突出成就的原因以及段玉裁、王念孙作为"乾嘉语言学的杰出代表"的正当性:

> "乾隆初期,江永继顾炎武之后分古韵为十三部;乾隆中期,段玉裁分古韵为十七部,王念孙分古韵为二十一部。戴震、孔广森的古音对转理论也出现在乾隆中期。由于古音问题已基本解决,这一成果立即被运用到古义研究中来,从此,'因声求义'才有了可靠的、科学的根据;乾隆后期和嘉庆年间才产生了一批训诂学名著。如段注《说文》、王注《广雅》,以及《经义述闻》《经传释词》等。我们常以'乾嘉'并提,作为一个历史阶段来看,无疑是对的。若细加分

---

① 竺家宁:《论段玉裁在上古音研究的开创性》,载《宏德学刊》第五辑,江苏人民出版社2016年版,第422—428页。

析,犹有不同。乾隆时代语言研究的主要成就是解决了上古音的问题,嘉庆时代语言研究的成果则主要在古义方面。但是,乾隆时代如果不解决古音问题,则嘉庆时代一系列的训诂名著根本就不可能产生。先治古音,后治古义,这个发展过程正是顺应了当时古汉语研究的规律。当时凡是认识了这一规律、并按这一规律办事的,都取得了突出的成就。"

"后人把乾嘉时代的小学径称为'段王之学',这不是没有原因的。段、王是乾嘉语言学的杰出代表,他们的学术思想、学术道路基本相同,都顺应了时代的潮流,推进了古代语言学的发展。"①

此外,章太炎《清儒》认为"玉裁为《六书音均表》以解《说文》,《说文》明",提示该书对《说文》研究及文字学研究的重要性,应当予以重视。

第四节 《诗经》学成果两种

段玉裁系统研究《诗经》,留下多部诗经学成果。前面提及《诗经韵谱》,此时有《诗经小学》,后有《毛诗故训传定本小笺》,都是清代《诗经》学的重要成果。从诗经学史以及与戴震的关系来看,似更易认知段玉裁诗学成果的特点。

《诗经》作为我国第一部诗歌总集,影响巨大,历代研究成果汗牛充栋。"中国诗经学研究有三种类型,第一种,从西周到春秋时代,是礼乐形态的诗经学时期。第二种,经过战国时期的酝酿,到西汉初年初步建立,一直到清末民初,属于经学形态的诗经学时期。第三种,从新文化运动开始,从文学角度研究《诗经》的做法逐渐占了上风,这时属于文学形态的诗经学时期。"②

戴震回避经学形态与文学形态的诗学矛盾,从典章制度与训诂的

---

① 何九盈:《乾嘉时代的语言学》,载《北京大学学报(哲学社会科学版)》1984年第1期。
② 姜广辉主编:《中国经学思想史》第四卷,中国社会科学出版社2010年版,第330页。

维度开展研究,并以"情"说诗,发掘其注重民生、肯定人欲的合理性,留下《毛诗补传》二十六卷、《毛郑诗考证》四卷、《杲溪诗经补注》二卷以及其他诗学篇章,取得了杰出的成就。段玉裁自觉运用音韵学、训诂学、文字学理论系统研究《诗经》,在方法论上应当是对戴震诗学研究的继承与发展。其研究成果部分保留在《十三经注疏·毛诗校勘记》中,并受到后代《诗经》研究学者的推崇,许多成果被马瑞辰《毛诗传笺通释》、陈奂《诗毛氏传疏》、胡承珙《毛诗后笺》等吸收。

一、《诗经小学》

《诗经小学》名称第一次出现于段玉裁乾隆四十年(1775)所写《寄戴东原先生书》,请戴震为《六书音均表》作序,提及:"玉裁入蜀数年,幸适有成书。而所为《诗经小学》《书经小学》《说文考证》《古韵十七部表》诸书,亦渐次将成。今辄先写《六书音均表》一部,寄呈座右,愿先生为之序。"言及《诗经小学》"渐次将成"。此后文献,屡见提及,并不断增补修订。

段氏从"小学"的角度研究《毛诗》,对文本存在的通假现象、异文现象、文字讹误问题等做了系统梳理研究,其撰写体例大体是按《毛诗》的篇次,先列出拟讨论字所在的诗句,然后列出与此字相关的材料,如毛传、郑笺、《说文》、《尔雅》、《韩诗》、《玉篇》、《广韵》、《经典释文》等韵书以及大量的经史文献,再加以按断;如无相关材料或不必列举材料,则直接下按断。兹举一例:

> "不能我惉"《说文》引诗"能不我惉"。按能之言而也,乃也。《诗》"能不我惉""能不我知""能不我甲"皆同。今作"不我能惉",误也。郑注《周易》"宜建侯而不宁","而"读为能,此《诗》与《芃兰》"能"读为而,古能、而音近,同在第一部。传"惉,兴也",与《说文》"惉,起"正合。今本"兴"作"养",误。

文中"第一部"即"之部",这是从同部角度确定"能""而"二字的通假关系,并订正今本"养"字为"兴"字之误。

至乾隆五十六年(1791),段玉裁将《诗经小学》数十篇授读臧镛堂。

嘉庆二年臧镛堂《刻〈诗经小学录〉序》说：乾隆五十六年，"既而段君自金坛过常州，携《尚书撰异》来授之读，且属为校雠……而《诗经小学》全书数十篇，亦段君所授读，镛堂善之，为删烦纂要，国风、小大雅、颂各录成一卷，以自省览。后段君来见之，喜曰：'精华尽在此矣，当即以此付梓。'时乾隆辛亥孟秋也。窃

图8 《诗经小学》书影

以读此而六书假借之谊乃明，庶免穿凿傅会之谈。……书中每言十七部者，段君自用其《六书音均表》之说。"此即今之通行四卷本。《续修四库全书》影印复旦大学图书馆藏清嘉庆二年武进臧氏拜经堂刻本，《拜经堂丛书》所收《诗经小学》四卷本当为此书最早刻本。后有清道光九年广东学海堂《皇清经解》本、清咸丰十一年补刊《皇清经解》本等。

《诗经小学》成书时，当是三十卷本，只是在嘉庆二年臧镛堂刻印《诗经小学录》之前，三十卷本从未刻印过。今传世的三十卷本为道光五年抱经堂本。从刻版时间、藏稿来源看，署名"抱经堂"藏板，表明此书稿来源与段玉裁的好友卢文弨的"抱经堂"藏书有关。由段玉裁的弟子江沅等人校雠加注勘定，基本保留了《诗经小学》"全书"原貌。

三十卷本与四卷本有着较大的差异，各有其学术价值。两本差异主要体现在以下几个方面：（一）分卷分篇体例不同。三十卷本据《汉志》所载《毛诗故训传》的分法，将全书分为三十卷，其中《国风》十五卷，《小雅》七卷，《大雅》三卷，《周颂》三卷，《鲁颂》、《商颂》各一卷。四卷本则按《诗经》类别，分《国风》《小雅》《大雅》《颂》四卷。每卷之内，三十卷本按《毛诗故训传》的方法，首列"周南""召南""邶""鹿鸣之什"（卷十六）"文王之什"（卷二十三）"清庙之什"（卷二十六）等国别、类别名。每诗之前必列诗名和章句数。如卷一"周南"之后列"关雎五章，章四句"（下有双行小字注：陆德明《经典释文》曰五章是郑所分。）四卷本每卷

《国风》《小雅》等类别后，直接列目释义，各诗之间没有分隔符说明。如卷第一"国风"之后直接列"关关雎鸠"条予以训释。在"关雎"的"辗转反侧"条与"葛覃"的"服之无斁"条之间没有任何分隔、标注符号。（二）列目标准不同。（三）用字标准不同。（四）引文和按语次序不同。（五）双行小字注的异同。三十卷本对需要作注予以说明的，均用双行小字加注，共有双行小字注74条，四卷本共有双行小字注49条。①

马树杉认为：《诗经小学》是段氏学术思想形成的重要环节，对段氏以后的著作产生重要的影响。《诗经小学》与《六书音均表》为同期著作。《诗经小学》对《诗经》篇章和异文的考释是《六书音均表》古音研究形成的依据和前提，《六书音均表》古音研究成果又是《诗经小学》判断字形、因声求义的理论依据。段玉裁古音研究成果《六书音均表》在《诗经小学》中运用古音研究成果研究《诗经》篇章、文字形成的一套因声求义，从形音义的内在联系上考释字义，以指明异文正俗字、古今字、通用字、假借字、方言、本义、引申义、假借义、校勘、石经、汉碑等一套系统的研究方法，对段玉裁训诂学思想的形成发展和以后的《毛诗故训传定本小笺》《古文尚书撰异》《周礼汉读考》《说文解字注》等著作的形成，产生重要的影响。

二、《毛诗故训传定本小笺》

据《毛诗故训传定本小笺题辞》（以下简称《小笺》）所说："《毛诗故训传》三十卷者，玉裁宰巫山，事简所订也。"则在乾隆四十三年（1778）段玉裁可能开始撰写，此际《诗经小学》当已有初稿。乾隆四十九年四月初二日，段玉裁为《小笺》撰题辞。《小笺》成稿之后，段氏精益求精，不断修订，如乾隆六十年八月，给刘端临信中说："《毛诗诂训传》四本凡硃笔注处，皆弟惬心贵当之言，最堪探讨。"及冬，又在给刘端临信中说："《毛诗》三十卷，略加注语，皆惬心贵当，是否已令人誊写一部，再校补码四，则大妙矣。"嘉庆元年正月，在给刘端临信中说："《毛诗传》随时欲

---

① 今四卷本与三十卷本差异颇大，详见虞万里：《段玉裁〈诗经小学〉研究》，《辞书研究》1985年第5期。《诗经小学》两种刻本均收入江苏人民出版社2015年版《段玉裁全书》，马树杉有序录。本节文字对虞教授、马教授之文多有采纳。

添补，不知何时妥之。"其年九月，又说："《毛诗》略点定几处，尚未暇校补，少辽缓之可耳。"可见段氏用力至深，以致去世一年后方得付梓刊印。

因为《小笺》修订时间长，流传又广，所以别称较多，有《毛诗故训传》《毛诗古训传》《毛诗故训传定本》《毛诗故训传微》《毛诗故训传略说》《毛诗传小注》等。嘉庆元年阮元为段氏《周礼汉读考》撰序，称之为"毛诗故训传微"，微者发毛传之精微也。

《毛诗故训传定本小笺》有《毛诗》校订注释简明的标准本之意。书名较长，可分"毛诗故训传""定本""小笺"三段理解。"毛诗故训传"指《毛诗》，毛亨（战国或西汉时人）这一家所传授的《诗经》。《毛诗》为现存最早的完整的《诗经》传本。西汉时还有与《毛诗》并行的"三家诗"《齐诗》《韩诗》《鲁诗》，今已散佚，以辑佚本传世。段氏尽可能恢复《毛诗》用字原貌。"定本"指经过整理校订的标准本。段氏取名"定本"，有使之成为后人研习《毛诗》标准本之期望，他对《毛诗》传本做了一定的补正工作以使传义完整。如《七月》"朋酒斯飨，曰杀羔羊"，传本《毛传》："两尊曰朋，飨者，乡人以狗，大夫加以羔羊。"段氏据《正义》认为"乡人"后脱"饮酒也"三字，加以补充，理由是"因两乡人复而脱也"，因前后文"乡人"有重复而误脱。又在"以狗"前补入"其牲"二字。改后的《毛传》为："两尊曰朋；飨者，乡人饮酒也；其牲以狗，大夫加以羔羊。"明显文义完整显豁。"笺"是古代一种注释方式，东汉经学家郑玄为《毛诗》作注自称为"笺"，既诠释《毛传》，又兼及经文，段氏效法郑玄，而较《郑笺》体量小而简明，因此称为"小笺"。全文辨识毛传用字通假为多，如《日月》毛传："古，故也；胡，何也。""小笺"说"此双声假借"；于古今字、俗字等一并揭示，于毛传体例、毛与郑之异、毛传与《尔雅》之异等也一并揭示，偶有订正《诗经小学》之处。

至于撰著的动机，《小笺题辞》说："夫人而曰治《毛诗》，而所治乃朱子《诗传》，则非《毛诗》也，是以订《毛传》也。"是要纠正人们长期以来将朱熹《诗集传》当作《毛诗》的错误认识，并用理校法来还原《毛诗》。《小笺》因旨在恢复《毛诗》旧貌、兴复《诗经》汉学，重心在校订：1. 依据《汉书·艺文志》著录，全书分为三十卷。2. 将章句由篇末移至篇前。置

《诗序》于篇端。3. 离析经传。传本《毛诗》，经文和传文是合在一起的，经文底下夹行小字便是《毛传》和《郑笺》。段氏将每首诗先录出全篇经文，随后将《毛传》单独编排置其后，并复举相对应的被释经文。4. 厘正《郑笺》误窜。5. 校正经传文字讹误脱漏。另一项工作是诠释《毛传》。滕志贤先生认为："《小笺》著于《诗经小学》之后，且其主要任务是校勘，所以注释数量不多，注文大多也比较简略，主要是补充或修正《诗经小学》。""段氏校订和诠释《毛诗》，难免有疏失和武断之缺憾。"①

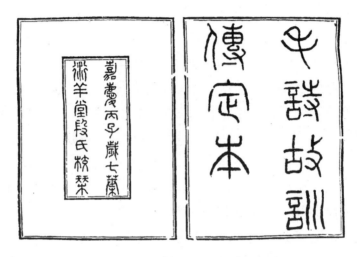

图9 《毛诗故训传定本》书影

《小笺》的价值和影响是多方面的。首先是段氏运用理校法为恢复《毛诗》旧貌所取得的成绩。学海堂本钱塘严杰跋称："后之人有专为《毛诗》作疏者宜以此为定本。"就充分肯定了段玉裁在《毛诗》文本校勘上所做的工作。乾隆六十年（1795）八月，段氏在给友人刘端临的信中说："《毛诗诂训传》四本，此书凡硃笔注处，皆弟惬心贵当之言，最堪探讨。"至冬天，又给刘端临写信说道："《毛传》三十卷，略加注语，皆惬心贵当。"段氏两言"惬心贵当"，足见他对《小笺》是非常满意自信的。第二是补充和修正《诗经小学》，推动自己的诗经学研究走上新的高度。

---

① 见《段玉裁全书》之滕志贤撰《〈毛诗故训传定本小笺〉叙录》，江苏人民出版社2015年版，第1册第327—332页。前人对书中部分内容有不同意见，如清人李慈铭《越缦堂读书记》对段氏《葛覃》的解释有批评意见。

第三是自己校勘理论最好的注脚。段玉裁晚年在《与诸同志论校勘之难》中说:"校书之难,非照本改字不讹不漏之难,定其是非之难。是非有二:曰底本之是非,曰立说之是非。必先定其底本之是非,而后可断其立说之是非。"他把"底本之是非"看作校勘的最重要而且是最难的工作。《小笺》充分体现了他的校勘学理念。陈垣《校勘学释例》一书盛赞钱大昕运用理校法解决史学难题后接着说"经学中的王、段,亦庶几焉",对王念孙和段玉裁氏两位理校的功力和成就给予很高的评价。第四,诚如滕先生所言:"《小笺》作为《诗经》理校的范例,对后世《诗经》研究产生一定影响。"其后马瑞辰著《毛诗传笺通释》,胡承珙著《毛诗后笺》,陈奂著《诗毛氏传疏》都受到段氏的启迪。尤其是入室弟子陈奂,《传疏》分三十卷,"置《笺》而疏《传》",为义疏体,体例一如《小笺》,深受段玉裁的影响。梁启超谈"清儒在《诗》学上最大的功劳",称"三书比较,胡、马贵宏博而陈尚谨严,论者多以陈称最",并认为"毛传之于训诂名物,本极矜慎精审,可为万世注家法程"①。陈乔枞著有《毛诗郑笺故字说》,桂文灿称该书"博采臧玉林、陈见桃、惠定宇、段茂堂诸家之说,复搜讨群书参考互证,以申明郑说,语皆精核"。② 梁氏、桂氏之说可从一侧面印证段玉裁校定、诠释毛诗的学术意义。

第五节　早期《说文》学成果

乾嘉时期的学术研究,治经是其核心,而治经的目的就是明道。圣人之道存在于儒家经书,并且主要是孔子传下来的经书,这是当时学者的共同理念。如戴震认为"《六经》者,道义之示而神明之府",段玉裁《十三经注疏释文校勘记序》说:"六经犹日月星辰也,无日月星辰则无寒暑清明,无六经则无人道",《江氏音学序》说"尝闻《六经》者,圣人之道之无尽藏,凡古礼乐制度名物之昭著,义理性命之精微,求之《六经》,

---

① 见《中国近三百年学术史》"十三　清代学者整理旧学之总成绩(一)",东方出版社 1996 年版,第229—230 页。

② 桂文灿:《经学博采录》卷三,广西师范大学出版社 2011 年版,第 62 页。

无不可得"①,对六经推崇至高,直接视为维系人类社会的基本道德法典。

清初以来,学者反对晚明空疏之学,批判随意释经的做法,强调通过语言文字以诠释经典的认知模式,如顾炎武倡导"读经自考文始,考文自知音始",阎若璩认为"昧以声音训诂,则不识古人之语言文字,而无以得圣人之真意"。乾嘉时期通过文字、音韵、训诂为主体的小学,以正确理解经书意义,即通过"小学"诠释经典以"明道",这一观念得到加强,如钱大昕《与晦之论尔雅书》说"《六经》皆以明道,未有不通训诂而能知道者"②,阎若璩的弟子宋鉴(1727—1790)直接称"经义不明,小学不讲也。小学不讲,则形声莫辨而训诂无据矣。《说文解字》乃小学之祖也,取而疏之,治经者其有所津逮乎"③。段玉裁在乾隆四十四年八月撰《书干禄字书后》,提出"然学者诚志乎治经为己,由此书拾级而上,搜张氏、唐氏之书,进而求诸《说文解字》,庶由文以得其辞,由辞以得其志,而经可渐治矣"④,正合乎此认知模式。

清代朴学家甚至有将小学专指《尔雅》《说文解字》的倾向,如惠栋认为"舍《尔雅》《说文》无以言训诂"。《尔雅》是中国最早的一部解释词义的辞书,也是儒家经典之一,列入"十三经"之中,晋代郭璞为之作注,称誉为"九流之津涉,六艺之钤键",戴震认为"《尔雅》解释《诗》《书》,汉儒释经皆宗之""余窃谓儒者治经,宜自《尔雅》始"⑤。东汉许慎著《说文解字》,是中国第一部系统分析字形、考究字源的文字学著作,是中国第一部字书,作者称专为解经而作,即"六艺群书之诂"。戴震《刊九章算术序》说"治经之本,仅仅赖许叔重《说文解字》略见梗概"⑥。段玉裁遵循此"治经之法",特重《尔雅》《说文》,称"凡治经,经典多用假借字,其本字多见于《说文》,学者必于《尔雅》、传注得经义,必于《说文》得字义。

---

① 分见《经韵楼集》卷一、卷六,凤凰出版社 2010 年版,第 1 页、第 120 页。

②《潜研堂文集》卷三十三。

③ 江藩:《汉学师承记》卷一"阎若璩"附"宋鉴"。

④《经韵楼集》卷七,凤凰出版社 2010 年版,第 150 页。

⑤《尔雅文字考序》,载《戴震文集》卷三。

⑥《戴震文集》卷七。

既读经注,复求之《说文》,则可知若假借字,若本字,此治经之法也"①。段氏《说文解字注·许慎叙注》称:"《说文》《尔雅》相为表里。治《说文》而后《尔雅》及传注明,《说文》及《尔雅》传注明而后谓之通小学,而后可通经之大义。"由小学而经学、由经明道成为学人的共识,《说文解字》在此共识中尤其得到重视,这与《说文解字》自身的文化史地位相关。

许惟贤先生《〈说文解字注〉叙录》②概括《说文解字》的四点主要贡献是:

一、整理汇集了当时通行的汉字。计九千多个小篆,另外还收录了五百多个古文、二百多个籀文及相当数量的异体字。它所保存的这些字的形、音、义成为后世研究汉字和汉语词汇发展的宝贵资料。《说文》因而成为沟通古汉字的桥梁,研究古代文字训诂的必读书。

二、创立了以五百四十部首统率汉字的编排法。这是抓准汉字特点的重大创造,有非凡的理论和实践价值,故而经后人改进,至今仍被采用。

三、阐明"六书"义例,据"六书"分析全书汉字结构,作为确立汉字形音义的基础。"六书"的界定与应用,历代学者并不完全一致,但它至今仍在汉字结构分析中发挥着不可替代的作用。

四、诠释汉字本义。《说文》释义以本义为主。因为只有本义确立,解说字形,分析引申义,辨析假借才有基础,才能使一篆之下,形音义之说解达到统一。《说文》在这点上,一直是后代字书、辞书的楷模。

充分肯定《说文》的价值,博大精深,体例谨严,内容确实有据,使它成为我国语言文字学的宝藏。近世的甲、金文研究,一方面使我们发现许慎和《说文》的时代局限性和缺陷,另一方面则更使我们认识到《说文》是我们文史研究不可缺少的通古达今的桥梁,它的价值永远存在。

即便是对汉学有微词的翁方纲,在《附录与程鱼门平钱戴二君议论旧草》③一文中,也承认二书的重要:"诂训名物,岂可目为破碎?学者正宜细究考订训诂,然后能讲义理也。宋儒恃其义理明白,遂轻忽《尔雅》

①《经韵楼集》卷二《聘礼辞曰非礼也敢对曰非礼也敢》,凤凰出版社 2010 年版,第 29 页。
②《段玉裁全书》第三册,江苏人民出版社 2015 年版,第 1—5 页。
③翁方纲:《复初斋文集》卷七。

《说文》,不几渐流于空谈耶。"

基于以上学风特别是戴震的影响,段玉裁一生于《说文解字》用力最深,留下的《说文解字注》,沾溉学林,同时代的学术大师王念孙作序称誉,自许慎之后"盖千七百年来无此作矣",段玉裁也被称为清代《说文》四大家(段玉裁、桂馥、王筠、朱骏声)之首。此外,段注以外,还著有《说文解字读》《说文补正》和《汲古阁说文订》。这里先介绍《说文解字读》(以下简称《读》)、《说文补正》。

一、《说文解字读》

《说文解字注》卷十五下注说:"始为《说文解字读》五百四十卷,既乃隐括之,成此注。发轫于乾隆丙申,落成于嘉庆丁卯。"乾隆丙申即乾隆四十一年,公元 1776 年;嘉庆丁卯即嘉庆十二年,公元 1807 年。作《读》时间学界认识不一,因为段玉裁的学生陈奂《说文解字注跋》说:"先生自去官后注此书,先为长编,名《说文解字读》,抱经卢氏、云椒沈氏曾为之序。"乾隆庚子即乾隆四十五年,公元 1780 年。段玉裁自述"发轫"时间为"乾隆丙申",姑记之于此。

乾隆五十一年(1786)八月十三日,卢文弨在钟山书院作序,称:

> 吾友金坛段若膺明府,于周、秦、两汉之书无所不读,于诸家小学之书靡不博览而别择其是非,于是积数十年之精力,专说《说文》。以鼎臣之本颇有更易,不若楚金之本为不失许氏之旧。顾其中尚有后人窜改者,漏落者,失其次者,一一考而复之,悉有左证,不同臆说。详稽博辩,则其文不得不繁,然如楚金之书以繁为病,而若膺之书则不以繁为病也。何也? 一虚辞,一实证也。盖自有《说文》以来,未有善于此书者。匪独为叔重氏之功臣,抑亦以得道德之指归,政治之纲纪,明彰礼乐而幽通鬼神,可以砭诸家之失,可以解后学之疑,真能推广圣人正名之旨,而其有益于经训者功尤大也。文弨老矣,犹幸得见是书,以释见闻之陋,故为之序,以识吾受益之私云尔①。

---

① 《抱经堂文集》卷三《段若膺说文解字读序》,中华书局 1990 年版,第 33—34 页。

其中称"盖自有《说文》以来，未有善于此书者"，评论之高，与王念孙可媲美。另一学者沈初也有一序，多加褒扬：

> 吾友段若膺明府，博学好古，既梓其所著《音韵表》以传世矣，复得见其《说文解字读》一书，订其舛讹，别其同异，辨其是非，证以金石文字与周秦以下诸子百家之记载，条分而缕析之；于徐氏之说，精核而详定之，诚为叔重之功臣已。……况《说文》尚是篆体，汉之去周未远也，叔重之书，后世之信而可从者莫若是矣。第为后人窜改缺漏，则非得博闻卓识者为之考核精审，以定厥宗，犹有遗憾焉。今得明府书出，助经文之诂训，作后学之津梁，固非《玉篇》以下为字书者所能窥测其涯涘者矣。①

《说文解字读》，一般认为系《说文解字注》之前身，其主要内容已入《说文解字注》。今仅存七卷，即卷1—6，卷8，藏中国国家图书馆，朱小健、张和生整理，许嘉璐作序，北京师范大学出版社1995年9月出版。陈鸿森则认为段氏仅作考校，未作长编："按此《说文解字读》，当即乾隆五十一年秋卢文弨氏及沈云椒所为撰序者，亦即今北京图书馆所藏段氏稿本《说文解字读》十四卷之属，其书以考校《说文》为主，与同时所撰之《诗经小学》《古文尚书撰异》性质近同。此本卷首冠有段氏亲笔所写卢、沈二序，今味二家序文，并无一语齿及段氏有将为《说文》作注之意，知段氏此书本自单行。考乾隆五十七年段氏与赵味辛书，中有云：'日来删定《说文》旧稿，冀得付梓。'所云'《说文》旧稿'，当即指此而言（参下文五十七年条下）。至段氏此序所称'为《说文解字读》五百四十卷'，及《说文注》所言：'始为《说文解字读》五百四十卷，既乃檃括之成此注'（十五卷下，页七），以余所考，此一五百四十卷之《说文解字读》长编，实属子虚，其间隐情，别详拙作《段玉裁说文解字读考辨》。"

朱小健《〈说文解字读〉叙录》①认为：《说文解字读》未见刻本，国家图书馆藏有残存清钞本。该本形制 30.3cm×19cm，半页十行，行二十一字。今存七册（一至六、八），每册封面右上角标有册号，其"册"与段玉裁所著《说文解字注》之"篇"相当。第一册封面以隶书题"说文解字读"，第一册第一页右上有"说文渊"三字，第二页有王萱铃、龚丽正识语各一。王氏识语云：

> 经韵楼《说文注》近已栞板于苏州，余于龚季思先生处见之，然亦至难得。此为稿本，廼承德孙凤卿先生家物。原十四册，阙第七册、第九册至第十四册。余以重价得于古画楼。盖凤卿没，其家剖而粥之，可喟也。丁丑季夏昌平王萱铃识。

龚氏识语云：

> 道光丁亥五月，借阅于顺成门外上斜街寓斋，录副归之。龚丽正。

在王、龚二氏识语之间，有两行红字识语，未有署名，语云：

> 首八十八翻为懋堂先生手书，尤可宝。
> 丁亥中夏龚闇斋观察用老钱十千钞去。

第三、四页为卢文弨《说文解字读序》（此序亦收于《注》），第五、六页为沈初《说文解字读序》，红字识语所云"首八十八翻"含此二序。从第七页起为《读》之本文，从笔迹看，当由三人抄录。

据王氏识语，《读》为《注》之稿本，原藏孙凤卿家，后由王氏购得。又据龚氏识语及红字识语，龚氏曾由王氏处借抄此书，抄毕还王。后又由王氏处转入何元锡之手（一至六册有何氏印）。再其后转入天津藏书家周叔弢家（第一册第七页有周氏印），周氏又捐入北京图书馆（即今国家图书馆），北图列入善本书目。

---

① 朱小健：《〈说文解字读〉叙录》，载《段玉裁全书》第二册，江苏人民出版社 2015 年版，第 245—251 页。本段文字据之节录改写。另参张和生、朱小健《〈说文解字读〉考》，载《北京师范大学学报》（社会科学版）1987 年第 5 期。

乾隆四十一年(1776),段氏始为《读》,至乾隆五十一年(1786)十年间所作,即所谓五百四十卷(亦即以《说文》每部为一卷)之长编。因部有大小,仅收数字之部不足为卷,故段氏曾名之为“号”。段氏将《读》檃括作《注》约始于乾隆五十九年。嘉庆十一年,段氏与王石臞(念孙)书云:“《说文注》近日可成。”十二年又书云:“鄙著《说文注》已竣。”由此可知《注》落成于嘉庆十二年。嘉庆十七年,《注》付梓,嘉庆二十年五月,《注》全部刊成。此为段氏约《读》成《注》刊行之大致过程。

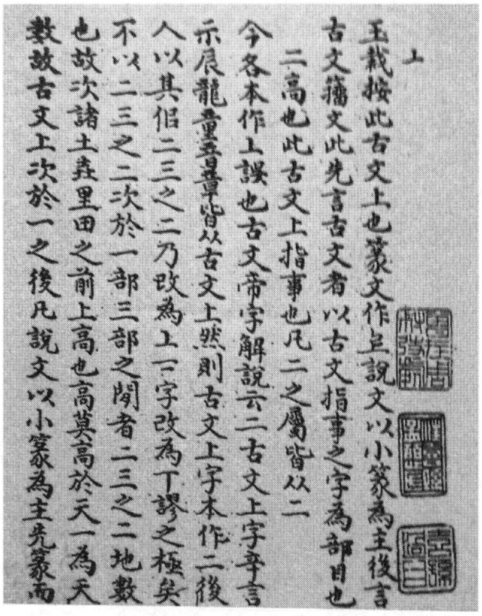
丄
玉裁按此古文上也篆文作𠄞說文以小篆為主後言
古文籀文此先言古文者以古文指事之字為部目也
二高也此古文上指事也凡二之屬皆从二
今各本作丄誤也古文帝字解說云二古文上字辛言
示辰龍童音章皆从古文上然則古文上字本作二後
人以其佀二三之二乃改為丄二字改為丅謬之極矣
不以二三之二次於一部三部之閒者二三之二地數
也故次諸土垚里田之前上高也高莫高於天一為天
數故古文上次於一之後凡說文以小篆為主先篆而

图 10 《说文解字读》书影

体例方面,《读》并未对《说文》所收字逐字注解,也不是《注》的夹注体。既有未注之部,也多未注之字。就现存文本来说,其所注字数,《读》仅占《注》之27%。《读》之正例为:所注之字依大徐本《说文》排列先后,每字自为一条,低一格抄大徐本《说文》字头条目及说解字全文,字头条目以楷书录之。另起行顶格作注,注文一贯到底不另起行。注文内容之次序大体为校订——释义——释形——释音,多先举前人之说,后以“玉裁按”属以己意。论字之古音及声转合韵,标以古韵韵目而不用其古韵十七部。注文末列反切,反切多宗大徐,间或用他书反切者则明其所本。

正例之外,亦有变例,约有:(一)倒次之例,(二)复出之例,(三)出篆书之例,(四)录许不全之例,(五)列举重文之例,(六)合解数字之例,(七)用古韵十七部之例,(八)说解另起行分段之例。以上变例,实含两类,一为段氏自为,一为手民所误。后者除上列各条涉及者外,尚有错字、串行、倒字、衍字、夺字、格式错误(如未顶格抄解说,一行仅抄二十字)等等,需细察留意。

关于《读》的价值,朱小健通过与《注》的比较加以说明:

《读》与《注》所用基本方法一贯，即"以经证字，以字证经"，从而校订许书，考释本义，阐明假借，论证语转。故《读》与《注》诸多议论相同、相近或相通。《注》众多重要论述已备于《读》，然《注》行文更为简洁，校勘更为审慎，于《说文》体例之说明更为丰富。

《读》与《注》差异处亦在所多有而更具价值，盖因从中可见段氏治《说文》观点之形成，表述之变化，甚或可借之探其治学途径。其中二事尤当重视：一为《读》有《注》无之字，此为段氏曾有之思，唯《读》可见。一为与后人评《注》之论相关之说，此类甚至不乏后人所论实为段氏已弃之旧说者。

《读》有《注》无者，共二十二字。段氏臞括《读》而成《注》，为求简洁，于其结论之推理、论据往往舍去，后人不知其推理与依据，对之进行批评时不免失误。此类情况约有四种：后人补《注》之说可见于《读》、后人纠误之说《读》已明确批判、《读》有推理《注》仅列结论而后人误批、后人存疑而《读》已有答案。

朱小健最后总结说："《读》之出版，于全面了解、评价段玉裁学术思想及其价值功实大矣。"

二、《段氏说文补正》

乾隆四十年(1775)十月，段玉裁在寄戴震信中提及《说文考证》一书，陈鸿森《订补》认为"盖即今史语所所藏之《说文补正》稿本之异名，亦即北京图书馆所藏十四卷本《说文解字读》之前身"，成书于乾隆四十二年以前。是否为"《说文解字读》之前身"，学术界有不同观点。藏于台湾"中研院"傅斯年图书馆之本今通行命名为《段氏说文补正》(以下简称《补正》)，清抄本。高桥由利子曾撰《"中央研究院历史语言研究所"藏〈段氏说文补正〉について》[1]专门予以介绍，陈鸿森《段玉裁〈说文注〉成书的另一侧面》[2]亦有相关介绍。据高桥、陈氏二文，该本半页九

---

[1] 高桥由利子：《"中央研究院历史语言研究所"藏〈段氏说文补正〉について》，载《お茶の水女子大学中国文学会报》第一号。

[2] 陈鸿森：《段玉裁〈说文注〉成书的另一侧面》，载2015年春季号《中国文化》第四十一期，第175—192页。

行,行十九字,由三人抄录,并未编次。

朱小健《〈段氏说文补正〉叙录》①认为:

"《补正》亦或非一时之札记,其当为段氏平居治《说文》长期所得之记录,或由后人集之成册。则段氏所谓《说文考证》,或另有其书欤?然《补正》虽非彼书,于研究段氏《说文》学之特有价值固不待言矣。"

"《补正》为札记性质,高桥文谓其收录字249字,陈文谓其共249条。"然今所见者,有非释字目,不可谓"字";有非为字头,不宜计入;又多有合解数字之条,即将两个以上之字头并作一条,合而解之。故以条论,则为223条矣。此类"字"或"条"之数,非得见此本不能确知。"《补正》正例以楷书顶格抄《说文》字头条目及说解字,另起行低一格作注,注文一律低一格写,一贯到底不另起行。此行款形制盖为仿清抄本,每行字数则不依原本。抄《说文》及段注文均施句读。此类形制,与《注》《读》皆不相同。""《补正》名曰'补正',盖缘其主体之事为补《说文》字头、正《说文》字头与说解,则其要在校勘。其所补字头,多不见于《读》《注》,段氏曾有此念,仅由《补正》可窥。是此类补字条目,当作于《读》《注》之前。段玉裁《六书音均表》前附段氏寄戴东原书云:'玉裁入蜀数年,幸适有成书,而所为《诗经小学》《书经小学》《说文考证》《古均十七部表》诸书,亦渐次将成。'知其居四川时(即撰《读》《注》之前)曾撰《说文考证》。以今所见《补正》再抄本,字头条目全无编次,断难信其为成书;而高桥文谓其清抄本有三种笔迹,即由三人分别抄成,则其原稿或已装订。《补正》与《读》皆有之条目,所论多有与《读》完全相同者。而其论字之古音及声转合韵,则多有标段氏古韵十七部者。《读》正例为标古韵韵目而不用其十七部,其用十七部者或为后来搀入。"

《段氏说文补正》未必是《说文考证》,而内容类似,又未见其他记载,姑于此处略作叙述。

---

① 朱小健:《〈段氏说文补正〉叙录》,载《段玉裁全书》第二册,江苏人民出版社 2015 年版,第 631—633 页。

第六节　尊师传学

段玉裁拜师之后,得到戴震的许多指导与帮助,如乾隆三十四年随戴震至山西,书院讲学,学习编志,生活艰窘而从师告贷;乾隆三十五年铨受贵州玉屏知县后,戴震去信安慰;两年后师生京师相见,讨论古音学;乾隆四十二年正月戴震为段氏作《六书音均表序》;其间并有多封书信往来,戴震倾心传授自己的学术精要,直至去世。而"段玉裁对老师充满依恋之情,从师之后,时如当年颜回追随孔子一般"①。

关于戴震的师传情况,章太炎《清儒》有简明而全面的构建:

> 震生休宁,受学婺源江永。治小学、礼经、算术、舆地,皆深通。其乡里同学,有金榜、程瑶田,后有凌廷堪、三胡。三胡者,匡衷、承珙、培翚也,皆善治《礼》。而瑶田兼通水地、声律、工艺、谷食之学。震又教于京师。任大椿、卢文弨、孔广森皆从问业。弟子最知名者,金坛段玉裁、高邮王念孙。玉裁为《六书音均表》以解《说文》,《说文》明;念孙疏《广雅》,以经传诸子转相证明,诸古书文义诘诎者皆理解。授子引之,为《经传释词》,明三古辞气,汉儒所不能理绎。其小学训诂,自魏以来,未尝有也(王引之尝被诏修《字典》,今《字典》缪妄如故,岂虚署其名邪? 抑朽蠹之质不足刻雕也)。近世德清俞樾、瑞安孙诒让,皆承念孙之学。樾为《古书疑义举例》,辨古人称名牴牾者,各从条列,使人无所疑眩,尤微至。世多以段、王、俞、孙为经儒,卒最精者乃在小学,往往近名家者流,非汉世《凡将》、《急就》之侪也。凡戴学数家,分析条理,皆彣密严瑮,上溯古义,而断以己之律令,与苏州诸学殊矣。②

梁启超《清代学术概论》也有相似的表述:"戴门后学,名家甚众,而最能光大为业者,莫如金坛段玉裁,高邮王念孙及念孙子引之,故世称戴、段、二王焉。"

---

① 董莲池:《段玉裁评传》,南京大学出版社2006年版,第15页。

② 章太炎著、徐复注:《訄书详注》,上海古籍出版社2000年版,第144—145页。

以下梳理乾隆四十六年前段玉裁为戴震所做刻书、存信、传承、致祭等光大师门之事,以见戴、段、二王学术一脉。

乾隆四十一年六月十一日,段玉裁在富顺县署之西湖楼刻戴震所撰《声韵考》一书,并撰《刻声韵考序》:

> 己丑之春,先生成《声韵考》四卷,都下传写,玉裁录之,置箧中。先生之学,精于六书,论转注同意相受,得自汉后不传之悟,既一洗诸说之踳驳矣;而反语本原汉、魏经师,匪始于释氏字母,其言尤雅驯,又考今韵二百六部,宋景祐中许附近通用之十三处,补崑山顾氏所未详,而唐、宋用韵功令沿革具见。学者得是书读之,证诸宋时所存韵书,参考陈季立、顾亭林、江慎修以及予所著古音之说,可与读古经传,知圣人六书之法矣。玉裁繙绎有年,弗敢失坠,窃引而伸之,补所未备,成《六书音均表》五卷。丙申之夏,并镌以赠问学者,以见予学之有师承,匪苟而已也。六月十一日,弟子金坛段玉裁谨书。①

己丑指乾隆三十四年(1769),而段氏所撰《戴东原先生年谱》又说成书于乾隆三十一年(1766),提早了三年。实此书成稿有先后,《戴震全书》之《声韵考说明》:"此书戴氏手稿尚存,封面副页亲笔记述云:'戊子年(一七六八)拟用小板付梓,后因论古音未详备,遂止。其《古韵》一条,壬辰年(一七七二)始改定。'此书大小论文共十六篇,非成于一时,有先有后。第四卷有五篇论文都是乾隆二十八年癸未(一七六三)撰写的,就比较早;而第三卷《古音》,多次改定,乾隆三十八癸巳(一七七三)才最后定稿,就比较迟。"②此书除段刻本外,另有山东曲阜孔继涵所刻之微波榭本、山东益都李文藻刻于广东潮阳之潮阳县署本、《昭代丛书》壬集之世楷堂本,手稿存上海图书馆。

戴震来信,有一些重要论述,段玉裁也做了保存,这对研究戴震学术思想非常重要。如乾隆四十二年(1777)正月十四日,戴震自京都致书,论理、欲等,如"仆自十七岁时,有志闻道,谓非求之六经、孔、孟不

---

① 《刻声韵考序》,载《经韵楼集》卷六,凤凰出版社 2010 年版,第 118—119 页。
② 《戴震全书》册三,黄山书社 1995 年版,第 279 页。

得,非从事于字义、制度、名物,无由以通其语言。宋儒讥训诂之学,轻语言文字,是欲渡江河而弃舟楫,欲登高而无阶梯也"。附寄《六书音均表序》。四月廿四日,戴震致书,称"仆生平著述最大者,为《孟子字义疏证》一书,此正人心之要"。

戴震曾说:"其得于学,不以人蔽己,不以己自蔽,不为一时之名,亦不期后世之名;有名之见其蔽二:非掊击前人以自表暴,即依傍昔儒以附骥尾。二者不同,而鄙陋之心同,是以君子务在闻道也。……私智穿凿者,或非尽掊击以自表暴,积非成是而无从知,先入为主而惑以终身;或非尽依傍以附骥尾,无鄙陋之心而失与之等,故学难言也。"①梁启超认为"不以人蔽己,不以己自蔽"是戴震一生求学最得力处。

戴震的学术观念,对段玉裁产生了深刻影响。此前关于以小学释经义以明道的治学理念,对《说文》的重视等已有一些表述。此后如段玉裁注《说文解字》,屡越轨破例引《孟子字义疏证》,或据师说加以引申发挥。如《说文解字·玉部》"理,治玉也",段注:"《战国策》'郑人谓玉未理者为璞',是理谓剖析也。玉虽至坚,而治之得其腮理以成器不难,谓之理。凡天下一事一物,必推其情至于无憾而后即安,是之谓天理,是之谓善治,此引申之义也。戴先生《孟子字义疏证》曰:理者,察之而几微必区以别之名也。是故谓之分理。在物之质曰肌理,曰腠理,曰文理,得其分则有条而不紊,谓之条理。郑注《乐记》曰'理者,分也'。许叔重曰:知分理可相别异也。古人之言天理何谓也?情之不爽实也。未有情不得而理得之者也。天理云者,言乎自然之分理也。自然之分理,以我之情絜人之情,而无不得其平是也。"此条直引戴书。又,《欠部》"欲,贪欲也",段玉裁注:"欲者衍字,《贝部》'贪'下云'欲也',二篆为转注。今'贪'下作'欲物也',亦是浅人增字。凡此书经后人妄窜,盖不可数计,独其义理精密,迄今将二千年,犹可推寻以复其旧。是以《叙目》云'后有达者,理而董之'也。感于物而动,性之欲也。欲而当于理,则为天理,欲而不当于理,则为人欲,欲求适可斯已矣,非欲之外有理也……"此条本于《孟子字义疏证》解"养心莫善于寡欲"一段。

---

① 戴震:《答郑丈用牧书》,《戴震全书》第六册,黄山书社1995年版,第373—374页。

乾隆四十二年（1777）五月二十七日，55岁的戴震病逝于北京寓所。孔继涵致段玉裁书说：《声类表》"凡五日而成，固由精熟诣极，然先生亦恐太瘁矣。形太用则极，神太劳则敝。呜呼！孰知此为先生著书之绝笔也哉！"向段氏索序未果，即以《答段若膺论韵》作为"卷首"。戴震殁后京师同志挽联称："孟子之功不在禹下，明德之后必有达人。"段玉裁以为"先生之所学，无愧此语"。段玉裁述戴氏义理、考据、词章三分说，述戴氏"于性与天道，了然贯彻，故吐辞为经"，于学问"知无所蔽，行无所私"，浩气、精义、修辞无不超迈前人。

　　第二年春，段玉裁派人至徽州，厚赙戴震家属。戴中立来信，谈及"前闻先君言，知先生好刊古书，湛深经术考据，精于韵学，辨古音者希有之""先君已撰遗书二十三种"，另寄书多种。十月，段玉裁又遣役李志德致祭先师戴震，并撰《祭戴东原先生文》：

　　　　维乾隆四十三年，岁次戊戌，十月丁巳朔越八日，弟子巫山县知县段玉裁谨遣役李志德，以清酌庶羞之奠，致祭于吾师东原征君之灵曰：

　　　　呜呼！先生名世之英，储灵汇秀，先觉群生。自汉以后，六籍晦冥，辞章浮艳，道学虚声，一华一空，无补于经。圣人之道，下学乃精。诂训制度，物有其情。公实生知绝学，乃赓六书九数，条贯纵横，至赜不乱。胸罗列星，乃瀹其源，乃撷其菁。郊庙鸿巨，菹醢琐零；天象地舆，制仪写形。典谟雅颂，天人性命，洞发重扃，殷奏其声。润色万物，流浃杳冥。无疑不泮，无谬不劀。

　　　　聿自癸未，始识先生。幸得为徒，执挚请正。先生曰否，相友相型。玉裁唯唯。师弟之盛，盛于炎汉。《六经》孔明，昌黎抗颜。籍湜砭砭，耻学于师，愿鉴其醒，十年四聚，问答纷萦。如雾得霁，如剑得莹。同之太原，同居燕京。行则同舆，饭则同铏。自惭蠢愚，不瘳多瞠。别久会希，遡洄依坓。弟子至蜀，师扬于廷。间阔五千，书邮不停。每奉翰墨，如聆咸韺。云胡丁年，起起悼惊。足疾而陨，庸医可到。易箦之前，书来锦城。细论音均，绳墨以缉。切切节节，丁丁嘤嘤。仲秋告归，养疴笔耕。鄙人狂喜，亦拟东行。自今从游，投老合并。岂意山颓，梁木其倾。哀音至蜀，风凄雨霡。

翩其丹旐，言返休宁。遗书谁取，碑石谁铭？先生之才，而不公卿，礼乐黼黻，以光太平；先生之德，而不远龄，鲐背冻梨，申公窀生。海内故交，凄其涕零。著录多士，哭寝失声。矧兹浅劣，尤辱丁宁。负土九江，仰惭桓荣。日月如驶，东望伤情。一介之使，只鸡之诚，用述故言，用慰幽灵。无恋陔兰，陔兰孔馨。微言未绝，窃愿参订。魂兮有知，鉴此心盟。尚飨！①

此文历数自己师从戴震的具体事宜，颇具史料价值，又情真意切，可见段氏之真性情。

附带说明的是，世人研究《水经注》戴、赵相袭案，一般只讨论段玉裁所持观点、维护老师的问题，很少关注段玉裁本人对《水经注》的校注成就。实际上，段氏本人留下了多篇相关文章，收入《经韵楼集》卷七的有《中水考》（上下）、《校水经江水》、《校水经溱水注》、《水经注三滋沱在南郡县北》、《水经无洀河》（按：中有《记洞过水》一文为戴震文，段氏有抄本，被当作段氏文而误编入）。

乾隆三十四年（1769）七月十四，戴震修书一封，中有"《水经》一本，藩台欲抄，便中速寄"之语，向段玉裁索还《校定水经注》。《水经注》流传千年，散佚舛讹极多，最大问题是原经文与郦道元注语混淆难辨。戴震费时多年，辨清经、注，考定文字，厘清义例，方便后人阅读，而段玉裁称"玉裁幼读《水经注》"②，受戴震影响，在四川之时有机会考察山水实况，可能"作《水经注注》，尝考定其次第而笺之"③。因今日未传《水经注注》之事，一般认为，他可能有意写作而未成书。近人孙殿起《贩书偶记》中记有段氏遗稿一帙，中有《校正水经》之稿，可能是他所称《水经注注》的部分散稿。今见《校水经江水》校讹误、补脱漏、疏释地理沿革之外，还对《水经》的作者提出新说。《水经》原书一万余字，记天下水系 137 条。北魏郦道元为之作注，增补河流水道至 1252 条，字数达 345000 余字。《水经》的著者和成书年代历来说

---

① 载《经韵楼集》卷七，凤凰出版社 2010 年版，第 174—175 页
② 《经韵楼集》卷十《南溪县汉黄烈妇庙碑》，凤凰出版社 2010 年版，第 252 页。
③ 见《经韵楼集》卷七《中水考下》，凤凰出版社 2010 年版，第 152 页。

法不一,争议颇大。《隋书·经籍志》载"《水经》三卷郭璞注",《旧唐书·经籍志》改《隋志》之"注"为"撰",郭璞成为了作者。而《新唐书·艺文志》称作桑钦撰,宋以后人的著作大多标为汉代桑钦,或认为"创自东汉而魏晋人续成之"。《四库全书总目》卷六十九称:"观其《涪水》条中,称广汉已为广魏,则决非汉时;《钟水》条中,称晋宁仍曰魏宁,则未及晋代。推文寻句,大概三国时。"段玉裁的观点与《四库全书总目》最为接近,他在校经文"又东过江阳县南,洛水从三危山过广魏"句下指出:"作《水经》者盖魏人,故'广汉'曰'广魏','汉宁'曰'魏宁'。"进一步明确为三国时魏人。

又《校水经溱水注》,订正旧说之讹:

> 泷水又南,迳曲江县东,泷中有碑文云:县昔号曲红。曲红,山名也,东连冈是矣。按《地理志》:曲红,桂阳县也。王莽以为除虏。魏文帝咸熙二年,孙皓分桂阳南部立始兴郡,治曲江县,县旁泷溪号曰北江,北江水左即"东溪口"也。(按此县汉名曲红,以山为名,吴名曲江,以泷水为名。汉属桂阳郡,吴属始兴郡。《隶释·熊君碑》,建安二十一年造,云桂阳曲红长。又《周憬功勋铭》,熹平三年立。云"曲红"者十九,"红"字并非假借。今《地理志·郡国志》作"曲江",乃是后人以今改古也。泷水至曲江县谓之北江。下文云"东江又西,注于北江,谓之'东江口'"是也。今本讹舛不可读。)[1]

各文的写作时间,各家考定不同,刘盼遂《年谱》认为写于乾隆三十八年(1773),陈洪森认为写于乾隆四十一年(1776),均据《中水考》与《富顺县志》的关联为证。因难有确证,这里不展开讨论。而各文多据《水经注》来讨论问题,都是校订《水经注》的相关文章,这一点应当可以肯定,并且都是经得起时间考验、很有深度的力作,可以视作对其师戴震郦学研究的丰富与补充,值得当今的郦学研究者关注。

① 见《经韵楼集》卷七,凤凰出版社 2010 年版,第 162 页。

第七节　同僚之谊

　　段玉裁为官之时,提及的同僚极少,而吴省钦似为例外。吴省钦(1729—1803),字冲之,号白华,江苏南汇(今属上海浦东新区)人。乾隆二十八年进士,官至左都御史。工诗文,有《白华前稿》等。据《吴白华自订年谱》等可知,吴氏于乾隆三十七年(1772)十二月由翰林院侍读外放四川学政,次年二月到任,与时任富顺知县的段玉裁有交往。乾隆三十九年,宰于蜀,父亲亦在蜀,并与吴省钦等见面。《段氏家乘》卷六"文献"吴省钦《恭祝诰封文林郎四川巫山县知县恩进士段太翁莘得先生老伯大人八十荣寿序》:"圣上御极五十四年,淳化既久,锡福无涘……甲午、乙未间,余充蜀使,若膺宰于蜀,先生在焉,因得拜谒,观其容貌,听其识论,始知若膺之学之有自。"

　　乾隆四十一年(1776),段玉裁主修之《富顺县志》成,吴省钦作《富顺县志叙》曰:"予友段君若膺,学文而闻多,尝病《水经注》讹脱难读,于《江水篇》为之补正,复以雒水即中水,据今证古,为考两篇。其权知是县时……暇则手改旧志例类,网罗放佚,成书若干卷,或疑县之士于蜀较隽,其民物较阜,故军兴虽亟,而讨搜之局,缮刻之费,咸趋事以底于成,然真令不为而权令为之,非为之难而知之难也。"①

　　乾隆四十二年(1777)五月,段玉裁又借吴省钦之名作《六书音均表序》,对全书体例、主要观点等做了详细说明。吴氏于乾隆四十二年十二月一日任满返京,未见此后二人交往的记载。

　　另外提到的"兴趣略同"的则是时任四川隆昌县知县朱云骏(1718—1781)②,金川之役,二人共同办粮筹措军饷,据《寄戴东原先生书》中说:"今年夏六月,偕同官朱云骏入报销局,兴趣略同,暇益潜心商订。"即乾隆四十年(1775)六月,与同官朱云骏入报销局。乾隆四十二

---

① 吴省钦:《白华前稿》卷十一,第11—12页。
② 朱氏字逸湄,一字书庄,江苏金匮(今无锡)人,善诗书画,纂修《隆昌县志》,其《画庄类稿·万里集五》有《书懋堂六书音均表后》诗。详参马振君、王建平《乾隆知县朱云骏年表》,《内江师范学院学报》2020年第9期。

年六月二日，朱云骏由隆昌赴京，《画庄类稿·修时集》有《段懋堂明府约送予至昭觉寺话别雨中为舆丁所误谢以诗》，可见二人情谊以及段玉裁对年长17岁的朱氏之尊重。

引疾辞归乡里之前，应王裕疆次子、候选直隶州州判王后槐之请，撰写《中宪大夫四川嘉定府知府王公墓志铭》，中有"盖公之孝友，其天性然，而其子亦可谓善继志也。玉裁初识后槐于富顺，好学之士也，因定交焉。后官巫山，引疾将归矣，后槐以状再拜请曰：'先公葬既久，敢求铭。'固辞，请愈力，乃铭曰……"①

段玉裁虽很少提及同朝为官之人，而与为官且治学之人则多交往，且曾入幕毕沅、阮元，并与学友诗酒唱和，形成较为鲜明的对比，或可见段氏狂狷的个性。

①《经韵楼集》卷八，凤凰出版社2010年版，第198页。

第四章　归乡著书十春秋

　　乾隆四十六年(1781)，47 岁的段玉裁辞官返回金坛，直到乾隆五十六年(1791)迁家苏州，在家乡金坛十余年，广结学友。这一时期，段玉裁引疾致仕，次年四月途经江宁拜见老友钱大昕，返回家乡金坛，得交新朋，"门下宾客盛"，曾短暂居镇江、入武昌毕沅幕，并游历南京、苏州、常州、扬州等地，为家事赴京师，与众多学人交流，旧雨新知，切磋学术，并有《古文尚书撰异》等重要著作刻成，获得较高的学术声誉。然因祖茔风波，个人精力受到不少影响。此期继母钱孺人过世，二弟玉成乡试中式、四弟玉立中乡试副榜，家庭生活有忧有喜。

　　这一时期的学术交流，可分为以下几个方面：一是与旧友互动，如谒见钱大昕、邵晋涵来访、陈鳣来访；二是建立了与卢文弨、金辅之、刘端临等的深厚情谊，如卢氏弟子丁履恒来从学；三是赠书王兰泉，出资江声助刻《尚书集注音疏》；四是结识新友如钱泳，并有与汪中、阮元的互动；五是在京师与王念孙会晤并结下深厚情谊，后为王氏《广雅疏证》作序；六是曾至龙城书院，结识一批新人，卢文弨弟子臧在东来从学，并成为后来重要的学术助手；七是谒毕沅而短期在幕，得识章学诚等一批学者。并与多人有书信往来，讨论学术。人员可考者有 20 多人。

第一节　"引疾致仕"

　　段玉裁辞官的直接动因可能与于敏中受处罚一事相关，尹嘉铨案也给段玉裁造成了一定的精神压力。

于氏家族为金坛望族，段玉裁为于氏女婿，然段氏留存的文献资料中几乎没有与于敏中交往的记录，疑与于敏中死后被朝廷处罚一事相关。于敏中在朝四十二年，任职颇多，大略有：典山西乡试，督山东、浙江学政，兵、刑、户部侍郎或尚书，经筵讲官，日讲起居注官，上书房总师傅，翰林院掌院学士，方略馆副总裁，四库全书正总裁，国史馆、三通馆正总裁，文华殿大学士，军机大臣上行走，加太子太保衔，赏一等轻车都尉。乾隆四十四年十二月（1780 年 1 月 14 日）去世，于敏中在世时位极人臣，政绩卓著，官声清廉，乾隆帝据此下诏优赐恤，入祀贤良祠，谥"文襄"，归葬金坛涑渎周庄村。于敏中成为乾隆朝汉臣首揆执政时间最长之人，本是于家的荣耀，会长期得到朝廷的优待。但是，乾隆四十五年六月，于家为财产发生内争，于敏中的孙子于德裕，控告其堂叔于时和侵吞其祖父在京师的资产，引起官府的不满，经查核侵吞之事属实。第二年，原甘肃布政使、后任浙江巡抚的王亶望等贪污案，又涉及于敏中。此案涉案金额之大，牵涉人员之众，潜藏时间之久，影响恶劣，震惊朝野。于敏中才高德失，藏污纳垢于内，利益勾连于外，带坏官场风气，名臣人设彻底崩塌，最终导致乾隆五十一年，于敏中在死后七年因当年不法之事而被撤出贤良祠，并剥夺子孙世职。

乾隆四十五年（1780）正月，段玉裁的祖、父四人获赠封，当为喜事。此后不久即以父亲年过 70 为由"请终养"。而当时上级认为"不合例"，未批准。为什么"不合例"？我们略作梳理。"终养"指奉养父母，以终其天年。《诗·小雅·蓼莪序》："蓼莪，刺幽王也。民人劳苦，孝子不得终养尔。"郑玄笺："不得终养者，二亲病亡之时，时在役所不得见也。"段玉裁在任时，其母已去世，其父已在身边，那就不存在"不得终养"的情况，所以说"不合例"。而段玉裁"引疾归"，就是说最终是托病辞官而归乡里的。段玉裁坚决辞官，既可能有个性狂狷、不合于时的一面，也可能发生了让他必须辞官的特殊原因。段玉裁乾隆四十五年请求辞职，四十六年四月返回，有四月份在南京拜谒钱大昕一事。从时间上来说，受于敏中一事影响的可能性最大。

乾隆四十六年(1781)三月十八日,尹嘉铨因为其父尹会一请谥号,并且乞求从祀孔庙,犯了著书狂妄悖谬罪处死罪。四月十七日,降旨"处绞立决"。四月二十日,又命查禁尹嘉铨所著各书。《清史稿·尹会一传》记载:"乾隆四十六年,上巡幸保定,嘉铨遣其子赍奏,为会一乞谥;又请以汤斌、范文程、李光地、顾八代、张伯行及会一从祀孔子庙。上责其谬妄,逮至京师亲鞫之,坐极刑,改绞死。上以嘉铨自着年谱,载与刑部签商缓决,并称大学士为'相国',又编《本朝名臣言行录》,屡降旨深斥之。"

尹会一是段玉裁的老师,此时段玉裁已辞官归里,"尹嘉铨案"应当与其辞官没有直接关系,但此事对他可能造成一定的影响,因为当时尚继续追缴。《高宗实录》卷一一二九载:"尹嘉铨悖谬书籍既多,其原籍亲族戚友,必有存留之本。着传谕袁守侗,明切晓谕,令其将书籍、板片悉行呈出""而直隶及各省,别有刊刻尹嘉铨所著诗文,亦即详查书本及板片解京。"从段玉裁与尹家的关系来说,当在追查范围之内。胡奇光《中国文祸史》第五章"清代——文祸悲剧的高潮(下)"列为专条"反学界朋党的尹嘉铨案",认为"尹嘉铨案表明,乾隆帝与雍正帝不同,不是以文字狱去打击政治上的朋党,而是想用文字狱去铲除那滋生朋党的学术思想的温床"。①

于敏中、尹喜铨案的影响与压力之说只是一种可能,而从他的一生来说,耿直狂狷的个性使然,似更合理。在官式文化的硬逼利诱之下,士风日下,稍后的管同(1780—1831)笔下,直指"今之士不外乎三等,上者为诗文,次者取科第,下者营货财……历观史传以来,士习之衰,未有甚于今日者也"②,姚莹(1785—1853)批评说,这是一个"道德废,功业薄,文章衰,礼义廉耻何物乎不得而知也"③的社会,在段氏眼中,其身处的时代与风俗醇厚的三代早已截然不同了,不能以所学用世,耻于以"诡遇"谋取功名利禄,"学术是身后名",正所谓"入世既深,必思所以自

---

① 胡奇光:《中国文祸史》,上海人民出版社 1993 年版,第 236 页。

②《因寄轩文二集》卷一《说士上》。

③《东溟文集》卷一《师说上》,第 14—15 页。

立,学术观其会通,行业归于平实,是所望也"①,那么辞官从学,以自得之见名垂青史,就是他最好的选择了。

第二节　广结学友

一、拜谒老友

乾隆四十六年(1781)四月,47 岁的段玉裁,回金坛途经南京时,到钟山书院谒见钱大昕,受到钱氏启发。《古文尚书撰异》十三,有段氏乾隆五十五年七月识语:"辛丑之四月,自四川引疾归。途谒钱詹事于钟山书院,詹事言'貌曰恭,言曰从,视曰明,听曰聪,思曰容',此可补入尊著《六书音均表》。"由此可以觇测,段氏创通分别今古文《尚书》义例,也得到钱大昕的一些启发。此后迁居苏州,与钱氏继有交流。

二、得交新朋

段玉裁归金坛后,自记得卢文弨、金榜、刘台拱诸君为友,并抄录陈芳林《春秋内外传考正》"藏于家,用以订阮梁伯《十三经校刊记》"②。至乾隆五十七年(1792)十月迁居苏州前,还分别结交了钱泳、丁履恒、臧庸、陈鳣、章学诚、汪中、汪喜孙、阮元等学者。

(一)"十年知己"卢文弨

卢文弨(1717—1795),字绍弓,一作召弓,号抱经,晚年更号弓父,人称抱经先生。清仁和(今浙江杭州)人,一说原籍余姚,迁居仁和(今杭州),自称"杭东里人"。37 岁之年,乾隆十七年(1752)一甲三名进士,授翰林院编修、上书房行走,历官左春坊左中允、翰林院侍读学士、广东乡试正考官、提督湖南学政等职。"以学政言事不当,例议左迁",第二年即乾隆三十四年(1769),乞养归故里,遂不复出。主讲江浙各地

---

① 汪中:《致孙星衍编修书》,《容甫先生年谱》五十二年下引。
②《经韵楼集》卷八《陈芳林墓志铭并序》,凤凰出版社 2010 年版,第 198 页。

书院二十余年,以经术导士。《清史列传》卷六八《卢文弨传》中说:"江浙士子多信从之,学术为之一变。"在钟山书院先后任教达十一年,开创书院学术新风,对江南文化教育的发展、学术传承衍续产生了积极的推动作用。

卢文弨潜心学术,校勘成就极大,也是清代著名藏书家。与戴震、钱大昕、段玉裁、王念孙等友善。《清史列传》卷六八《卢文弨传》:"文弨孝谨笃厚,潜心汉学,与戴震、段玉裁友善。好校书,所校《逸周书》《孟子正义》《荀子》《吕氏春秋》《贾谊新书》《韩诗外传》《春秋繁露》《方言》《白虎通》《独断》《经典释文》诸善本,镂板惠学者。又苦镂板难多,则合经史子集三十八种而名之曰《群书拾补》。所自著书有《抱经堂集》三十四卷,《仪礼注疏详校》十七卷,《钟山札记》四卷、《龙城札记》三卷,《广雅释天以下注》二卷,皆使学者谉正积非,蓄疑涣释。"今有《抱经堂文集》行世。[①]

段玉裁在学术上曾得到卢文弨的肯定与帮助,如卢文弨曾致钱大昕信中评价段玉裁说"声音文字之学甚精"。[②] 乾隆五十一年(1786)秋,卢文弨为段氏《说文解字读》撰序于钟山书院,序称"盖自有《说文》以来,未有善于此书者",今残存《说文解字读》抄本卷首尚存。今据卢文弨《段若膺说文解字读序》录文于下:

> 文与字,古亦谓之名。……自隶书行而篆之意寖失,今所赖以见制字之本源者,惟汉许叔重《说文》而已。后世若邯郸淳、江式、吕忱、顾野王辈,咸宗尚其书。唐宋以来,如李阳冰、郭忠恕、林罕、张有之流,虽未尝不遵用,而或以私意增损其间,则亦未可为笃信而能发明之者。逮于胜国,益猖狂灭裂,许氏之学寖微。我朝文明大启,前辈往往以是书提倡后学,于是二徐《说文》本,学者多知珍重。然其书多古言古义,往往有不易得解者,则又或以其难通而疑之。夫不通众经则不能治一经,况此书为义理事物之所统寔,而以

---

① 卢文弨著,王文锦点校,《抱经堂文集》,中华书局1990年版。

② 吴省盦《清代名人手札》甲集卷二:"与段若膺明府交好,颇有意欲雕《广雅》《经典释文》二书,以段君声音文字之学甚精也,有佳本希不吝见示。正月十日。"

寡闻陋见之胸,用其私智小慧,妄为穿凿,可乎? 吾友金坛段若膺明府,于周、秦、两汉之书无所不读,于诸家小学之书靡不博览而别择其是非,于是积数十年之精力,专说《说文》。以鼎臣之本颇有更易,不若楚金之本为不失许氏之旧。顾其中尚有后人窜改者,漏落者,失其次者,一一考而复之,悉有左证,不同臆说。详稽博辩,则其文不得不繁,然如楚金之书以繁为病,而若膺之书则不以繁为病也。何也? 一虚辞,一实证也。盖自有《说文》以来,未有善于此书者。匪独为叔重氏之功臣,抑亦以得道德之指归,政治之纲纪,明彰礼乐而幽通鬼神,可以砭诸家之失,可以解后学之疑,真能推广圣人正名之旨,而其有益于经训者功尤大也。文弨老矣,犹幸得见是书,以释见闻之陋,故为之序,以识吾受益之私云尔。①

卢文弨的多名弟子也成为段玉裁最亲密的学友和助手。卢氏卒于常州,嘉庆元年十一月廿四日,应卢门弟子臧镛堂之请,段玉裁撰《翰林院侍读学士卢公墓志铭》,称"公好校书,终身未尝废""早昧爽而起,翻阅点勘,朱墨并作",天黑之后才至庭院中散步,饭后不久"篝灯如故,至夜半而后即安",长年累月,"祁寒酷暑不稍门闲""足以裨益右文之治""治经有不可磨之论""铭曰:先生与余交忘年,一字剖析欢开颜,十年知己情则坚,先生一去余介然,归于其宫神理緜,其书可读其泽延。"可见二人情谊之深。俗话说:"经师可遇,人师难求。"卢氏中年从官场急流勇退,弃荣华富贵如敝屣,而视学术如生命,书院讲学传薪,一生潜心考据,从事校雠之学,堪称"人师",为段玉裁树立了人生的标杆。

(二) 金榜

金榜(1735—1801),安徽徽州府歙县岩寺人(现徽州区),字蕊中,又字辅之,号檠斋。乾隆二十九年(1764)高宗南巡时召试举人,授内阁中书、军机处行走。乾隆三十七年(1772)状元,授翰林院修撰,曾任山西省乡试、京都会试副主考官。后服丧不出,专事读书著述。曾从江永学经,与戴震、程瑶田同学,专治三礼,《清史稿》卷四八一《金榜传》:"金榜,字辅之,歙县人。……榜治《礼》最尊康成。然博稽而精思,慎求而

① 见《抱经堂文集》卷三,中华书局1990年版,第32—34页。

能断。尝援《郑志》答赵商云:'不信亦非,悉信亦非。'曰:'斯言也,敢以为治经之大法。故郑义所未衷者必纠正之,于郑氏家法不敢诬也。'"又从桐城刘大櫆学古文,书法宗二王,精篆籀。精思博学,著《礼笺》三卷、《周易考占》一卷。

金榜与段玉裁同年出生,而与戴震同学于江永,又是状元出身,所撰《礼笺》得朱珪撰序称誉"不失三代制作明备之所在",段玉裁在致刘端临信中称为"金五先生",晚年归金坛后与金氏交流,从现有的记载来看,二人实际交往似不多。

三、"莫逆"之交刘台拱

刘台拱(1751—1805),字端临,一字江岭,号子阶。江苏宝应人。刘台拱乾隆三十五年(1770)中举人,出任丹徒县学训导。后会试不中,绝意科举。因双亲去世,哀伤过度而卒。刘氏治学严谨,学问博通,自天文律吕之学以及六书、九数、声韵,无所不究,尤深于考证文字音韵。乾隆时期四库馆开,在京师与朱筠、程晋芳、戴震、邵晋涵、任大椿、王念孙等交游,阮元《刘端临先生墓表》说"交游如段茂堂、王怀祖、汪容甫诸先生尤莫逆"。著有《论语骈枝》《经传小记》《礼仪传注》《荀子补注》《淮南子补校》《汉学补遗》等。今汇编为《宝应刘氏集》①。段玉裁曾撰《刘端临先生家传》,王念孙曾撰《刘氏遗书序》。其家学有刘宝楠、刘恭冕、刘岳云等承传。徐世昌《清儒学案》称"有清一代治《论语》学者,盖以刘氏为集大成"。段玉裁晚年称他"潜心三礼,吾所不如",被采入《清史稿·刘台拱传》。

段玉裁一生交往最多的人当数小自己16岁的刘台拱。乾隆五十七年(1792),刘台拱铨授镇江府丹徒县学训导,至嘉庆六年(1801)因父疾辞官归,在镇江前后达十七年。而段玉裁自乾隆辛丑年(1781)"巫山引疾归",到乾隆五十七年(1792)移家居苏州之前,长住金坛、小住镇江达11年,金坛时属镇江,这种特殊的条件,拉近了他们的距离,使他们接触更多,交往更频繁。

---

① 《宝应刘氏集》,赵昌智、田汉云主编,张连生、秦跃宇点校,广陵书社2006年版。

关于段玉裁经常住镇江一事，刘盼遂《段玉裁先生年谱》记于乾隆五十一年(1786)："冬，先生盖移家暂住镇江。"又列："乾隆五十三年春，王石臞与刘端临书云：念孙前岁(即五十一年丙午岁也)差旋过镇(即镇江府)。满拟入城一晤，并访若膺先生，同作竟夕之谈。"认为："此段氏移家镇江之证。"并举姚鼐与刘端临书云："段公已移家京口(即镇江府)否？有书寄之，如其不在，便烦为寄丹阳也。"称"此书年月尚待推出，然其为段氏居苏之前曾家居镇江作证，则确然矣"。刘氏又举二证，其一是："又段氏于乾隆五十八年七月十四日与刘端临书云：所有留于尊处(谓镇江府丹徒学署也)之物，弟意有力者不任其担，则极耽心，年内可全取回掷还(下略)。"其二是："嘉庆四年八月，与刘端临书云：《周礼汉读考》刻成(中略)。此书成于润州雨花庵，缮阅之功少，后来亦未大改(下略)。"最后结论是："综以上数事观之，则乾隆壬子以前，段氏居镇江之时为较多矣。"

今见段氏致友人信函，写给刘端临的最多，今存三十三封①，涉及学术交流、治学心得、家庭事务、与人交流等各个方面，内容极其广泛。刘盼遂《段玉裁先生年谱》的"乾隆五十四(1789)"条下说："尤以书札之中，凡先生之家常身世、米盐凌杂，疾苦之增损，著书之程序，胥在焉。"

首先是商议家事等。段玉裁大到诉讼案件、次子秋试，小到儿女婚姻、代买食品，都很坦率地向刘端临求援。《补编》第一封信，即因"横逆之事"请刘端临帮助向道台、县令关说，"此弟之仰赖于吾兄者也"，此后第五、六、八、十、十七、十九、二十等信并有涉及，表达段玉裁心情的急迫、信赖与无奈等。第五封信中说："苏州买屋，略佳者须四、五千金，量力而行，甚难合式，再日用之物翔贵，居此大不易也。"言及《汉读考》、官司以及两个儿子分家之事。第十一封信言及"目下运蹇，诸事不遂意"。第九封信，托以次子秋试之事。第十五封信托其为孙女作媒，言及"苏

---

① 收入刘盼遂辑校的《经韵楼文集补编》，卷下有 31 封，赵航整理本，第 30—51 页，凤凰出版社 2010 年版。另 2 封，见于日本东京国立博物馆所藏段玉裁《与刘端临书》原墨十通。关于书信的编次，《补编》与刘盼遂所撰《段玉裁先生年谱》不完全一致，内容方面与罗继祖《段懋堂先生年谱》所录的文字有不少异文，今人所见原件与诸家所录异文更多，需要关注。为行文方便，段致刘书仍依《补编》。

风太侈,故弟尤虑之""春光竟去,痛惜情真,乃甚于少年英妙也"。第二十二封信,以书墨两件以贺刘氏五十之寿。第二十六封信通报"五代同堂事,已由吴县通详,所以娱老人也"。四弟段玉立工作无着落,段氏均写信请刘氏代为关心(第三十、三十一封信)。甚至于因宝应盛产藕粉,段玉裁也写信托他,"尊处易觅真藕粉,乞寄数斤"。可见两人之亲密无间。

第二是交流学术。如第二封信说:"承示校《礼记》《方言》二条,精绝。""王怀祖先生书来,言欲作《广雅疏证》,索弟所考订,俟徐复之。"说明刘、段讨论学术,段、王交流《广雅》之事。乾隆五十七年初迁苏州,言及黄荛圃"所购宋本好书极多,而悭不肯借,殊为可憾",自己"欲将《三礼》经注校为定本,刊之垂后,亦不朽盛业"。第六封信说:"今年校得《仪礼》《周礼》《公羊》《谷梁》二传,亦何义门、惠松厓旧本,将来携以呈政。"第七封信中说到:"《周礼汉读考》已缮成书,目下《仪礼》已动手,多发前人所未发,将来治《礼经》不可少此。"表现出极大的学术自信。《毛诗故训传定本小笺》完成于乾隆四十九年,乾隆六十年八月,与刘端临第十一封信说:"《毛诗诂训传》四本,此书凡硃笔注处,皆弟惬心贵当之言,最堪探讨。"表达自己对该书的"惬心贵当"心情。到冬天,又致信希望得到帮助:"《毛传》卅卷,略加注语,皆惬心贵当,是否已令人誊写一部? 宜速为之,并将写出清本付弟,再校补码四,则大妙矣。"(第十二封信)嘉庆元年正月,去信说:"《毛诗传》随时欲添补,不知何时妥寄之。"(第十四封信)其年九月,又致信说:"《毛诗》略点定几处,尚未暇校补,少辽缓之可耳。"(第十六封信)表现出治学的严谨。学生为他代刻了《周礼汉读考》一书,段氏写信给刘氏(第二十封),一方面感谢学生的盛情,一方面又复阅一遍,"偶自得二缪",精益求精。《周礼汉读考》《古文尚书撰异》《汲古阁说文订》《说文解之注》等,无不在书信中提及。

第三是治学体会。这既体现在论文中,也散见于书信中。在谈到写作《说文解字注》的心得时说,"胸中充积既多,触处逢源,无所窒碍,言简而明",这是所谓"厚积薄发"的最好注释。他还无限感慨地说,"弟于学问深有所见,若一切缠绕,不尽所长,盖福命之薄耳"。正如第九封信中说"于十七部不熟者,其小学必不到家,求诸形者难为功也"。第二十八封信言及"易田先生《丧服文足征记》最精,足下曾否读过?易田著述之最大者,不可不读之书也"等。

第四是臧否人物。如第八封中说"顾君之逑,字安道,其学问甚优,又多购宋椠古本,不惜荆州之借,现在次儿同寓,此可与言学者也。其弟广圻,字千里,尤博而精,他日大驾到吴门,可晤",对顾家兄弟大加赞赏。第十二封信中说"苏人有李锐者,其步算之学,竹汀自以为不及也",赞扬时人李锐在数学方面的水平和成就。李锐是中国历史上第一部天文、数学家传记《畴人传》的实际主笔,并有 11 种 18 卷的《李氏算学遗书》传世。第十三封信中说"训诂之学,都门无有好于王伯申者",高度肯定王引之的学问。第十四封信说"杭州梁伯子《史记质疑》《古今人表考》二书甚详,可谓博极矣"。《史记质疑》,即《史记志疑》,钱大昕序称"洵足为龙门之功臣,袭《集解》《索隐》《正义》而四之者矣"①。第十七封信说"苏藩东浦先生老而好学,礼贤下士之至"。

第五是抒发感受。在给刘氏的第四封信中,贺刘氏得子"喜而不寐"后,即倾诉自己的心情和处境,言及"自上年至今,心绪如梦,兼之外感,故心脉甚虚,少用心则夜间不能安宿,又左臂疼痛不可耐,未知是外症,抑内症,恐读书之事从此欲废"。常年多病,深怕《说文》巨著不能完成,段玉裁第十八封信担心说"近来宿食不宁,两目昏花,心源枯槁,深惜《说文》之难成",第十九封信说"弟自冬入春,了无佳趣,由春多心病,不能读书,既不能读书,则一切不适意,亦无可如何之症耳"。第二十七封信言及"《说文》注恐难成,意欲请王伯申终其事",段氏想请王引之踵其事,王引之未能在写作方面帮上忙。但也从段氏愿意合作的一面,反映出段玉裁对王引之的器重和厚爱。段氏在书信中,有时表现出十足的学术自信,如第十九封信中说:"吾辈数人死后,将来虽有刻《十三经》者,恐不能精矣。"

第六是论及时事。如第十二封信说道:"海氛甚恶,如何!如何!弟暂借一枝而复逢此,可伤也。看来江东之患只在近年,当路乃方处堂耳。"第十六封信言及"湖北闻宜昌失守,湖南闻逆苗如故,海氛甚恶,

---

① 刊《史记志疑》卷首,贺次君整理,中华书局 1981 年版。

江、浙多荒"。如第十九封信说"芸台官声好",肯定阮元的为官为人之道。第二十封信中,提到"苏州近案,恃圣人在上,天清日朗,问罪三名,株连廿一名,受杖一名,学宪悬牌云:面奉谕旨,开复钦差,于十九日启奏。大约通任静皆有应得之咎也",谈的是嘉庆四年(1799)吴中杖责诸生事。

此外,日本所藏不见于《补编》的书信还有2封,有论及时事及家事者。嘉庆四年七月一信,涉及段父九十寿辰、诸人封官、王念孙上书事等。陈鸿森《〈段玉裁年谱〉订补》:按日本东京上野博物馆藏有段氏致刘端临书原墨十通,其中八函已见于《段集补编》(原注:按即《段集补编》所收之第三、十、十一、十三、十六、十八、二十九、三十一等八书,惟《补编》录自《刘氏清芬外集》者原略有裁省耳(阿辻氏以为《补编》脱文,未确),参阿辻哲次氏《东京国立博物馆所藏段茂堂尺牍札记》),余二函则向未刊布,其一书不记年月,今考之,知为嘉庆四年所作。据阿辻氏文迻录如下:

> 端临大兄先生执事:前者袁员外归润,以新刻《钟鼎款识》及《胜朝诸臣殉节录》二书奉寄,想已察收。初十日,宾客云集之间,忽接华翰,知关注家严寿辰,专使赠以名联并帽纬京鞾,无任感激。札中称老人之康健,信乎有之,并及弟之拙劣,不胜抱愧。奉家严之命,谓寿联褒奖过甚,敬领以为光华;纬鞾二事,不敢收受。弟亦以联语之美,当什袭而藏,其余厚贶,敬谨璧谢。四、五月间,归射阳侍奉数十日,敬企老伯、伯母大人起居万安。三年喜音叠叠,高年色笑,分外怡愉,此真人间少有之乐事。福寿双全,德门星聚,固非舍下所能企及也。令弟分工部营缮,舍孙婿附骥,分吏部文选,知关锦注,故以奉闻。怀祖大兄赐联已敬收,当另作书奉谢。札中称其正月初八日上平定贼匪事宜六条,平明疏入,食时首辅下狱。坐间潘榕皋奕隽亦能言之,诚哉我辈不宜讥议元宗矣。但札中云此时已抵京,不知巡漕何以需抵京也?苏州近事,县令、首祸者恐难瓦全。便中作五研楼诗寄下为属,程易田诗已寄至矣。《周礼汉读考》版片已来,日内可以刷印呈政。竹汀先生题跋一种附上。家严命笔诸安道谢,弟敬候暑安,并鸣谢悃,不既。玉裁再拜。

向时乔氏所藏明人文集，彼时在尊署见之，颇慨不买此等书，想皆在不读书之家，仍可以购得之否？又拜。宋版《史记》，曾否一见？①

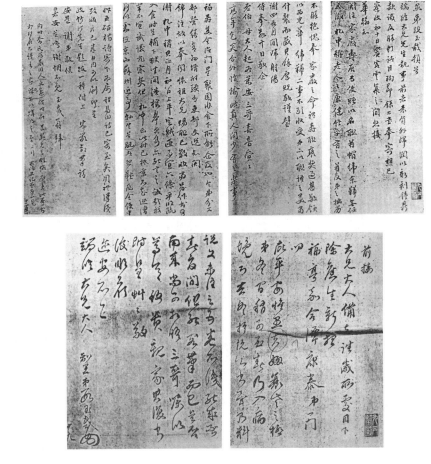

图 11　段玉裁信札手迹

　　从段氏在十几年里给刘台拱的三十余封信中，我们深深感受到他们的情真意切、情同手足的友谊。段玉裁在《刘端临先生家传》中说："在润州时，与予及汪容甫讲论，尤称莫逆，或至丙夜不倦。"是真正的"莫逆"之交，人生知己。当然，段玉裁从他们身上汲取了丰富学养，拓

① 陈鸿森：《〈段玉裁年谱〉订补》，《历史语言研究所集刊》第六十本第三分，1989 年 6 月。

宽了学术视野,改善了知识结构,得到了精神慰藉,这是段玉裁成为学术大师的重要条件。

需要特别说明的是,当前通行的刘盼遂辑校《经韵楼文集补编》所收《与刘端临书》,问题不少,翁玉强《段玉裁〈与刘端临书〉考注》指出:"其一,有二札失收;其二,《补编》所录,多有删削,不尽原稿,且与原墨在文字上亦颇有出入之处;其三,《补编》在对所收各札的作成时间的认定上存在不少严重错误。"翁文有详细考证,此不赘述。①

此外,两人的交往,见于记载还有一些,如乾隆五十三(1788)年十一月二十一日,为刘端临跋所校订明皇甫录《广雅》。

别人给他们的书信中有时也涉及另一方。如乾隆五十五年(1790)冬,王念孙致书刘台拱说:"若膺在都时,快谈一切,窃恨相见之晚。其所著《尚书考异》,发前人所未发,有功经学甚巨,与《说文解字读》《六书音均表》,皆不朽之业也。"谈段、王二人相见的感受以及对段书的赞赏。

乾隆五十六年(1791)七月,段玉裁自金坛游常州,因刘端临而促成臧庸参补《古文尚书撰异》、删改《诗经小学》。此事见于《拜经堂文集二·刻诗经小学录序》。

乾隆五十六年(1791)十二月十八日,阮元致刘端临信,中有"至段若膺先生、金辅之先生,元亦各具书问之。如若膺先生现在镇江,即同此致问,即示覆音。……但此系官事,终不比吾等自为校书者可比,未免人各有见。"

乾隆六十年(1795)姚姬传来书,托刘端临转致。陈鸿森《〈段玉裁年谱〉订补》:按陈援庵先生藏姚氏致刘端临书原墨一通,中有云:"段公已移家至京口未?弟有一书寄之。如其未至,便烦为寄丹阳也。"(从刘文兴氏《刘端临先生年谱》转引。)原札不记年月,惟首有"在省接待恩恩"之语,据刘文兴氏所考,本年秋,刘端临曾至江宁,与姚氏把晤,故知在是年。

嘉庆二年(1797),程瑶田致刘氏信中说:"段君若膺,数十年癯瘵相

① 详见虞万里主编《经学文献研究集刊》第十五辑,上海书店出版社 2016 年版,第 196—249 页。该文考注段玉裁《与刘端临书》原墨,多有发明。承虞万里教授惠赐该刊,特此鸣谢!

思,不意其侨居于此,幸得觐面。登其堂促席论难,匆遽之间,虽未能罄其底蕴,然偶举一端,必令人心开目明,实事求是,诚今时不数数觏者。"大谈与段氏相见后的感受。

嘉庆四年(1799)冬,段氏因事到镇江,住刘端临学署。

嘉庆七年(1802)段玉裁撰《重刊周易本义原本序》,为刘台拱重刊之事而作。

此期与阮元、汪中(1745—1794)已开始有学术的互动。乾隆五十六年(1791)十一月,阮元奉诏充石经校勘官,后致信段玉裁讨论《仪礼》疑难问题。乾隆五十六年冬,应汪中之请,为汪氏《尚书古文》改正讹字,并作为汪喜孙的《尚书》读本。汪喜孙《容甫先生年谱》乾隆五十七年载:"段君襄述茂堂先生之言曰:先君每言工文词者不必通经术,通经术者不必工文词,惟《述学》兼而有之,在当代为有数之书。"由此可知,段、汪之子仍有交往。汪喜孙《尚书考异跋》:"先君子生阎、惠两大儒之后,与段君同时。当先君之世,段书犹未出,尝与同校马、郑《尚书》,举卫包所易之俗字改之,虽非包改,而审知为魏晋后流俗所易者,亦加删定。"①段与汪相交多年,未必如汪喜孙所称汪中的论说早于段玉裁,而两人必多讨论切磋之事,互相启发,有相近的研究思路,则属可能。汪中治学,"由声音、训诂之学兼通名物、象数,由名物、象数之学精研大义"②,其所论能"使后之治经者振烦祛惑而得其会通"③。如《尚书·尧典》"光被四表,格于上下",《孔传》训"光"为"充",戴震认为古本必有作"横被四表"者,"横"转写为"桄",脱误为"光",完成了字义还原的第一步,而汪中据《诗经》《汉书》等例证,认为"光"字不误,"桄"为"横"之古字,追到了经义的正确解读。段玉裁《古文尚书撰异》、邵晋涵《尔雅正义》、王引之《经义述闻·尚书上》均以古同声而通用解释之,可证汪说不误。汪中才华横溢,见解新颖独到、精义层出,而禀性耿直狂狷,不囿时俗,敢于立异说、标新论,曾招致诸多诟病而一生坎坷,以致死后其子

①《孤儿编》卷二,《汪喜孙著作集》,杨晋龙主编,台湾中国文哲研究所2003年版,第650—651页。
② 汪喜孙:《容甫先生年谱》三十八癸巳,
③ 王念孙:《汪容甫述学叙》,《新编汪中集》附录三。

汪喜孙作《释狂狷》等文为父亲昭雪翻案。段、汪相交至深,属于气味相投。

第三节 "外公门下宾客盛"

乾隆五十四年(1789),段玉裁短期至常州龙城书院。在清代,金坛属镇江府,而金坛地接常州、无锡,段玉裁与两地学者有一些交流。如乾隆五十年(1785)三月,与清代江苏金匮(今属无锡)人钱泳(1759—1844)相识。乾隆五十四年(1789)在京师,浙江海宁人陈鳣(1753—1817)由王念孙介绍来访。后客居吴门,与段玉裁成为来往甚密之友。

此期段玉裁常住金坛,而偶有外出,与常州籍学人的相识也多是在金坛以外,而常州龙城书院有卢文弨执教,与段氏学术路向相近,又因外孙龚自珍的特别因素,推动了许多常州青年学者得以亲近交游。

常州在清代辖有武进、阳湖、无锡、金匮、江阴、宜兴、荆溪、靖江诸县。乾嘉时期人文兴盛,在经学方面成绩辉煌,臧庸的解《诗》,张惠言的说《易》,孙星衍的《尚书》注疏,为世所称,庄存与、刘逢禄为代表的公羊学派形成了学术史上著名的常州学派[1];在历史、地理学方面,赵翼的史学,洪亮吉与李兆洛的地理学,显赫一时;在文学方面,有以恽敬为代表的阳湖派,以张惠言为开山祖的常州词派,以洪亮吉、孙星衍、李兆洛等所代表的骈文中兴,赵翼的诗论、周济的词论,均具较大影响,赵翼诗还被誉为"乾嘉三家"之一。早在少年时代,龚自珍便在外祖父段玉裁的家中认识不少常州籍学者,后对刘逢禄的知遇之恩念念不忘,喜与常州文士交往。道光七年(1827),龚自珍在北京送丁履恒南归、赴山东肥城知县任,联想到许多常州籍的朋友,以及知道名字但并不相识的知名人士,写下赞美常州人文兴盛的名篇《常州高材篇·送丁若士(履恒)》:

[1] 参见申屠炉明著:《常州学派研究》,江苏人民出版社2012年版。梁启超《中国近三百年学术史》称"常州学派有两个源头,一是经学,二是文学",为广义的常州学派。今人所讨论的常州学派,一般指经学的公羊学派。后已不限于常州地域,庄存与的外孙苏州人宋翔凤,刘逢禄的弟子浙江人龚自珍、湖南人魏源,传承光大公羊学,也是常州学术的传承者。

丁君行矣龚子忽有感，听我掷笔歌常州。天下名士有部落，东南无与常匹俦！我生乾隆五十七，晚矣不及瞻前修。外公门下宾客盛（谓金坛段先生），始见臧（在东）、顾（子述）来裒裒。奇才我识恽伯子，绝学我识孙季述，最后乃识掌故赵（味辛），献以十诗赵毕酬。三君折节遇我厚，我益喜逐常人游。乾嘉辈行能悉数，数其派别征其尤：易家人人本虞氏，毖纬户户知何休；声音文字各奥窔，大抵钟鼎工冥搜；学徒不屑谈贾、孔，文体不甚宗韩、欧；人人妙擅小乐府，尔雅哀怨声能遒；近今算学乃大盛，泰西客到攻如雠。常人倘欲问常故，异时就我来咨诹：勿数耆耊数平辈，蔓及洪（孟慈）、管（孝逸）、庄（卿山）、张（翰风）、周（伯恬）；其余鼎鼎八九子，奇人一董（方立）先即邱；所恨不识李夫子（申耆），南望夜夜穿双眸，曾因陆子（祁生）屡通讯，神交何异双绸缪？识丁君乃二十载，下上角逐忘春秋。丁君行矣龚子忽有感，一官投老谁能留？珠联璧合有时有，一散人海如凫鸥。噫！才人学人一散人海如凫鸥，明日独访城中刘（申受丈）。①

这首诗概括地叙述了乾嘉以来常州学者治学及诗文的共同特点，对了解清中叶常州籍学者，以及龚自珍本人的学术渊源、思想倾向、生平交往，都有一定的帮助。"东南无与常匹酬"也成了对常州这座历史文化名城的绝佳赞叹，为常州人津津乐道。无锡籍著名作家、学者钱钟书《谈艺录·龚定庵诗（节选）》称：

> 龚定庵《常州高材篇》可作常州学派总序读。于乾嘉间吾郡人各种学问，无不提要钩玄。论词章则曰："文体不甚宗韩欧"，此阳湖派古文也。又曰："人人妙擅小乐府，尔雅哀怨声能遒"，此常州派诗余也。而于常州人之诗，独付阙如。故篇中人物，与袁随园"常州五星聚文昌"一绝所举者，惟孙季述一人相同；然不称为"奇才"，而推其"绝学"。

诗中所提常州籍学人，拈出略作梳理，部分可考与段玉裁的关系，

---

① 《龚自珍全集》，上海人民出版社 1975 年版，第 494—495 页。

正可体现龚诗之"外公门下宾客盛"。

　　丁履恒(1770—1832),字道久,号若士,晚号东心,一作冬心,江苏武进(今常州)人。嘉庆六年(1801)拔贡,七年选授山东肥城知县。师从卢文弨,在京师向王念孙学习训诂声音之学,诗文均有名,尤其喜好谈经世之学。著有《春秋公羊例》《左氏通义》《毛诗名物考》《说文谐声类篇》《思贤阁写韵斋诗集》《文集》。乾隆五十二年,跟随段玉裁学习音韵。丁氏"见段若膺先生,继又与庄潍县述祖、张编修惠言为师友,益得扩其新知"。

　　臧庸(1767—1811),初名镛堂,字拜经,一字在东、西城,江苏武进(今常州)人。清著名的经学家臧琳的玄孙,究心经学,精于校雠,师事卢文弨,向钱大昕、段玉裁、王念孙、王引之等学习和讨论学术。著有《拜经日记》《拜经堂文集》。乾隆五十五年(1790)正月,臧庸致书信段玉裁讨论《月令》注疏问题,并称段氏"讲求声音训诂之学,为海内第一"。后来协助段氏刻书《古文尚书撰异》、《诗经小学》四卷本等多种。

　　顾明,后改名文炳,字子述,又字子明,号尚志,江苏武进人。道光元年(1821)举人。与臧庸、李兆洛等在常州龙城书院师事卢文弨,博通训诂,对经学也有研究。所著《春秋地名考》,今佚。曾在段玉裁的指导下,与臧庸合编《戴东原集》。

　　恽敬(1757—1817),字子居,号简堂,江苏阳湖(今常州)人,乾隆四十八年(1783)举人,充官学教习,在京与庄述祖、张惠言等切磋学问。后官至南昌府同知,改署吴城同知。嘉庆十九年(1814)以事罢官,后专以振兴文学为务。早少喜爱骈文,后致力于古文,与张惠言同为阳湖文派的创始人。著有《大云山房文稿》等。

　　孙星衍(1753—1818),字渊如,又字伯渊,号季述,又号芳茂山人,江苏阳湖(今常州)人。乾隆五十二年(1787)进士,授编修,改刑部主事,后来担任山东兖沂曹济道,兼署黄河兵备道、山东督粮道,权山东按察使。去官后主讲扬州安定书院等,培养许多学生。孙氏博通经史百家,究心文字音训,精研金石碑版。精校勘,工篆隶,勤于著述,著有《尚书古今文注疏》《周易集解》《问字堂集》《岱南阁集》《寰宇访碑录》《平津馆文稿》等数十种。为文高古,与同乡洪亮吉齐名,人称"孙洪",编有

《续古文苑》。与段玉裁多次见面,诗酒唱和,并有一些学术上的书信往来,如乾隆五十九年(1794),孙星衍致信段氏,言及《说文》《尚书》等:

> 生平好《说文》,以为微许叔重,则世人习见秦时徒隶之书,不睹唐虞三代周公孔子之字,窃谓其功不在禹下。惜原书为徐铉兄弟增加音切,又颇省改。尝欲校订重刊行之,削去新附字与孙缅音、二徐谬说,怀此有年。闻足下致力是书,当世精研小学家,如钱少詹、王怀祖、江叔澐诸君皆称道足下之书,谅不诬也。惜仆竟未之见,敢以所闻质之左右。
>
> 仆少读《水经注》,称许氏字说,专释于篆,而不本古文,怪郦道元读书卤莽,并《说文叙》中所云"今叙篆文,合以古籀"之言都未寓目。及见顾炎武《日知录》,指驳《说文》,又可抚掌。今举其一二……《玉篇》《集韵》校《说文》大有佳处,他时合诸书引《说文》之语,校正今本,汇录奉览。或足下深造自得,造车合辙,当助足下张目也。
>
> 仆尝言许叔重以字解经,郑康成以经解经,孔门之外,身通六艺,古今惟此二人。而世人好议前修,盖有不知而作,如郑康成之所以胜于马季长者,以其兼通内学,故本传云"融素骄贵,玄在门下,三年不得见。会融集诸生考论图纬,闻玄善算,廼召见于楼上。"而俗人反议其以谶纬解经,岂可谓之知言哉?汉时有一种天人之学,以阴阳五行谈性与天道,不过数人,如董仲舒、刘向、扬雄、班固、郑康成诸儒而已。至王肃逆臣之子,经学之罪人,乃作《圣证论》,诋訾郑康成六天之说,家叔然已驳正之。许敬宗,唐之奸臣,亦斥郑康成用纬书,奈何不察而扬其波乎?吾辈同志者,颇不乏人,惜落落四方耳。
>
> 仆近撰集《古文尚书马郑注》,庶此二十九篇之文,有专行本,他时或与梅氏伪书同立于学官,此则区区负山之志,所愿与足下共明许、郑之学于天下也。星衍白。①

---

① 孙星衍:《问字堂集》卷四《与段大令若膺书》。

乾隆六十年(1795)三月二十日,焦循致书孙星衍论"考据著作",言及"近世以来,在吴有惠氏之学,在徽有江氏之学。戴氏之学精之又精,则程易畴名于歙,段若膺名于金坛,王怀祖父子名于高邮,钱竹汀叔侄名于嘉定。"①段氏在《尚书》研究方面对孙氏的影响至大。

赵怀玉(1747—1823),字亿孙,号味辛,别号映川、琬亭等,学者尊称味辛先生。江苏武进(今常州)人。乾隆四十五年(1780)面试举人,授内阁中书,后来担任登州府同知。晚年主讲于通州文正书院、陕西关中书院及湖州爱山书院等。好学深思,博览群书,工诗古文,精校勘,著有《亦有生斋文集》《亦有生斋诗集》《亦有生斋续集》等。

洪饴孙(1773—1816),字孟慈,又字祐甫、右甫,自号青埌山人。洪亮吉的长子,江苏阳湖(今常州)人。嘉庆三年(1798)举人,官湖北东湖县知县。著有《青埌山人诗》《补三国职官表》《史目表》等,辑有《世本辑补》10卷。

管绳莱(1784—1839),字孝逸,江苏武进(今常州)人,曾官湖南安化、安徽含山知县。长于古文辞,著有《万绿草堂诗文集》《凤孙楼词》。

庄绶甲(1774—1828),字卿珊,江苏武进(今常州)人,今文经学家庄存与的孙子。诸生,考取州吏目。通公羊、诗、礼之学,尤精于《尚书》。"克承家学,尝取祖庭遗著次第校刻",并探求旨趣以附其后,惜未刻完而去世。著有《尚书考异》《释书名》等。

张琦(1764—1833),初名翊,字翰风,号宛邻,张惠言弟,时称"毘陵二张",江苏阳湖(今常州)人。嘉庆十八年(1813)举人,历任山东邹平、章丘、馆陶等县知县,博学多才,尤精史地,晚年学医。著有《战国策释地》《素问释义》《宛邻书屋古诗录》《宛邻文》《立山词》等。

周仪暐(1777—1846),字伯恬,江苏阳湖(今常州)人。嘉庆九年(1804)举人,曾官陕西山阳、凤翔知县。工骈文,尤长于诗。著有《芙椒山馆诗集》《芙椒山馆骈文》等。龚自珍与周互有唱和,周有诗《富庄驿题壁和龚孝廉自珍韵》,龚有《逆旅题壁,次周伯恬原韵》,集中另有《赠伯恬》《广陵舟中为伯恬书扇》诸作。

---

① 焦循:《雕菰集》卷一三《与孙渊如观察论考据著作书》。

董祐诚（1791—1823），初名曾臣，字方立，号兰石，江苏阳湖（今常州）人。早熟，年五岁，晓九九数，后致力于律历、数理、史地、名物之学，精力智慧均倍常人，故龚自珍目为"奇人"，嘉庆二十三年（1818）举人，五年后去世，年仅 33 岁。著作甚富，主要有《三统术衍补》《割圜连比例术图解》《斜弧三边求角补术》《椭圜求周术》《水经注图说残稿》《兰石词》等，其兄刻为《董方立遗书》。

李兆洛（1769—1841），字申耆，号绅琦，晚号养一老人，江苏阳湖（今常州）人。嘉庆十年（1805）进士，选庶吉士，改官安徽凤台知县兼理寿州事。工诗古文，曾在常州龙城书院师从卢文弨，专心于考据训诂，尤精史地之学。主讲江阴暨阳书院 20 年。著有《历代地理志韵编今释》《历代地理沿革图》等，又有《养一斋文集》《诗集》等。龚、李二人此前虽未获相见，但彼此倾慕，如李兆洛《与邓守之书》说："默深（即魏源）初夏见过，得畅谈，又得读《定盦文集》，两君皆绝世奇才，求之于古，亦不易得，恨不能相朝夕也。"

陆继辂（1772—1834），字祁孙，一作祈孙，一字祁生，号霍庄、修平居士、崇百药斋主人，江苏阳湖（今常州）人。嘉庆五年（1800）举人。官安徽合肥县训导、江西贵溪知县等。工词曲、诗文，通语言学，喜金石书画，李兆洛称其诗"温情多风，如其为人"。著有《左传音义》《合肥学舍札记》《崇百药斋文集》《续集》《三集》等。龚、陆二人并未见面，只是通信相识，故有"神交"之说。

刘逢禄（1776—1829），字申受，江苏武进（今常州）人。嘉庆十九年（1814）进士，在礼部十二年，人称刘礼部。少从外祖庄存与、从舅庄述祖学，精于公羊春秋，成为常州学派的奠定人。刘氏的学术师承，其子刘承宽《先府君行述》称："大抵府君于《诗》《书》大义及六书小学，多出于外家庄氏；《易》《礼》多出于皋文张氏（张惠言）；至《春秋》则独抱遗经，自发神悟。"[1]刘逢禄肯定西汉的今文经学，否定东汉兴起的古文经学，包括郑玄的古文经学，精研公羊，独尊何休，即"申何难郑"，虽未必"独抱遗经，自发神悟"，而实有独得之见，青出于蓝，著有《春秋公羊经

---

① 刘逢禄：《刘礼部集》卷十一末附。

传何氏释例》《公羊何氏解诂笺》^①。当时刘氏居北京,故有"城中刘"之说。

　　龚氏文中后数位学者,实无资料证明为段氏门下宾客,并且在学术观念上未必相近,而总体上属下江南学术文化圈,似无疑义,故一并述及。

第四节　祖茔风波

　　《说文解字注·自序》说,"年五十五避横逆,奉父迁居苏州金阊门外下津桥"。段氏所说的"横逆",即指祖茔风波。此事了结在嘉庆五年,"终谳归输服",即最终判决是段家输了官司,前后迁延达十年,对段玉裁人际交流、晚年生活与学术研究等影响极大。

　　乾隆五十四年,段玉裁因家里遇"横逆之事"赴京,寻求相助。乾隆五十四年冬,自京师归金坛,官司问题仍难解决。"横逆"之事究竟是什么?段氏《致刘端临第一书》云:

　　　　王四回,具纫查公及吾兄关切之雅。宋公于初七起程,初八到府。顷又闻金坛有命案,急请归相验,初十当回县矣。但太尊之说与未说,宋之允与未允,皆未能知,仍请吾大兄一禀见,道及鄙人受寒迁葬之急与家君高年在坊守候之苦。道台之说,曾否面谕宋令,宋令曾否面允,叩其实在;如太尊未说,则婉辞,请札致。此弟之仰赖于吾兄者也。宋公处,弟托主簿公先致,宋公云:递一呈即唤伊家长及伊二子来寻究下落。业于初五递呈,尚未批出,宋公意未尝不可也。本犯亲叔父有三人,有母六十岁,有二子,一十八岁、一十六岁,本犯远扬,未始不可办。略以家君九十,风烛可危,动太尊之意,可乎?谨候近安。以此诿诿,固非恃爱不敢也。家君布候升祉,并命笔道谢。不一一。弟段玉裁顿首,初九灯下。

---

① 参见申屠炉明:《常州学派研究》第三章"常州学派的奠定",江苏人民出版社 2009 年版。

《文集补编》所收《与刘端临书》后的盼遂按："先生著述，屡言金坛横逆之事，向来苦于无考。今就此书推之，始可略得其颠末。缘先生轻信青乌之术，以风水受寒之故，迁葬祖茔，而所徙新阡，又未曾与地主商定，至于动武。先生父得莘公以八十之年致受殴伤，凶犯亡命他出。先生由本县提控，又托刘端临由镇江府向查道尹关说，未即得理。此后，五十八年七月第五书云：'查道台如一有信，即飞寄一信，弟坛邑事糜烂不可言。'六十年八月第十书云：'五月内乃有五日、十二日频催到坛，近日又奉府移到苏，使我劳劳。'嘉庆四年第十七书云：'正月大病初起，不得已复到金坛，事之无可如何者也。'同年秋，第十九书云：'舍下祖茔事，果于七月内起迁矣。'五年春，第二十书云：'近者又随家严至坛了祖茔公事，不得已也。'综以上诸书观之，是先生所遇横逆之事，终澉归输服，故每一言及，辄不胜愤慨也欤。"

据上所述，梳理一下，事情的起因与初始情况大致是：乾隆五十四年（1789）清明前，段玉裁家里因相信迷信迁葬祖茔，而所徙新阡，未与土地主人商妥，导致双方争执乃至动武，段父以 80 高龄因此受伤。而处理此事的大致过程是：段家向本县提出诉讼，可一直没有得到段氏满意的处理结果。为此，段玉裁投入了不少精力，如乾隆五十五年八月曾赴京师托人帮助，但所托何人，未见记载，最大可能当是于氏。又如不断地写信给刘端临，请他帮助疏通关节。段玉裁希望刘氏做一下镇江知府查道尹的工作，让知府与金坛县宋县令打招呼帮忙。除以上刘盼遂所说第五、十、十七、十九、二十书外，给其他人的一些信件也涉及此事，如嘉庆四年（1799）四月给严九能写信两封：其一有"惜弟祖茔讼事未终，而贱内又病卧，以致家务棼如乱丝，不能专心细读，然又不忍舍也"，其二有"段玉裁顿首上九能九兄先生执事：初归时，曾渢一札，意欲留尊着细读，而家冗纷纷，又兼先茔事未了，须至金坛完结，恐稽延多日，而又无暇从容展玩也，辄仍送高桥贵友处奉还，祈察收为幸"[1]。尽管段玉裁费心费力来处理此事，但是过程与结果都不妙。因官司段玉裁不断奔波、四处托人，如赴京师；或避祸外出，如赴武汉两年；乃至于

---

① 《经韵楼文集补编》卷下，凤凰出版社 2010 年版，第 55—56 页。

乾隆五十七年(1792)十月举家迁苏州。此后,"弟茔事意主于搁"①,希望祖茔之事搁置起来,但还为了官司被不断催迫回金坛,有时长达数月②,至嘉庆五年(1800)结束,长达十余年,最终结果是输了官司、迁出祖茔。这对段玉裁来说,是一个沉重的打击,此期与友人交流中,多有"早衰"、身体不适等语,无意中显示出身心俱疲、有时还想逃避的状态。

第五节 段、王"把晤"

乾隆五十四年(1789)八月,段玉裁因家庭官司赴京师寻求帮助。这是段氏第五次也是最后一次入京师,数月后返回金坛,两年多即迁居苏州。此次入都,最大的收获应是得识新知王念孙、陈鳣,得沐旧雨邵晋涵等,并成为过从甚密、相知极深的学友。后来段玉裁写给刘端临的信中说"非怀祖及足下安能知我也",引为知己。王念孙笔下也有表述,如王念孙《与刘端临第二书》说:"若膺先生在都时,快谈一切,窃恨相见之晚。其所著《尚书考异》,发前人所未发,有功经学甚巨,与《说文解字读》《六书音均表》,皆不朽之业也。"《答江晋三论韵学书》说:"己酉仲秋,段君以事入都,始获把晤,商订古音,告以侯部自有入声,月、曷以下,非脂之入,当别为一部,质亦非真之入,又质、月二部皆有去而无平上,缉、盍二部则无平上而并无去,段君从者二,谓侯部有入声,及术、月分为二部。不从者三。自段君而外则意多不合,难望钟期之赏,而鄙书亦终未付梓。"其中"快谈""把晤"与"钟期之赏",是富有深厚情谊与学术知音的用语及典故。"快谈"即畅快交谈,明人沈德符《野获编·释道·二大教主》:"温陵李卓吾,聪明盖代,议论间有过奇,然快谈雄辩益人意智不少。"以"快谈"与"雄辩"连用;"把晤"即握手晤面,有亲密之义;而"钟期之赏"是用典,引为知音,《列子·汤问》记载伯牙鼓琴"高山流水"、钟子期听琴必知高妙,《汉书·扬雄传下》有"是故钟期死,伯牙

① 乾隆五十九年春致刘端临信中语,参《文集补编》与《与刘端临第七书》,凤凰出版社 2010 年版,第 34 页。
② 见嘉庆四年《与严九能书一》:"弟自正月杪赴金坛,到四月初乃归。"凤凰出版社 2010 年版,第 55 页。

绝弦破琴而不肯与众鼓"之语，后以"钟期"喻知音，如嵇康有"钟期不存，我志谁赏"诗句，元李好古《张生煮海》第一折："流水高山调不徒，钟期一去赏音孤。"由此可知这唯一的相见对二人、对中国学术史的意义。

段玉裁与王念孙初晤于京师，见到王氏《广雅疏证》，大为赞赏，誉为"天下之至精"。王念孙之子王引之追忆说："段茂堂先生入都，一见是书（按：指《广雅疏证》），爱之不能释手，曰：'予见近代小学书多矣，动与古韵违异。此书所言声同、声近、通作、假借，揆之古韵部居，无不相合，可谓天下之至精矣。'"①段、王见于记载的相会仅此一次，二人有书信往来，互为作序阐扬，学术上互有促进，又共同师承戴震，最终形成后世所称的"段王之学"。

乾隆五十六年（1791）八月，段氏为王念孙《广雅疏证》撰序，称赞形、音、义三者互相求，古形、今形、古音、今音、古义、今义六者互相求，"尤能以古音得经义，盖天下一人而已矣"。此序多有个人学术主张，并体现于《说文解字注》，与王氏学术相得益彰，历来受到学术界重视，转录于下：

> 小学有形、有音、有义，三者互相求，举一可得其二；有古形、有今形，有古音、有今音，有古义、有今义，六者互相求，举一可得其五。古今者，不定之名也。三代为古，则汉为今；汉、魏、晋为古，则唐、宋以下为今。圣人之制字，有义而后有音，有音而后有形；学者之考字，因形以得其音，因音以得其义。《周官》六书，指事、象形、形声、会意四者，形也；转注、假借二者，驭形者也。音与义也，治经莫重乎得义，得义莫切于得音。三代小学之书多不传，今之存者，形书《说文》为之首，《玉篇》已下次之；音书《广韵》为之首，《集韵》已下次之；义书《尔雅》为之首，《方言》《释名》《广雅》已下次之。《尔雅》《方言》《释名》《广雅》者，转注、假借之条目也。义主于形，是为转注，义主于音，是为假借。稚让为魏博士，作《广雅》，盖魏以前经传谣俗之形音义汇綷于是。不孰于古形、古音、古义，则其说之存者，无由甄综；其说之已亡者，无由比例推测。形失，则谓《说

---

① 见《王伯申文集补编》卷上《光禄公寿辰征文启事》。

文》之外字皆可废;音失,则惑于字母、七音,犹治丝棼之;义失,则梏于《说文》所说之本义,而废其假借,又或言假借而昧其古音:是皆无与于小学者也。怀祖氏能以三者互求,以六者互求,尤能以古音得经义,盖天下一人而已矣。假《广雅》以证其所得,其注之精粹,再有子云,必能知之。敢以是质于怀祖氏,并质诸天下后世言小学者。乾隆辛亥八月,段玉裁撰。①

因王念孙介绍,与陈鳣相识交往,陈鳣成为段氏晚年交往较多的朋友之一。陈氏生于乾隆十八年(1753),卒于嘉庆二十二年(1817),博学好古,家富藏书,强于记诵,尤专心训诂、校勘之学。《清史列传》卷六九《陈鳣传》记载:"陈鳣,字仲鱼,浙江海宁人。……鳣博学好古,彊于记诵,尤专心训诂之学。……鳣学宗许郑,尝继其父志,取《说文》九千言声为经,偏旁为纬,竭数十年之心力,成《说文正义》一书。"学术旨趣相近,"每岁亦必相见数回,见则各言所学,互相赏奇析疑,朋友之至乐也"。嘉庆十二年四月,为陈鳣《简庄缀文》作序说:

> 吾友征士陈君仲鱼,汇刻所为文七十余篇,分为六卷,皆可诵可传也。往余于乾隆己酉至都门,时邵二云、王怀祖皆在焉,予之识仲鱼也,实因怀祖,时仲鱼年方壮,学甚精进,余甚敬之。既而壬子、癸丑间,余始侨居苏之阊门外,钱辛楣詹事主讲紫阳书院,得时时过从讨论,而仲鱼十余年间为人作计,常往来扬、镇、常、苏数郡间,每岁亦必相见数回,见则各言所学,互相赏奇析疑,朋友之至乐也。仲鱼所为《孝经集郑注》《论语古训》《六艺论拾遗》《郑君年谱》,余既一一雒诵,叹其精核。今复出此《缀文》,命余叙之,余以为君之学邃矣,君之文不懈而及于古矣,或研经训,或记校雠,或考索故事,或发阐幽光,或抒写兄弟朋友情挚之语,非所谓函雅故、通古今、正文字,惟学林者乎? 而首卷论九篇,议论确不可易,真无愧立言也。兹者故老彫零,辛楣与卢抱经、王西庄、兰泉诸先生皆相继谢世,二云及刘端临亦逝,计唯程易田、姚姬传二老及怀祖在耳。

---

① 《经韵楼集》卷八《王怀祖广雅注序》,凤凰出版社 2010 年版,第 180—181 页。

易田今年八十三,姬传及余少于易田,怀祖少于余,君又少于怀祖。古人云:"昼短苦夜长,何不秉烛游。"殆以况迟莫之年,好学不倦,好礼不厌也乎? 仲鱼年才五十许,所进盖未可量也。①

第六节　游毕沅幕

学人通过幕府结识社会名流和学者,建立学术交流网,同时开阔眼界,扩大学术的传播空间,乃至有经济上的助益,这在清代是当时学者致仕后或书院教书,或在幕府做事,或在私家坐馆、代为校刻书籍的常见之事,段玉裁也有不多的游幕之举。乾隆五十五年春夏之交,段玉裁赴武昌谒见毕沅,晤章学诚于毕沅湖广总督幕中。其时多名学者聚于毕氏幕中,陈其元《庸闲斋笔记》云:"我朝爱客礼士者,惟德州卢雅雨都转、苏州毕秋帆制府,一时之士奔趋其幕府者,如水赴壑,大都各得其意以去。"同时客观上形成了以毕沅为中心的学术圈,推动了《史籍考》的编纂。王重民《校雠通义通释》附录二《章学诚大事年表》说:"章学诚在武昌五年,是为《史籍考》发凡起例和打基础的时期。经过杭州两年的增补,才使基础扩大,但还有待于整理和提炼。……后潘锡恩又聘人校理增订,方才达到了较高的水平。所以决定写成清本,准备刊行。我国目录学史上这一部巨著,在整整六十年内,经过章学诚、毕沅、洪亮吉、凌廷堪、武亿、谢启昆、钱大昭、胡虔、袁钧、张彦曾、潘锡恩、许瀚、刘毓崧、包慎言、吕基贤十六位目录学家和学者的三次努力,才完成了这样一部三百卷的大目录,的确是我国目录工作上一大成就。"

毕沅幕府分为陕西、河南、湖北三个时期,幕中多嗜古之士,如严长明、程晋芳、钱坫、孙星衍、王复、洪亮吉、黄景仁、武亿、凌廷堪、邵晋涵、章学诚、方正澍、江声、梁玉绳、汪中、邓石如、史善长等,毕沅重金石搜访和研究,纂有《关中金石记》《中州金石记》等,对段玉裁当有一定的影

---

① 《经韵楼文集补编》卷上《陈仲鱼简庄缀叙》,载《经韵楼集》附补编·两考,凤凰出版社 2010 年版,第 15—16 页。

响。段玉裁与毕沅幕中学者以及其他学者应当有一定的交流，只是记载不多，但也留下一些材料，如与章学诚相见，是由致邵晋涵的信中透露的。乾隆五十五年(1790)四月十六日，段玉裁在武昌幕中致信邵氏：

> 段玉裁顿首上二云先生左右：客冬得晤，数年契阔，得以稍畅，饫闻妙论，深叨雅谊，大快事也。惠赐《尔雅正义》，元元本本，既赡且确，何待言矣①！裁自客冬归，匆扰多端，未能详读一过，深以为歉。近者索居无俚，乃泝江至秋帆先生所一行，月内当即归，不能久滞也。拙著《尚书考异》将成，详于古文、今文之别，及卫、包之妄行，且梓政。先生邃于史学，闻实斋先生云有宋史之举，但此事非先生莫能为，则日中必昃，尚勿迟缓。实斋神交已久，今始得见，其史学，可谓得其本原。抑实斋先生云：甲辰、乙巳间，先生欵门舍下，无应者，闻甚骇异，去冬何未谈及？甲辰一年，舍间多故，裁必出门开罪也。裁自回坛，种种不得意，近者觅馆地坐之，倘其不得，当入都请业耳。兰泉先生，向所仰望，去年承谕，本欲叩见而未暇，今辄具禀，伏冀转达。《说文》"萬"字下曰："五行之数，二十分为一辰。"此语未详，求示之。每以独学无友为苦，故有入都请业之志也。秋帆先生云相属纂《宋元明通鉴》，此事亦天地间不可少之事，何日成之？敬请近安，不戬。四月十六日武昌幕中。
>
> 兰泉先生禀竟未缮，惟祈晤时道及玉裁三十年仰慕之忱是感。又启。②

此信既谢邵氏赠送《尔雅正义》，又谈及《尚书考异》将要完成等，有学术史料价值。其中"实斋神交已久，今始得见其史学，可谓得其本原"句意有不明，罗继祖"段谱"在"史学"前有"于"字，可标点为"实斋神交已久，今始得见；其于史学，可谓得其本原"，文义显豁，即对章学诚本人"今始得见"，对其史学则赞为"得其本原"。

---

① "何待言矣"句较突兀，而"罗谱"乾隆五十五条录此书信全文，前有"十佰邢氏"四字，指邵晋涵的《尔雅正义》比北宋邢昺的《尔雅义疏》好得有十倍百倍，语义完足。

② 《经韵楼文集补编》卷上《与邵二云书》，载《经韵楼集》附补编·两考，凤凰出版社 2010 年版，第26—27 页。

此后又有致邵晋涵信一通,再言及:"章实斋所撰《史集考》不知已成若干?中阙。《尔雅正义》高于邢氏万万,此有目所共见。汪容夫最佩服此书,近得其信否?"[①]

此外,乾隆五十六年(1791)四月,客居毕沅经训堂,继续撰《古文尚书撰异》。[②] 夏日有与刘端临第二书,言及"弟夏间精神意绪总不佳,迟滞至今,始将缮写《尚书》草稿,从《无逸》篇起而苦烦碎,秋凉后即拟远出。王怀祖先生书来,言欲作《广雅疏证》,索弟所考订,俟徐复之",亦可见此际在撰写《古文尚书撰异》。

第七节　定学术公案:《古文尚书撰异》

《尚书》因其经学地位与传承的复杂性,伪《古文尚书》案成为中国经学史上最有名的学术公案,《尚书》研究在经书考证中具有指标性意义,并最能展现考据辨伪的功力。在段玉裁的观念中也是"经惟《尚书》最尊,而罹厄最甚",梳理出"七厄"[③]。明清以来著作不断,如梅鷟《尚书考异》、阎若璩《尚书古文疏证》、毛奇龄《古文尚书冤词》、惠栋《古文尚书考》、王鸣盛《尚书后案》、江声《尚书集注音疏》、程廷祚《晚书订疑》及段玉裁《古文尚书撰异》等。毛氏否定《古文尚书》之伪,其结论有误,而其论辩无疑推动了《尚书》辨伪研究的深入。段氏认为《尚书》研究的当务之急是厘清今古文,尽力复汉之旧,其《古文尚书撰异》共 32 卷,分别考校由《尚文》古文 28 篇析成的古文 31 篇,卷次以 31 篇次序为准,一篇为一卷,《书序》一卷在书末。自序称"广搜补阙,因篇为卷,略于义说,文字是详,正晋、唐之妄改,存周、汉之驳文,取贾逵传语",基本解决了汉代《尚书》的文字句读疑难。

段氏《古文尚书撰异自序》说:

---

① 《经韵楼文集补编》卷上《与邵二云书三》,载《经韵楼集》附补编·两考,凤凰出版社 2010 年版,第 28 页。

② 见叶景葵《卷盦书跋》,上海古籍出版社,第 7 页。

③ 见其《古文尚书撰异序》。

乾隆四十七年，玉裁自巫山引疾归，养亲课子之暇，为《说文解字读》五百四十卷，又为《古文尚书撰异》三十二卷，始箸雕涒滩，迄重光大渊献皋月乃成。序曰：

经惟《尚书》最尊，《尚书》之离厄最甚：秦之火，一也；汉博士之抑古文，二也；马、郑不注古文逸篇，三也；魏、晋之有伪古文，四也；唐正义不用马、郑，用伪孔，五也；天宝之改字，六也；宋开宝之改释文，七也。七者备而古文几亡矣。伪古文自有宋朱子创议于前，迄我朝阎氏百诗、惠氏定宇辞而辟之，其说大备，举郑君逸篇之目，正二十五篇之非真，析三十一篇为三十三篇之非是。铸鼎象物，物无遁情。海内学者，家喻户晓。经术之极盛，超出于汉博士之抑古文，唐正义之不用马、郑，不可以道里计。顾作伪者既服其罪矣，而古文三十一篇字因天宝、开宝之旧，是以唐之《今文尚书》乱之也，其不可一也。好尚新奇之辈，自唐至今，有集古篆缮写之《尚书》，号壁中本二十五篇皆在焉，是作伪于伪古文既出之后也，其不可二也。欧阳、夏侯《尚书》佚，见于《尚书大传》，汉石经、《史记》、两《汉书》、《三国志注》、《三都赋注》、《尚书纬》、《尚书正义》者，或尽举以改窜经文，是以汉之今文《尚书》乱之也，其不可三也。《说文解字》所称《尚书》多不与经同，由孔安国以今字读易其字，而许君存其旧，如《周礼》经杜子春、二郑读易其字，传写者既从所读而注中存其故书之旧，《周礼》不得尽改从故书，则《尚书》不得尽改从《说文》也。必改从《说文》则非汉人之旧，且或取经传诸子所称《尚书》以改《尚书》，是《尚书》身无完肤矣，其不可四也。盖伪孔传本与马、郑本之不同，梗概已见于释文、正义，不当于释文、正义外断其妄窜。至若两汉博士治欧阳、夏侯《尚书》，载在令甲，汉人诏册章奏皆用博士所习者，至后汉卫、贾、马、郑迭兴，古文之学始盛，约而论之，汉诸帝、伏生、欧阳氏、夏侯氏、司马迁、董仲舒、王褒、刘向、谷永、孔光、王舜、李寻、杨雄、班固、梁统、杨赐、蔡邕、赵岐、何休、王充、刘珍，皆治欧阳、夏侯《尚书》者，孔安国、刘歆、卫宏、贾逵、徐巡、马融、郑康成、许慎、应邵、徐干、韦昭、王粲、虞翻，皆治《古文尚书》者，皆可参伍钩考而得之。马、班之书，皆用欧阳、夏侯字句，马氏偶有古文说而已。贾逵分别古今,刘陶是正文字,其书皆不存,今广搜补阙,因篇为卷,略于义说,文字是详,正晋、唐之妄改,存周、汉之驳文,取贾逵传语,名曰《古文尚书撰异》,知难语于识大,亦庶几乎不贤。

段玉裁在梳理"七厄"基础上确立两条原则,一是根据《尚书》传人所属学派来判定其所传文本的今古文属性,二在版本方面剔除古文伪本,不为其隶古所惑。其基本程式为:先标举经句,经句以孔传本为基础,个别文字改从古文;经句下详细列出异文;对今文、古文做详细考辨。

段氏的研究成果,获得了学术界的高度评价,如梁启超《中国近三百年学术史》十三《清代学者整理旧学之总成绩》将该书与惠栋《古文尚书考》并列,并称"把毛律师强辨的话驳得落花流水,于是这件案总算定谳了"。

段氏治《尚书》的学术路向、书名由来、对后世的影响,清代周中孚评论说:

> 茂堂以两汉博士治欧阳、夏侯《尚书》,载在令甲、汉人诏册章奏,缘用博士所习者,乃今文也。至后汉卫、贾、马、郑迭兴,古文之学始盛。贾逵分别古今,刘陶是正文字,其书皆不存。因广搜补阙,自《尧典》迄《秦誓》,为三十一篇,书序一篇,各一卷,所载经文仍用伪孔传本,而稍从古文。其《太誓》三篇,唐后乃亡,故存其目,而逸文不别为篇,亦如各篇逸文,附于《太誓》序下。参伍钩考,博采繁称,大抵详于字而略于说字之异同,以正晋唐之妄改,存周汉之驳文。间于其说同异,亦时时论及之,所以折衷古义也。取贾逵传语,名曰《古文尚书撰异》。自有此书,而今文、古文之异同,昭昭然白黑分矣。故孙渊如师撰《今古文注疏》,于字之异同一本是书,不假他求也。①

周中孚梳理出段氏重汉学、尊贾逵的倾向,认为此书可使"今文、古

①《郑堂读书记》卷九"《古文尚书撰异》三十二卷"条。

文之异同,昭昭然白黑分",并为孙星衍所继承。

　　乾隆五十六年五月,《古文尚书撰异》三十二卷成稿,这一点大家认识相同。而其撰写时间,刘盼遂认为始撰于乾隆四十七年,后世学者多承其说。陈绍棠引潘重规《读书警记》"刘氏误读《尔雅》句读,又擅改为始壬寅,谓首尾已十年,其说颇误",并加按语:"先生是书,经文仍用伪孔传本,而稍从古文,虽曰详于文字而略于义说,然其于晋唐之妄改与周汉之驳文有关之义说,亦未尝不讨论及之,盖此乃折衷古义所不得不尔也。自先生此书出,《尚书》今古文之别,遂昭然则见矣。后孙渊如撰《尚书今古文注疏》,于字之异同,一本是书。"①陈鸿森《订补》也认为"前后才三年许",刘氏误读《尔雅》文,并称"盖段氏四十七年旋里家居后,重理旧业,乃增订寓蜀时所撰之《说文考证》,为《说文解字读》十四卷;五十三年,复撰《古文尚书撰异》。而非如刘氏所言者是书始撰于乾隆四十七年也"。认为开始撰写的时间是乾隆五十三年,大约用时三年左右,而非首尾十年。

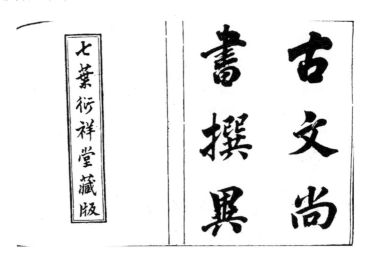

图 12　《古文尚书撰异》书影

　　关于其书的得失,清人李慈铭《越缦堂读书记》(经部书类)的论述相对公允。其"《古文尚书撰异》"条说:

---

① 陈绍棠:《段玉裁先生著述系年》,载《新亚书院学术年刊》第 7 期,1965 年,第 156 页。

阅段氏《古文尚书撰异》，其意实矫江氏声、王氏鸣盛之专主《说文》诸书，改定经文，而尤与江氏为难。然谓枚氏所传之古文三十一篇，字字为孔安国真本，夫亦孰从而信之。苦为分别，多设游辞，所谓甚难而实非者。全榭山诋其为《伪古文》讼冤，有以也。惟其博证广搜，旁及音诂，义据精深，多有功于经学，故为治《尚书》者所不可废耳。同治甲戌六月初五日。

从该书的本旨、治学方法到所取得的成就，多有肯定。又说：

夜阅段氏《古文尚书撰异》，此书训诂纷纶，可谓经学之窟。惟必分析今文古文，凿凿言之，且谓汉魏以前欧阳、夏侯《尚书》无今文之称；孔安国所传《尚书》亦作今字，《说文》所载《尚书》古文，马、郑、王本皆无之，俱近于任臆而谈，意过其通，反为蔽也。臧拜经言钱竹汀有签记颇多，惜不得见之。光绪戊寅正月二十三日。

对其明确区分今文、古文，又认为"近于任臆而谈，意过其通，反为蔽也"，并提及钱大昕批评之语。

钱大昕来信《与段若膺论尚书书》，讨论《撰异》。钱、段的互动，当时学人与今之学界续有关注，先录钱氏书信如下：

承示考定《尚书》，于古文、今文同异之处，博学而明辨之，可谓闻所未闻矣。唯谓《史》《汉》所引《尚书》皆系今文，必非古文，则蒙犹有未谕。《汉书·儒林传》谓司马迁从安国问故，迁书载《尧典》《禹贡》《洪范》《微子》《金縢》，多古文说，是史公书有古文说也。《地理志》："吴山，古文以为汧山""大壹山，古文以为终南"，是《汉书》有古文说也。汉时立学置博士，特为入官之途；其不立博士者，师生自相传授，初无禁令，臣民上书，亦得征引。许叔重《说文解字》所称《书》孔氏、《诗》毛氏、《春秋》左氏、《礼》、《周官》，皆不立学者，而其子冲上书进御，不以为嫌，马、班二君又何所顾忌，而必专己守残，不一征引古文乎？《春秋左氏》与《尚书》古文，皆非功令所用，而班氏《律历》《五行》诸志，引《左氏》经传者不一而足。以《春秋》之例推之，则《汉书》决非专主今文矣。……仆于经义肤浅，不敢自成一家言，聊罄狂简，以尽同异，幸足下之教我也。①

陈鸿森《〈段玉裁年谱〉订补》说："叶景葵氏《卷盦书跋》著录段氏《撰异》原稿副本，其上录有钱竹汀及臧氏签注各条（页六）。其本现藏上海图书馆（《中国古籍善本书目》页一一九），惜未有人为录出刊布耳。"段氏所分今古文经字，钱氏终未苟同附和。

刘盼遂《年谱》据《拜经堂文集二·刻诗经小学录序》认为：乾隆五十六年七月，段玉裁自金坛游常州，"携《古文尚书撰异》属臧在东庸为之校雠，在东因为参补若干条，刘端临见之谓先生曰：钱少詹签驳多非此书之旨，不若臧君笺记持论正合也"。刘端临认为钱大昕的批评多不准确，而臧庸为之校雠，有少量补充，且"持论正合"。

当代《尚书》学专家钱宗武先生，在应邀为《段玉裁全书》之《古文尚书撰异》撰写叙录时②，以二万多字的篇幅详论该书的特色、价值、学术思想以及不足之处，系统而全面，其主要观点如下：

（一）辨析流传历史，首论"七厄"之说。

《尚书》不仅是传世典藉中最为古老的典藉之一，也是流传历史最为复杂的元典。《尚书》不仅有今文古文之争，还有真伪之辨；不仅有官方勒石，还有私家传抄；不仅有多家并行之世，还有传播中断之时，失而复得，得而复失，段玉裁在《尚书》学史上首次提出"七厄"之说，概述了他在《序》中从先秦至北宋《尚书》的流传状况："经惟《尚书》最尊，《尚书》之离厄最甚。秦之火，一也；汉博士之抑古文，二也；马、郑不注古文逸篇，三也；魏晋之有伪古文，四也；唐《正义》不用马、郑用伪孔，五也；天宝之改字，六也；宋开宝之改《释文》，七也。"《尚书》历经"七厄"，或遭毁，或失传，或改写，或改字，面目已非。近年来，学术界对清华简、敦煌写本《尚书》以及清人辑佚文献的研究，皆佐证了段玉裁的"七厄说"。

《古文尚书撰异》是进入《尚书》研究领域前必读的参考书，也是阅读《尚书》必须进行的理论准备和材料准备。

---

① 载《潜研堂文集》卷三十三。
② 《段玉裁全书》第一册，江苏人民出版社 2015 年版，第 1—17 页。

（二）厘清《书》学派脉，区分经文今古。

《古文尚书撰异》旨在厘分今、古文《尚书》之文字差异，力图复汉之旧。段玉裁识见超群的独特贡献主要在两个方面。一是仔细辨析古文《尚书》演变脉络，总结四种《尚书》经文错讹的原因。二是根据师承关系将汉魏今古文学者作了区分。根据学者所属今古文派系来剖分经文，始终是段玉裁所坚持的原则之一，这一原则可以保证区分经文今古的大方向。

有清一代，经过阎若璩、惠栋等博学硕儒以大量无可辩驳的事实和精湛有力的论证，梅赜本《尚书》之伪最终定谳，"先汉今文古，后晋古文今"[①]的观点获得学术界的普遍认同。学者们多开始专注于"先汉今文"的研究与整理，《古文尚书撰异》即为这一转型期的代表作。是书在"尚书"前冠之以"古文"二字，并非特指《尚书》学史的专名孔壁传本"古文"，而是指"先汉今文古"的伏生传本。段玉裁以其深厚的小学功底和广博的文献识见，析分今文《尚书》28 篇为 31 篇（《盘庚》分为上、中、下三篇，《顾命》分出《康王之诰》，《大誓》三篇仅有目无文），加上《书序》，因篇为卷共 32 卷，别古今，正讹误，展现了层出不穷的精理要义。是书题名"撰异"，亦明确宣示了段氏《尚书》研究的理念与特点："略于义说，文字是详，正晋唐之妄改，存周汉之驳文"。

全书辨析经句 1158 条，基本遵循以下体例：先标经句，然后详举异文，再加按语；按语辨章学术，考镜源流，细分古今，定讹正误，条分缕析，全面详尽。王重民《敦煌古籍叙录》曾以《尚书》残卷《益稷》、《禹贡》两例"持与段氏《撰异》对读"，其中段氏所定"脞字从肉""繇字不从草"等例，"今照以此写本，段君之言为定谳矣"。[②]

《古文尚书撰异》是《尚书》最为重要的校勘材料，是研究《尚书》必须先期研读的《书》学基本著述。

（三）博引经史子集，校释历代传注。

《古文尚书撰异》每立一说，往往旁征博引，经史子集，无不赅及。

---

① （元）吴澄《草庐全集·题伏生授书图诗》："先汉今文古，后晋古文今。若论伏氏功，遗像当铸金。"
② 王重民：《敦煌古籍叙录》，商务印书馆 1958 年版，第 14 页。

有学者统计全书征引群籍凡 221 种。经类 110 种，史类 55 种，子类 41 种，集类 15 种。每一种书的征引次数多的可达 196 条（《经典释文》）。《史记》194 条，《汉书》155 条，大小徐本《说文解字》163 条，郑玄《尚书注》111 条。至于每书征引数十条者，诸如：伏胜《尚书大传》、马融《尚书注》、《周礼》郑玄注、《汉书》颜师古注、王充《论衡》，不胜枚举。[①] 这些征引或梳理群书流变，校释订补，纠正讹误；或揭示文献特征，总结文献整理规律。

《古文尚书撰异》以群书校释《尚书》，多有胜意；亦以《尚书》校释群书，颇多发明，发人深省。《古文尚书撰异》在引经据典、书《书》互校互证的过程中，还不断总结文献整理和研究的宝贵经验。诸如："汉人《诗》《书》不讳，不改经字""汉人注经必兼明音义，故读若、读为皆有之""古经字多假借，非兼考各家，难得其说""凡司马氏《史记》、班氏《汉书》全用今文""凡《史记》录《尚书》"，"以故训字易之"。

段玉裁熟读经典，深究覃思，爬梳整比，演绎归纳。这些精辟的见解不仅对于《尚书》研究，而且对于整个秦汉文献的阅读、整理与研究皆有重要的认识论价值。《古文尚书撰异》是研究《尚书》专题文献和前秦其他文献的重要参考资料。

（四）揭示《说文》凡例，校补《说文》《段注》。

段玉裁最为辉煌的学术成就是《说文解字注》，一生所有的学术研究皆与《说文》研究相为表里。《古文尚书撰异》亦然。段玉裁在《古文尚书撰异序》中曾特地说明："乾隆四十七年，玉裁自巫山引疾归，养亲课子之暇，为《说文解字读》五百四十卷，又为《古文尚书撰异》三十二卷。"可知，段玉裁几乎是同时展开《说文解字读》和《古文尚书撰异》的研究写作。

《说文解字读》是《说文解字注》的基础，后者是在前者的基础上删繁就简而成。《说文解字注》行而《说文解字读》佚。《说文解字注》属于字书注解，而《古文尚书撰异》是校勘专著，在两书的写作研究过程中，段玉裁将一些不适合放在《说文解字注》中的详细考证资料置于《古文

---

① 毛远明：《段玉裁〈古文尚书撰异〉的文献价值》，载《文献》2000 年第 2 期。

尚书撰异》之中。

《说文》所记 9353 个正篆，保存了篆文的写法系统，既可作为研究商周古文字的参考，又可作为联系今文字和古文字的桥梁。《说文》还标明籀文 220 余字，标明古文约 500 字，保留了书体演变的重要资料。《古文尚书撰异》就充分运用《说文》书体演变材料辨析文字歧异，多有新识。

由于复杂的时空因素，汉字使用过程中出现了古今、异体、正俗、本字通假字等复杂的形体歧异现象，这些歧异现象都逐层积淀在古代文献之中。《尚书》作为传世典籍中最早的文献之一，各篇的异文别字少则几个，多则几十个，整个文本呈现的文字歧异尤甚于其他文献。若不能分清歧文异字之间的关系，必然不能正确地训解词语，求经典之本原更无从谈起。疏解经文中的字词，首先就要求学者对文字的形体流变谙熟于心，进而能贯通词语的本义、引申义、假借义。《古文尚书撰异》非常娴熟地根据汉字的形体流变规律推求字义。

《古文尚书撰异》注意订正形近致误，亦十分注意订正改字致误以求确诂。

段玉裁治经主张"以字考经，以经考字"，"以词通道"，学术思想源自其恩师安徽休宁戴东原。段玉裁《尚书》《说文》同时研治，互相发明，互为因果，两者都取得辉煌的成就。《古文尚书撰异》不仅是《尚书》学最为重要的著作，也是《说文》学最为重要的著作。

（五）辨析形体演变，形音义互相求证。

段玉裁宗汉学，治学以小学为主，小学中又从音韵以治文字训诂。许慎《说文》以形为主，其说解先释其义，段氏提出音、形、义密切相关的文字学原则，丰富了许慎的理论系统，《古文尚书撰异》全书贯穿形音义互求的学术思想。

《古文尚书撰异》中的文字学研究思想已经具有非常清晰的辩证思维，呈现出语言哲学的某些特质。辩证法认为任何事物内部的诸要素都是相互联系的，汉字的形、音、义也是互相联系又互相依存的。段氏抓住汉字形音义互相关联的特点，提出解经"三者必互相求"的观点："说其义而转注假借明矣，说其形而指事、象形、形声、会意明矣，说其音而形声假借愈明矣。一字必兼三者，三者必互相求，万字皆兼三者，万字必以三者彼此交错互求。"①解经的基础是正形，解经的关键是识音，解经的目的是得义，音始终处于形和义之间的枢纽位置，段氏认为"治经莫重于得义，得义莫切于得音"。阮元于《与郝兰皋户部论〈尔雅〉书》中也指出："言由音联，音在字前，联音以为言，造字以赴音。"②《古文尚书撰异》从辨析字形出发，进行形音义的互相推求和立体式研究，正形后释义注音，为求知经典确解奠定坚实的基础。

　　《古文尚书撰异》学术研究的哲学思辨，引导出诸多学术结论，新见卓识，超迈前修时贤。如《古文尚书撰异》首次揭示并明辨汉字形音义的生成序列。汉字是表义体系的文字，一个汉字就是一个形音义的综合体，这是汉字的本质特点。汉字形音义是否自然天成，与生俱来？这似乎与解经毫无关涉，实际上对任何一个解经者都是不能回避的问题。《说文》总是"先释其义"，"次释其形"，"次说其音"，"合三者以完一篆"。许慎指出了汉字有形有音有义，但没有说明先后生成顺序。宋代戴侗认为"夫文，生于声者也。有声而后形之以文。"③阮元在《与郝兰皋户部论〈尔雅〉书》也指出："古人字从音出。"④戴侗和阮元都认为先有音而后有形，段氏则在中国语言学史上第一次正确阐释了形音义的完整生成链。他在《说文·司部》"词，意内而言外也"注中指出："有是意于内，因有是言于外，谓之词。……意即意内，词即言外；言意而词见，言词而意见。意者，文字之义也；言者，文字之声也；词者，文字形声之合也。凡许之说字义，皆意内也；凡许之说形、说声，皆言外也。有义而后有声，有声而后有形，造字之本也；形在而声在焉，形、声在而义在焉，六艺之学也。"在为王念孙《广雅疏证》所作的序中又进一步阐述道："小学有形、有音、有义，三者互相求，举一可得其二；有古形、有今形，有古音、有今音；有古义、有今义，六者互相求，举一可得其五。古今者，不定之名也。三代为古，则汉为今；汉魏晋为古，则唐宋以下为今。圣人之制字，

① 段玉裁:《说文解字注》十五篇上，"爰明以谕"下注。
② (清)阮元:《揅经室一集·卷五》，阮亨辑《文选楼丛书》，广陵书社2011年版，第68页。
③ (宋)戴侗:《六书故》，党怀兴、刘斌点校本，中华书局2012年版，第10页。
④ (清)阮元:《揅经室一集·卷五》，阮亨辑《文选楼丛书》，广陵书社2011年版，第68页。

有义而后有音,有音而后有形。学者之考字,因形以得其音,因音以得其义。"①段玉裁揭示了"有义而后有音,有音而后有形"的"造字"顺序以及"审形以知音,审音以知义"的"识字"顺序,具体可作如下的图式:

造字　　　　义……▶　　音……▶　　　形
识字　　　　形……▶　　音……▶　　　义

　　由义到音再到形的造字顺序,符合内容决定形式的观点,由形到音再到义的识字顺序,则显示了形式反映内容的观点。内容决定形式,形式反映内容。正确体认"造字"和"识字"顺序,对于解经有重要的认识论价值。《古文尚书撰异》考释的体例以汉字形体的分析为基点,从形式的表现特点来推知其所指内容"古圣贤之心志",正是这一认识论的实践。

　　《古文尚书撰异》不仅是重要的训诂学著作,也是重要的经学著作。同时,对于研究清代皖派特别是段王之学的学术思想、研究理念和治学路径皆具重要的理论价值。钱宗武另撰《〈古文尚书撰异〉解经的语言哲学观考论》②等,并可参阅。

　　白璧微瑕,《古文尚书撰异》也存在一些不足。如《序》中所言:"《经典释文·叙录》曰:今齐、宋旧本及徐、李等音,所有古字盖亦无几,穿凿之徒务欲立异,依傍字部改变经文,疑惑后生,不可承用。按此,则自唐以前,久有此伪书。盖集《说文》《字林》魏石经及一切离奇之字为之传,至郭忠恕作《古文尚书释文》,此非陆德明《释文》也,徐楚金、贾昌朝、夏竦、丁度、宋次道、王仲至、晁公武、宋公序、朱元晦、蔡仲默、王伯厚皆见之。公武刻石于蜀,薛季宣取为《书古文训》,此书伪中之伪,不足深辨,故偶一辨之而已。今或以为此即伪《孔序》所谓隶古者,亦非也。"此论有失偏颇,伪古文《尚书》之"古文"存在多个来源,集《说文》《字林》《魏石经》之字以造作,亦是事实,但不能因此一概否定"伪《孔序》所谓隶古者"的价值。然而瑕不掩瑜,段氏的这一观点决定于"复汉之旧"的学术立场,学人自不可因此一叶障目,不见泰山。

---

① (清)王念孙:《广雅疏证》,江苏古籍出版社 2000 年版,第 2 页。
② 钱宗武:《〈尚书〉传承研究》,湖南人民出版社 2017 年版,第 341—356 页。

最后,简要说明一下《古文尚书撰异》的版本情况。《古文尚书撰异》目前尚无点校本,初刻本为段氏七叶衍祥堂刻本,刻于嘉庆六年至二十年间,道光年间阮元重刻入《皇清经解》,较为精审。

要之,段玉裁以"七厄"之说勾勒云谲波诡的《尚书》流传历史,以广播的学识廓清的《书》学径脉,以独特的视角区分纷繁复杂的经文今古,又博引经史子集,校释历代传注,同时与《说文解字注》研究互为表里、互为因果,开创出有清一代治学新范式。段玉裁的经学思想、《书》学成果、训诂理念、校勘原则以及语言研究的哲学思辩都熔铸于《古文尚书撰异》一书,其思之巧,其辨之精,其学之大,"高山仰止,景行行止"。愿天下好《书》者像太史公追慕至圣先师那样,"虽不能至,然心向往之"。

第八节　编刻《东原文集》与《覆校札记》

一、增补刊行《戴东原集》

乾隆四十三年(1778),孔继涵微波榭初刻《戴氏遗书》,其中《东原文集》十卷,按文体分编排序,世称微波榭本。该本为避免重出,一般不收见于《戴氏遗书》中相关著作的文章。段玉裁则认为"论音韵、论六书转注、论义理之学诸大篇,不可不见诸《文集》中"(见《戴东原先生年谱》),因此在学生臧庸等协助下增收了《遗书》所收及刊落的散篇论著,编排上"略以意类分,次其先后",即按内容及其先后重订为十二卷,世称经韵楼本。1884年张寿荣、1910年严式诲重刊《东原文集》,均据经韵楼本。《戴震全书》的《东原文集》也以经韵楼本为底本,与微波榭本等互校。《续修四库全书》亦用经韵楼十二卷本,且卷一至卷十二均有所校,署称:"刻版既成,不欲多剜损,故笺其后如此。得此书者尚依此研朱校改,以俟重刊。乾隆壬子(乾隆五十七年,1792)八月段玉裁记。"段玉裁作序,认为"义理、文章,未有不由考核而得者":

> 先生卒于乾隆丁酉,年五十有五。自先生以古学唱,三十年来,薄海承学之士,至于束发受书之童子,无不知有东原先生,盖其

兴起者盛矣！称先生者皆谓考核超于前古。始，玉裁闻先生之绪论矣。其言曰："有义理之学，有文章之学，有考核之学。义理者，文章、考核之源也。孰乎义理，而后能考核，能文章。"玉裁窃以谓义理、文章，未有不由考核而得者。自古圣人制作之大，皆精审乎天地民物之理，得其情实，综其始终，举其纲以俟其目，举其利以防其弊，故能奠安万世，虽有奸暴，不敢自外。《中庸》曰："君子之道，本诸身，征诸庶民，考诸三王而不缪，建诸天地而不悖，质诸鬼神而无疑，百世以俟圣人而不惑。"此非考核之极致乎？圣人心通义理而必劳劳如是者，不如是，不足以尽天地民物之理也。后之儒者，画分义理、考核、文章为三，区别不相通，其所为细已甚焉。夫圣人之道在《六经》，不于《六经》求之，则无以得。圣人所求之义理，以行于家国天下，而文词之不工，又其末也。先生之治经，凡故训、音声、算数、天文、地理、制度、名物、人事之善恶是非，以及阴阳气化、道德性命，莫不究乎其实。盖由考核以通乎性与天道，既通乎性与天道矣，而考核益精，文章益盛，用则施政利民，舍则垂世立教而无弊。浅者乃求先生于一名、一物、一字、一句之间，惑矣。先生之言曰："六书、九数等事，如轿夫然，所以舁轿中人也。以六书、九数等事尽我，是犹误认轿夫为轿中人也。"又尝与玉裁书曰："仆平生著述之大，以《孟子字义疏证》为第一，所以正人心也。"噫！是可以知先生矣。先生所为书或成，或未成。孔氏体生梓于曲阜十余种，学者苦其不易得。文集十卷，先生之学梗概具见。武进臧氏在东、顾氏子述，因增其未备，编为十二卷，精校重刊，略以意类分次其先后。不分体如他文集者，意欲求其学者之易为力也。壬子六月弟子金坛段玉裁谨序。[1]

段玉裁刻《戴东原集》十二卷于经韵楼，辨十卷本、十二卷本与十五种之间的目次收列、交叉关系，又述丁升衢氏新发现的戴著，校勘经过和段氏终等，为戴学目录学史之重要文献。

段玉裁除了禀承"实事求是"的治经思想以外，更重要的一点就是

---

[1]《戴东原集》卷首。

遵循其师戴震"训诂明而后义理明"。戴震一路以"求是"为主，吴派则以"求古"为宗，王鸣盛说"舍古无是"，钱大昕则说"以古为师，师其是而已矣"，混同"古""是"。段玉裁明确遵循皖学，在校勘理念上即以"求是"为宗，在考释方面也是通小学以明经学，训诂时已有义理观念在，当然他的义理不是宋学家的义理。学术界称戴震一路为乾嘉新义理学或清儒新义理学。

二、撰写《戴东原集覆校札记》

乾隆五十七年八月，段玉裁撰写《戴东原集覆校札记》一卷。关于《札记》，李开认为："段氏所校，于《戴东原集》卷一得 13 条，卷二得 11 条，卷三得 21 条，卷四得 8 条，卷五得 3 条，卷六得 2 条，卷七得 1 条，卷八得 14 条，卷九得 1 条，卷十得 8 条，卷十一得 7 条，卷十二得 3 条。共得 82 条。其中除了文字本身的校改之外，如卷三'古，故训'条段校：'本作古，训诂。'不少条目都是由文字校改进而涉及学理或学史的。"例如：

卷一第 1 条"故训"段校："本作训诂。按《汉书·儒林传》：'训诂举大义。'郑君序《周礼》考：'训诂捃秘逸。'不必倒为故训，故亦不必改为诂也。"此条说明：故训就是训诂，一般都写作训诂。训诂这一术语的内涵。第 3 条"小注"条下："案语非也。《古文尚书》与欧阳、夏侯《尚书》同出周时，互有优劣，不必株守古文。"此条言段氏《尚书》学思想。这里的《古文尚书》指真《古文尚书》，非梅书。第五条"异词"："本作辞，全书内皆同。按辞(辭)者，说也。从𤔲辛。𤔲辛犹理辜也。凡文辞字多用此。词者，意内而言外也。从司言，凡发声助语之词多用此。二字截然分别。"此条说行文之"辞"与助语之"词"的区别。

卷三第 7 条"法"字下："本作灋，先生书多用灋字，不当改，后仿此。"此条明戴震用字习惯，由用一字亦不忘称"先生"，更知段对戴震的始终尊重之意。

卷四第 3 条"欣隐㦬迄"："本作㦬隐欣迄，蒙上文而言，故曰㦬隐欣迄。又先㦬于隐者，由去而上而平也。声音之理，平上为一类，去入为一类。"第 4 条"欣隐㦬迄"："本作隐㦬臻栉四字，上文云：惟上声隐韵、去声欿韵,兼二等三等。其二等龊齔等字即臻栉二韵之上去也,亦以字少不别立部目,此正臻栉与隐欿关通之理也。故欣隐欿迄宜与真谆臻轸準震稕质栉术同用,而不当与文吻问物同用,使隐欿与臻栉相关通者。至于隔绝此条,所改四字,大误。"此二条详辨音韵理,并音韵之于校勘之重要,亦借此可窥段本人音韵学思想之一端,乃段氏上古韵部纠正戴震,力主真、文相别音理辨析之原始也。①

---

① 详见李开:《〈戴东原集覆校札记〉叙录》,载《段玉裁全书》第四册,第349—350页。

第五章　移居苏州与苦耕砚田(上)

　　乾隆五十七年(1792)十月,58岁之时,段玉裁"自金坛避横沴"至苏州,居阊门外下津桥。直至嘉庆二十年81岁卒后归葬金坛,长期居住在苏州。阮元曾说:"盖今时天下学术以江南为最。江南凡分三处:一安徽,二扬镇,三苏常。镇江、扬州为极盛:若江都汪容甫先生之博闻强记,高邮王怀祖之公正通达,宝应刘端临之洁净精核,兴化任子田之细密详赡,金坛段若膺之精锐明畅,皆非外间所可及也。"①阮元笔下的段玉裁是镇江学术繁盛的代表。而苏州悠久的学术传统、丰富的藏书、良好的教育环境、富庶的经济条件等多种因素,确使苏州成为当时的学术重镇、汉学中心之一。段氏来到苏州,深度融合,与旧友论学唱和,结识黄丕烈、顾广圻、王鸣盛等著名学者,得苏州藏书家周漪塘、袁又恺、顾之逵的资料相助,得陈奂等弟子的刻书相助,他的大批学术成果得以问世,也推动了皖学、扬镇学术与苏常学术的融合,学者的共同努力,才有阮元所说的"今时天下学术以江南为最"。

　　这一时期,段玉裁学术活动较多,交游的学者广泛。除姻亲龚家外,学术交流者有二三十人,从学并相助者10余人,聚会所识之人最多,可考者约40人,游幕阮元得与一批学人交流,具数人员难以统计,可从不同维度略作区分说明。

---

① 阮元:《答友人书三》,《揅经室集》未收,转引自陈鸿森《阮元揅经室遗文辑存提要》之六,载《大陆杂志》第103卷第6期,2001年12月。

一是有学术交流者二三十人，从通信、借书、作序跋、撰文、相见等方面可以体现。与刘端临、王念孙、严元照、陈寿祺等书信往来，致书赵味辛、邵晋涵、孙渊如、梁玉绳、黄丕烈、陈鳣、方葆岩，答丁杰书讨论音韵，撰《答江晋三论韵》论诸家古音韵学贡献，孙星衍、姚姬传、程瑶田来信。向藏书家周漪塘借书；得袁又恺之助，成《汲古阁说文订》并撰序。

为前贤臧琳遗著撰序，为任文田《有竹居集》作序，为黄丕烈撰《汪本隶释刊误序》，为吴县令唐陶山仲冕跋《陶山文录》，为严元照《悔庵学文目录》作后跋，撰《陈芳林藏蜀石经〈左传〉昭公二年残本跋》，应女婿龚丽正之请为其父龚敬身撰《神道碑铭》、为龚敬身四世祖撰《仁和龚氏南高峰四世墓碑》，为刘端临重刊之事而撰《重刊周易本义原本序》，为严元照《尔雅匡名》撰序，撰《王朴庄遗书序》，应任启运曾孙任泰之请为《礼经宫室考》作序，撰《钱竹汀钞本西游记跋》，撰《跋黄荛圃蜀石经毛诗残本》言及"余为阮梁伯定《十三经校勘记》"，应钱大昕之婿瞿镜涛之请为《潜研堂文集》作序，为陈鳣《简庄缀文》作序，为《十三经注疏释文校勘记》撰序，为严久能《娱亲雅言》作序，为戴震遗著《声类表》撰序，为张聪咸《左传杜注辨证》作序，撰《张涵斋侍读八十寿序》，应黄荛圃之请撰《周漪塘七十寿序》，应戴中孚之请撰《诰封孺人戴母朱夫人八十寿序》，为张聪咸《左传刊杜》撰序，应陈芳林之子承宗之请撰《陈芳林墓志铭并序》，为外孙龚自珍作《怀人馆词序》，撰《为吴小岩作说文引经异字序》，为弟子沈涛撰《十经斋记》，撰《江氏音学序》，为桂馥《札朴》撰序。

除了为别人作序，段玉裁也曾请人作序撰文，如请毕沅、王鸣盛为段氏族谱作序，请阮元为《周礼汉读考》作序，请王念孙为《说文解字读》作序，请姚鼐为其父得莘公作《封文林郎巫山县知县段君墓志铭并序》。

段玉裁还为臧礼堂撰《臧孝子传》；撰《与诸同志书论校书之难》；撰《与郝户部论尔雅书》《读尔雅释山论南岳》；撰《博陵尹师所赐朱子小学恭跋》称"年垂老耄，敬谨繙阅，绎其旨趣，以省平生之过，以求晚节末路之自全，以训吾子孙敬观熟读，习为孝弟恭敬，以告天下之教子孙者，必培其根而后可达其支，勿使以时义辞章科第自画也"；为李松云太守撰《新雨堂记》；撰《送龚婿丽正之徽州郡守序》。

始与程瑶田相见,订交汪龙等。友人王朴庄去世,前去吊唁,挽以"古道照人清似镜,遗书训俗重于金"。

二是来请教或从学并相助者,如钮树玉来访,当面请教。顾千里代黄荛圃作《国语札记》,常向段玉裁请教。臧庸等相助刊行《东原文集》12卷。段氏请臧庸协助,无所不可。臧在东将段氏《诗经小学》三十卷节录为四卷付刻,即《皇清经解》本,致四卷本通行,而三十卷本反不彰,或误以为失传。命江沅作《说文解字音均表》,为之撰序,赞其"用力甚勤"。陈奂始从江沅受学,后因江氏而师事段玉裁,助校《说文解字注》。为弟子桐城章甫改作《观于忠肃公玉带记》。江有诰谒见于苏州,讨论古音。弟子沈涛为段玉裁作《廿一经堂记》。撰《说文刘字考》,答覆沈涛来函问题,并谈"以许订许"。

三是聚会所识。在苏州与杭州等地的聚会,有观书,有送迎,有赏花,有会饮,其有诗文所记者达十余次,人员有近40人。如钱庆曾《竹汀居士年谱续编》载:乾隆五十九"六月,与段茂堂、袁又恺、戈小莲、瞿镜涛诸公阅《道藏》于玄妙观。羽士袁月渚导观宋孝宗御书《神通庵石刻》,并拓本见诒。"在苏州相聚的人士计有钱大昕、黄丕烈、孙渊如、袁又恺、戈小莲、瞿镜涛、钮树玉、费玉衡、顾千里、臧在东、李尚之、王德甫、潘奕隽、蒋业晋、王述庵、潘榕皋、蒋立厓、沈培、徐珽、唐鉴、李福、戴延祔、万承纪、陈鸿寿、顾南、董琴南、孙蔚堂等。

在杭州,一为阮元招集,与孙星衍、程瑶田等雅集于杭州诂经精舍的第一楼,孙星衍作诗纪之;一为应许宗彦之邀,与严元照、凌廷堪、项墉、李锐、何元锡、戴敦元、汪家禧等雅集于比青轩。

四是游幕阮元,得与学人交流,如与丁杰相识,应杭州人士之请撰《杭州紫阳书院碑》等。

居苏时期学术交流、讨论所涉广泛,段氏的主要观点和学术成果也多在此时成熟,以著述、撰序、书信等不同方式传世,最重要的成就则是传世之作《说文解字注》,由胡积城、徐颐等人力任刊刻之费,江沅、陈奂等先后司校雠之职,嘉庆十八年冬终于刻成。以下大体按时间为经,以学术成果与学术事件等为纬,分三章来叙述。

第一节　融合江南

一、与学者的交往

段玉裁移居苏州之际,旧友钱大昕已成为惠栋之后江南最有影响力的学术领袖、"东南之望"。钱氏与同年纪昀、朱筠、王鸣盛等人论经谈艺,并与惠栋等引为挚友。致仕后曾在钟山书院、娄东书院与紫阳书院执教,家人也从事学术研究,有"嘉定九钱"之说,江藩《汉学师承记》卷三"钱大昕传"称"先生之弟大昭,从子塘、坫、东垣、绎、侗,子东壁、东塾,一门群从,皆治古学,能文章,可谓东南之望矣。"钱庆曾《竹汀居士年谱续编》说:"公在紫阳最久,自己酉至甲子,凡十有六年,一时贤士受业于门下者,不下二千人,悉皆精研古学,实事求是。"钱大昕"与诸生谈经史性命之旨,切论以浮慕虚名无补实学。由是士之驰逐声华者,渐变气质",而"东南人士,依为师表"。段玉裁在《潜研堂文集序》中称他"其气和,故貌不矜张,辨论而无叫嚣攘袂之习"。

钱大昕之子钱东壁、东塾更详列其父与四方之士及受业弟子论学情形说:

> 府君一生无疾言遽色,无私喜盛怒,不轻许可,不滥交游。力学敦品之士,不惜奖借而诱进之,虽其人至终身偃蹇坎轲,而称赏未尝去口。四方贤士大夫,下逮受业生徒,咸就讲席,折中辨论文史。如卢学士文弨、袁太史枚、赵观察翼、孙观察星衍、段大令玉裁、周明经锡瓒、张征君燕昌、梁孝廉玉绳、陈进士诗庭、黄主政丕烈、何主簿元锡、钮君树玉、夏君文焘、费君士玑、徐君颐、张君彦曾、袁君廷梼、戈君宙襄、李君向、顾君广圻、吴君嘉泰、沈君宇、李君福、王君兆辰、孙君延辈,或叩问疑义,或商论诗文,或持示古本书籍,或鉴别旧拓碑帖、钟鼎款识,以及法书名画,府君无不穷源竟委,相与上下其论议,至人各得其意以去。而从兄弟东垣、绎、侗暨妹倩瞿君中溶、许君荫堂,尤朝夕过从。府君每与谈艺,必引申触类,反复讲求。有时日昳烛跋,听者跛倚,而府君语犹谆谆不已。

即至愚不肖如不孝等,偶有质疑,亦必周详指示。盖府君乐育后进之怀,出于至诚,未尝有不屑之教诲焉。

段玉裁已在其中,而且所列不少学者,也是段玉裁在金坛、迁苏州后的学友。

嘉庆九年(1804),钱大昕云世。嘉庆十一年(1806)九月,应钱大昕女婿瞿镜涛之请,段玉裁为《潜研堂文集》作序,盛赞钱氏之学,称"夫自古儒林能以一艺成名者罕,合众艺而精之,殆未之有也。若先生于儒者应有之艺,无弗习,无弗精":

> 古之以别集自见者多矣,而多不传;传矣,而不能久;传且久矣,而或不著。其传而久、久而著者,数十家而已。其故何哉?盖学有纯驳浅深,而文又有工拙之不等也。古之神圣贤人,作为《六经》之文,垂万世之教,非有意于为文也,而文之工,侔于造化。诸子百家,皆窃取一峁以有言;而言之有用者固多,言之偏致为流弊者亦多矣。自辞章之学盛,士乃有志于文章,顾不知文所以明道,而徒求工于文,工之甚,适所以为拙也。虽然有见于道矣,有见于经矣,谓不必求工于文,而率意言之,则又孔子所谓"言之无文,行之不远"者。盖圣门言语、文学,必分二科,以是衡量古今,其能兼擅者尠矣。
>
> 乃若少詹事晓征先生,庶几无愧于古之能兼文学、言语者乎!先生始以辞章鸣一时,既乃研精经史,因文见道,于经文之舛误、经义之聚讼而难决者,皆能剖析源流,凡文字、音韵、训诂之精微,地理之沿革,历代官制之体例,氏族之流派,古人姓字里居官爵事实年齿之纷繁,古金石刻画篆隶可订六书故实、可裨史传者,以及古九章算术,自汉迄今中西历法,无不了如指掌,至于累朝人物之贤奸、行事之是非疑似难明者,大典章制度,昔人不能明断其当否者,皆确有定见。盖先生致知格物之功,可谓深矣!
>
> 夫自古儒林能以一艺成名者罕,合众艺而精之,殆未之有也。若先生于儒者应有之艺,无弗习,无弗精,其学固一轨于正,不参以老佛功利之言,其文尤非好为古文以自雄坛坫者比也。中有所见,

随意抒写,而皆经史之精液。其理明,故语无鹘突;其气和,故貌不矜张;其书味深,故条鬯而无好尽之失,法古而无摹仿之痕,辨论而无叫嚣攘袂之习。淳古澹泊,非必求工,非必不求工,而知言者必以为工。俾学者可由是以渐通经史,以津逮唐、宋以来诸大家之文,其传而能久、久而愈著者,固可必也。

玉裁侨居姑苏者十余年,先生方主讲紫阳书院,幸得时时过从请益,而天不憖遗,捐馆已三年矣。所著书多刊行于世,生平于《元史》用功最深,惜全书手稿未定,文集尤士林所仰望,今同志梓成,瞿子镜涛请序于余,追念畴昔,感伤宿草,累欷言之,愧无以发先生之蕴也。集凡五十卷,分为十四类者,先生所手定也。

嘉庆十一年,岁次丙寅九月,金坛后学段玉裁拜撰。①

由此文可探求段氏文学观念,亦可知其"文所以明道"的主张。

作为一名"苦耕砚田"的学者,段玉裁非常重视学术上的交流。黄丕烈是他移家苏州后引为"同志"的新友之一。黄丕烈(1763—1825),江苏苏州人,清代著名藏书家、目录学家、校勘学家。字绍武,一字承之,号荛圃,绍圃,又号佞宋主人、求古居士、宋廛一翁、陶陶轩主人等。乾隆五十三年(1788)举人,官主事,嘉庆六年(1801)发往直隶知县不就,专事收藏、校雠和著述。藏书室有"士礼居""读未见书斋""陶陶室""小千顷堂""学海山居""求古居""红椒山馆""学耕堂""冬薫山房"等10余处。辑刊《士礼居丛书》,收书22种,多为所藏罕见之书,并附校勘记。藏书而校书,为"死校"法代表人物之一。

得识藏书家、校勘学家黄丕烈,段氏很兴奋,而对黄氏的不肯借书行为多有抱怨,在致刘端临信中,说黄荛圃"所购宋本好书极多,而悭不肯借,殊为可憾"。而黄氏之"悭不肯借"也遭到同时代人的非议,如江建霞著《黄荛圃先生年谱》嘉庆元年注引《惕夫未定稿题宋本唐文粹》云:"'荛翁例不借书,未敢骤请,姑以色求之。'又曰:'荛翁以不肯借书,见訾同志。'"实际上,黄氏与段玉裁有着深厚的情谊,有着较多的交往。如嘉庆三年(1798)正月三日,为黄丕烈撰《汪本隶释刊误序》,认为"小

---

①《经韵楼集》卷八,凤凰出版社2010年版,第179—180页。

学必兼考汉隶,以为古文、籀、篆之佐证。许氏之造《说文》也,主小篆而参之以古文、大篆,其所为说解,十三万三千四百余字,未尝废隶书也。考汉隶者,至宋洪文惠公而大备,顾文惠书家藏一编,而传钞新刻,鱼豕日兹;凡言音、言义之书有讹字,尚可据理正之,此书专载字形,其讹者则终古承讹而已矣。吾友黄君绍武曰:'是谈经史所必资,弗正之,是为小学妨害也。'因取所藏崑山叶氏旧本勘正。今钱塘汪氏刻本,一画之异,必谨识之,不厌其详。叶本异汪刻者,往往与宋娄氏《汉隶字源》合,是知叶本之善也。"并赞扬"黄君种学绩文,寝食于古,又所购古籍足供酝酿,且补正洪、娄之缺失,而其他较正之书且尽出,以就正当代,是可喜也"。嘉庆五年三月,为黄丕烈翻刻宋明道本《国语》撰《重刊明道二年国语序》,指出:"凡书必有瑕也,而后以校定自任者出焉,校定之学识不到,则或指瑜为瑕,而疵类更甚,转不若多存其未校定之本,使学者随其学之浅深,以定其瑜瑕,而瑜瑕之真固在。今公序所据之本皆亡,惟此岿然独存,其讹误诚当为公序所黜,而其精粹又未必为公序所采,是以尧圃附之考证,持赠同人,此存古之盛心,读书之善法也。"对黄氏刻本大为肯定,并提出校勘学重要观点"古书之坏于不校者固多,坏于校者尤多。坏于不校者,以校治之;坏于校者,久且不可治"。嘉庆六年(1801)十月,应黄丕烈之邀,与钱大昕、陈鸿寿、顾仪等雅集于黄氏藏书室之一的红椒山馆,并分韵赋诗。甚至在后来段玉裁与顾千里产生学术论争之后,黄氏批评顾千里,不惜与原本关系较好的顾氏绝交。直至嘉庆二十年,两位老人去世前不久,黄氏还专程看望玉裁,实属志同道合的生死之交。

段玉裁对"今之古人"王鸣盛非常尊重,这从乾隆六十年(1795)请王鸣盛为自家族谱撰写序言已见一斑,特别是王氏去世后,嘉庆八年(1803)他作《王朴庄遗书序》谈及二人相交"论学",乃至匡正自己的不足,扬其读书"求吾之所是"之旨,推许王氏"清、俭、正、仁"四德尤为明显:

> 嘉庆癸亥闰二月,吾友朴庄先生卒,往视含敛哭之。不数日,其孤应辰等以遗书求序,余乃为之言曰:先生,今之古人。其德有四。一曰"清",平生不妄取也;一曰"俭",绝去吴俗侈靡之习,不恤

矫枉太过也;一曰"正",言行遵古道,每论风俗人心,及吏治得失,必慷慨而谈,忧形于色也;一曰"仁",慈良为本,随处有以利人也。盖先生幼而颖异,读书无所不通,稍稍驰逐名场,不称意,辄弃去,隐于医,以救物,遂以明经终。其所学所怀,未克倾吐大济于时,而遗书十余种,庶几古人所谓"既殁,其言立"者,殆未可藏于家而缄秘之也。……谓予曰:今学者动称康成,予则求吾之所是而已,不必附和康成也。乌呼!于此可观先生之深矣。《古方权量考》已行世,自余十余种,贤郎次第刊行,身后安必无子云哉!予挽先生句云:"古道照人清似镜,遗书训俗重于金。"始予之得交于先生也,以江艮庭。予侨居吴门,依二老以自櫱,自艮庭及先生相继长逝,落落晨星,复为有力者敚之,亦可伤矣。是年三月十八日,段玉裁拜手谨序。①

王鸣盛以《十七史商榷》与钱大昕、赵翼并称为清代考史三大家,而其成名作实为《尚书后案》②,他也自称"予《尚书》儒也",清人也公认他是《尚书》学家。王氏在治学理念上与戴震有所不同,《蛾术编》卷四《光被》一文,对戴震《文集》中所收《与王内翰凤喈书》有伪托的指责,"至段玉裁重刻《戴集》,仍存此文",甚至称"戴于汉儒所谓家法,竟不识为何物",质疑戴氏之学。一生尊师甚谨的段玉裁并未对段、王差异,乃至王氏质疑提出讨论,可能是因为,二人虽对郑学、郑氏家法的理解存在差异,但均可谓传郑学、守郑氏家法,在大的学术方向上一致。就私情而言,王鸣盛长段玉裁13岁,为"吴派"考据学大师,与王氏友好交往,也是段氏融合江南的一种姿态。

《序》文中提到"二老"的另一老江艮庭江声(1721—1799),原籍安徽休宁,后迁居苏州,中年师事吴派著名学者惠栋,宗汉儒,精小学,与钱大昕、王鸣盛、余萧客等人都是研究《尚书》的专家,成《尚书集注音疏》。江氏好古成癖,"生平不作楷书,即与人往来笔札,皆作古篆,见者讶以为天书符"。赵诒琛在《顾千里先生年谱》记其"藏善本书甚多,与

① 《经韵楼集》卷八,凤凰出版社 2010 年版,第 182—183 页。
② 参见最新研究成果,王利著:《王鸣盛〈尚书后案〉研究》,台北市万卷楼 2020 年 10 月出版。

秦敦夫相埒。岁歉易米,书舍一空"。藏书印有"江声叔沄氏""文通后人"等。在段氏移居苏州之前二人已相识,侨吴 7 年后江声去世,只是留下的二人交流的记载并不多。

另一交往较多而宜关注的学者当属王昶。王昶(1724——1806),字德甫,号述庵,一字兰泉,又字琴德,江苏青浦(今属上海)人。王氏与钱大昕、王鸣盛、纪昀、朱筠等是乾隆十九年的同科进士,出仕较早,在京师时,与朱筠互主骚坛,有"南王北朱"之称。王昶师事惠栋,长于经学、小说,有《金石萃编》一百六十卷、《春融堂诗文集》六十八卷、《湖海诗传》四十六卷等成果。最能说明王昶特点的当数姚鼐所作《述庵文钞序》:

> 余尝论学问之事,有三端焉,曰:义理也,考证也,文章也。是三者,苟善用之,则皆足以相济,苟不善用之,则或至于相害。今夫博学强识而善言德行者,固文之贵也;寡闻而浅识者,固文之陋也。然而世有言义理之过者,其辞芜杂俚近,如语录而不文;为考证之过者,至繁碎缴绕,而语不可了当。以为文之至美,而反以为病者,何哉?其故由于自喜之太过,而智昧于所当择也。夫天之生才,虽美不能无偏,故以能兼长者为贵。而兼之中又有害焉,岂非能尽其天之所与之量,而不以才自蔽者之难得与?
>
> 青浦王兰泉先生,其才天与之,三者皆具之才也。先生为文,有唐宋大家之高韵逸气,而议论考核,甚辨而不烦,极博而不芜,精到而意不至于竭尽。此善用其天与以能兼之才,而不以自喜之过而害其美者矣。①

这是姚鼐为王昶《述庵文钞》所作序言,虽难免有夸大之嫌,而在当时王昶声名极大。段玉裁起初对王昶颇为敬重,交往较早,如曾将乾隆四十九年(1784)所购宋椠《白孔六帖》转赠给王昶,段父九十寿辰,王氏有《段得莘先生九十寿诗序》云:"往予在蜀中,丹阳陆炳示予《蜀徼诗选》,中有段君诗,始知君为诗人。"②后来段玉裁在不少文章中屡次谈到王昶。

---

① 姚鼐:《惜抱轩诗文集》卷四,第 21—22 页。
② 王昶:《春融堂集》四十二,第 7—8 页。

嘉庆七年（1802）段氏曾推荐宋翔凤与修《十三经注疏校勘记》，因学问门径不同而未获阮元任用。此事见宋翔凤《答段若膺大令书》：

> 中丞于某未尝见知，辱荷见推……然中丞之所为，非翔凤所愿望。盖旨莫正于六经，说莫详于前疏。冲远所述，犹存汉晋之遗学；叔明之疏，徒为唐人之剿说。至经分十三，亦非古制，如准经之体，则《二戴》同为礼类；按子之例，则《孟子》别入儒家。邵武伪书，奚容校勘。揆之鄙臆，《易经》《三礼》以及《三传》，宜兼贾、孔、徐、杨之《疏》；《论语》《孟子》《孝经》《尔雅》，祇列汉、魏、晋、唐之注，则业不徒劳，学皆准古。今既不然，其弊一也。（《孝经疏》尚存元行冲之旧，亦可存也）且君子之传，词繁者深其恉，谊显者略其说。存其本根，则删其枝叶，而后功倍于前人，事益于来学。观诸《正义》，复词重言；秦延说《书》，见讥前哲。章句为小，字画益微，如"天"脱为"大"、"人"别作"八"，其误大显，奚俟引申。而编纂诸生，概加标识。偿采刍荛，举其总要，剖厥既省，卷帙易臧。既不能行，其弊二也。夫古文多假藉之字，故文省于小篆；经典盛通行之体，则例别于汝南。所以偏旁随形，点画任便，要能不谬于文理，亦可无俟乎正定。乃于饥馑之殊义、亨享之别说，一卷之中，多详此辨。既不明乎假藉，复何益乎通经？其弊三也。①

宋翔凤（1779—1860），字虞庭，一字于庭，江苏长洲（今苏州）人。受业于舅父庄述祖。曾就学于段玉裁，兼通训诂和考证。"志在西汉家法，微言大义"。与刘逢禄齐名，是常州学派承上启下的重要人物，对龚自珍影响较大。著有《论语说义》《论语郑注》《孟子赵注补正》《小尔雅训纂》《四书释地辨证》《过庭录》等近三十种书。段玉裁的外孙龚自珍，后拜刘逢禄、宋翔凤为师。可见宋氏与段氏的学术关系。由此也从一个方面表明，段氏对宋学成见不大。

段玉裁个性鲜明，做事易走极端，一生中开罪之人可能不少。其中留下较为典型的一事，当是与当时官员王绍兰的过节。据他写给刘端

① 宋翔凤：《朴学斋文录》卷一，第11—12页。

第五章　移居苏州与苦耕砚田（上）

临的信以及严九能《悔庵学文》卷一记载，情况是这样的，王氏"官闽中，已升知州，许为刻《说文》，当先刻数本"，后来没有兑现，段玉裁竟然准备写信责难并要求对方实现承诺，严九能嘉庆九年（1804）冬写信极力劝阻，原信如下：

> 月前于役姑苏，两谒函丈，大慰二载原言之意。承许序《书扇斋秋怨词》，恳速成见寄。企渴企渴。前于尊案见所寄某公书稿，词气激直，大致似欧阳公与高司谏之书。欧公之所论者，国事之是非，然后之君子于欧公不能无疑议。今先生之所争，较之欧公，其大小何如，而凌厉挥斥，令人无所措手足。《传》有之，凡有血气，皆有争心。受之者岂遂能甘此？尊意若曰：彼虽不甘，吾何惧之有？夫惧不惧，亦何足深论，且非惧显要也，惧失儒者谨厚之风耳。更就此事论之，在先生始亦失之轻信，夫既身据要津，欲为朋好刊行著述，固非艰大难胜之事也，苟非力所能积，则竟寝其事，有何不可？而乃委曲蹒躇，募助集事，其始也如此，又奚怪有今日之事乎？然则先生之责之也又已甚矣。人之知此事之颠末者，不能不谓先生处之失其平。不知者传闻失实，不过曰：段先生因某公不为刻书、荐书院骂之耳。如此则先生之品诣亦少损矣。⋯⋯先生不以鄙意为非，则乞润色元稿，微词缓讽，使之自悟焉可矣⋯⋯天寒欲雪，呵冻临池，不妨学宋广平之赋梅花，慎勿效嵇叔夜作绝交书也。

因段氏书信"词气激直"，严氏以欧阳修写《与高司谏书》作比较。宋代主张改革政治的范仲淹因批评弊政，与宰相吕夷简发生冲突，被贬饶州知州，发生了后世所说的"庆历党议"。此时身为谏官的高若讷，面对范仲淹被贬非但不谏，反而落井下石。欧阳修对此非常不满，于是写了这封信，文辞锋芒毕露，毫无顾忌。欧阳修因此被贬职。欧公是为公事，段氏是为私事，且有"更就此事论之，在先生始亦失之轻信""失其平"的自身处事未必周全的问题，如果造成误解，则有损段氏的社会声誉。而从后来王氏的作为来看，段玉裁似乎没有听从严氏的劝阻，发出了言辞激烈的信件，也就有了后来的报复，如刘盼遂《年谱》按语所说："札中所称某公者，殆斥萧山王畹馨绍兰也。⋯⋯是王氏许为刻书而卒未实行。迄后王氏著《说文段注订补》,深诋先生,是书其凶终隙末有可概见者。然先生之倔强负气,以言词笔札致嫉者,亦毕呈于此札,故录存之。""倔强负气,以言词笔札致嫉者",是刘氏对段玉裁的一种较为允当的评论。

二、与苏州藏书家的交往

考据家的特色在于重证据,这就需要参阅大量的图书,特别是一些善本书,而考据家未必富裕,而像段玉裁这样始而"赤贫"、家族并不强盛、常需借助他人的考据家,就更需要得到藏书家或高官、富商的帮助。

潘祖荫《藏芸书舍宋元本书目跋》说:"吾郡嘉庆时黄荛圃、周香岩、袁寿阶、顾抱冲,所谓四藏书家也,后尽归汪阆源观察。"常熟张金吾(1787—1829)在《陈子准别传》一文中说:"君(陈揆,1780—1825)藏书先金吾十余年,彼时,郡中若周香岩锡瓒、袁寿阶廷梼、顾抱冲之逵、黄荛圃丕烈四先生辈,皆以藏书相竞,珍函秘籍流及吾邑者盖寡。及金吾有志储藏,袁氏书早散不及见,而三家之宋元旧椠及秘不经见者陆续四出,嘉湖书贾往往捆载而来。阅之如入龙宫宝藏,璀璨陆离,目眩五色。君与金吾各择其尤者互相夸示,而要必以书贾先至其家为快。五、六年中,两家所得不下三、四万卷。呜呼!何其盛也。"于此可见当时苏州藏书之盛,也可知藏书对学术研究的推动作用。

段氏最为称赏的藏书家当数周锡瓒(1742—1819)。周氏原名周赞,后改名周涟,再改今名;字仲涟,号香岩,又号漪塘,别号香岩居士。吴县(今江苏苏州)人。乾隆三十年(1765)副贡生。周氏与黄丕烈、袁廷梼、顾之逵并称乾嘉时"四大藏书家",黄丕烈曾请人作"藏书四友图"。段玉裁常从其借书,并记"漪塘藏书最富,其于古板今刻源流变易,剖析娓娓可听",记其鉴别古籍之眼力,乾隆四十九年(1784)段玉裁曾于书肆购得宋椠《白孔六帖》,转赠王昶,王昶亦不甚重视,段玉裁告诉锡瓒此事,锡瓒认为此乃"世所稀有也",此书遂归于周氏。藏书楼名"水月亭"、"香岩书屋"、"漱六楼"等。编有家藏书目《琴清阁书目》1册,著录宋元本、抄校本2000余种。另有《漱六楼书目》。

段玉裁自己记载了与周氏交流20年、长期为邻、"借书以读,所恃惟周子"的情况：

> 余之侨居吴门也，因钱竹汀先生以定交于明经漪塘周子。乾隆、嘉庆以来，吴中之能聚书者，未有过于周子者也。始吴中文献甲东南，好书之士，难以枚数。若求赤、钱遵王、陆勒先、叶林宗、叶石君、赵凡夫、毛子晋及其子斧季，皆雄于明季，入本朝，义门何氏圮瞻暨弟小山，爬搜古本，闭户丹黄，尤称博洽。乾隆初，朱丈文游颇搜辑精好，见称于惠定宇、戴东原两先生。自余于壬子居吴，借书以读，所恃惟周子。周子以笃好聚物，自明季诸君以及何氏、朱氏之善本，每储俟焉。……周子三迁居，皆与余居相比近。余自喜卜居得近次道春明宅子，实为天幸！然余始识周子，才五十余，而今则七十矣。①

并且在嘉庆十六年（1811）二月廿一日周氏七十寿庆，"同志皆举觞以贺"之时，应黄丕烈之请称："'好书者多寿。今吾老友有梁氏山舟、程氏易田、赵氏瓯北、翁氏覃溪、姚氏姬传、张氏涵斋，皆年八十以上。竹汀考古文士之寿，作《疑年录》，惟曹宪至百五岁。今周子于诸君子，年最少，亦尚少于余。愿诸君子及周子皆德日益邵，登曹宪之年，而余得执鞭追逐其间也。"并作"寿序"。

段氏不仅赞扬周氏藏书之富，而且推崇周氏有学问，甚至以其心目中的大学者钱大昕作比，如嘉庆十四年（1809）冬至后二日撰《跋白氏六帖三十卷宋本》，考明该书本名《白氏经史事类》，称"漪塘藏书最富，其于古板今刻，源流变易，剖析娓娓可听。此书得君主之，是其果有遭乎"，又称"钱辛楣宫詹，凡推步地理官制谱系，皆能纤悉言之，如数家珍。漪塘之学，何减宫詹也"②。

周氏藏书之富、段氏从之借阅，前人也有记载，如刘禧延《研六斋笔记跋》："吾吴藏书之富，以朱氏、黄氏为最。枫江周氏，足与之埒。研六居士谢盦，自其尊人漪塘已癖好聚书，以故家多善本，钱辛楣、段茂堂诸公常过从借阅。"

---

① 《经韵楼集》卷八《周漪塘七十寿序》，凤凰出版社 2010 年版，第 190—191 页。
② 《经韵楼集》卷八《跋白氏六帖三十卷宋本》，凤凰出版社 2010 年版，第 187 页。

袁廷梼(1764—1810)对段玉裁的帮助也不小。袁氏后改名廷寿,字又恺,一字寿阶,又作绶阶,吴县(今江苏苏州)人。其五砚楼与黄丕烈的百宋一廛、周锡瓒的香严书屋、顾抱冲的小读书堆齐名,袁氏与黄丕烈为儿女亲家,抄校典籍多种,《江苏艺文志·苏州卷》记载袁氏藏书"有的为孤本,如佚名之《黄帝素问灵枢集注》23卷,赖袁氏抄录而仅存"。与钱大昕、王昶、王鸣盛、江声、段玉裁等均有交游,有《红蕙山房吟稿》等存世。

乾隆五十九年(1794)六月,段玉裁曾与袁廷梼、钱大昕、戈襄、瞿镜涛等在玄妙观阅《道藏》。"羽士袁月渚导观宋孝宗御书《神通庵石刻》,并拓本见诒。"以至嘉庆九年甲子(1804)十一月十八日,段氏撰《钱竹汀钞本西游记跋》自记:"忆昔与竹汀游玄妙观,阅《道藏》,竹汀借此钞讫而为之跋,今转瞬已十年,竹汀于今岁十月廿归道山矣。"①

另一藏书家即顾之逵(1753—1797),字抱冲,顾广圻堂兄。段玉裁与钱大昕等常向他借书,段氏曾盛赞顾家兄弟为"姑苏二俊"。顾氏为乾嘉时期吴中大藏书家,藏有宋元旧本,藏书楼称"小读书堆",广圻曾助之刻书多种。瞿中溶《挽顾抱冲茂才》诗说:"嗟嗟顾君好读书,百万牙签皆玉轴。宋刊元印与明钞,插架堆床娱心目。"

"吴中文献甲东南",段玉裁与苏州藏书家友好交往,如虎添翼,造就了辉煌的学术人生。

三、对吴门惠氏的推崇

嘉庆三年(1798)正月,段玉裁撰《惠氏大学说序》,表彰惠氏之学。陈鸿森《订补》:此文《文集》未收,《段集补编》亦阙,今据兰陵书屋刊本卷首录次:

> 半农先生以经学世其家,自王父朴庵先生有声、父研溪先生周惕,以及哲嗣松厓先生栋,皆沈潜博物。于经皆远绍两汉大儒师师相传之绪,凡故训旧章蕴蕴岁久者,咸抉剔张皇之,持赠后学。若研溪之《诗说》,半农之《礼说》、《易说》、《春秋说》,松厓之《周易述》、《易汉学》、《易例》、《九经古义》、《古文尚书考》,皆有刊本,学

---

① 《经韵楼文集补编》卷上《钱竹汀钞本西游记跋》。

者奉为圭臬，可谓盛矣。《礼说》最为典雅，而版已久亡，彭君纯甫乃重梓，以惠士林。吾友周君漪塘（锡瓒）家藏半农《大学说》，素无刻本，漪塘曰："《大学》本《小戴》之一篇，宜附《礼说》之后。"纯甫乃并梓之。愚窃观此《说》，论亲民不计新民、格物不外本末终始先后，即絜矩之不外上下前后左右，不当别补"格致"章，确不可易。其他精言硕论，根极理要，针砭末俗，有功世道人心不小，不徒稽古类典已也。嘉庆三年正月，金坛后学段玉裁识。

此文既是对吴门惠氏的礼敬，也是段氏与藏书家周锡瓒友好交往的明证。

第二节　"侨寄苏台说岁华"

段玉裁侨居苏州、游历杭州等地，与朋友雅集饮酒赋诗的记载，留下的文献资料总数并不多。在苏州有几次，在杭州只有一两次。

臧庸《拜经堂文集》卷四《渔隐小圃文饮记》追记嘉庆二年（1797）十月二十三日，应袁又恺之邀，他与段玉裁、钮树玉、费玉衡、顾千里、李尚之、瞿镜涛等会饮于渔隐小圃，效竹林七贤故事，其文写道："愿真诚相与，坦率以待，为心交勿为面交。过相规而善相劝，砥砺廉隅，切磋问学。毋怀才以相嫉，毋循利而忘义。出则有济当时，处则有益后世。庶君子之交久而有成，上不愧古人，次亦无负我又恺一旦会饮之胜举乎。"这一番话充分展示了这一读书人群体的价值观念和处事之道。

袁廷梼《红蕙山房吟稿》记载，嘉庆三年（1798）三月十一日，他的渔隐小圃牡丹初放，又邀段氏与钱大昕、王德甫、潘奕隽、蒋业晋等赏花赋诗，以"是日也，天朗气清，惠风和畅"为韵。数日后，应戈小莲之邀，与钱大昕等人在范邨别墅唱和赋诗。此一时期，段氏精神状态较好。

嘉庆五年（1800）十一月，孙星衍至吴门，他与吴门名士蒋业晋、钮树玉、沈培、徐琎、唐鉴、李福、戴延价等饯别于虎丘一榭园，各自题名于册。嘉庆六年四月，应吴县县令唐陶山之邀，与诸名士再一次在石湖饯别孙星衍，并观看竞渡。孙星衍古学功底深厚，又同治《尚书》，段氏有关《尚书》研究亦为孙氏《尚书今古文注疏》所采用。

　　段玉裁屡次到杭州,嘉庆六年(1801)五月十二日,阮元招他同孙星衍、程瑶田雅集于诂经精舍之第一楼。《龚定庵续集》四记王隐君说:"春日出螺师门,与轿夫戚猫语。猫指荒冢外曰:此中有人家,段翁来杭州,必出城访其处,归不向人言。段不能步,吾舁往,独我与吴轿夫知之。"则记述了段氏喜出城独游之事。此外,严元照《柯家山馆遗诗》卷二记载,嘉庆十三年(1808)九月,许宗彦招集段氏与凌廷堪、项墉、李锐、何元锡、戴敦元、汪家禧、严元照等在比青轩小聚,严元照赋诗记之:"凉秋集群彦,高敞比青轩。树与堂俱美,人如酒亦温。深谈跋华烛,雅意满清尊。名士江南北,凭君屈指论。"汪家禧(1775—1816),是杭州人,诂经精舍早期高才生,与段氏相差 40 岁,由此可见段氏与晚辈学生多有交流互动。

　　乾隆五十九年秋,段氏游杭州,冬天与丁杰相见。丁杰(1738—1807),长于考据、校勘,在四库馆佐校,许宗彦《丁教授传》称"小学一门多出其手"。与翁方纲同撰《经义考补正》,助阮元编《经籍籑诂》,一生成就颇多。《经韵楼集》卷六有《答丁小山书》,讨论音韵问题。陈鸿森《丁杰行实辑考》系于"乾隆四十五年",说:"段玉裁自四川巫山来书,索东原卧病京邸卒前手批《六书音均表》。先生因择生徒临一副本寄之。二月二十二日,跋识其后。(段氏《戴东原先生年谱》卷后)段氏得书,旋来书辨正先生跋文述东原之语有误,并论所著《音均表》与东原古韵分部出入之故。(段氏《经韵楼集》卷六《答丁小山书》)"①认为二人最初交流当追溯到十四年前的乾隆四十五年。二人学术交流较早,而见面似较晚。

第三节　发明义例的《周礼汉读考》

　　"礼"的教化向来被视为最根本切要之事,其遵循的文本为《礼》经,汉代仅指《仪礼》。汉代已形成《仪礼》《周礼》《礼记》三部礼学著作,东

---

①《传统中国研究集刊(第六辑)》,上海人民出版社 2009 年版。

汉郑玄以一己之力为三书作注,从此有"三礼"之说,郑氏的三礼注也成为了礼学的一部分。自汉迄清,研究"三礼"者代不乏人。金坛段玉裁自幼雅好经史之学,后师事戴震,研习音韵,得其"以字考经,以经考字"之法,以及读书必先明其义例的启迪,在撰成《六书音均表》《诗经小学》《古文尚书撰异》后,推出《周礼汉读考》六卷。此后的嘉庆七年(1802),又撰写讨论"丧服"之义文章多篇,今见于《经韵楼集》卷二、三。陈绍棠评论说:"以上诸文,皆见文集卷三,细考之,有订礼制者,有论礼意者,亦有订经传之讹误者,不一而足。于此可见先生亦深于礼学者,世人少知之,盖其名为小学所掩也。"①加之《仪礼汉读考》《释拜》(收入《经韵楼集》卷六)与"明世宗非礼"十论(收入《经韵楼集》卷十)等,可以总体上考察段玉裁在礼学方面的观点和成就。

段书依《周礼》天官、地官、春官、夏官、秋官、冬官次序,每部分一卷,总计六卷;所说"汉读考"之"汉",指东汉杜子春、郑兴、郑众、郑玄等注《周礼》的学者,"读"指上述学者对《周礼》一书文本的研究,"考"为段氏本人所做的疏释考辨。全书基本程式为,每一考先列出拟考之郑注,然后进行疏释考辨,旨在总结汉代学者整理文献之际注音、释义与校勘的义例。

胡玉缙在评论宋世荦《周礼故书疏证》时将之与《周礼汉读考》进行对比说:"是书于郑注例略,更不明了,即疏证异字,亦失之简略,往往鲜所贯通,视段氏不逮远甚。段书成于乾隆癸丑,其书成于嘉庆戊寅,卷中并未称及,殆以远宦滇南未见,使其见之,当必进于是也。然硁硁考核,不失为实事求是,其与段书异同处,亦间足以资参证。谓不及段书则可,倘因段书而竟废之则不可。"对段书推崇有加。

段玉裁对该书也充满自信。乾隆五十八年十月,撰《周礼汉读考序》:

> 汉人作注,于字发疑正读,其例有三:一曰读如、读若,二曰读为、读曰,三曰当为。读如、读若者,拟其音也,古无反语,故比方之词。读为、读曰者,易其字也,易之以音相近之字,故变化之词。比

---

① 陈绍棠:《段玉裁先生著述系年》,载《新亚书院学术年刊》第 7 期,1965 年,第 173 页。

方主乎同，音同而义可推也；变化主乎异，字异而义憭然也。比方主乎音，变化主乎义。比方不易字，故下文仍举经之本字；变化字已易，故下文辄举所易之字。注经必兼兹二者，故有读如，有读为。字书不言变化，故有读如，无读为。有言读如某、读为某，而某仍本字者。"如"，以别其音；"为"，以别其义。当为者，定为字之误、声之误，而改其字也，为救正之词。形近而讹，谓之字之误；声近而讹，谓之声之误。字误、声误而正之，皆谓之"当为"。凡言"读为"者，不以为误。凡言"当为"者，直斥其误。三者分，而汉注可读，而经可读。三者皆以音为用，六书之形声、假借、转注于是焉在。汉之音，非今之四声二百六韵也，则非通乎虞、夏、商、周、汉之音，不能穷其条理。玉裁昔年读《诗》及群经，确知古音分十有七部，又得其联合次第自然之故，成《六书音均表》，质诸天下。今考汉儒注《诗》、《礼》及他经，及《国语》、《史记》、《汉书》、《淮南鸿烈》、《吕览》诸书，凡言读如、读为、当为者，其音大致与十七部之云相合，因又自喜，述《汉读考》，诒同志，先成《周礼》六卷。郑君序曰："其所变易，灼然如晦之见明；其所弥缝，奄然如合符复析。"谓杜、卫、贾、马、二郑之能事也；又曰："犹有差错，同事相违，则就其原文字之声类，考训诂，捃秘逸。"谓己补正之功也。训诂必就其原文，而后不以字妨经；必就其字之声类，而后不以经妨字；不以字妨经，不以经妨字，而后经明。经明，而后圣人之道明。点画谓之文，文滋谓之字，音读谓之名，名之分别部居谓之声类。周时大司徒、乡大夫、保氏所教，外史所达，大行人所谕听者，汉四百年间憭然众著，魏李登以成书，沿至陆法言等八人，犹能知其厓略。夫不习声类，欲言六书、治经，难矣。乾隆癸丑十月，自金坛避横沴，侨居苏州之期岁也。①

由发疑正读三例，推及训诂"就其原文""就其字之声类"，而后"不以字妨经，不以经妨字"，而后"经明"，而后"圣人之道明"。第二年春《与刘端临第七书》直言《周礼汉读考》"多发前人所未发，将来治《礼经》

---

① 见《周礼汉读考》卷首，又载《经韵楼集》卷二，凤凰出版社 2010 年版，第 24—25 页。

不可少此"。阮元序言中高度评价说:"此言出,学者凡读汉儒经、子、《汉书》之注,如梦得觉,如醉得醒,不至如冥行摘埴。"该文为论汉代训诂方法的重要文章,该书也体现了乾嘉学者的"经验法则",治经的特色。

董莲池《段玉裁评传》第二章"乾嘉学坛的圣光"概括该书的主要成就有五点:一是释明汉注中屡屡使用的"故书"这一概念的含义,并提出与"故书"相对应的"今书"概念;二是发明汉人注经义例;三是为汉人说通假作音证;四是汉注作义疏;五是对经、注校勘。最后总结说:"这是一部最能体现汉注特点,反映汉人经注义例的著作。段玉裁精于小学,以恢弘汉学为己任,这部汉注无疑最能满足段玉裁的研究兴趣,所以便有了《周礼汉读考》传世。"①李开评论说:"《周礼汉读考》(1794 年)对读经的语言逻辑指要。段玉裁《周礼汉读考》最重要的贡献是,为读懂《周礼》提出了汉代人注释《周礼》的体例:《周礼汉读考序》提出的'汉注正读'三式。段说:'汉作注,于字发疑正读,其例有三:一曰读如、读若;二曰读为、读曰;三曰当为。'这段文字,同样见于《说文段注》'读'字下,正可看做独立之古代语学移置于经学用作辞例。读如、读若:'拟其音也',是用来拟比同音字、近音字的。读为、读曰:主要是用来指明意义的变化。当为:段说:'字误、声误而正之,皆谓之当为。'"

李建国《〈周礼汉读考〉叙录》②指出:《周礼》为古文经,古字多或体,各家以今文读之,注文用字不一。读经必先识字,识字必先知音,所以发明汉儒发疑正读义例,是读经的首务:"盖经文古字不可读,故四家之学皆主于正字。"③本来研究经传义例,先儒已开其端,后继者代不乏人。但对经传注释义例的专门研究,尚不多见。义例是著书立说之纲,纲举目张,即得道本。故阮元说:"稽古之学,必确得古人之义例,执其正,穷其变,而后其说之也不诬。"④段氏摘取《周礼》经文及其注释,通过许慎

---

① 董莲池:《段玉裁评传》,南京大学出版社 2006 年版,第 133 页。

② 收入《段玉裁全书》第二册,第 1—6 页。江苏人民出版社 2015 年版。此节对李建国先生的"叙录"多有引用,特此说明并致谢!

③ 阮元《周礼注疏校勘记序》。

④ 阮元《周礼汉读考序》。

《说文》中"读若"标音法与《周礼注》中发疑正读的对照分析，归纳出汉人经读义例有三："一曰读如、读若；二曰读为、读曰；三曰当为。"段氏此经读三例，实开汉学治法之大门径。学者依此三例进行认字、正音，于字之正借，声之分合，皆能得其统绪。

《周礼汉读考》的写作发轫于乾隆五十四年（1789），正值段氏因轻信青乌、引发迁茔诉讼之时，处于南北奔波、颠沛流离之际。由于客观条件限制，"翻阅之功少，后来亦未大改"[①]，讹误简脱，在所难免。嘉庆三年，由门人钱唐王国章代为刻成，书成之后，"偶一复阅，则已有未确处"，嘉庆四年（1799）八月，又作《书〈周礼汉读考〉后》一文，加以纠正，"以见古书难读，搜讨无尽"。虽然如此，瑕不掩瑜，开辟之功大焉。清末孙诒让著《周礼正义》时，大加征引，至今不失为研究《周礼》及古籍的参考佳制。

《周礼汉读考》乾隆五十四年（1789）初稿成于镇江雨花菴，乾隆五十八年（1793）作自序，缮写成书。嘉庆元年（1796），阮元为之作序。直到嘉庆三年（1798）方由门人钱唐王国章代刻成书，是为经韵楼藏版，后收入《经韵楼丛书》。道光间，阮元督广，创设学海堂，主编《学海堂经解》，道光九年，全书辑刻完毕，名《清经解》，收录《周礼汉读考》，是为《皇清经解》版。2013年上海古籍出版社出版《续修四库全书》，收录《周礼汉读考》。2010年凤凰出版社出版薛正兴整理的《段玉裁全书》本《周礼汉读考》，则为最新的点校本。

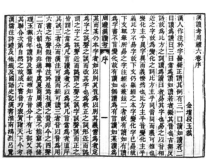

图13 《周礼汉读考》书影

福建侯官人陈寿祺（1771—1834），与段玉裁的交往记载较少。陈

---

① 《与刘端临第二十书》，《经韵楼文集补编》，凤凰出版社2010年版，第44页。

氏为嘉庆四年（1799）进士，后授翰林院编修，主讲鳌峰、清源书院多年。早年受宋儒影响，后师事阮元，又接触钱大昕、程瑶田、段玉裁等朴学大师，转改以汉学解释经义。曾有段玉裁所说的"为弟解纷之作"，指翁方纲读段氏《周礼汉读考》后颇有异议，作《书金坛段氏汉读考》，[①]而陈寿祺作《答翁覃谿学士》[②]，为段氏辩护，有"而如左右所诃，得为平心论事乎？""治经之道，当实事求是，不可党同炉真"等语。此事涉及到学术论争，影响较大。罗谱于嘉庆十八年、十九年各收录段玉裁与陈氏书一封，并在嘉庆十八年条《与陈恭甫书》下有按语说："按先生致陈书三通，皆附载《左海》，集录其二，余一以年不可考且无要语不录。"刘谱未收此段氏书函，所辑《经韵楼文集补编》亦未收[③]，当为缺漏。而段氏与陈寿祺书，涉及当时的学术公案，有助于清代学术史研究。

翁方纲《书金坛段氏汉读考》认为："治经之道，其最宜慎者阙疑也，其最不宜蹈者改字也。盱江李氏曰，郑康成未尝改字。此后人重康成之勤于诸经，不欲以改字目之也。然而孔氏《诗疏》云，《毛传》未尝改字。此一语即以显白郑之改字矣……今金坛段氏，乃为之发例，一曰读若，二曰读为、读曰，三曰当为。不知郑君昔时，果森然起例若斯欤？抑郑未有例而段氏代为举例欤？……昔郑君礼堂写经，自谓整百家之不齐，孰意千载下，又有整郑君之不齐者，良可笑也。是以愚意奉劝善为学者，当博考古今诸家，而一以勿畔程、朱为职志。于此等同异审正处，随事随文，权其轻重，而平心酌之。且莫一意高谈复古，戒嗜异而务阙疑，庶稍免于罪悔乎！"翁氏偏重宋学，所论为一家之言。翁文未记年月，臧庸《拜经堂文集》卷三《答翁覃谿鸿胪卿书》写于嘉庆十五年，对翁氏的批评有回应，称"段君《周礼汉读考》，大致精善，间有一二过于自信处，然非深于学者不能道。未识阁下所欲辨正者何事。是非黑白，自有定见，后生小子安敢轻启辨难之端？"

---

① 见《复初斋文集》卷十六。《续修四库全书》第 1455 册影印清李彦章校刻本。

② 见《左海文集》卷四。《续修四库全书》第 1496 册影印清刻本。

③ 刘盼遂辑编：《段王学五种》本（1936 年北平来薰阁印行），今有钟敬华校点《经韵楼集》附补编年谱本（上海古籍出版社 2008 年版），赵航、薛正兴整理《经韵楼集》附《补编》《两考》本（凤凰出版社 2010 年版）。

第四节　中期《说文》学成果:《汲古阁说文订》

嘉庆二年(1797)七月十五日,段玉裁校大徐本《说文》成《汲古阁说文订》一卷并撰序,先概述《说文》各本兴替与流布情况,接着说明撰写本书的起因与动机以及所据材料等,最后交待得袁廷梼之助及命名之意。

《说文解字》一书,自南宋而后有二本,一为徐氏铉奉勅校定,许氏始一终亥,原本也;一为李氏焘所撰《五音韵谱》,许氏五百四十部之目以《广韵》、《集韵》始东终甲之目次之,每部中之字又以始东终甲为之先后,虽大改许氏之旧而检阅颇易,部分未泯,胜于徐氏《篆韵谱》远矣。自李氏而前,有二本,一即铉校定三十卷,一为南唐徐氏锴《说文解字系传》四十卷。自铉书出而锴书微,自李氏《五音韵谱》出而铉书又微。前明一代,多有刊刻《五音韵谱》者,而刊刻铉书者绝无,好古如顾亭林乃云:"《说文》原本次第不可见,今以四声列者,徐铉等所定也。"嘻,其亦异矣! 当明之末年,常熟毛晋子晋及其子毛扆斧季得宋始一终亥小字本,以大字开雕,是亭林时非无铉本也。毛氏所刊版入本朝归祁门马氏在扬州者,近年又归苏之书贾钱姓。值国家右文,崇尚小学,此书盛行。《系传》四十卷,仅有传钞本,至为难得,近杭州汪部曹戭淑雕版,亦盛行。今学者得锴本谓必胜于铉本,得铉本谓必胜于《五音韵谱》,愚窃谓读书贵于平心综覈,得其是非,不当厌故喜新,务以数见者为非,罕见者为善也。

玉裁自侨居苏州,得见青浦王侍郎昶所藏宋刊本,既而元和周明经锡瓒尽出其珍藏,一曰宋刊本,一曰明叶石君万所钞宋本。以上三本,皆小字,每叶二十行,小字夹行则四十行,每小字一行约二十四、五、六字不等。一曰明赵灵均(均)所钞宋大字本,即汲古阁所仿刻之本也。一曰宋刊大字《五音韵谱》。三小字宋本不出一椠,故大略相同而微有异。赵氏所钞,异处较多,精逊于小字本,若宋刊《五音韵谱》则略同赵钞本而尚远胜于明刊者。明经又出汲古阁初印本一，斧季亲署云："顺治癸巳，汲古阁校改，"第五次本卷中旁书朱字，复以蓝笔圈之，凡其所圈，一一剜改。考毛氏所得小字本，与今所见三小字本略同，又参用赵氏大字本，四次以前微有校改，至五次则校改特多，往往取诸小徐《系传》，亦间用他书。夫小徐、大徐二本，字句驳异，当并存以俟定论，况今世所存小徐本乃宋张次立所更定，非小徐真面目，小徐真面目仅见于黄氏公绍《韵会举要》中，而斧季据次立剜改，又识见驽下，凡小徐佳处远胜大徐者少所采掇，而不必从者乃多从之。今坊肆所行，即第五次校改本也。学者得一始一终亥之书，以为拱璧，岂知其缪戾多端哉！

初印往往同于宋本，故今合始"一"终"亥"四宋本，及宋刊、明刊两《五音韵谱》，及《集韵》、《类篇》称引铉本者，以校毛氏节次剜改之铉本，详记其驳异之处，所以存铉本之真面目，使学者家有真铉本而已矣。若夫铉之是非，以及锴之得失，则又非专书不可明也。是役也，非明经之博学好古，多藏不吝，不能肇端，而助予繙阅者，则吴县袁上舍廷梼也。书成，名之曰《汲古阁说文订》，"订"者，平议也。

嘉庆二年七月十五日，金坛段玉裁书于姑苏朝山墩之枝园。①

陈鸿森《订补》说："按丁福保《说文解字诂林》前编序跋类载段氏《毛刊宋本说文跋》一首，《文集》不载，《段集补编》亦阙收，今迻录之。"全文如下：

《说文》始一终亥之本，亭林未见，毛子晋始得宋本校刊。入本朝，板归祁门马氏之在扬州者。近年归苏之书贾钱景开，当小学盛行之时，多印广售，士林称幸矣。独毛本之病，在子晋之子斧季妄改剜版，致多误处，则人未之知也。斧季孜孜好学，此书精益求精，笔画小讹，无不剜改，固其善处。然至顺治癸巳，校至第五次，先以朱笔校改，复以蓝笔圈之。凡有蓝圈者，今版皆已换字，与初印本不合；而所换之字，往往劣于初印本。初印本往往与宋椠本、《五音

① 《经韵楼文集补编》卷上《汲古阁说文订序》，凤凰出版社 2010 年版，第 11—12 页。枝园，在苏州阊门外下津桥朝山墩。

韵谱》等本相同,胜于今版。雍正乙巳,何小山煌又以朱笔纠正,而讥之:"劝君慎下雌黄笔,幸勿刊成项宕乡",是其一条也。今初学但知得汲古本为善,岂知汲古刊刻有功而剜改有罪哉！向时王光禄跋顾抱冲所藏初印本,云:"汲古延一学究,校改至第八卷已下,学究倦而中辍,故已一无异同。"此光禄听钱景开臆说,又八卷后未细勘也。此本斧季、小山之亲笔具在,非他学究所为;又八卷已下,与今版龃龉尚甚多。嘉庆丁巳,周君漪塘以借阅,宿疑多为之顿释。别作摘谬数纸,将以赠今之读《说文》者。六月二十四日跋于下津桥之枝园。

此书有嘉庆二年(1797)五砚楼刻本,后有袁廷梼《跋》:"若膺先生……与漪塘丈及廷梼遍检宋小字本,叶钞宋钞两宋本,《五音韵谱》宋明二刻,及《集韵》《类编》,及小徐《系传》旧钞善本,尽得剜改,所据编为一卷而梓之。"《续修四库全书》收入经部小学类,第204册。又有收入《清经解》第八十五种段注《说文解字》十五卷下《汲古阁说文订》。另有《咫进斋丛书》本,《丛书集成初编》本,等等。

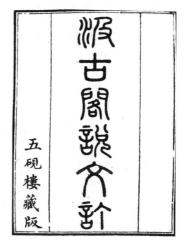

图14 《汲古阁说文订》书影

关于校订的体例,先列原文条目,再"订"之,列出版本情况,说明处理方式。兹举一例:

> 《玉部》珣:石之次玉者。订:初印本如此。宋本、叶本、赵本、《五音韵谱》、《集韵》、《类篇》皆同。今剜发往"次"字为"似"字,本小徐。

由上述材料可知,段氏《汲古阁说文订》,是对明末常熟毛晋及其子毛扆的汲古阁得"宋始一终亥小字本,以大字开雕"的刊刻本(汲古阁本《说文》),进行校勘平议。底本是友人周锡瓒(漪塘)提供的汲古阁初印本,上有毛斧季亲署"顺治癸巳(1653)汲古阁校改第五次本",参校本有：王昶所藏宋刊小字本，周锡瓒所藏宋刊小字本（后为孙星衍于嘉庆十四年重刊宋本的底本，即今中华书局影印陈昌治本的祖本），周锡瓒所藏明代叶石君（万）所钞宋本小字本，明赵灵均所钞宋本大字本（汲古阁仿刻本），宋刊《五音韵谱》大字本、互异之三小字本，还有明刊《五音韵谱》，及《集韵》《类篇》称引铉本者，不下十数种。段氏大规模校勘汲古阁本《说文》，指出毛晋初印本情况，毛扆在何处剜改或剜补，改动的依据、目的以及改动的是非对错等，段氏目的在"所以存铉本之真面目，使学者家有真铉本而已矣"，即尽可能地恢复许书的原貌。李开认为"最重要的内容是：经校订恢复和维系许书义例，而义例是其内容的集中体现，成书之骨架，亦所谓内在学理逻辑"，并引赵航教授之说，"《说文订》全书条目收 315 条"。①

《说文解字注》是小徐本《说文系传》的继续和发展，《汲古阁说文订》是大徐本《说文》的验核和订补；《汲古阁说文订》是《说文解字注》的文献基石，《六书音均表》是《说文解字注》的内在音理。《汲古阁说文订》与《六书音均表》，对《说文解字注》及说文学研究至关重要。刘盼遂《年谱》评论说："此书先生与袁又凯廷梼共成之，嗣经屡次修板，始得定本。《说文解字注》于正文之删增校改，皆根柢此书而不再声言者也，昧者遂讥为武断。"表明阅读段《注》当参阅该书。

后来严可均（1762—1843）作《段氏说文订订》，下签注 60 多处，以订段氏之说与毛氏刻改本。有许槤（1787—1862）古韵阁本行世。

第五节 "七世一堂希世有"

段玉裁晚年生活中最重要的事情之一当是玄孙义正出生，县吏向上禀报，得嘉庆皇帝赐以"七叶衍祥"匾。他在《与刘端临书》中写道："五代同堂事，已由吴县通详，所以娱老人也。"在《说文解字注》卷十五

---

① 本节主要参考李开先生《〈汲古阁说文订〉叙录》，李文载《段玉裁全书》第二册第 203—206 页，江苏人民出版社 2015 年版。

下注说:"嘉庆六年,生玄孙义正。恩赐'七叶衍祥'扁。并拜白金黄缎之赐。"姚鼐《惜抱轩文后集》卷七《封文林郎巫山县知县金坛段君墓志铭(并序)》称段得莘"年七十而玉裁归养,自金坛移居吴阊门之外,于是又二十余年……年九十而见玄孙。嘉庆五年,吏上于朝,赐匾曰'七叶衍祥',又赐银币。"时人严九能称"真人世奇福"。

后来,吴槎客所撰《病中有怀诸耆宿诗》,分别咏段玉裁、孙渊如等七人。《拜经楼诗集再续编》收录咏段氏诗:"清忠门第本金沙,侨寄苏台说岁华。七世一堂希世有,岂惟拜纪到君家。"①

此后两年,嘉庆八年(1803)六月十四日,其父段世续逝于苏州,享年九十四,返葬金坛治西大坝头。马树杉《〈段玉裁先生年谱〉补正》考证说:"一九八四年四月,金坛县人民政府根据徐复先生提供的线索,于金坛县花山公社大坝头村挖出段玉裁、段玉章、段玉立兄弟三人于嘉庆八年十二月为其母史太孺人所立之碑。史孺人早于乾隆十六年病逝。当时权殡未葬,迨段玉裁官蜀时,父得莘公葬之于邑西大坝头之新阡(即今金坛县花山公社大坝头村)。段玉裁于嘉庆八年十二月为其母立碑,可能是反葬其父时重新为其母立碑。据此可以推断段玉裁于嘉庆八年反葬其父,是年有金坛之行。"后世找到段氏兄弟为其母史太孺人所立之碑,以作瞻仰。嘉庆十二年,姚鼐为段父追作铭文《封文林郎巫山县知县金坛段君墓志铭(并序)》。

第六节 "斯文吾述段金沙"

乾隆五十七年(1792)七月初五,段玉裁的外孙龚自珍(1792—1841)生于杭州东城马坡巷,当时段氏已58岁。龚自珍的母亲段驯,是段玉裁与于倩之女。龚自珍幼从外祖父学习经学训诂,段玉裁对龚自珍也寄予厚望。龚自珍在《己亥杂诗》中写道:"张杜西京说外家,斯文

① 吴骞:《拜经楼诗集十二卷续编四卷再续编一卷》,清嘉庆八年刻增修本,《续修四库全书》集部第1454册。

吾述段金沙。导河积石归东海，一字源流奠万哗。"诗中"张杜"用的是汉代外祖父教外孙学问的典故，来比喻自己与外祖父的关系。"段金沙"中的金沙，是金坛的别称，代指段玉裁。诗的后半，是说自己研究文字学，是从外祖父教读开始的。原诗有注："年十有二，外祖父金坛段先生授以许氏部目，是平生以经说字、以字说经之始。"所以探讨龚氏经学思想，应当联系到段玉裁。皮锡瑞《经学历史·经学复盛朝代》："国朝经师，能绍承汉学者，有二事。一曰传家法"①，其中即有"段玉裁有婿龚丽正，外孙自珍"。龚自珍受教于段玉裁，但是否"传家法"，似宜另当别论。下面从两个方面做一些讨论：一是段玉裁与龚自珍的父亲龚丽正的翁婿之谊，二是段玉裁对龚自珍的影响。

一、翁婿之谊

段玉裁与女婿龚丽正关系很好，"冀其早成进士，壹意学问。"②《清史稿》卷486龚自珍传记载说："父丽正，进士，官苏松兵备道，为段玉裁婿，能传其学。"嘉庆十七年（1812）龚氏出任郡守，段氏亲撰《送龚婿丽正之徽州郡守序》，既有临别叮咛之亲情，也有段氏回顾自己为官的感受，赠以"至诚无伪，惟古循吏，及韩、柳，及尔先君是师，惟余是鉴，勿以勤劳日久，外任可小愒，勿以临深为高自隘"。此文对了解段玉裁的从政理念大有帮助：

> 唐人之仕，重内而轻外。故昌黎、子厚刺潮州、柳州，非所乐为也。然二公者，有德于二州，庙食至今不替。二公不以僻远而鄙夷其民，亦可见矣。昌黎之送陆歙州也，谓"陆君之道，行于朝廷，则天下望其赐。刺一州，则专而不能咸，故贤者皆以为不宜去"。夫君子在朝廷、在一州，惟君所使耳。苟有可以及民，不必在朝廷也。郡县之长吏，亲民近而化民速，庶几可以尽其心，安见不贤于在朝廷也！吾婿龚闇斋丽正，故贤太守匏伯先生之令嗣。匏伯在乾隆年间守楚雄，亦有德于民，庙食其地。今丽正由郎官出守徽州，非

---

① 皮锡瑞：《经学历史》，中华书局1959年版，第340页。
② 见《与刘端临第十二书》，《经韵楼文集补编》卷下，凤凰出版社2010年版，第38页。

有潮、柳、楚雄之远也；天子之所选用，同于唐之陆君，又适当其地，非韩、柳之有不得意可媲也。婢心壹力于是邦，以报天子，以笃家声，以垂声名无穷，固余所深信于其素行者矣。丽正平日视余犹师，既承恩命，即驰书寄余，言"当益加小心，谨守先君之法，尤仰丈人诲言"。余谓尔法尔之先君，善乎善也。若余，则何言哉！余壮盛出宰，气质未化，未能尽心于民，颇以好读书玩公事，年已老眊，时用自悔。夫莅其事而不敬其事，及可为之时而不为，皆非忠也。余何足以赠言哉！至诚无伪，惟古循吏，及韩、柳，及尔先君是师，惟余是鉴，勿以勤劳日久，外任可小偈，勿以临深为高自隘。是则余之赠言也夫。①

既有赠文，后来还曾到龚氏官署小住。此外应女婿之请，为其父龚敬身撰《中宪大夫云南分巡迤南兵备道龚公神道碑铭》，为龚敬身四世祖撰《仁和龚氏南高峰四世墓碑》。此二文对了解龚自珍的祖父龚敬身及龚氏家族有重大文献价值。如说明了龚氏祖先"随宋南渡迁余姚，后迁杭州，著籍仁和县"；龚丽正为龚禔身次子，过继为龚敬身之子；龚自珍之父龚丽正，嘉庆元年（1796）进士，等等。还有一条重要的信息就是，黄丕烈《荛园藏书题识》卷一《经类》"《广韵》五卷（校本）"条："是书为段若膺先生校本。……先生手校书甚夥，身后以白镪三千金归诸婿家龚闇斋观察。"表明段玉裁手校书多归于女婿龚丽正。

二、段玉裁对龚自珍的影响

段玉裁对龚自珍的影响，龚自珍《己亥杂诗》第五十八首云说："张、杜西京说外家，斯文吾述段金沙。导河积石归东海，一字源流奠万哗。"自注云："年十有二，外王父金坛段先生授以许氏部目，是为平生以经说字、以字说经之始。"《清史稿》卷486《龚巩祚传》也有记载："龚巩祚，原名自珍，字璱人，仁和人。……巩祚十二岁，玉裁授以《说文》部目。巩祚才气横越，其举动不依恒格，时近傲诡，而说经必原本字训，由始教也。"

---

① 见《经韵楼集》卷九，凤凰出版社2010年版，第210页。

嘉庆十六年（1811）元旦，龚自珍年近 20 岁，段玉裁于七叶衍祥堂撰《外孙龚自珍字说》，由"自珍"推及爱之"爱亲、爱君、爱民、爱物"四义，再由"必自爱而后能爱人"言及自爱的五种状况，字之"爱吾"：

> 龚婿之子，小字阿珍，嘉庆庚午，其父名以"自珍"，以副车贡于顺天。其父书来，请字于余。余曰：字以表德，古名与字必相应。名曰自珍，则字曰爱吾宜矣。夫珍之训藏也，藏之未有不爱之者也。爱之义大矣哉！爱亲，爱君，爱民，爱物，皆吾事也。未有不爱君亲民物，而可谓自爱者；未有不自爱而能爱亲、爱君、爱民、爱物。充乎其量，曲当乎其宜，无惭古贤圣者，故必自爱而后能爱人。今之自爱者，多涂矣。以饱暖竟吾，是鸟兽吾也；以美官荣吾，是傀儡吾也；以货利赡吾，是商侩吾也；以辞章剿说夸吾，是幣悦吾也；以和光同尘，似忠信似廉洁偷吾，是则莠紫吾也。吾之不为幣悦，不为莠紫者，天下尟矣。然则，孰是其能爱吾也哉？然则，何以爱吾者其必在五者之外哉？陶元亮曰："众鸟欣有托，吾亦爱吾庐。"夫惟元亮乃有元亮之庐，不知吾爱而惟庐之爱，庐虽安，吾何在也！书以答吾婿，固吾婿命名之意也夫！嘉庆辛未元旦，书于七叶衍祥堂，年七十有七。①

此时又有亲上加亲之事。嘉庆十七年（1812），龚自珍由副榜贡生考充武英殿校录，其父闇斋简放徽州知府。四月，龚自珍随母亲段淑斋回苏州看望段玉裁，与段玉裁次子之女、孙女段美贞结婚。段玉裁自己有记载："龚自珍，吾外孙也。其母，余女。其妻名美贞，余次子之女也。始吾重龚氏孝友昌炽方未央，故以女孙字自珍，嘉庆壬申四月，自珍从母归宁，婚于苏，同至杭，而抵徽州府署，时吾婿任徽守也。"②同时，段玉裁索观龚自珍诗文，并为其《怀人馆词》作序，加以勉励，其中谈及自己年轻时也喜欢诗词，因父亲认为"有害于治经史之性情"而"辍勿为"，最终"锐意于经史之学"：

---

① 见《经韵楼集》卷九，凤凰出版社 2010 年版，第 211 页。
②《经韵楼集》卷九《龚自珍妻权厝志》，凤凰出版社 2010 年版，第 212 页。

仁和龚自珍者,余女之子也。嘉庆壬申,其父由京师出守新安,自珍见余吴中,年才弱冠。余索观其所业诗文甚夥,间有治经史之作,风发云逝,有不可一世之概;尤喜为长短句,其曰《怀人馆词》者三卷,其曰《红禅词》者又二卷。造意造言,几如韩、李之于文章,银盆盛雪,明月藏鹭,中有异境。此事东涂西抹者多,到此者尠也。自珍以弱冠能之,则其才之绝异,与其性情之沈逸,居可知矣。予少时慕为词,词不逮自珍之工。先君子诲之曰:"是有害于治经史之性情,为之愈工,去道且愈远。"予谨受教,辍勿为。一行作吏,俄引疾归,遂锐意于经史之学,此事谢勿谈者五十年。今见自珍词,乃见猎心喜焉。昔伊川于晏叔原"梦踏杨花"之句,徘徊赏之,矧余远不逮伊川者,为所动宜矣。虽然,余之爱自珍之词也,不如其爱自珍也;予之爱自珍也,不如其自爱也。李伯时之画马,黄鲁直之为空中语,规之者皆以为有损于性情,况其入之愈幽而出之愈工者耶! 余耄矣,重援昔所闻于趋庭者以相赠也。茂堂老人序,时年七十有八。①

作序之外,又寄信勉学。嘉庆十八年(1813),龚自珍在徽州,77 岁的段玉裁去信件,嘱其向程易田请教,又借万季野告诫方苞"勿读无益之书,勿作无用之文"之语,告诫龚自珍:"博闻强记,多识畜德,努力为名儒,为名臣,勿愿为名士。何谓有用之书? 经史是也。"②段玉裁治学带有一些重经史之学、"经世致用"的倾向。这一思想倾向,与其师戴震轻视辞章之学的思想有密切的关系,也从一个方面体现出段氏"为学尚实,经世致用"的价值追求。

　　嘉庆十八年(1813)七月,龚自珍之妻、段玉裁的孙女段美贞(1792—1813),去世。相关记载有《龚氏家谱》下册《仁和龚氏家谱》:"自珍:……配段氏,金坛廪膳生讳骕公女。生于乾隆五十七年二月初五日,卒于嘉庆十八年七月初五日。赵烈文《落花春雨巢日记》卷四所录龚橙谱帖:"母段,金坛名骕雨千先生女,敕赠安人,例封宜人。"次年

---

① 《怀人馆词序》,见《经韵楼集》卷九,凤凰出版社 2010 年版,第 212 页
② 《与外孙龚自珍札》,见《经韵楼集》卷九,凤凰出版社 2010 年版,第 212 页。

三月前后,段玉裁偶至徽州府,撰《龚自珍妻权厝志》,寄托哀思。段驯、龚自璋《金坛段女史龚太夫人遗诗、仁和龚女史朱太夫人遗诗》(抄本,哈尔滨师范大学图书馆藏)所载段驯《悼亡媳美贞》诗题下自注:"媳为吾弟……之女,癸酉七月没于新安郡署,时珍儿赴京秋试。"其第一首:"落叶悲秋籁,伤怀不自恃。髫龄劳梦想,嫁日颇融怡。断魂归无影,招魂漫有诗。苹蘩谁寄托,空叹鬓成丝。"第二首:"为望成名早,沉疴讳不宣。结缡才几月,诀别已经年。枉使归装促,仍教别恨悬。何当奠尊酒,和泪洒重泉。"①文中"毛家步",南京大学鲁国尧先生为拙撰《段玉裁年谱长编》审稿时旁批:"今名茅家埠,西湖杨公堤西之著名景点也。"

嘉庆二十一年(1816),25岁的龚自珍赴沪上省侍,途中到苏州枝园探望段玉裁。因其父在上海的影响力,龚自珍也结识不少学友,吴昌绶编《定盦先生年谱》,称"上海绾毂东南,斋先生以宿学任临司,一时高才硕彦,多集其门"。②

龚自珍在段氏门下宾客中结识大量朋友,已见前文。年轻时代的龚自珍,内心对段玉裁的学术成就非常推崇,如道光三年(1823)四月末有题记,叶景葵记载:"阅段氏《说文解字注》龚定盦父子批校本……第十篇上……卷尾又题云:'吾今而旳然知王怀祖之远不如段先生也。知之焯,信之真,远不如,远不如也。嘻!难言哉!癸未四月抄记。大抵王无段之汁浆。"③龚自珍认为段玉裁学识远在王念孙之上。龚自珍有《说文段注札记》订补段玉裁《说文解字注》,展示出深厚的语言文字学素养。④

龚自珍在经学根柢方面受段玉裁影响较大,这是毋庸置疑的,而龚氏又自成一路,成为近代启蒙思想的先驱。龚自珍的时代,大清帝国已是内忧外患,社会矛盾十分激烈,比较敏锐的知识分子多倡导"经世致用",从事有用之学。龚自珍后来有着明显的学术转向。龚氏承段氏之教,而嘉庆二十四年(1819),28岁的龚自珍遇见刘逢禄之后,即下决心抛弃乾嘉以来文史考据的学问,要来研究董仲舒、何休等公羊学家提倡

---

① 引自王洪军:《段驯龚自璋抄本诗集考》,载《文献》1998年第2期。
② 见《龚自珍全集》,上海人民出版社1975年版,第599页。
③ 《叶景葵杂著·卷盦札记》,上海古籍出版社1986年版,第235页。
④ 见《龚自珍全集》,上海人民出版社1975年版,第269—280页。

之经世致用的今文经学。龚自珍在《己亥杂诗》第五十九首中说："端门受命有云礽,一脉微言我敬承。宿草敢祧刘礼部,东南绝学在毗陵。""端门受命"为汉代流传的纬书《春秋演孔图》语,为何休采入《公羊解诂》中,龚氏引此典,明确将自己定位为这一学派的传人,上承汉儒,近师刘逢禄。其《杂诗·己卯自春徂夏在京师作》又云:"昨日相逢刘礼部,高言大句快无加。从君烧尽虫鱼学,甘作东京卖饼家。"虫鱼学,泛指繁琐考证的许、郑之学,在山雨欲来的时代,已经失去了它曾有的光辉;"卖饼家"原是古文学家对《公羊传》的贬称。龚自珍"烧尽……甘作……"的大变化,是他另起炉灶的声明。龚氏对江藩《汉学师承记》严分汉学、宋学多有批评,认为"名目有十不安",其第七说:"近有一类人,以名物训诂为尽圣人之道,经师收之,人师摈之,不忍深论,以诬汉人,汉人不受",直接向"名物训诂"宣战,而这是戴震一路的基本立场,凡此可见,龚氏彻底接受公羊学,"遂大明西京微言大义之学"。① 其学术思想路向的转变,更标志着一代学术风气行将发生重大变化,今文经学将重新浮出思想界之表。

这是否是舍弃了段玉裁所传之学呢? 从一般将段氏定位为朴学家的角度来说,似乎可以成立,而实际上,段玉裁晚年面对世道人心大变、风气转移,反思平生治学,自认为舍本逐末,未得戴学之精萃与价值,有违于儒家"正人心、息邪说"的经世致用之旨,因此在《答黄绍武书》中说"惟于古音、古训,经文古本,略有微劳,抑末也",在《博陵尹师所赐朱子小学恭跋》中说"归里而后,人事纷糅,所读之书,又喜言训故考核,寻其枝叶,略其本根,老大无成,追悔已晚",表达追悔之意,并在为沈涛作《十经斋记》中扩大经学研究范畴,由十三经增加到二十一经,包括《国语》《史记》等史学经典,也包括了《九章算术》《周髀算经》等数学经典,"故意欲拓展规模,构建新的经学体系,使'无道学之名而有道学之实',以期立言不朽,传之久远"。"这是段氏反思自我后遵承师道、接续经世致用传统的体认,以及对新经学的道统构想和价值预期。这种对经学的理性思考,标志着段氏与时俱进的经学思想的升华,委实高超于同时

① 吴昌绶编:《定盦先生年谱》,《龚自珍全集》,上海人民出版社 1975 年版,第 603 页。

代经学家。"①按照李建国先生的研究结论来考察,龚自珍不但不是舍弃段氏所传之学,而是与时俱进,大胆创新,对段学有了升华和光大。"进一步说,戴震为学向来主张实事求是,以寻求义理为旨归,而不唯师言为是。"②段玉裁亦如是,龚自珍在实事求是的学术精神方面,恰是继承了这一优秀传统。也正是因为这种文化精神,龚自珍才会留下"九州生气恃风雷,万马齐喑究可哀。我劝天公重抖擞,不拘一格降人才","一箫一剑平生意,负尽狂名十五年","落红不是无情物,化作春泥更护花"等这样传诵千古的名诗名句;才会冲破家学和时代学风的束缚,主张"更法""改图",革除弊政,抵制外国侵略,支持林则徐禁烟,批判专制统治,追求思想解放和个性解放,成为清代著名的思想家、文学家和改良主义先驱者。

第七节　与阮元的交游

在阮元以前的一段时期,经典考证已蔚为一种社会时尚,一些有文化、有才力的官员往往设幕招宾,从事编书、校书、刻书、办书院等学术文化活动,如两淮盐运使卢见曾,曾招延惠栋、戴震等大儒入幕,刊刻了被称为"世间罕见之本,卷帙宏富,楮墨精好,洵足珍秘"的《雅雨堂丛书》。安徽巡抚朱筠处则有邵晋涵、王念孙、汪中、孙星衍等汉学精英入幕,考古讲学。毕沅巡抚陕西、河南时招幕僚,编有《关中金石记》《中州金石记》等。作为学者型官僚的阮元,推波助澜,甚至更加兴盛。陈居渊在《阮元评传》第二章"阮元的宦海生涯和文化学术活动"开头概括说:"阮元早年登科,宦途显赫。由翰林而出任浙、赣、豫巡抚和两广、云贵总督,为清廷特别倚重的南方大僚。在任职期内,提倡学术自由,他是乾嘉后期对考据学潮流正面加以理念指导的著名学者,他不仅有宏富的考据学成果,而且在哲学(义理)方面有重要建树。阮元积极提倡

---

① 参见李建国:《段玉裁的经学进路》,《宏德学刊》第五辑,江苏人民出版社 2016 年版,第 53—65 页。
② 潘定武:《段玉裁〈戴东原先生年谱〉补苴三则》,《宏德学刊》第五辑,江苏人民出版社 2016 年版,第 131 页。

经学研究,组织编纂《经籍籑诂》,创建了诂经精舍、学海堂,培养了许多从事经典训诂研究的学者,他撰写《十三经注疏校勘记》,组织汇刻《十三经注疏》《皇清经解》,在一定程度上总汇了乾嘉汉学在训诂、校勘、解经等方面的成果,带有总结乾嘉学术性质的意义。"①

一、两人交往概况

阮元《揅经室集·自序》说:"余之说经,推明古训,实事求是而已,非敢立异也。""推明古训,实事求是",与段玉裁的学术主张是一致的。两人交往有十多年,从现存文献看,有相欢,有讨论,也有隔阂甚至怨言。

乾隆五十六年,阮元奉诏校勘石经《仪礼》,曾专函向段玉裁请教,可见小29岁的阮元对段氏的钦仰之深。乾隆六十年,阮元被任用为浙江学政。十月底,阮氏赴任途中经过苏州,派人备轿来迎段玉裁晤谈,并邀段氏赴杭州。段氏杭州之行,似与阮元有关。潘承厚《明清藏书家尺牍》第二册收有阮元致段玉裁书一通,其文如下:

> 暌违雅教,时切驰思。近念兴居安吉,著述日新,定如私颂也。顷过丹徒,晤端临同年,知侨寓苏门,兼有足疾,未知近日曾全愈否? 弟于今日至苏,约有半日耽搁,急欲一见,略罄渴怀。又访得尊居距城颇远,本当亲诣高斋,奈皇华期迫,不能久延。谨令县中人备舆奉迓,至弟舟一谈。大著《说文读》及诸《汉读》,《诗、书小学》稿本,务必携来,藉可略饮江海之一勺,万勿吝教。此时闭户著书,想无酬应。武林距苏甚近,或即与弟同舟至彼,下榻欢言。留彼久暂,亦听吾兄之便。弟署中尚有一二志学之士,尚不寂寞。(如惠然肯来,书卷行李即为装束一舟,同弟行也。)今附上弟近刻数篇,又碑刻一种,乞加指摘,余俟面罄。年愚弟阮元顿首。

阮元在京城完成石经校勘工作,出任山东学政时忙于编撰《山左金石志》。当获任浙江学政之时,考虑到浙江本是人文荟萃之地,公家和私家藏书当时为全国之冠,一心弘扬经学、早有编纂《经籍籑诂》等书想

---

① 陈居渊:《焦循 阮元评传》,南京大学出版社2006年版,第421页。

法的阮元，似乎已有利用这一得天独厚的条件，招募人才、共襄盛举之意。著名学者焦循已在其幕，当在阮元信中"一二志学之士"之列。由此信以及后来阮元为段书所作序、其他处评论等来看，阮元对段玉裁推崇备至。

嘉庆元年五月，阮元为《周礼汉读考》作序，称赞段氏在语言学、说文学及《周礼汉读考》体例诸方面的成就。

稽古之学，必确得古人之义例，执其正，穷其变，而后其说之也不诬。政事之学，必审知利弊之所从生，与后日所终级，而立之法，使其弊不胜利，可持久不变。盖未有不精于稽古而能精于政事者也。……圣朝右文，超轶前古，淳气郁积。段若膺先生生于其间，研摩经籍，甄综百氏……其所为书，有功于天下后世者，可得而言也。其言古音也，别支、佳为一，脂、微、齐、皆、灰为一，之、咍为一；职、德者，之之入。术、物、迄、月、没、曷、末、黠、鎋、薛者，脂之入。陌、麦、昔、锡者，支之入。自汉唐至陈隋，有韵之文，无不印合。而歌、麻近支，文、元、寒、删近脂，尤、幽近之，古音今音，皆可得其条贯，此先生之功一也。其言《说文》也，谓《说文》五百四十部，次第以形相联，每部之中，次第以义相属，每字之下，兼说其古义、古形、古音。训释者，古义也，象形、从某某声者，古形也，云某声，云读若某者，古音也。三者合而一篆乃完也。其引经传，有引以说古义者，以转注假借分观之……此先生之功二也。至若《汉读考》叙例，谓读如主于说音，读为主于更字说义，当为主于纠正误字。如者，比方之词；当为者，纠正之词；读如不易其字，故下文仍用经之本字；读为必易其字，故下文仍用所易之字；《说文》者，说字之书，故有读如无读为。说经传之书，则必兼是二者。自先生此言出，学者凡读汉儒经、子、《汉书》之注，如梦得觉，如醉得醒，不至如冥行摘埴，此先生之功三也。先生于语言文字，剖析如是，则于经传之大义，必能互勘而得其不易之理可知。

嘉庆六年，阮元在浙江任上开局校勘《十三经》，务聘段氏主持。五月段氏至杭州，12日阮元在诂经精舍第一楼设宴接风。两人之间偶见书信讨论学术问题。如嘉庆六年（1801）六十七岁的段玉裁致书阮元，纠正诂经精舍设许慎主之误，认为："执事于西湖上造诂经精舍，中设许叔重、郑康成主而祀之，书叔重之主曰：'汉洨长太尉南阁祭酒许公。'"其中的"故太尉南阁祭酒"应书作"太尉南阁祭酒前洨长"，"南阁"应写作"南閤"，"执事每事必咨故实，望速改正先儒宝祐，勿使古人及后人均以笑也。不宣。"①

段玉裁《说文解字注》成书，体量较大，刻书费用非段氏所能承受，所以多请相识者与学者赞助。嘉庆九年，阮元出资刻其中一卷，即《说文注》第六篇上，篇末署仪征阮常生校刊，与别篇某某人校字者不同。此卷句读分明，但被后人认为"刻校之工未精"。徐松撰、刘肇隅编校《徐星伯说文段注札记》说："说文解字六篇　松按，篇内有数页无读者，乃有所改定，更刻之。余见定盦所读初刻本，皆有读（原注：肇隅按，龚云此篇系阮尚书刻，故有读）。"

嘉庆十年，段氏又撰《与阮芸台书》，对阮元为其父所撰《阮氏汀圃府君行状》用语"世父""舅祖""行状"提出讨论，开头说"日前，捧读尊大人《行状》，得以详知老成人嘉言懿行，兼之叙述井井，情文蔼然，可以教孝，敬服之至"，文中直指用语不当，文末又称"玉裁昔年深究古文辞之旨，惟端临知我耳"，未给阮元留下辩论的空间。详见《经韵楼集》卷三。

据凌廷堪门人张其锦撰《凌次仲年谱》，嘉庆十四年（1809）记载："陈桂堂太守、钱太史昌龄、朱兵部为弼、陈提台大用及段懋堂、鲍绿饮、黄秋平、臧在东……往来晤集，旧雨新知，颇有友朋之乐。"75 岁的段玉裁，还在杭州阮元节署，与凌廷堪等有交流。阮元对段玉裁较为推崇，在《答友人书三》中称述段氏"精锐明畅"。

二、关于《十三经注疏校勘记》

联系到《十三经注疏校勘记》的撰写一事，其中可见两人似乎产生过一点隔阂，甚至是后人所说的"恩怨"。②

---

① 《经韵楼集》卷五《与阮梁伯书》，凤凰出版社 2010 年版，第 105 页。
② 详参陈东辉：《阮元与段玉裁之恩怨探析》，载《浙江大学学报》（人文社会科学版）2005 年第 3 期。

嘉庆七年(1802)冬,段玉裁致书刘端临,其中说道:

> 弟衰迈之至,《说文》尚缺十卷,去年春病甚,作书请王伯申踵完,伯申杳无回书;今年一年,《说文》仅成三页,故虽阮公盛意而辞不敷文,初心欲看完《注疏考证》,自顾精力万万不能,近日亦荐顾千里、徐心田(养源)两君而辞之。①

此信有较多信息,陈鸿森《订补》考证内容甚多,如:(一)"今年一年,《说文》仅成三页",在"今年一年"之后,据阿辻氏校上野博物馆所藏段札原墨可补"为他人作嫁衣裳"七字。这七个字透露过段玉裁的后悔之心。(二)"故虽阮公盛意而辞不敷文"句"不"字,当作"下",指"阮元延主杭州敷文书院,辞之"一事,《段集补编》改"下"作"不",阿辻氏《札记》以"不"字为是,"盖皆不知此之'敷文'为书院名耳"。一字之差,涉及阮元为段氏谋书院教职、段氏不接受一事。(三)段氏曾有请王引之踵事《说文解字注》一事,未得及时允诺,后段氏勉力完成。

到了嘉庆九年,段氏撰《跋黄荛圃蜀石经毛诗残本》,言及"余为阮梁伯定《十三经校勘记》",全文如下:

> 余少时,闻蜀石经兼有经、注,憾不得见。乾隆壬辰,至成都,暇则欲访寻文翁高朕讲堂旧址,孟蜀广政时所刻石,及宋皇祐以前所补,以为能见残碑破字于荆榛瓦砾中,未必不可以为雠校之助也。而知交无同好者,独往今府学中,光沈响绝,为踌躇歔欷者久之。自此留蜀数年,南至于泸定桥,东至于巫峡间,问诸所见士大夫,莫有藏拓本一片者。
>
> 南归后,侨居姑苏阊门外,于故友陈芳林树华家见蜀石经《左传》数百字,钱晓征少詹事录诸《潜揅堂金石跋》尾,今为唐陶山刺史物者是也。嘉庆甲子,黄荛圃主政又得蜀刻《毛诗·召南》一卷,故杭郡黄松石老人物。虽才一卷,较陈氏所得《左传》字数多矣。乾隆初年,武英殿刊注疏,校《毛诗》诸臣引蜀石经,自《周南》至《邶风·静女》凡四十一条,以后则不引,盖当时所见祇三卷而已。昔

---

① 《经韵楼文集补编》卷下《与刘端临第二十九书》,凤凰出版社2010年版,第43页。

在蜀见钱塘张君名宾鹤，年已六十余，能诗歌篆隶，多见古物，云亲见松石蜀石《毛诗》全部，"昔育恐育鞠"无下"育"字，"天夭是椓"作"夭夭"叠字，记此二处，与世间本绝异，余尝识之于怀。今莁圃所得《召南》诸条，无不与殿板诸公语合者，惜此卷之外，皆不知飘落何处矣！厉樊樹诗集中亦载《周南·汝坟》蜀石"怒如辋饥"，与今本作"调饥"异，即冬日南华堂所为作诗者也。殿板注疏独未载此一条。莁圃好古，故古物聚焉，吾乌知松石翁之全诗，以及诸经拓本，不将不胫而归于士礼居哉！《十驾斋养新录》取《江有汜》"之子于归"有"于"字为胜，又"昔育恐鞠"亦视他本为胜。余则谓郑笺释两"育"甚明，辛楣偶未省照也。余为阮梁伯定《十三经校勘记》，则取《甘棠》召伯听男女之讼，重烦劳百姓，此与《司马相如传》"方今田诗，重烦百姓"同解。今本有"不"字，非也。①

刘盼遂为段氏作《年谱》，据此信以及相关材料加之猜测说："末云'余为阮梁伯定《十三经校勘记》'云云，是阮氏《十三经注疏校勘记》或出先生手定，观于文集第一篇《十三经注疏释文校勘记序》及文集四卷《春秋左传校勘记目录序》，此中消息可窥一斑。又文集五与孙渊如书云：'昔年为阮梁伯修《十三经校勘记》。'本年夏，先生与王石臞书有云：'惟恨前此三年为人作嫁衣裳而不自作，致此时拙著不能成矣。'嘉庆七年冬，与刘端临书云：'故虽阮公盛意而辞不敷文，初心欲看完《注疏考证》，自顾精力万万不能，近日亦荐顾千里、徐心田两君而辞之。'综以上数事，则《校勘记》之出自先生，殆可为定论欤？"

刘氏将《十三经注疏校勘记》的著作权归于段玉裁，汪绍楹《阮氏重刻宋本十三经注疏考》一文持"段氏主其事"说，引起了学术界的讨论。陈鸿森《订补》列出黄丕烈《宋严州本仪礼经注精校重雕缘起》"经注之讹阙，出于严本、张校之外者，尚不可枚数，段若膺先生定《校勘记》，既胪陈之"云云，肯定"段氏尝为阮元审定《校勘记》，应无疑义"，《刘谱》说"成于段氏之手"或"出自段氏"之说，"与'为之审定'究非一事，刘氏于此，语殊含混"，继而考证《校勘记》实以卢文弨所校《十三经注疏》为蓝

① 《经韵楼集》卷一《跋黄莁圃蜀石经毛诗残本》，凤凰出版社 2010 年版，第 6 页。

本,各经原委有专人,钱泰吉《曝书杂记》卷上"南昌学刻十三经注疏"条记载:"《易》、《谷梁》、《孟子》则属之元和李锐;《书》、《仪礼》则属之德清徐养原;《诗》则属之元和顾广圻;《周礼》、《公羊》、《尔雅》则属之武进臧庸;《礼记》则属之临海洪震煊;《春秋左传》、《孝经》则属之钱唐严杰;《论语》则属之仁和孙同元。"陈氏认为"段氏不过于《校勘记》初稿成后,代为审定是非耳。以余所考,今《校勘记》校文下,间有加'○',别加按语者(或出段名或否),即段氏审阅时所加笔也。《刘谱》遽谓《校勘记》成于段氏之手,未免言过其实矣"。折中之说则加区分,如《诗经》为"实质上是段、顾共著的一部《校勘记》"。[①]

嘉庆十一年(1806)十月,阮元《十三经注疏校勘记》二百四十三卷刊竣。阮元年轻时,认为汲古阁本《十三经注疏》讹谬较多,曾以《经典释文》、唐石经等书加以校勘。做官以后,开始以宋十行本为主,参以开成石经及元明旧刻、叶林宗影宋抄本、陆氏《释文》等书,属友人、弟子分编,而"自下铅黄,定其同异",得《易》十卷、《书》二十二卷、《诗》十卷、《礼记》七十一卷、《仪礼》十八卷、《周礼》十四卷、《左传》四十二卷、《公羊》十二卷、《谷梁》十三卷、《尔雅》五卷、《论语》十一卷、《孝经》四卷、《孟子》十五卷。《续修四库全书总目提要》(经部)"《十三经注疏校勘记》二百四十三卷"条有说明的评论,肯定为"清阮元撰",认为:

> 大抵所校以宋本为据,上考之《经典释文》《开成石经》其他各本,参校甚众,清代诸儒之书凡事涉校勘,皆择其精粹,若通论大义,则概不淆入。同时分纂者七人:元和李尚之锐、元和顾涧苹广圻、武进臧在东庸、钱塘严厚民杰、仁和孙与人同元、德清徐新田养原、临海洪楣堂震煊。书成于嘉庆十一年,其分纂七人皆当时号为能读书者。然经义高深,训诂繁赜,虽集众长以求一是,而千虑之失固所难免。闻其时高邮王念孙尝手校是书,题识殆遍,惟所记多证经文,未及注疏,今未见传本。大兴翁方纲极訾此编轻付他手,谬误纷出,且摘《毛诗》卷中三事,掊击不遗余力,以参校者不读《尔雅》《说文》,荒谬不通,侯官陈寿祺以书诤之,并辨明三事非误,见

---

① 虞万里语,见《榆枋斋学术论集》之《段玉裁〈诗经小学〉研究》,江苏古籍出版社 2001 年版,第770 页。

所著《左海文集》。是亦当世得失之林也。

嘉庆十三年（1808）八月，段玉裁撰《十三经注疏释文校勘记序》，对经学史、经注疏的分合、各版本之优劣、阮元所做工作等，做了详细的说明，并称赞该书"较陆德明《释文》之在唐初为无让矣"：

　　《六经》，犹日月星辰也。无日月星辰则无寒暑昏明，无《六经》则无人道。为传注以阐明《六经》，犹羲、和测日月星辰，敬授民时也。孔子既没，七十子终，而经多岐或。汉初，儒者各述所闻，言之详矣，而书不尽传。迨郑康成氏，囊括百家，折衷一是，其功最钜，而其要在发疑正读，其所变易，其所弥缝，盖善之善者也，顾郑氏于《六经》不尽注，自是而后，南北学者，所主不一。唐人就所主为正义焉，贞观中，有陆德明《经典释文》，自唐以前各家经本乖异，立说参差，皆于是焉可考；又有颜师古奉敕考定《五经》，凡正义中所云"今定本"者是也。至宋有《孝经》《论语》《孟子》《尔雅》四疏，于是或合集为《十三经注疏》，凡疏与经、注本各单行也，而北宋之季合之，维时《释文》犹未合于经、注、疏也，而南宋之季合之。夫合之者，将以便人；而其为经、注之害，则未有能知之者也。唐之经本，存者尚多，故课士于定本外许用习本。习本流传至宋，授受不同，合之者以所守之经、注，冠诸单行之疏，而未必为孔颖达、贾公彦所守之经、注也。其字其说，乃或龃龉不谋，浅者乃或改一就一。陆氏所守之本，又非孔、贾所守之本，其龃龉亦犹是也。自有《十三经》合刊注、疏、音释，学者能识其源流同异，抑甚少矣。有求宋本以为正者，时代相距稍远而较善，此事势之常，顾自唐以来积误之甚者，宋本亦多沿旧，无以胜今本，况校经如毛居正、岳珂、张淳之徒，学识未至，醇疵错出；胸中未有真古本汉本，而徒沾沾于宋本，抑末也。我国家列圣相承，尊崇经术，远迈前古。恭逢皇上修明备至，其间鸿生钜儒，往往讲明有过唐宋者。臣玉裁窃见臣阮元自诸生时校误有年，病有明南、北雕及常熟毛晋《十三经注疏》本纰缪百出，前巡抚浙中，遂取在馆时奉敕校石经《仪礼》之例，衡之群经，广搜江东故家所储各善本，集诸名士，授简西湖诂经精舍中，令详其异同，钞撮会萃之，而以官事之暇，乙夜燃烛，定其是非。会家居读《礼》，数年乃后卒业。分肌擘理，犁然悉当。其学赡，其识精，成《十三经注疏校勘记》二百十七卷，附《释文校勘记》二十六卷，俾好古之士，以是鳞次栉比，详勘而丹黄之，家可具宋、元本，人可由是寻真古本汉本，其在今兹有是书，较陆德明《释文》之在唐初为无让矣。抑校雠经、注之书，亦犹步算之于日月星辰也，千百年而步算有差焉，则随时修正之，千百年而经、注之讹又或滋蔓焉，亦随时整饬之。又乌知今日之不讹者，异日不且讹哉？所望步算日月星辰者，有如此日而已矣。嘉庆戊辰岁酉月，金坛贡士前巫山县知县臣段玉裁记。①

刘盼遂称"盖为阮伯元拟进呈御览而作"。此序对了解《校勘记》的撰写缘起、体例、特点、参与人员与最后定稿等有所交待。而从此序文来说，段玉裁对阮元有较高的学术评价，"其学赡，其识精"，谈到阮元"以官事之暇，乙夜燃烛，定其是非"，并无著作权的争议。陈居渊细梳史料，认为段玉裁"接受了阮元的邀请参与了《十三经注疏校勘记》初稿完成之后的复校工作"，"校定了其中的《诗经》部分"，以后各经由严杰带着到苏州"共段同校"，阮元"复加新勘，定其是非"，事实上是履行主编最后把好关的职责，"真正主编仍是阮元，而不是段玉裁"。② 总的来说，阮元发凡起例、出资聘请众多学者分工协作、段玉裁参与审定、最后由阮元"总其成"，共同完成了清代校勘学标志性成果之一《十三经注疏校勘记》。段氏与《十三经注疏校勘记》修纂关系纷繁复杂，随着各种新材料的发现，似仍有进一步讨论的空间③。

此外，关于阮元刻本《十三经注疏》及《校勘记》，张鉴、阮常生等《雷塘庵主弟子记》"二十一年丙子五十三岁"条："秋，刻宋本《十三经注疏》成。按，此书尚未刻校完竣，大人即奉命移抚河南，校书之人不能如大

① 《经韵楼集》卷一《十三经注疏释文校勘记序》，凤凰出版社 2010 年版，第 1—2 页。
② 陈居渊：《汉学更新运动研究》，凤凰出版社 2013 年版，第二章"汉学建构的地域渊源"注释第 98 条，第 108—110 页。
③ 樊宁：《段玉裁与〈春秋左传注疏校勘记〉修纂关系考述》，虞万里主编：《经学文献研究集刊》第 22 辑，上海书店出版社 2019 年版，第 144—158 页。

人在江西时细心,其中错字甚多,有监本、毛本不错而今反错者,要在善读书人参观而得益矣。《校勘记》去取亦不尽善,故大人不以此刻本为善也。"提示人们当注意版本问题。

第八节　段、顾之争

段玉裁移居苏州,与藏书家顾之逵及其弟顾千里相识,赞誉为"苏州二俊"。并在嘉庆元年正月初九,致书邵晋涵,为"苏州有博而且精之顾广圻"讨要"尊著《尔雅疏》一部"。[①] 长顾氏31岁的段玉裁,称赞顾氏"博而且精",可见赏识有加。顾千里对这一段交往也有正面的记载,其《刻释拜序》:"凡学须名其家,金坛段君,学之名其家者也,所著已刻有《六书音均表》等,未刻有《说文注》等,共若干种。忆始相识在乾隆壬子,即见,谓曰:'《音均表》解人,向为王怀祖,今乃得足下耳。'此言固未必然,而其所以厚广圻者,诚可谓至矣。《释拜》一篇在文集,亦单行,旧得其副,今以嘉庆丁卯刻之于江宁,非欲用是酬知也,为后世求段氏学者,将有涉于此也。"[②]由此可知,二人交往之初,人称"万卷书生"的顾氏对段氏颇为崇拜,"遂请业"而成师弟。

二人相识于乾隆五十七年(1792),今见有学术交往的记载不少,如乾隆五十八年,顾氏借段氏明道二年《国语》校本;乾隆六十年,顾氏作《列女传》校语时向段氏请教;嘉庆四年,顾氏代黄丕烈作《国语札记》时向段氏请教;嘉庆四年,段氏致书老友刘端临时还说到,意欲请一年轻人帮助自己完成《说文注》而顾氏无暇相助;直至后来推荐顾氏给阮元,参加十三经校勘之事,等等。

但后来二人发生了激烈的争执,并成为一段著名的学术公案。

段、顾之生嫌隙,约开始于为阮元校勘十三经之际。段玉裁认为十三经"'注疏汇刻'始于淳化",后笼统称"'合刻注疏'在于北宋",顾氏认

---

① 《经韵楼文集补编》卷上《与邵二云书二》,凤凰出版社2010年版,第278页。
② 《思适斋集》卷十一,第3页。

为"南宋初始有注疏，其后始有附释音注疏"，反对段氏的观点。据汪绍楹先生《阮氏重刻宋本十三经注疏考》等文考证，两人在校勘问题上已有分歧。顾氏在校勘《诗经》时汲取了段氏成果而未著其名，段氏复校时"怒之，于顾所订，肆行驳斥，随即寄粤付凌姓司刻事者开雕，而阮与顾皆不知也"，由此产生了嫌隙。[①] 不久，顾氏离开了校书局，对段氏时有微辞，嫌隙日滋。

嘉庆十年（1805），顾千里北上江宁，为张古余校刊宋本《仪礼》《礼记》，作《礼记考异跋》申论不校之校说："毋改易其本来，不校之谓也；能知其是非得失之所以然，校之之谓也。"由此直接引发与段玉裁的学术论争。张敦仁（1754—1834），字古余，泽州阳城（今山西）人。乾隆四十三年（1778）进士，授江西高安知县、庐陵知府，迁铜鼓营同知，署九江、抚州、南安、饶州府事，嘉庆初，历任松江、苏州、江宁知府，调江西吉安知府，官云南盐驿道、扬州知府。从事数学研究，著有《开方补记》9 卷、《求一算术》3 卷、《辑古算经细草》2 卷等；另有《尔雅图考》20 卷，《资治通鉴补正略》4 卷，《资治通鉴刊本识误》3 卷，《雪堂墨品》1 卷和《尚书补注考异》等。富藏书，喜刻书。曾主持刊刻《韩非子》《仪礼注疏》等。此时刊刻宋淳熙四年抚州公使库本《礼记》郑玄注二十卷（附《释文》四卷），顾千里主持其事。其中郑注二十卷源自于顾千里从兄顾之逵小读书堆旧藏，而《释文》四卷，以通志堂本替代。顾广圻《礼记考异跋》说：

> 颜黄门有言：校定书籍亦何容易。自扬雄、刘向方称此职耳。盖以校书之弊有二，一则性庸识闇，强预此事。本未窥述作大意，道听而途说，下笔不休，徒增芜累。一则才高意广，易言此事，凡遇其所未通，必更张以从我。时时有失，遂成疮痏。二者殊途，至于诬古人、惑来者，同归而已矣。广圻窃不自量，思救其弊，每言书必以不校校之，毋改易其本来，不校之谓也；能知其是非得失之所以然，校之之谓也。今古余先生重刻宋抚本《礼记》，悉依元书，而别撰《考异》以论其是非得失，可云实获我心者也。观乎《考异》之为书，举

---

① 陈居渊：《汉学更新运动研究》，凤凰出版社 2013 年版，第二章"汉学建构的地域渊源"注释第 98 条，第 110 页。

例也简,持论也平,断决也精,引类也富。大抵有发疑正读之功,无茧丝牛毛之苦。去凿空腾说之损,收实事求是之益。岂但有功于此书也哉。夫固使弊于校者,箴其膏肓,而起其废疾矣。是为跋。①

因涉及《王制》"虞庠在国之西郊",段玉裁主张"四郊"是,"西郊"非,致书顾千里。而顾千里主张"西郊"是,"四郊"非。二人论争由此展开,矛盾公开,且愈演愈烈。

与顾千里论争,段玉裁撰写了多篇文章,针锋正对。《经韵楼集》卷十一《二名不偏讳说》:"《曲礼》曰:'不讳嫌名,二名不偏讳。'各本'偏'作'徧'。今按,以'徧'是。"《曲礼君天下曰天子朝诸侯分职授政任功曰予一人注曰觐礼曰伯父实来余一人嘉之余予古今字》:"凡读经,必得其源,而后可以导其流,不得其源无不反易是非者。抚本《礼记考异》谓此条抚本注作'予'是,而经文之'予'当改'余'。石经不讹也而讹之,其所说一一似是而非,且使汉本《觐礼》之存于注者遂致失传,尤缪。"《礼记四郊小学疏证》:"《王制》曰:'有虞氏养国老于上庠,养庶老于下庠;夏后氏养国老于东序,养庶老于西序;殷人养国老于右学,养庶老于左学;周人养国老于东胶,养庶老于虞庠,虞庠在国之四郊。'按:'四',孔本作'西',而《祭义》'天子设四学'注:'四学谓周四郊之虞庠也',系用《王制》语,彼以'四'释'四',则此必是'四'字确然无疑。经必特著周之虞庠在四郊者,以其不在国中王宫之东,亦不专在西郊,与前三代迥异,故特明之。"《周人卒哭而致事经注考》:"《曾子问》:'子夏问曰:"三年之丧卒哭,金革之事无辟也者,礼与?初有司与?"孔子曰:"夏后氏三年之丧,既殡而致事,殷人既葬而致事,周人卒哭而致事。"'注:'致事,还其职位于君。周卒哭而致事。'此经注各本鉏铻,今按,当如右是。"

顾千里也不断有反驳文章,如嘉庆十三年(1808)正月初十日,著《学制备忘之记》,反驳段玉裁《礼记四郊小学疏证》。三月初七日,顾广圻致书,申明如无必要将不作答。文见王大隆辑《思适斋集补遗》卷上《与段茂堂第三书》:"茂堂大人阁下:旬日中作书四通,数千余言,得无劳乎?侧闻阁下以仆不答为罪。夫去冬答阁下之两书,阁下既以为罪

---

① 顾广圻:《思适斋书跋》,上海古籍出版社2007年版,第186页。

矣,今又云然。然则进退罪也,为阁下之朋友亦难矣哉。……自今而后,愿阁下于仆一切之说,仍日日移书相贬,倘贬之而当也,仆必立刻作答,以谢阁下之赐教而志吾过。贬之而皆若前三不解者耶,仆唯有不答而已……广圻启,三月初七日。"陈仲鱼即陈鳣,在《经籍跋文·宋本礼记注跋》称:"两家遂成水火,余欲为调人而终莫能解。"陈氏还汇二人文为一册,题曰《段顾校雠编》。

此后由《礼记》又波及《文选》。嘉庆十四年,顾千里代胡克家校勘《重刻宋淳熙本文选》,撰写《文选考异》。嘉庆十四年(1809)段玉裁作《与陈仲鱼书》,逐条批驳顾千里的《文选考异》,另有《吴都赋蕉葛竹越解》《与诸同志书论校书之难》,批评顾校《文选》出现的问题与观点方法之不当;顾千里作《与陈仲鱼孝廉书》逐条反驳。顾氏还在《经典释文》跋语中称该书有三厄:"卢抱经新刻本多误改,一厄也;段先生借叶钞重校,而其役属诸庸妄人之手,未得其真本,即此,二也;阮中丞办《考证》,差一字不识之,某人临段本为据,又增出无数错误,三也;以此而陆氏身无完肤矣。"

关于段、顾二人论学制之是非,前人多右段而非顾。当时段氏写信给黄丕烈,黄氏复信说:"先生年高学邃,久已当代钦仰,千里以后起之隽,与先生抗衡,同辈实所窃议。"又谓:"先生以年高手硬、心意闲澹之老人,不应与脑满肠肥、初学把笔者龂龂相争。"黄氏对顾氏有所指责,实际上也暗指段氏作为前辈大师不够雅量。刘《年谱》:按先生今、明年中与顾千里议《礼》起争端,至今讫莫能判其曲直。然考千里之为人,平生交游,如李尚之、黄荛圃、刘金门、严铁桥、吴山尊,皆其至友而不能有终,其失礼于先生,盖亦常态,无足怪者。今举一事论之,如《毛诗·召南·甘棠》传:"不重烦劳百姓。"先生为阮氏作校刊记,曾据蜀石经、《汉书·司马相如传》刊去"不"字,(《跋黄荛圃藏蜀石经》)。及顾代先生任校刊,则刊去先生此条,蛛丝马迹亦可知衅端之启,诎在千里矣。

陈鸿森《订补》则反之:"然平心论之,段氏'四郊'之说盖未可必。李慈铭尝详论其事而断之云:'段氏之学,固非顾所能及,而此事则以顾说为长。顾氏《周立学古义考》分析天子、诸侯之大学、小学为一类;乡学、州序、党序、遂学为一类,及郑氏立四代之学为一义;《大戴》五学为一义;王肃、刘芳、崔灵恩等创论四郊四学为一义。引据谨严,语极分明，段氏虽博辩纵横，词锋四出，终不免强改经注以成其说。'（《越缦堂日记》光绪戊寅五月十一日条）其说近为是也。关于段、顾二氏论学制之是非，余别有考论，此不详述。"

陈鸿森《订补》考察二人得失，右顾而非段，认为：

> 以余所考，段、顾二氏之失和，盖因顾千里为阮元纂《毛诗校勘记》，时或明斥，或暗驳段氏《诗经小学》、《毛传定本小笺》之说致尔。段氏向好与人角胜争长，而顾氏之为阮元修《校勘记》，乃由段氏所荐；及段氏审定《校勘记》，见顾千里所校者，每与其说立异，因大怒，而"于顾所校，肆行驳斥"，且更延及顾氏去年为张古余所撰之《礼记考异》，亦加驳难（其后复及明年顾氏为胡克家所撰之《文选考异》），二家论学制之争遂起，此二家交恶之由也。凡此，刘氏并失细考。至二家之曲直，张舜徽氏《清人文集别录》卷十二云："以余观二人意气之争，段氏实不能辞其咎，读《经韵楼集·答黄绍武书》，可知当日舆论，亦多责难段氏。"（页三四五）鄙意亦云然。别有专论详之，此不具论。

刘跃进《段玉裁卷入的两次学术论争及其他》概括说：

> "矛盾已由一字之争进一步扩大开来，转为对彼此学术方法、学术见解的否定。"

> "段、顾两人的这种性格，还有对学术的执着，他们之间的分歧、乃至纷争实在是难以避免。从学术层面看，论争的焦点只是一字之差，而在这背后，似乎又涉及古籍校勘原则的根本分歧。段玉裁等人认为'照本改字'并不难，难的是断定'立说之是非'，也就是作者'所言之义理'。由义理而推断古籍底本之是非，不失为校勘的一个重要途径，也就是后来陈垣先生归纳的所谓'理校'。段、王之学最为后人推崇的，往往在这里。而顾千里则强调'不校之校'，宁可保持古籍原貌，也不要轻易改动文字。顾千里为惠氏学，信家法，尚古训，恪守汉人做法；而段玉裁为戴氏学，认为汉儒训诂有师承，有时亦有附会，他们从事文字训诂和典章制度的研究，最终的目的还在义理的探究。由此来看，段、顾之争，似乎也不能排除学

派之间的成见。在学术争论中,如果能够达成某种共识,当然是好事,但在多数情况下,犹如《左传·隐公四年》所说:'犹治丝而棼之也。'而这,恰恰又是学术论争的意义所在。通过学术论争,开阔视野,寻求新解。而段、顾之争,似乎还不是这样,由具体学术问题引起,又超出了学术研究的范围,平添了意气用事的成分。"①

二人由周代学制问题的争议,延及校勘方法的论争,夹杂一些学术以外的攻讦,章太炎先生《訄书·儒侠》将侠士"感慨奋厉,矜一切以自雄者"与真正的儒者视为同道,从二人的言行来看,都有一些与众不同的特质,个性中"狂狷"的一面,由学术问题引起而超出学术研究范围,既有学术争鸣推进学术发展的积极意义,也难免产生负面影响,而正可见此二人的学术个性与文化品性。

保持独立思考的精神,充分发挥个人理性思维的能力,提出自己的创新性见解,向前贤或他人的学说挑战,成就一家之言,并遵循"实事求是""志存闻道"的学术共性,注重考证,寻求支持自己观点的坚实证据,应当是乾嘉时期明显的时代特色,也是戴震学术范式的底色或者说是根本。段玉裁的另一学生臧庸就曾明确指出,段氏不苟同于戴震,他也是如此,"独断不疑",语见嘉庆十四年十一月二十七日臧庸致书庄述祖,称:"昔金坛段氏受业于戴吉士,而与东原言韵书云:'抽绎遗经雅记,差可自信其非妄,不敢为苟同之论,惟求研审音韵之真而已。'庸之于先生,亦由是也。……又学问之道,贵在虚己受益,亦贵独断不疑。"②梁启超《清代学术概论》中说:"戴氏学术之出发点,实可以代表清代学派时代精神之全部",这种精神就是:"盖无论何人之言,决不肯漫然置信,必求其所以然之故;常从众人所不注意处觅得间隙,即得间,则层层逼拶,直到尽头处;苟终无足以起其信者,虽圣哲父师之言不信也。此种研究精神,实近世科学所赖以成立。"而段、顾二人又似为秉此研究精神最为执着者,二人碰撞所产生的学术思想火花似乎增添了那个时代一抹独特的令人关注的亮色。

---

① 《文史知识》2010 年第 7 期。
② 臧庸《拜经堂文集》卷三《与庄葆琛明府书》。

第六章　移居苏州与苦耕砚田(下)

第一节　学术丰碑:《说文解字注》

　　清代经学家有治小学以通经学、通经以明道的认知模式,已见前说。段玉裁《说文解字注·许慎叙注》直接称:"《说文》《尔雅》相为表里。治《说文》而后《尔雅》及传注明,《说文》及《尔雅》传注明而后谓之通小学,而后可通经之大义。"同时,段玉裁认为"向来治《说文解字》者多不能通其条贯、考其文理",不得许氏《说文》要领,因而一直研讨《说文》,做长期的准备。先于乾隆四十一年编纂长编《说文解字读》,历时近 10 载,成 540 卷,卢文弨乾隆五十一年为之作序。

　　嘉庆二年(1797),段玉裁又完成了《汲古阁说文订》,这是对大徐本《说文》的验核和订补,为《说文解字注》做了文献上的准备;加之此前完成的《六书音均表》,为《说文解字注》做了内在音理上准备。对《说文解字注》及段氏说文学研究至关重要的两个方面已完备,此后礜栝整理为"说文学"首屈一指的名著《说文解字注》,就是最后的冲刺了。直至嘉庆十二年(1807),73 岁的段玉裁终于完成三十卷全稿。而在这漫长的过程中,可以说段玉裁克服了重重困难。

　　乾隆五十四年到嘉庆五年的祖茔风波,牵扯了他的大量精力,以至于全家不得不动迁至苏州,严重影响他的身心健康。迁家以及各项事务,对经济并不富裕的段氏来说,也是压力很大,入幕做客,代人作嫁衣就成了无奈之举。

更为严重的就是身体健康了。乾隆五十八年（1793），托刘端临谋书院差事未成，信中谈道："弟身子初好，尚不能读书""弟自上年至今，心绪如梦，兼之外感，故心脉甚虚，少用心则夜间不能安宿，又左臂疼痛不可耐，未知是外症，抑内症，恐读书之事从此欲废，如何！如何！"不久又致信说："弟数年来心事沈郁，故今夏病虽不重而精力大改，兼之臂痛，未识医能治之否？私惧《说文》等书不能成。"表达对《说文》注的忧虑。乾隆六十年（1795）前后，跌坏右脚，不能出门，他在《与刘端临第十一书》说："别来已七旬矣，归时颇自整顿，欲有成书，而脚痛之外，加之疮烂疥烦，辗转两月，全废书本，可叹！"不久，又在《与刘端临第十二书》说："九月间次儿归后得手书，劝谕谆谆，勿以衰病堕其志气，失同人之仰望。感极！感极！良友箴规，固宜敬镂心版。弟之脚万无愈理，只求不痛，而疮至近日尚未全愈，一俟全愈，即当勉成未竟之书，惟是心力顿衰，自觉难以探赜索隐及炉捶烦杂耳。……弟目下藏府间有病，苏之良医王顺生，自上年至今，总云肝内郁热，不可用补剂，故近日服羚角、竹沥等物。"嘉庆元年（1796）《与刘端临第十四书》仍说："弟到今疮不痊愈，客冬至今，勉治《说文解字》，成第二篇之上卷，胸中充积既多，触处逢源，无所窒碍，言简而明。此书计三年可成，足以羽翼汉注，足以副同志之望，看来有必成之势矣。……弟脚尚痛而不可耐，疮未愈而将痊，书未成而志在必成。"在《与邵二云书二》中向友人哀叹："玉裁前年八月跌坏右足，至今成废疾，加之以疮，学问荒落。"在伤腿之际勉力研治《说文》并"志在必成"。"脚已坏而疮不绝"，但"终日所苦者，惟查书之苦耳"。嘉庆二年大病二十余日，"迩日精神尚好，拙稿已到五篇下之《食部》"，段氏乐观地称："昔人诗云'开门常胜得千金'，今则'闭门常胜得千金'也。"嘉庆四年、五年，又致信刘氏说："弟既抱病而多事，内人主持柴米之务者也，亦复病废不能理事，一家卅口，心之忧矣，云如之何？上有大年老人在堂，故近来宿食不宁，两目昏花，心源枯槁，深惜《说文》之难成。""衰年心血已枯，心中不快特甚。锓价贵不可言。盖《说文》全书恐有难成者矣。"此后嘉庆七年《与刘端临第二十九书》说："弟衰迈之至，《说文》尚缺十卷，去年春病甚，作书请王伯申踵完，伯申杳无回书；

今年一年，《说文》仅成三页……盖春、夏、秋三季多不适，而春病尤甚，有不得不然者也。"在最为困难、心力交瘁之际，嘉庆六年"栗栗危惧"之时"《说文注》恐难成"，曾有意请王引之"踵完"，只是因王引之未及时允诺，段氏只好勉力完成。段氏自述"老、贫、病三者兼之"，嘉庆九年夏在给王念孙的信中说："弟年七十余耳，乃昏聩如八九十者，不能读书，唯恨前此三年，为人作嫁衣而不自作，致此时拙著不能成矣，所谓一个错也"①，一直"私惧《说文》等书不能成"。嘉庆十一年秋冬之际，致书王念孙，言及《说文注》"弟夏天体中极不适，冬日稍可，当汲汲补竣，依大徐三十卷，尚有未成者二卷也，今冬明春必欲完之，已刻者仅三卷耳"，表示"精力衰甚，能成而死则幸矣"②，并有撰《说文转注释例》之计划。于此可见段氏在家事烦、身体病、经济穷等压力下成书过程之艰难。

约《读》成《注》，成书已属不易，嘉庆十二年《说文解字注》全书初步告成。此《注》在形成过程中曾有少量刊刻，如嘉庆九年，阮元出资刻其中一卷，即《说文注》第六篇上，篇末署仪征阮常生校刊，与别篇某某人校字者不同。段玉裁也曾向王念孙提出"并希量力伙助，庶乎集腋成裘"。完稿后又经历近十年的获得学界承认、支持、资助刊刻之路。

《说文解字注》是在段、顾之争的过程中成书的，似乎存在一些质疑之声。嘉庆十一年（1806）四月初二日，由弟玉立携信给王念孙，请其作序，称"《说文注》近日可成，乞为作一序。近来后进无知，或有谓弟之学窃取诸执事者，非大序不足以着鄙人所得也，引领望之"③。嘉庆十三年五月，王念孙为《说文解字读》撰序说：

> 《说文》之为书，以文字而兼声音、训诂者也。……吾友段氏若膺于古音之条理，察之精，剖之密，尝为《六书音韵表》，立十七部以综核之，因是为《说文解字读》一书，形声、读若，一以十七部之远近分合求之，而声音之道大明。于许氏之说正义、借义，知其典要，观其会通。而引经与今本异者，不以本字废借字，不以借字易本字，

①《经韵楼文集补编》卷下《与王怀祖第一书》，凤凰出版社 2010 年版，第 51 页。
②《经韵楼文集补编》卷下《与王怀祖第五书》，凤凰出版社 2010 年版，第 53 页。
③《经韵楼文集补编》卷下《与王怀祖第三书》，凤凰出版社 2010 年版，第 52 页。"或有"原作"咸以"，据罗继祖《年谱》等改。

揆诸经义,例以本书,有相合无相害也,而训诂之道大明。训诂、声音明而小学明,小学明而经学明,盖千七百年来无此作矣！则若膺之书之为功也大矣。若夫辨点画之正俗,察篆隶之繁省,沾沾自谓得之,而于形声、读若、转注、假借之通训茫乎未之有闻,是知有文字而不知有声音、训诂也。其视若膺之学,浅深相去为何如耶！余交若膺久,知若膺深,而又皆从事于小学,故敢举其荦荦大者,以告缀学之士云。①

盛赞该书"盖千七百年来无此作矣"。关于王氏序,陈鸿森《订补》第 638 页注称"其文与段注书前所冠王氏序文并同,惟王序'因是为《说文注》'一语,本集作'因是为《说文解字读》一书'为异耳。因知王集此文,盖后人编家集时改从段氏所改易者,已非王氏原文矣"。今残存《说文解字读》抄本,首有卢文弨、沈初两序,未收王念孙序。而罗振玉所辑《王石臞先生遗文》则为《说文解字读序》。《说文解字注》刻本收有王念孙序,而无卢、沈序。《读序》与《注序》小有异文,除陈氏所揭示外,尚有数处:《读序》"有相合无相害也",《注序》作"若合符节";《读序》"则若膺之书之为功也大矣",《注序》无;《读序》"形声、读若、转注、假借之通训",《注序》作"转注、假借之通例";《读序》未署时间,《注序》署"嘉庆戊辰五月,高邮王念孙序"。

接王念孙序文后,段氏覆函致谢,称"今岁接手札二、大序一,感谢之甚。拙著得此序,如皇甫之序《三都》,声价倍增。奖借处能见其大,行文尚于鄙意有未惬处,容小更易,再呈大教",言及"今日之弊,在不尚品行政事,而尚剿说汉学,亦与河患相同,然则理学不可不讲也"②。王念孙又出四十金帮助刻书。

由此可知嘉庆十七年,《注》付梓,得友朋和家人之助,由胡积城、徐颋等人力任刊刻之费,江沅、陈奂等先后司校雠之职,嘉庆二十年五月全部刊成。关于各卷后所记校刊者之名,陈鸿森《订补》认为"非与其事者","实为出刻资者","任其役者,始则江沅;及江氏游闽,乃由陈奂继

① 王念孙《王石臞先生遗文》卷二《段若膺〈说文解字读〉序》。
② 罗继祖《段懋堂先生年谱》收录。

其事也"。陈氏考证如下:"《段注》原刊本每卷后,各记校刊者之名。论者习以为诸人尝与校字之役,其实非也。今考六篇下末记'吴县钮树玉校字';然按钮氏《段注说文注订》则云:'六篇末有"吴县钮树玉校字"一行。其二十五部字数,又列贱名。按段君书未刊之前,余未及见。所举字数及说,则出余所着《考异》,曾以就正段君也。'(卷二,页二十)然则钮氏未尝亲与校雠可知。《段注》各篇末所记校者名氏,实为出刻资者也。上引段札言阮元为刻一卷,又《与王怀祖第五书》谢其'惠以四十金,俾为刻资',故十篇下为'阮元校字',八篇下为'王引之校字',二氏俱非亲与其事者也。任其役者,始则江沅;及江氏游闽,乃由陈奂继其事也。今检《段注》九篇上,末有'受业长洲徐颋校刊'一行;共十篇上、十一篇上之一、之二、十一篇下、十二篇上、下、十三篇上、下、十四篇上等,并记'胡积城校字',胡为徐颋督学安徽时所拔贡也(见陈奂《师友渊源记》页十四。《刘谱》谓段氏弟子者,误),盖是书之刻,胡氏斥资独多也。然则一篇末记'元和顾广圻校字'者,此卷之刻资,盖由顾氏任之,当在十二年二家论学制交恶以前。"

此外,家人的支持与该书的刻成也大有关系,其婿、弟、子、孙、曾孙等全部参与校刻工作。《说文解字注》第十五卷下载:"受业婿仁和龚丽正校字。嘉庆二十年岁次乙亥五月刊成。胞弟玉成、玉章、玉弟,男骧、骈,孙男美中、美度、美制、美韫、美瓛,曾孙男义正、义曾同校字。"

段《注》以《说文》大徐本为底本,篇次一仍其旧,但因第十一篇上注文罗多,遂将该篇一分为二,故全书实有 31 篇。

段《注》为世所重,诵习不绝,以至"缀学之家,几于户置一册"(陈庆镛《说文解字义证叙》)。《续修四库全书总目提要》(经部)"《说文解字注》附《六书音均表》二卷"条:"是书以鼎臣之本颇有更易,不若楚金之本为不失许氏之旧,顾其中尚有为后人窜改者、漏落者、失其次者,一一考而复之,博辨详稽,包孕闳富。惟勇于删改,是其所失,然小疵不害大醇。钮树玉见玉裁书,著《段氏注订》八卷,有段不误而钮反误者。古今之治小学者,求能通其条贯,考其文理,核其讹字,未有过于段氏者。"

嘉庆十九年(1814)秋八月,江沅接段玉裁邀撰后叙之信,知《说文解字注》刊刻过半,并撰《后叙》,称"许书之要,在明文字之本义而已矣。

先生发明许书之要,在善推许书每字之本义而已矣"。该文对段《注》宗旨、学术特色、成书经过等有较为全面的评论,对阅读段《注》大有帮助,录之如下:

> 段先生作《说文解字注》,沅时为之校雠,且怂恿其速成。既成,又日望其刻以行也。癸酉之冬,刻事甫就,而沅适游闽,至是刻将过半矣。先生以书告,且属为后叙。沅谓世之名许氏之学者伙矣,究其所得,未有过于先生者也。许氏著书之例以及所以作书之恉,皆详于先生所为注中,先生亦自信以为于许氏之志什得其八矣,沅更何所言哉!先生命序之意,盖谓沅研诵其中十有余年矣,作篆以正其体,编音均十七部以谐其声,必有能以约而说详者。沅于是即所见而陈之曰:许书之要,在明文字之本义而已矣。先生发明许书之要,在善推许书每字之本义而已矣。经史百家字多叚借,许书以说解名,不得不专言本义者也。本义明而后余义明,引申之义亦明,叚借之义亦明。形以经之,声以纬之。凡引古以证者,于本义,于余义,于引申,于叚借,于形,于声,各指所之,罔不就理。蓻、谊之讹衍,鼏、袡之讹夺,罔不灼知。列字之次弟,后人之坿益,罔不毕见。形声义三者,皆得其杂而不越之故焉。县是书以为旳,而许氏著书之心以明,经史百家之文字,说无不由此以明。孔子曰:"必也正名",盖必形声义三者正,而后可言可行也。亦必本义明,而后形声义三者可正也。沅先大父艮庭征君,生平服膺许氏,著《尚书注疏》既毕,复从事于《说文解字》,及见先生作而辍业焉。沅之有事于校雠也,先征君之意也。今先征君音容既杳,先生独神明不衰,灵光岿然,书亦将传布四方。而沅学殖荒陋,莫罄高深,瞻前型之邈然,幸后学之多赖,愉快无极,感慨从之。至于许书之例,有正文坿见于说解者,有重文坿见于说解者,此沅之私见,而先生或当以为然者也。坿于此以更质诸先生。时嘉庆十有九年秋八月,亲炙学者江沅谨拜叙于闽浙节署。①

---

① 《说文解字注》许惟贤整理本,凤凰出版社 2007 年版,第 1349 页。

《说文解字注》是南唐徐锴作《说文解字系传》以来最重要的《说文》注本,在文字、音韵、训诂和校勘学等诸多方面,均取得了非凡的成就,卢文弨在《说文解字读序》中说"盖自有《说文》以来,未有善于此书者",王筠《说文释例序》称"段氏书体大思精",均非过誉。现代学者周祖谟先生《论段玉裁〈说文解字注〉》评价说:"段氏受学于戴震,既长于经学,又长于音韵、训诂和校勘,而且熟悉先秦两汉的古书和前代的字书、韵书,他用其所长来注解《说文》,不仅能淹贯全书,发其义蕴,而又能疏通古今音训,深知体要,所以大为学者所推重。"①并细论段注主要工作有五大方面:一、校注《说文》传本的讹误,二、发明许书通例,三、根据古代群书训诂解释许说,四、阐发音与义之间的关系,五、说明古今字和假借字和字义的引申与变迁。同时,提出五方面主要缺点:一、校订许书,有时自信太过,流于武断;二、解释转注假借与许慎原意不合;三、解释许书训释颇有错误,有时甚至穿凿附会,强为曲解;四、墨守许书,以为许书说解必用本字;五、段注中所说意义的引申,类例不清,有些不是引申而列为引申义。② 总体上说,段注体大思精,蕴涵着丰富资料,虽小有瑕疵,然仍为研究中华传统学术的必读之书。

　　《说文》内容上简古而深奥,流传上经千余年的传钞刊刻,发生许多讹脱,需后人研讨阐发,需要校补。而历代研究《说文》的著作很多,近人丁福保所编《说文解字诂林》就开列两百余种,有清一代尤为突出,占其大半,其中有被称为"四大家"的段玉裁、桂馥、王筠、朱骏声,各有专著,互相辉映,而最为精深、全面的当推段氏《说文解字注》。

　　许惟贤先生《〈说文解字注〉叙录》③从段氏的成就和段《注》的特色,谈到治中国文史之学者无不读《说文》,而近世读《说文》者则很少是不从读段《注》入手的。进一步总结段《注》的杰出贡献:

　　一、阐发许书的义例。许书简古精严,然其内在义例,许氏并未一一说明。学者读之,难以融会贯通。段氏每于注中揭示许慎著书法则,明其通例及术语含义。如"一部"之注,就指明许氏收录篆文、古文、籀

---

① 周祖谟著:《文字音韵训诂论集》,北京大学出版社 2000 年版,第 213 页。
② 详参周祖谟《文字音韵训诂论集》,北京大学出版社 2000 年版,第 213—242 页。
③《段玉裁全书》第三册,江苏人民出版社 2015 年版,第 1—5 页。

文的原则(式字下注),五百四十部之先后"以形之相次",一部内各字先后"以义之相引为次"的编排方法(部末注),以及"凡篆一字先释其义,次释其形,次释其音,合三者以完一篆"(元字下注)的说解通例等。这种阐发许书义例的文字,有二百多条,散见全书注中,帮助读者通其条贯,执简驭繁,以这理解《说文》精义,有事半功倍之效。

二、校正《说文》传本之讹误。《说文》经长期传钞翻刻,不免产生错讹夺衍,其间也夹着不少某些学者据己意所作的窜改,若不校正,读者将被导入歧途。段氏对这一工作十分重视,采用的方法,也很谨严。首先是以《说文》校《说文》,即用不同版本互校,前后文对校,据义例推校。其次是根据他书材料,如经传训诂、韵书、字书例证来覈正。校订所据,多于注中说明。段氏所指,常切中其误,后人曾用新发现的唐写本《说文》残页检覈,证明与段氏所校颇多暗合,可见段校之精。当然因主观武断而误校者也不乏其例。

三、疏证许书的说解。许慎对一字形音义的说解,因体例及时代因素常简而不明,对其进行疏证,使之可信、可解、可用,是段注的主要任务。尤其是释义,是《说文》之精髓,但其只述本义(偶用"一曰"介绍异说、别义),常古奥不为人知,段注于此则颇下功夫,尤其注重对《说文》所列本义的考释。其不明者,疏以解之,其有偏颇或别义未及者,扶以正之,扩以充之;其义近、义异者,则聚而辨其异同;其形音义相关者,则牵引而明其会通。为了做到这些,段氏广搜博引,内外系联,又运用假借、引申、古今字、浑言析言、音义同通、语转、字同、省文、或作、俗作等术语帮助定性。行文上有时简洁明快,一语破的;有时不烦梳理举证,作为长篇,务使读者透彻理解。对此,江沅在为段书所作的《后叙》中赞誉说:"先生发明许书之要,在善推许书每字之本义而已矣……形以经之,声以纬之,凡引古以证者,于本义,于余义,于引申,于假借,于形,于声,各指所之,罔不就理……县是书以为的,则许氏著书之心以明,经史百家之文字亦无不由此以明。"确实,段氏这方面的工作,最使学者受益。

四、对汉字形音义的全面系统研究。段氏深刻理解许慎对汉字形音义统一关系的重视,他在《说文解字叙》注中说:"许君以为音生于义,义着于形,圣人之造字,有义以有音,有音以有形,必审形以知音,审音以知义。"因此他提出形音义三者互相求的理论:"小学有形,有音,有义,三者互相求,举一可得其二。有古形,有今形,有古音,有今音,有古义,有今义,六者互相求,举一可得其五。"(见《广雅疏证序》)《说文》虽分析六书,但它反映的古音系统未经整理并不明确,段氏之前,有顾亭林、江慎修的古音研究,但段氏认为他们分析未备,不是研究古字形音义的完善基础。因此段氏前半生花了很大精力完成了《六书音均表》,并提出"古本音说""古谐声必同部说""音韵随时代变迁说""古合韵说""古假借必同部说"等重要理论,取得里程碑性质的成就,为古字形音义系统研究提供了条件。他说:"音均明而六书明,六书明而古经传无不可通。"因此他在注《说文》时保留了大徐本的反切,又于每字注明古音属第几部,以语音为枢纽论证本义推衍引申义,破解假借义,驰骋纵横上下,对古汉字的形音义进行系统研究,纠正了不少前人的错误,为古汉语研究作出了很大贡献。只可惜其时金文研究成果还不突出,甲骨文还未发现,在古字形方面他只是主要根据《说文》所列,较少突破,在许多方面影响他取得更大成就。

段氏的成就远不止以上四点,他结合《说文》研究在校勘阐释群书以及考释古代山川草木、鸟兽虫鱼、典章礼仪等方面也取得许多成果,缕述于《说文解字注》中,多为学者所称道。

段注的缺点与局限,前人研究也指出不少。如对某些篆文和说解的改动,因所持证据不足或有误,显得主观武断;进行形音义互相探求及推阐字义引申时,有时不够严密而导致结论失当或自相矛盾;对《说文》义例的某些解说,如转注、说解必用本字、三字句等是否符合实际,也多为学者质疑;因盲目尊许,而曲为疏通,以

图15 《说文解字注》整理本

至以讹传讹;段氏在注中引用书证,常不全具书名篇名或虽出而有误,引文亦常有改窜错讹,使读者理解、采用产生困难;凡此等等,皆为巨著之瑕疵。段氏书出不久,即有学者著为专书对其进行补正匡谬,此类著作共有十余种。重要的有:王念孙《说文段注签记》、钮树玉《段氏说文注订》八卷、徐承庆《说文解字注匡缪》八卷、王绍兰《说文段注订补》十四卷、徐灏《说文段注笺》十四卷、冯桂芬《说文解字段注考正》十五卷、朱骏声《说文段注拈误》一卷、马寿龄《说文段注撰要》九卷等①。徐书匡谬十五项:一为"便辞巧说,破坏形体",二为"臆决专辄,诡更正文",三为"依他书改本书",四为"以他书乱本书",五为"以意说为得理",六为"擅改古书以成曲说",七为"创为异说,诬罔视听",八为"敢为高论,轻侮道术",九为"似是而非",十为"不知阙疑",十一为"信所不当信",十二为"疑所不当疑",十三为"自相矛盾",十四为"检阅粗疏",十五为"乖于体例"。清末李慈铭对徐氏之匡谬评论说:

> 段氏之学,博综深思,本休宁之精而广之,或恃其独到,往往失之坚僻。其《说文》之注,宏通博奥,兼苞众经,纵横不穷,为考名物训诂者之渊薮,非仅为功于许书也。其专辄自用,动事更易,诚亦乖训注之体,当时竹汀钱氏已屡规其失。自后钮匪石等著书诋之者不一,然皆未甚其辞,徐氏笃守许君家法,不薄视南唐二徐,义据确然,特为严谨,凡所攻击,皆中其疵。

> 阅《段注匡谬》,其中亦有过为吹索而实不能胜段者……必分立名目,类求其短,且多加以恶谑毒讪,一若讦讼切齿之辞,此则吴缜《纠谬》、陈耀文《正杨》之余习,著书者所深戒也。②

近人胡朴安《中国文字学史》称:"徐氏之说断不能尽是,亦不能尽非。"③今人余行达、周祖谟、郭在贻等先生也有订补。段氏既有学术背景与认知上的局限,如对金石学重视不够,死守《说文》,盲目尊许信篆,

---

① 参见张其昀:《"说文学"源流考略》第三编《"说文学"之形成与发展》第二章《段玉裁的"说文学"》,贵州人民出版社 1998 年版,第 138—159 页。
② 李慈铭:《越缦堂读书记》,上海书店出版社 2000 年版,第 181 页。
③ 胡朴安:《中国文字学史》,北京市中国书店 1983 年再版,第 312 页。

导致难以发现许慎在形义说解上的错误,以至于就许慎之误说而曲为之解,错上加错,也有时代的因素与资讯文献的不足等各种限制,不必苛责。各书所论及他人评论虽亦有得失偏颇,但对人们研读段书,均有一定的参考价值。

关于段《注》版本,嘉庆二十年(1815)段氏去世前刻印完成的,即为经韵楼初刻本。此后清代有《皇清经解》本、苏州保息局初刻本与重刻本、湖北崇文书局本、成都尊经书院本、船山书局本、上海江左书林本等;民国年间有扫叶山房石印本、世界书局影印本、中华书局四部备要排印本等;新中国成立后有上海古籍出版社影印的经韵楼本、中华书局影印的日藏苏州保息局本、凤凰出版社的许惟贤整理本等。需要说明的是,各本所附内容多少不一。《六书音均表》与《说文解字注》互为表里,形成注表合刊本,亦有单行本。同治年间湖北崇文书局本附刻《汲古阁说文订》。清末的一些本子附刻了后人的一些相关著作如徐承庆《匡谬》等。当代台湾影印经韵楼本,在《六书音均表》之后附有鲁实先《说文正补》、曾运乾《古音三十摄表》等。许惟贤整理本径行改正手民之误外,择要列出附注近一千二百条;除"笔画索引"外,还有帮助读者利用段注成果进行深入研究的"类比字索引"。这些增益,总的来说,便于阅读和使用段注。

对段《注》前人有所批评,除前列各书外,也有一些散见的讨论,如顾广圻有《书段氏注说文后》一篇,此可结合段顾学术之争来讨论,全文如下:

> 《汉书·艺文志》:"古者八岁入小学,故周官保氏掌教国子,教之六书。谓象形、象事、象意、象声、转注、假借,造字之本也。""造字之本"一语,必自来小学家师师相传,以至刘歆之旧说,而班书承之,断无可易者也。近段茂堂注《说文》,则欲易之。其易之之说,主戴东原《答江慎修书》,谓指事、象形、形声、会意四者,字之体;转注、假借二者,字之用。又推广其言,诋班此说,实为巨谬。且以为许说迥异于班,予见其皆大不然也。夫许与班同引保氏而说之,则班略许详。"造字之本"一语,是其略也。一曰指事,视而可识。以下是其详也,恶睹所谓迥异者乎? 至段氏所易之说,初无当于保

氏。何则？保氏六艺,余九数等,未见有分体用者也。何以六书乃独分乎？其无当固显然矣。郑司农之注云:"六书,象形、会意、转注、处事、假借、谐声也。"六者平列,转注、假借二者交错于四者之间,其不分体用,亦已显然。其必与班、许同,以此为造字之本,更保待言？安得独诋班以实为巨谬乎？故曰皆大不然也。嗟乎,东原求转注不得,指训诂以当之,而体用之说起。茂堂力主体用而"造字之本"一语遂蒙诋而遭易。吾虑自来小学家师师相传之旧说,倘因此而晦,而司农、叔重之同于班说者,永无由明矣。故粗论之如此。①

顾氏与段氏在学术观点上有一定的差异,且有较为个性鲜明甚至于意气用事的学术之争,已见前述。此处所涉汉字"六书"之说,戴震分析"六书"后认为,六书中的象形、指事、会意、形声四种为造字法,转注、假借两种为用字法,即"四体二用",段氏沿之探讨,似不失为一种学术观点。

第二节 《春秋左氏古经》及《春秋》学

《春秋》,是中国儒家经典之一,记载春秋时期鲁国的国史,被认为是我国第一部编年体史书。现存版本据传由孔子修订而成,有"文王拘而演《周易》、仲尼厄而作《春秋》"之说。《春秋》之起源,《滕文公下》汉代赵岐注提出"孔子惧正道遂灭,故作《春秋》":

> 《滕文公下》:"世衰道微,邪说暴行有作,臣弑其君者有之,子弑其父者有之。孔子惧,作《春秋》。《春秋》,天子之事也。是故孔子曰:'知我者其惟《春秋》乎？罪我者其惟《春秋》乎？'"赵岐注:"世衰道微,周衰之时也。孔子惧正道遂灭,故作《春秋》,因鲁史记设素王之法,谓天子之事也。知我者谓我正纲纪也,罪我者谓时人

---

① 顾广圻:《思适斋书跋》,上海古籍出版社 2007 年,第 192—193 页。

见弹贬者言孔子以《春秋》拨乱也。"

《孟子·离娄下》则有"《诗》亡然后《春秋》作"之说：

> 孟子曰："王者之迹熄而《诗》亡，《诗》亡然后《春秋》作。晋之《乘》、楚之《梼杌》、鲁之《春秋》，一也。其事则齐桓、晋文，其文则史，孔子曰：其义则丘窃取之矣。"

司马迁《史记·三代世表》有"孔子因史文，次《春秋》"之说，《孔子世家》称孔子"乃因史记作《春秋》，上至隐公，下迄哀公十四年，十二公"，进一步证明孔子据鲁《春秋》而修订之说。现存《春秋》仅 16500 余字，行文简约而深微，其褒贬之意即所谓微言大义有待探寻抉发，后世进行补充、解释、阐发之书被称为"传"，其代表作品为"春秋三传"，即《左传》《公羊传》《谷梁传》。《春秋》记事从鲁隐公元年（前 772 年）至鲁哀公十四年（前 481 年），历 12 代君主，计 242 年。有了三传的诠释，孔子的"微言大义"得以彰显。

段玉裁在嘉庆十五年撰成《春秋左氏古经》，第二年八月一日为之作《题辞》。今之《春秋左氏古经》十二卷附《春秋左氏传五十凡》一卷，有《经韵楼丛书》本、《后知不足斋丛书》本，《续修四库全书》收入经部春秋类。

《题辞》说明撰写宗旨、所用方法、取名之意及所起作用等：

> 三家经卷数不同，而皆经、传各书。杜氏预乃取《左》经分年冠于某年传首，二家则汉以后学者析经文冠某事之首，而无传者依次附焉，于是三家之专经均不可得见。宋时有《春秋》正经十二卷，眉山李焘仁甫又令潼川谢崶元锡成《春秋》古经十二篇，今皆亡矣。玉裁侨居姑苏多暇，庚午，年已七十有六，深痛先君子郑重授《春秋左传》而未能尽心此经，又悯今之学者但知稍稍读《左传》，于经文少有能成诵者也，乃恭录《左氏》经文，取郑公注《礼》、《周礼》存古文、今文故书之例，附见《公羊》、《谷梁》经文之异，以小字双行注各条下，为十二篇，又以二家卷数之不同附注《左氏》各篇之末，每条时出订正之语而不敢蔓衍其辞，仍依《汉志》署曰《春秋左氏古经》，俾家塾子孙读经以寻传，读传以释经，纲举而目张矣，其诸学者同

有乐于此乎！①

段氏审慎整理，以左还左，恢复《左氏古经》原貌，又附见《公》《谷》异文以便比较，并著《春秋左氏传五十凡》一卷附后，归纳文例，指导阅读。如此既补早年缺憾，也使后人"读经以寻传，读传以释经，纲举而目张"。

关于此该书的评议，本师王继如先生所撰《〈春秋左氏古经〉叙录》②简明而精当：

> 浏览中国载籍，政治伦理学之著作，《春秋》固为滥觞，且亦为空前绝后之杰作，影响于其后历代之政治伦理者既广大且深远矣。

> 《春秋左氏古经》者，段玉裁为恢复《春秋》古经面貌而撷取《左氏传》之《经》并与《公》《谷》之《经》参比而成之著作也。末附《春秋左氏五十凡》，则是总结《左氏》之文例也。

关于《春秋三传》宋以来主流层面的整理与使用情况，王老师从学术史的维度根据已有成果做了一番梳理，他认为：

> 所据之《经》，文字稍有异同，盖记事或有歧异，然要在价值判断有龃龉也。而宋代有胡安国《春秋传》、张洽《春秋集注》，亦为官家所重，然其时尚未定为功令，取士仍用三传。元代延祐间，取士条格于《春秋》三传之外，增胡安国《传》。明代洪武年间，此二书同立学官，盖源于宗法程朱也，以安国之学出程氏，张洽之学出朱氏。迨永乐间，胡广等剽袭元人汪克宽《春秋胡传附録纂疏》为《春秋大全》，其说专主胡《传》，科场用为程序，洽书遂废（据《四库全书总目提要》上述诸书提要）。

> 清代初叶，科场功令，《春秋》三传之外，仍保留胡《传》。此段氏《春秋左氏古经题辞》所以言："玉裁九岁时，先子命读胡氏安国《春秋传》，其时功令所用也。"段氏九岁，当乾隆八年（1743）。然胡《传》一书，成于宋南渡之后，感激时事，极严华夷之辨。清用其书，

①《段玉裁全书》第二册，江苏人民出版社 2015 年版，第 130—131 页。
②《段玉裁全书》第二册，江苏人民出版社 2015 年版，第 125—129 页。

其违碍之文，尽加删汰，比较宋本与四库全书本胡《传》，则灼然可见。不唯此也，对胡氏于春秋历史事件之价值判断，亦时有察纠，如《春秋》经哀公四年："春王二月庚戌，盗杀蔡侯申。"胡《传》据《左传》所述，谓："蔡侯倍楚诳吴，又委罪于执政，其谋国如是，信义俱亡，礼文并弃，无以守身而自卫，夫人得而害之矣，故变文书'盗'以警有国之君也。"成书于康熙六十年（1721）之《钦定春秋传说汇纂》即深不以为然，案云："胡《传》专责蔡侯而于杀君者有恕辞，不可以训，故删之。"然《汇纂》及成书于乾隆二十三年（1758）后之《御纂春秋直解》，服膺朱子"圣人作《春秋》，不过直书其事，美恶人自见"（《朱子语类》卷133）之说，于胡《传》等穿凿附会之说多所扫除，亦不可谓为无功也。要之，自乾隆中叶后，科举已废胡《传》矣（据康凯淋《论清初官方对胡安国〈春秋胡氏传〉的批评》，文载台湾《汉学研究》第28卷第1期，2010年3月）。段氏《题辞》云："十一岁，乃读《左氏》，专读《传》而已。既长，乃知胡氏之《经》，杂取《左》《公羊》《谷梁》三家之《经》为书，不衷于一。"是段氏谓胡氏之驳杂，正是官学拟废胡《传》之时也。原夫三传之经，不唯文有歧异，卷数亦有差异。《汉书·艺文志》云："《春秋古经》十二篇，《经》十一卷。""《经》十一卷"下注云："《公羊》《谷梁》二家。"是《春秋古经》本十二篇，十二公各为一篇，而《公》《谷》之《经》，合闵公于庄公为一卷，故为十一卷也。古人言"篇"者，所指同"卷"。盖其时《经》自为书，未析而与《传》合也。故《汉志》其下有："《左氏传》三十卷，《公羊传》十一卷，《谷梁传》十一卷。"是三传亦自为书也。然今日所见者，均《经》《传》合为一书矣。段氏云："宋时有《春秋正经》十二卷，眉山李焘仁甫又令潼川谢畴元锡成《春秋古经》十二篇，今皆亡矣。"为恢复《春秋》古经之面貌，段氏乃撷取《左氏传》之《经》并与《公》《谷》之《经》参比而作此《春秋左氏古经》，厘定为《春秋古经》十二篇，而其间亦可见《公羊经》十一卷，《谷梁经》十一卷之面貌也。

王老师还指出："《春秋左氏古经》之精髓，盖在此双行注之中"并从"释阙文""笺同异"等角度举例说明，兹不详引。

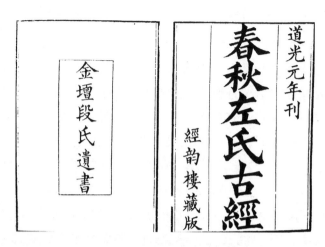

图 16 《春秋左氏古经》书影

段玉裁对《春秋》经传投入了不少精力,除本书外,收入《经韵楼集》卷四的还有《春秋左传校勘记目录序》《春秋经杀弑二字辨别考》《晋里克弑其君之子奚齐》《公羊经传弑字辨误》《公谷记孔子生说》等十余篇文章,撰写时间基本在嘉庆八年到嘉庆十六年《春秋左氏古经题辞》完稿之间。这些文章有段氏确认《春秋左氏古经》十二篇、订正经传文字、揭示《春秋》书法、论证左丘明姓左的理据,等等,共同体现段氏在《春秋》学领域的贡献。

第三节　期盼后继者的《仪礼汉读考》

《仪礼》主要记载周代的冠、婚、丧、祭、乡、射、朝、聘等各种礼仪规范,有"三千"之说,并且内容繁琐,文古义奥,最为难读,东汉郑玄最先做注释,随文作注,详于字词训释、句意疏解和古今名物礼制的比况沟通。郑玄注之后,历代传习者少,注释者也代不数人。清代经学复振,至乾嘉时期至于极盛。段玉裁早在乾隆五十八年(1793)《周礼汉读考》撰至大半时,虽家事纷扰,"心绪焚如,亦复校正《仪礼》,颇有创见"。第二年《周礼汉读考》缮写成书后,就动手撰写《仪礼汉读考》,自称"多发前人所未发,将来治《礼经》者,不可少此"。后人也因此视《仪礼汉读考》为《周礼汉读考》的姊妹篇。嘉庆十九年（1814）十二月，段玉裁已是八十高龄，精力不济，自知无法完成全书，在《仪礼汉读考》书末题数语："《仪礼汉读考》一卷，其他十六卷未成，后之人当有能踵为之者。嘉庆甲戌十二月，茂堂识。"标明未成稿，以俟后人。该书嘉庆末刻成，附于《经韵楼集》，后收入《经韵楼丛书》。道光间，阮元重刻，收入《清经解》。近人陈光煦续成十六卷，已成完璧。孙殿起《贩书偶记》卷二著录《仪礼汉读考》十七卷，说："金坛段玉裁原撰，酉阳陈光煦续撰。宣统元年石印本。此段氏未竟之作，陈氏继撰成书。"又，段氏原撰一卷，今有薛正兴先生整理本，附于凤凰出版社 2010 年 12 月版《经韵楼集》。

此书虽仅一卷，而能收入《清经解》，其学术含金量之高可见一斑。《仪礼汉读考》内容方法及其主要特点，李建国先生归纳为四点：

一，标明经注用字体例，以音求义，辨识古文、今文和正字、假借。《周礼》为古文经，经用古字，注用今字，全书划一，惟各家经读不同，注文用字有异耳。《仪礼》有古文、今文二本，注由己作，故郑玄注参用二本，古、今文并用之：若从今文而不从古文者，则今文在经大书，古文附注叠出；若从古文而不从今文者，则古文在经大书，今文附注叠出。如"礼于阼"条，注："今文'礼'作'醴'。"段氏曰："上注云'醴当作礼'者，正据此今文作'醴'、古文作'礼'而定之。《月令》：'乃礼天子所御。'亦不作'醴'。"此为郑氏经从今文"醴"而注叠出古文"礼"之例，古文"礼"乃"醴"之假借，段氏以郑注及《月令》证成之。又"某有子某"条，注："古文'某'为'谋'。"段氏曰："此同音假借，某、谋古音同在第一部也。《说文》谋从某声，……度淹中古经当是古文谋字，郑君注则从小篆作耳。"此为郑氏经从古文"谋"而注叠出今文"某"之例，段氏以其古音十七部质之，复引《说文》，证郑氏古文从小篆，"某""谋"二字为"同音假借"。

二，参用多注，比较互证。《仪礼汉读考》是段氏最后一部著作，其时《说文解字注》业已出版，数十年经学、小学研究可谓炉火纯青，方法娴熟，运用之妙，存乎一心。《仪礼汉读考》综合运用各种方法，辨同异，考是非。其一是以许证郑。如"采衣紒"条，注："紒，结发。古文'紒'为'结'。"段氏曰："案：《说文·糸部》有'结'无'紒'，此从古文不从今文也，是以《髟部》……字皆作'结'。'结''紒'古今字，皆即后世髻字。郑君从今文，是以《少牢馈食礼》注、《周礼》'追师''弁师'注、《礼记·杂记》注皆作'紒'。凡许、郑二家用字不同，类如此。"二是以郑证郑。郑氏遍注众经，以郑注为本证，更为确当。如"以魁柎之"条，注："魁，蜃蛤。柎，注也。"段氏曰："魁，《尔雅·释鱼》曰'魁陆'是也。《周礼·司市》：'其附于刑者，归于士。'注：'故书附为柎，杜子春云当为附。'然则此经'柎之'亦当为'附之'也。古柎、付、附三字通用，注云'柎，注也'者，'注'犹'属'也。《周礼·疡医》注云：'注，谓附著药。'"此引郑氏《周礼注》以证《仪礼》注，参互比对，以明古字通用，同音假借也。三是以多注证郑。如"兄弟毕袗玄，立于洗东，西面北上"条，注："袗，同也。同玄者，玄衣玄裳也。古文'袗'为'均'。"段氏曰："案：经注'袗'字皆'袀'字之误。㐱与匀篆体易讹，《说文·衣部》曰：'袀，玄服也。从衣，匀声。'今本讹为'袗'，㐱声，赖《文选·闲居赋》注可证。注以'同'释'袀'，以'同玄'释'袀玄'者，此据其字之从匀而言，'袀''均'字皆取匀会意。不从古文作'均'者，经言衣服，则字从衣为切近也。许释'袀'为玄服而郑不同者，许盖礼家旧说也。《春秋左氏传》云：'均服振振。'贾、服、杜君等皆为'袀服'，'袀，同也'。刘逵注《吴都赋》亦引《左氏》'袀服振振'，注：'袀，同也。'杜注《左传》云：'戎事上下同服。'此说'袀'皆同郑。服虔注《左传》云：'袀服，黑服也。'此说'袀'同许。郑于此注不释'袀'为'玄'者，经云'袀玄'，必二字各义。倘'袀'亦训玄，则但言玄可矣。《月令》：'孟冬乘玄路。'注曰：'今《月令》曰"乘袗路"，似当为袀。'则'袀'可训'玄'，郑未尝废其说，惟此《仪礼》之袀字作'袀'而义同'均'，字从今文，义从古文也。'同玄'者之'同'各本脱，今依《士昏礼》注补。"先引《说文》证经注字讹，以《文选》注证成之；复以《春秋左氏传》贾、服、杜之注及《月令》郑注，证此经注"字从今文，义从古文也"；终则校正误脱，并加补正。阮元曾称赞说："盖先生于语言文字剖析如是，则于经传之大义，必能互勘而得其不易之理可知。"[1]《周礼汉读考》如是，《仪礼汉读考》亦如是，其他经学著述无不如是。

　　三，考释名物，比况古今，明其流变，订其讹误。如"葵菹蠃醢"条，

---

[1] 阮元《周礼汉读考序》。

注:"蠃醢,蜗蝓醢。今文'蠃'为'蜗'。"段氏曰:"今江苏人谓有壳者为蠃,俗作'螺'。无壳者为蜗蝓,古音'移俞',今音'延由'。周时无此分别。《释鱼》曰:'蚹蠃蜗蝓。'郭注:'即蜗牛也。'《说文》蠃字下云:'一曰虒蝓也。'蜗字下云:'蠃也。'蝓字下云:'虒蝓也。'然则蜗与蠃同物而异名,异名而同声类,同在十七部,'蜗'古音'窝'。故《周礼》、古文《礼》作'蠃',今文《礼》作'蜗'。《戴记》从今文者也,故《内则篇》作'蜗醢'。徐仙民:《礼记》'蜗'音'蠃',此据《周礼》、古文《礼》。颜师古议其未达,又云'蜗者,蠃类而非一物'。失于考之不详。"引时俗方言,以今况古,因声推源,辨明名物"同物而异名"。

四,勘正注疏,判定是非。段氏曾为阮元修定《十三经注疏校勘记》,于诸经注甚有会心。晚年假《仪礼汉读考》抒其创见,多发前人所未发。如果说《周礼汉读考》详于考字、略于义训的话,《仪礼汉读考》则考字与义训相兼,字词训诂,音读是非,名物考证,句读分析,乃至句意疏解,几近于经传注疏。[①]

第四节　晚年学术交流

现代学术交流方式多样、途径众多,正式的方式有发表期刊论文、出版专著、正规的学术会议与论坛成果等,非正式的小组讨论、私人信件交流、访问讲学、当面交流、讲座演讲、博客文章等等,有效、快速传播学术成果。而在清代现代意义上的期刊还未产生,刻书是费力耗财的雅事,交通不够发达导致大家见面交流的机会不多,更无电话等工具,学术交流方式、途径与现代差异很大。那么,通信、晤谈、撰序、校刻书籍、助编助刻、书院讲学、赠书借阅、游幕交流等等,都是当时常见的形式。段氏晚年自60岁患足疾以后,偶有到杭州的记载,也只有不多的在苏州与学友的雅集,已见上一章,嘉庆十三年(1808)十月所撰《述笔法》落款"记于娄东书院",与学者的交流多以书信、作序跋、写墓志铭等

---

① 李建国《叙录》,收入《段玉裁全书》第二册,江苏人民出版社 2015 年版,第 1—6 页。

方式呈现,或出现在他人书信议论之中,而其中生活场景、人生感悟、学术思想等非常丰富,可藉以体现段玉裁的多样人生,以下分节按时间顺序对与几位学者的交流互动略作介绍。

一、书信类

学者之间最为常见的、方便的是通信交流。梁启超《清代学术概论》第十七总论清代学术时曾谈道:"此类函札,皆精心结撰,其实即著述也。此种风气,他时代亦间有之,而清为独盛。"陈居渊在《汉学建构的地域渊源》章中列有《学人书札与汉学网络》一节进行较为系统的研讨。在梁氏观点的基础进一步说明:"据笔者的粗略考察,现存清代文集收录的清人书札达六千余通,所涉领域非常广泛,其中所贮存的学术信息量,尤以经学最为丰富。"证以民国罗振玉所编《昭代经师手简》二种(初编、二编),收录28位学者写给王念孙、王引之父子的72通书札,其内容全属经学专论,并指出:"由于这些书札大部分不见于现存清人文集,而且书札本身墨迹烂然不一,不易辨认,至今未见有总体性的研究。"①清代学者以书札的形式传播个人的学术见解,对学术圈的建立与学术的传播大有帮助。《经韵楼文集补编》收录段玉裁与刘端临书31通,无所不谈。段氏大量的生平事迹与学术文化交流,可以通过这些信件得以了解。段玉裁与王念孙书6通,涉及众多学术问题。与顾千里的书信往还,最能反映各自的学术观点,相关信件与文章收入《经韵楼集》卷11、12。如段氏《答黄绍武书》说:"以一生师友言之,洞彻天人性命,愚不如先师东原氏;《考工记》《丧服》经制度条例,考核精当,上驾康成,愚不如易田征君;熟精史事,识小无遗,愚不如辛楣少詹;潜心《三礼》,愚不如端临学博;耄而虚怀,好学不倦,愚不如召弓学士、涵斋侍讲;深晓音均十七部,绅绎成书,愚不如怀祖观察;文辞古雅,愚不如姬传刑部;惟于古音、古训,经文古本,略有微劳,抑末也。"②举出8位与他交往、且受他尊重的著名学者戴震、程瑶田、钱大昕、刘台拱、卢文弨、张

---

① 陈居渊:《汉学更新运动研究》,凤凰出版社2013年版,第78页。
② 《经韵楼集》卷十二,凤凰出版社2010年版,第312页。

涵斋、王念孙与姚鼐。其他七位多为学界了解，惟"涵斋侍讲"名不彰显，《经韵楼集》卷八有《与张涵斋书》，又有《张涵斋侍读八十寿序》，可见此人当为懋堂之密友。《张涵斋侍读八十寿序》记载了段氏与张氏早年交往，涉及众多学者，有"好学者以书卷自养，往往多寿"的观点，并有不多见诸段氏笔下"遍寻吴下山水花竹之胜，杯酒纵谈以消余日"可展示段氏之"乐"的语句，引录如下：

> 翰林侍读宣城张涵斋先生长余四岁，乾隆庚辰，同举于乡，至都，同馆坐师东麓钱公所，相得甚欢。已而涵斋官翰林，余为县令蜀中，涵斋以正考官来，相见。辛丑，余归养亲，既乃侨居阊门，涵斋亦营小筑鲙鲟门而迁焉。十年以来，相与褰裳泛舟，过从讲论，忆京华尘土中未尝有此乐也。
>
> 涵斋好学不倦，晚益专精，虽余所著《尚书撰异》《毛诗传小注》《说文解字注》，亦有嗜痂之癖，手抄而严课程日诵几许，不自谓疲。盖入今年已八十矣。余尝谓，好学者以书卷自养，往往多寿。所见卢召弓学士、王兰泉侍郎、王凤喈光禄、钱晓征少詹事、赵瞰江文学，皆是也。至今岿然存者，有梁山舟学士，年八十有八，程易田方正，八十有六，赵云松观察，八十有四，翁正三阁学，姚姬传比部，均八十。此五先生者，散处大江南北，虽所学不同，然余闻皆康强健饭，手不停披，著述方日出，与涵斋所好同也，则其神明同也。今例老而再经乡、会试中式之年称盛事。今嘉庆庚午，赵、姚二老，皆重赴鹿鸣焉。明年辛未，梁、翁二老皆将重燕恩荣焉。藉非寿考作人之盛，而安有是欤？余于诸先生，皆从奉手有所请益，涵斋侍读尤相狎相优，幸其同为寓公，得以听夕赏析。因四月降生之辰，叙欣慕诸老之意，举觯一言，约涵斋从此不数日一晤，遍寻吴下山水花竹之胜，杯酒纵谈以消余日，不识五先生者皆有此乐否也。同年弟七十有六段玉裁再拜撰。①

与孙星衍等旧友，有着正常的书信来讨论学术问题。陈鳣赠以孙

①《经韵楼集》卷八，凤凰出版社 2010 年版，第 191—192 页。

氏所著《郑康成年谱》，段氏读后，于嘉庆十四年（1809）十一月致函孙渊如讨论，既肯定"探赜索隐，可谓勤矣"，又称"抑搜采有未备者，愚得其一焉"，认为不引刘知几《孝经老子注周易传议》为"逐杪而忘本，泳沫而忘源也"①。对这样的学术批评，赵航先生评论说："学术离开批评，就会停滞不前，就会失去前进的活力，这是我们从段玉裁学术活动里所受到的启示。"②

另外还有一些直接交往不多、甚至未曾谋面而在学术上同声相应、同气相求的学者，这里略举与陈寿祺、郝懿行、桂馥等人交流之事。

（一）陈寿祺

陈寿祺（1771—1834），字恭甫、介祥、苇仁，号左海、梅修，晚号隐屏山人，福建侯官人。嘉庆四年（1799）进士，后授翰林院编修，十四年充会试同考官，父母殁后不出仕，主讲鳌峰、清源书院多年。早年受宋儒影响，后来师事阮元，又接触钱大昕、段玉裁、程瑶田等朴学大师，转改以汉学解释经义。《左海全集》收录《左海文集》十卷、《绛跗草堂诗集》六卷，《左海文集乙编》二卷，《五经异义疏证》三卷，《左海经辨》二卷，《尚书大传》五卷，《洪范五行传》三卷，《东越儒林后传》一卷，《东越文苑后传》一卷，《东观存稿》一卷。《左海续集》收录《三家诗遗说考》十五卷（包括《鲁诗遗说考》六卷、《齐诗遗说考》四卷、《韩诗遗说考》五卷，其子乔枞整理完成），《礼记郑读考》四卷。另有《陈比部遗集》三卷等。

嘉庆九年甲子（1804）三月，段氏请臧庸带书信致陈寿祺，称其"人品、经术，皆不作第二流人"。此信《罗谱》以为年月不可考，盖因《左海文类》卷四不记年月，实亦见于《左海经辨》卷首《金坛段玉裁先生书》，下记"甲子三月"。《段集补编》阙收，陈鸿森《订补》收此札。《左海文集》卷四之全文如下：

> 恭甫先生阁下：自壬戌年得奉教益，直至于今，每深驰想。先生人品、经术，皆不作第二流人。圣心简在，慰天下重望。弟已老甚，所仰霖雨苍生也。比来大著能见示一二否？兹因臧西成入都，

---

①《经韵楼集》卷五《与孙渊如书》，凤凰出版社2010年版，第96—97页。
②赵航：《段玉裁评传》，江苏人民出版社2009年版，第48页。

布问福安。西成言学,其推尊者惟先生,雅有水乳之契,相晤之乐可知也。玉裁顿首。

嘉庆十八年(1813)十一月,由江沅携书一通致陈寿祺。《段集补编》失收,陈鸿森《订补》收此札。其二为:

> 辛年握手匆匆,以为大兄先生即出就维扬之馆,相晤不难也。既而知兰陔色养,讲度即在桑梓,无任驰溯。海内治经有法之儒,为吾兄首屈一指。《礼记郑读考》等书,尚未拜诵;即为弟解纷之作,亦未得一见。两年来著述想甚富。弟明年八十,老至而眊及之,不能研精,殊可叹也。未审尚能相见剧谈否?在东已作古人,厚民饥驱鹿鹿。兹因江子兰沅游闽中,肃候侍奉近安。子兰与顾千里,苏之二俊也。侨吴弟段玉裁顿首。

陈鸿森氏按:"札中所言'为弟解纷之作',盖指陈氏《答翁覃谿学士》(见《左海文集》卷四,页十九至二十九),即辨翁氏《书金坛段氏汉读考》也。"《左海文集》卷四《答翁覃谿学士书》:"段氏于《说文》,用功最深,海内无匹,破滞发蒙,精埒贾、郑。此天下之公言。虽有一二牴牾,于其大体无伤也。而如左右所诃,得为平心论事乎?……治经之道,当实事求是,不可党同妒真。"

陈氏后有答书,称"屈指海内通儒,发聋振聩之功,莫过于执事与钱竹汀詹事、王怀祖河使、程易畴孝廉数君子":

> 懋堂先生执事:往读先生所考定《尚书》、《毛诗》、《仪礼》、《周礼》、《说文》、音韵诸部,惊叹悦服,以为贾、郑复出,所以发人神智,扶掖来学无穷。今天下治经,殚研小学,具有汉儒师法,非执事孰为先启其钥邪?曩有浅人,自负雠校,而不通声音文字之元,妄下雌黄,诋娸尊著,寿祺尝争之。要之,浅人固不足辨也。古之经师,伏生、申、辕之伦,多名德期颐之寿,执事大耋耆年,好学不倦,非其人邪……屈指海内通儒,发聋振聩之功,莫过于执事与钱竹汀詹事、王怀祖河使、程易畴孝廉数君子。然寿祺于数君子虽咸从捧手,而腐芥曲针,不以为不屑教诲而勤勤然拾引而进之者,则于执事尤蒙淑艾之私,而当尽师事之义者也。寿祺性狷直,不能为世俗

龌龊脂韦之习。窃怪近日学者文藻日兴而经术日浅,才华益茂而气节益衰,固倡率者稀,亦由所处日蹙,无以安其身,此人心世道之忧也。自惟迂拙,苟终身朴学之中少有心得,贤于博弈而已。承询著述,惭无以应。曩在京师,编《五经异义疏证》三卷,精备检览,谨并《书》《礼》经说数篇,录寄就正。望赐匡捄,而勿麾之门墙,幸甚幸甚。①

(二)郝懿行

郝懿行(1755—1823),字恂九,号兰皋,清山东栖霞人。嘉庆四年(1799)进士,曾任户部主事等。事迹见《清史列传》等。著有文集十二卷,笔录六卷,《证俗文》十八卷,《蜂衙小纪》《燕子春秋》《海错》各一卷,《宋琐语》一卷,《实训》一卷,《尔雅义疏》十八卷,《春秋说略》十二卷,《山海经笺疏》十八卷,《易说》十二卷,《郑氏礼记笺》四十九卷等二十余种。其中《尔雅义疏》,梁启超《中国近三百年学术史》列为最具学术价值与代表性的清人新疏九部之一,今又收入中华书局《十三经清人注疏》。嘉庆十三年(1808),郝懿行始撰《尔雅义疏》。段氏后撰《与郝户部论尔雅书》、《读尔雅释山论南岳》②。《经韵楼集》卷四有《与郝户部论尔雅书》一目而阙正文,《读尔雅释山论南岳》为单纯考证“南岳”之文,未见与郝氏问候交流之语。段氏得意弟子陈奂与郝氏有一定学术上的切磋交流,留下文字记载,而段、郝的直接互动未见到资料,则《与郝户部论尔雅书》一文有目无文,或有原因。由此推测,二人有可能素无交往。

(三)神交桂馥

嘉庆十八年(1813)七月中元日,段玉裁为桂馥《札朴》撰序,颇多推重,称“训诂家断不可少之书”:

> 友有向慕而终不可见者,未始非神交也。余自蜀归,晤钱少詹晓征、王侍御怀祖、卢学士绍弓,因知曲阜有桂君未谷者,学问赅博,作汉隶尤精,而不得见,觊其南来,或可见之。已而未谷由山左

①《左海文集》卷四《答段懋堂先生书》,第48—49页。此文下有“附懋堂先生书三通”。
②二文名见《经韵楼集》卷四。

长山校官成进士，出宰云南永平，以为是恐难见矣。

　　余侨居姑苏久，壬申，薄游新安而归，得晤山阴李君柯溪，刻未谷所撰《札朴》十卷方成，属余序之。余甚喜，以为未谷虽不可见，而犹得见其遗书也。未谷深于小学，故经史子集、古言古字，有前人言之未能了了而一旦怒然理解者，岂非训诂家断不可少之书邪？况其考核精审，有资于博物者，不可枚举。柯溪亦官滇，与未谷时多商榷论定，柯溪之告归也，未谷以此书授之，俾刻之江左；未谷是年没于官，而柯溪乃于十年后解囊刻之，不负郑重相托之意，是真古人之友谊，可以风示末俗者矣。抑柯溪言未谷尚有《说文正义》六十卷，为一生精力所聚，今其稿藏于家，吾知海内必有好事者取而刊之，持赠后学，庶不见未谷者可以见未谷之全也哉！嘉庆十八年七月中元日，金坛段玉裁书于阊门外枝园。①

与段玉裁并称"说文四大家"的另三位即桂馥（1736—1805）、王筠（1784—1854）和朱骏声（1788—1858）。他们的主要著作分别为：桂馥《说文解字义证》，王筠《说文句读》、《说文释例》，朱骏声《说文通训定声》。清人蒋祥墀《桂君馥传》说："曲阜桂君未谷，与余同举乾隆庚戌进士，出宰滇南，卒于官……君讳馥，字冬卉，未谷其号也。……未谷承其家学，于书无所不览，尤邃于金石六书之学。戊子，以优行贡成均，得交北平翁覃溪先生，所学益精。……尝谓士不通经不足致用，而训诂不明不足以通经。故自诸生以致通籍，四十年间，日取许氏《说文》与诸经之义相疏证，为《说文义证》五十七卷；又绘许祭酒以下至二徐、张有吾、邱衍之属，为《说文统系图》，因题其书室曰'十二篆师精舍'，盖未谷之精力萃于是矣。……以嘉庆十年卒，年七十，其子常丰扶枢归葬，未抵家，亦卒于途。"②桂氏仅比段氏小一岁，两人错过机会而未曾谋面，而同为治小学、专攻《说文解字》者，有惺惺相惜之义，不仅为桂馥《札朴》撰序高度赞扬，同时为其《说文》稿本呼吁"未谷尚有《说文正义》六十卷，为一生精力所聚，今其稿藏于家，吾知海内必有好事者取而刊之，持赠后

①《经韵楼文集补编》卷上《桂未谷札朴序》，凤凰出版社 2010 年版，第 17 页。
② 钱仪吉《碑传集》卷一〇九。

学,庶不见未谷者可以见未谷之全也哉"。此处"《说文正义》六十卷",当即后世所刻《说文解字义证》五十卷。段氏所记书名、卷数与今传本不合。而桂氏书中明确提及段玉裁(若膺)有两处,许可《桂馥〈说文解字义证〉稿本述略》称"桂馥在作《义证》时,即便未曾得见《段注》书稿,但通过转引的方式,吸收了部分段玉裁的训诂意见。①

二、序跋类

乾隆五十八(1793)年七月,为任文田《有竹居集》作序,称赞"自经传子史、音韵古籀篆、诗文古近体、古文制义,皆颖悟解脱,心契其妙":

> 余自蜀中归,访友吴中,若汪明之元亮、江雨来藩,皆博雅士也,而文田任君,自经传子史、音韵古籀篆、诗文古近体、古文制义,皆颖悟解脱,心契其妙,见重于王西庄、钱竹汀诸公,余心异之久矣。壬子冬,余侨居苏之下津桥,某门下士袤所为诗文杂著若干卷,请余论定,雒颂之余,益叹西庄诸公推重不爽也。始,余与文田族诸昆领从基振、子田大椿两君游,子田深于《周礼》,辑著《弁服》《深衣》等书,所作诗、古文,直追汉晋;领从于《尔雅》袤然成书;今又得文田,可称"三任"。领从、子田已归道山,而文田年甚富,所造方未有艾,著述不倦,继此当益多,余不死,当更为君一一序之也。乾隆癸丑秋七月,金坛同学弟段玉裁书于阊门外之枝园。②

此文可见段氏与兴化任氏多人的交流与情谊。阊门外之枝园,在今苏州市姑苏区枫桥景区内。据介绍,枫桥一带,历代名人名园都集中于此。景区根据史料记载,在旧址上恢复了清代段玉裁在枫桥寄居的一枝园。民国《吴县志》第宅园林篇,一枝园在阊门枫桥,段玉裁乾隆五十八年移居于此,中有经韵楼。《吴门园墅文献谈丛》:一枝园在枫桥。段懋堂玉裁孝廉寓居于此,中有经韵楼。

段玉裁"铁骨支贫",活到80岁,得以长寿。他的"好书者多寿"观,表达了一种生命哲学思想。他在《周漪塘七十寿序》中说:"好书者多

---

① 详见《文献》2016年第5期,第68—79页。
②《经韵楼文集补编》卷上《任文田有竹居集序》,凤凰出版社2010年版,第10页。

寿。今吾老友有梁氏山舟、程氏易田、赵氏瓯北、翁氏覃溪、姚氏姬传、张氏涵斋,皆八十以上。"①嘉庆十五年(1810)四月在《张涵斋侍读八十寿序》中写道:"好学者以书卷自养,往往多寿。"并举众多友为例。在《八十自序》中说:"古人所乐者不徒年,有不虚其年者在,苟能不虚其年,则永短皆幸也;苟虚其年,则年愈永,悔愈多,而何幸之有乎!"②他不以长寿自喜,反而以长寿而自惧,希望"多见一善人,多闻一善言,多得一善书",③以此感谢天予之寿。《经韵楼文集补编》卷下《与刘端临第十一书》:"别来已七旬矣,归时颇自整顿,欲有成书,而脚痛之外,加之疮烂疥烦,辗转两月,全废书本,可叹! 方信能一日读书皆是一日清福。"与此可以相互印证。

三、墓志铭类

墓志铭是一种悼念性的文体,又称"埋铭""圹铭""圹志""葬志",可以说是浓缩的一份个人历史档案。形式与内容方面,一般由志和铭两部分组成。志多用散文撰写,叙述逝者的姓名、籍贯、生平事略等;铭则用韵文概括全篇,主要是对逝者的悼念和赞颂。有的墓志铭只有志或铭。可以由别人撰写,也可以自己生前自撰。宋代文学家曾巩说:"夫铭志之于世,义近于史,而亦有与史异者。盖史之于善恶无所不书,而铭者,盖古之人有功德材行志义之美者,惧后世之不知,则必铭而见之,或纳于庙,或存于墓,一也。苟其人之恶,则于铭乎何有? 此其所以与史异也。"墓志铭多刻石入土,撰文树碑于地面的则称"碑文",若篇末加韵语,则称"碑铭",不可混淆。从现存文献看,段玉裁所撰墓志铭仅数篇,见于《经韵楼集》卷八;卷九、卷十有数篇碑文与碑铭。下面介绍所撰与学术及学术交流相关的墓志铭两篇。

(一)《翰林院侍读学士卢公墓志铭》

嘉庆元年(1796)十一月廿四日,段玉裁应卢文弨弟子也是自己最得力的弟子之一臧镛堂之请,撰写《翰林院侍读学士卢公墓志铭》,着力

---

① 段玉裁:《经韵楼集》卷八,凤凰出版社 2010 年版,第 191 页。
② 段玉裁:《经韵楼集》卷八,凤凰出版社 2010 年版,第 192 页。
③ 段玉裁:《经韵楼集》卷八,凤凰出版社 2010 年版,第 194 页。

介绍和赞扬卢氏的治学精神及其学术成就,并随文感慨"向时弃官归,天下为公惜之,然孳摩岁月,衣被将来,功孰大于此者":

公好校书,终身未尝废。在中书十年,及在上书房与归田后主讲四方书院凡二十余年,虽耄,孳孳无怠。早昧爽而起,翻阅点勘,朱墨并作,几间闒闛无置茗盌处。日且冥,甫出户散步庭中,俄而篝灯如故,至夜半而后即安,祁寒酷暑不稍间。官俸脯修所入,不治生产,仅以购书。闻有旧本,必借钞之;闻有善说,必谨录之。一策之间,分别迻写诸本之乖异,字细而必工,今抱经堂藏书数万卷皆是也。

校雠之事,自汉刘向、扬雄后,至圣朝极盛。公自以家居无补于国,而以刊定之书惠学者,亦足以裨益右文之治,出所定《经典释文》《孟子音义》《逸周书》《贾谊新书》《春秋繁露》《方言》《白虎通》《荀卿子》《吕氏春秋》《韩诗外传》《独断》诸善本,镂版行世;又苦镂版难多,则合经、史、子、集三十八种,如《经典释文》例,摘字而注之,名曰《群书拾补》以行世。所自为书有文集三十四卷,《仪礼注疏详校》十七卷,《钟山札记》四卷,《龙城札记》三卷,《广雅释天已下注》二卷,皆使学者误正积非,蓄疑涣释。向时弃官归,天下为公惜之,然孳摩岁月,衣被将来,功孰大于此者?

公治经有不可磨之论,其言曰:"唐人之为义疏也,本单行,不与经注合。单行经注,唐以后尚多善本。自宋后附疏于经注,而所附之经注,非必孔、贾诸人所据之本也,则两相钼铻矣。南宋后又附《经典释文》于注疏间,而陆氏所据之经注,又非孔、贾诸人所据也,则钼铻更多矣。浅人必比而同之,则彼此互改,多失其真。幸有改之不尽,以滋其钼铻启人考核者,故注、疏、释文合刻,似便而非古法也。"其读书特识,类如此。

最后铭曰:"先生与余交忘年,一字剖析欢开颜,十年知己情则坚。先生一去余介然,归于其宫神理绵,其书可读其泽延。"[1]充分表达相互情谊

---

①《经韵楼集》卷八,凤凰出版社 2010 年版,第 194—196 页。

与对"其书"可读"其泽"可延的赞美。

（二）《陈芳林墓志铭并序》

嘉庆十六年（1811），77岁的段玉裁应陈芳林之子承宗之请，撰《陈芳林墓志铭并序》，称其"于《左氏》之学綦深"，文中涉及交友与治学：

> 乾隆辛丑，余自巫山引疾归，南陔多暇，补理旧业，得卢召弓、金辅之、刘端临诸君为友。卢、金二君为余言苏州陈君芳林以所著《春秋内外传考正》五十一卷相示，余读之骇然以惊曰："详矣！精矣！《内外传》乃有善本矣。"逡书其副，藏于家，用以订阮梁伯《十三经校刊记》。顾余不识陈君。壬子冬，移居姑苏。嘉庆辛酉，君乃自晋归，容貌颀然，严毅厚重，相见恨晚，并得其《国语补音订误》及《诗集》观之。《诗集》摘采于青浦王氏《湖海诗传》矣。其全集三千七百首，生平举动一一可稽，如白乐天之《长庆》也。余与君居相近，然不能数见。遽于九月哭君溘逝，余归自蜀今三十年，旧友如卢、金辈鲜有存者，吴门王礼堂、江艮庭、钱晓征、汪明之，皆乐数晨夕，亦相继凋丧，若君则相识才数月而旋失之，可不哀哉！
>
> 辛未，君子承宗等将葬，请余志墓，余不敢辞。按状，君讳树华，字芳林，号冶泉。诰封奉政大夫。先世由崑山迁长洲。曾祖学洙，仕知县。祖璋，康熙甲戌进士，历官侍读学士，顺天学政。父鸿熙，历官两广都转盐运使。君以乾隆元年恩荫贡生，补授湖南武冈州州同。公事诖误，回籍家居，十载闭户著书。《内外传考正》盖成于此时也。已而得江西靖安县县丞，嗣升湖口县知县。大吏保荐，特授山西泽州府同知，旋以到任迟延，降补乡宁县知县，乾隆六十年也。君莅官能听断，长官前侃侃辨论，无阿谀。姚巡抚棻、王藩司昶、善观察泰皆服其才。其于民事，虽无某事某事可指，殆古所谓日计不足，月计有余者与？读君遗命一篇有云："早知穷达有命，恨不十年读书。吾所著惟《内外传考证》、《宋氏补音订误》可寿。"盖君以勤学自任如此。
>
> 君生雍正庚戌，享年七十有二。妻吴氏，诰封宜人，克谨妇道，卒嘉庆辛未，享年八十有四。子三。承宗，安徽试用主簿。次翊宗。启宗，君长子也，后君之伯父拱乾为孙。女三，适吴铉、孔广

彬、吴云锦。嘉庆十六年月日葬君于某县某乡某原,吴宜人合窆焉。铭曰:

> 或谓之循吏,或谓之儒林。古字古言精熟,有过于刘歆。千秋而后过其墓者,知君于《左氏》之学綦深。①

四、他人眼中的段玉裁

嘉庆二年(1797)正月,段玉裁始与程瑶田(1725—1814)相见。程瑶田《与刘端临书》说:"段君若膺数十年寝寐相思,不意其侨居于此,幸得觌面。登其堂,促席论难,匆遽之间,虽未能罄其底蕴,然偶举一端,必令人心开目明,实事求是,诚今时不数数觏者。唯述传闻一事,言胡公督学江苏时,与瑶田大相龃龉,且言先生所闻,亦复如是,真乃乌有子虚。"段玉裁交往较多的学术中人,有几位已经去世,如程晋芳逝于乾隆四十九年,卢文弨、邵晋涵逝于嘉庆元年。此后十余年,几位早期朋友也相继去世。如金榜逝于嘉庆六年,钱大昕逝于嘉庆九年,刘台拱逝于嘉庆十年,王昶逝于嘉庆十一年。程瑶田早于段氏一年即嘉庆十九年去世,可以说是段氏后期在情感上最为亲密的学友之一。

程瑶田《清史列传》卷六八有《传》(P5524):"程瑶田,字易畴,安徽歙县人。乾隆三十五年举人,选嘉定教谕。嘉庆元年,举孝廉方正。十九年卒,年九十。"介绍他"少师淳安方粹然",又与戴震、金榜从学于江永,笃志治经,戴震自称"逊其精密"。其学"长于涵咏经文,得其真解,不屑屑依傍经注",精通训诂,提倡"用实物以整理史料",被称为一代通儒。今有《程瑶田全集》四册,110余万字,黄山书社2008年版。

第五节　薪尽火传

就弟子身份来说,早年有教私塾的学生裴玉,嘉庆十六年(1811)曾至句容天王寺看望,具体事迹不详。后有20位左右交往较多、或执弟

---

①《经韵楼集》卷八,凤凰出版社2010年版,第198—199页。

子礼从学、或代为刻书者,相互交流,甚至发生争辩。上文已涉及陈鳣、丁履恒、臧庸、顾千里、袁廷梼、王国章、严元照、严杰、徐颋、胡世琦、周中孚,女婿龚丽正、外孙龚自珍等人。其中臧庸为卢文弨的弟子,自乾隆五十四年(1789)相识,乾隆五十五年(1790)致书请教,后来协助段氏刻书《古文尚书撰异》《诗经小学》四卷本等多种,助编《东原文集》等,直至嘉庆四年(1799)离苏赴粤,相交极深。晚年交往较多、助段氏最得力、传承学术并为后世称道的则以江沅、江有诰、陈奂、沈涛等为代表,陈奂有"段学嫡传"之称。

（一）江沅

江沅(1767—1838),一字伯兰,号铁君、韬庵,江苏元和人,世传家学,是段玉裁亲炙弟子,助刊《说文解字注》。《清史稿》卷四八一《江沅传》载:

> 沅,字子兰。金坛段玉裁侨居苏州,沅出入其门者数十年。沅先著《说文释例》,后承玉裁嘱,以段书《十七部谐声表》之列某声某声者为纲,而件系之;声复生声,则依其次第,为《说文解字音均表》凡十七卷,沅于段纰讹处略笺其失……沅当时面质玉裁,亲许驳勘,故有不同云。卒,年七十二。

此外,江沅对龚自珍有一定的影响,去世时龚氏作诗悼念:"铁师讲经门径仄,铁师念佛颇得力。似师毕竟胜狂禅,师今迟我莲花国。"自注说:"江铁君是予学佛第一导师","千劫无以酬德"。此一学术渊源值得重视。

嘉庆十年(1805)段氏命江沅作《说文解字音均表》,《续修四库全书总目提要》说:

> 段若膺由小学以通乎经学,沅出入其门数十年,若膺撰《六书音均表》,析古音为十七部,其第二表以《说文解字》形声分隶十七,谓今韵于同一谐声之偏旁而互见诸部,古音则同此谐声即为同部,故音可审形而定。戴东原语以"谐声字半主义、半主声,《说文》九千余字以义相统,今作《谐声表》若尽取而列之,使以声相统,条贯而下如谱系,则亦必传之绝作也"。若膺未果为,嘉庆乙丑乃属子兰谱之。

段氏自谓：

余撰《六书音均表》，析古音为十七部，其第二表既以《说文》九千余字之形声分隶十七矣，东原师既殁，乃得其答余论韵书，书后附一条云："谐声字半主义、半主声，《说文》九千余字，以义相统，今作《谐声表》若尽取而列之，使以声相统，条贯而下如谱系，则亦必传之绝作也。"余频年欲为之而未果，岁乙丑乃属江子子兰谱之，略以第二表之列某声某声者为纲而件系之，声复生声，则依其次第。三代音均之书不可见，读是可识其梗概焉。其有此彼可两入，疑不能明者，略笺其异趣，使学者不以小异阂大同。江子用力甚勤，惜不令吾师一见也。

此文涉及戴震、段玉裁与江沅的学术传承，亦可见玉裁对江沅的重视与肯定。后来又请江沅为《说文解字注》作后序，嘉庆十九年（1814）八月，江沅撰《说文解字注后叙》，列叙成书经过、指出"先生发明许书之要，在善推许书每字之本义"、谈及多年的学术情谊等：

段先生作《说文解字注》，沅时为之校雠，且怵恩其速成。又日望其刻以行也。癸酉之冬，刻事甫就，而沅适游闽，至是刻将过半矣。先生以书告，且属为后叙。沅谓世之名许氏之学者夥矣，究其所得，未有过于先生者也。许氏箸书之例以及所以箸书之恉，皆详于先生所为注中。先生亦自信以为于许氏之志，什得其八矣。沅更何所言哉！先生命序之意，盖谓沅研诵其中十有余年矣，作篆以正其体，编音均十七部以谐其声，必有能以约而说详者。沅于是即所见而骤之曰：许书之要，在明文字之本义而已。先生发明许书之要，在善推许书每字之本义而已矣。经史百家，字多假借，许书以说解名，不得不专言本义者也。本义明而后余义明，引申之义亦明，假借之义亦明。形以经之，声以纬之。凡引古以证者，于本义，于余义，于引申，于假借，于形，于声，各指所之，罔不就理。敳、谥之讹衍，鼎、袥之讹夺，罔不灼知。列字之次第，后人之埘益，罔不毕见。形声义三者，皆得其杂而不越之故焉。县是书以为旳，而许氏箸书之心以明，经史百家之文字，亦无不由此以明。孔子曰："必也正名"。盖必形声义三者正，而后可言可行也。亦必本义明，而后形声义三者可正也。沅先大父艮庭征君，生平服膺许氏，著《尚书注疏》既毕，复从事于《说文解字》，及见先生作而辍业焉。沅之有事于校雠也，先征君之意也。今先征君音容既杳，先生独神明不衰，灵光岿然，书亦将传布四方。而沅学殖荒陋，莫罄高深，瞻前型之邈然，幸后学之多赖，愉快无极，感慨从之。至于许书之例，有正文坿见于说解者，有重文坿见于说解者，此沅之私见。而先生或当以为然者也。坿于此以更质诸先生。时嘉庆十有九年秋八月，亲炙学者江沅谨拜叙于闽浙节署。

文中还提到其祖江艮庭江声也曾有做《说文解字》注解一类的想法，见到段氏在做就放弃了，如今参与段注工作，也是完成祖父的心愿，今见书"传布四方"，与有荣焉。

（二）江有诰

江有诰（1773—1851），字晋三，号古愚，安徽歙县人。《清史稿》列传称他"通音韵之学，得顾炎武、江永两家书，嗜之忘寝食。谓江书能补顾所未及，而分部仍多罅漏，乃析江氏十三部为二十一，与戴震、孔广森多暗合。书成，寄示段玉裁，玉裁深重之"。

嘉庆十七年（1812）七月，在江氏四月、六月两次来信商讨音韵后，78 岁的段玉裁用了很长时间撰写长达五千余字的《答江晋三论韵》，提出"本朝言古韵者五人，曰顾氏，曰江氏，曰戴氏，曰段氏，曰孔氏，而足下殿之"，并论诸家学术贡献。可能正是这种"尽陈所见"的坦诚态度，两人有了更深入的交流。九月，江晋三来苏州，执弟子礼谒段氏，下榻于段氏枝园家中，反复讨论，段氏正其纰缪者数十处，江氏的独到见解，段氏也有所吸纳。十月，撰写《与江晋三说说文牙字》："前者，足下见仆注《说文》，'牡齿'改'壮齿'，以为不然。"经过考证，指出："足下音韵功深，古学疏浅，当以多读书为务，即此一字可得考古之法。"[1]十月，又受邀撰《江氏音学序》，引为知己，并大有感慨：

①《经韵楼集》卷五，凤凰出版社 2010 年版，第 101—102 页。

抑余重有感焉。恨我不见古人,亦恨古人不见我,古所云也。余谓恨我不见后人,亦恨后人不见我。后人不见我,犹我不见古人之恨也;我不见后人,犹古人不见我之恨也。余不及见顾氏、江氏,孔氏又早亡,每有彼此不相见之恨。幸得见吾师戴氏,戴氏既没,粤三十六年,又幸得见吾晋三,皆有知我之乐焉,皆有彼此互相挹注之益焉。假令天不假我以年,余即获亲戴氏,而不获见吾晋三,安能知晋三集音学之成,于前此五人,皆有匡补之功哉!晋三不见我,有不叹得一知己,可以不恨者哉?①

称赞江氏"集音学之大成",在考古、审音两方面都超过前辈学者,表达了段氏对后来居上的年轻人的推崇和赞许。高邮王念孙、王引之父子也"胥服其精"。这种平等交流、奖掖提携后辈的优良学风,值得传承发扬。

(三)"段学嫡传"陈奂

陈奂(1786—1863),先后师事江沅、段玉裁,又曾问学于高邮王念孙、王引之父子,与众多经学大家交游,成就丰硕。对段玉裁帮助较多,受益亦多。其学术情况,详参林庆彰、杨晋龙主编《陈奂研究论集》,台北"中央研究院"中国文哲研究所筹备处 2000 年版;林慧修《陈奂之〈诗经〉训诂研究》,台北花木兰文化出版社 2008 年版;柳向春《陈奂交游研究》,华东师范大学出版社 2010 年版。所撰《诗毛氏传疏》,与马瑞辰《毛诗传笺通释》、王先谦《诗三家义集疏》一并收入中华书局汇刊的《十三经清人注疏》。

陈奂始从江沅受学,后因江氏而识段玉裁,其中还有一段颇具戏剧性的故事,段氏认为陈氏是"读书种子":

江讳沅,字子兰,一字铁君。……庚午、辛未馆奂家,课举子业,间以校雠之说讲授,而后知读书之道必如是乃可步及前人。段若膺师与艮庭先生友善,著《六书音韵表》,发明平、上、入,分合相配,曰:"此表唯艮庭、子兰知予外,无第三人知之者。"奂遂愤发,是

---

① 《经韵楼集》卷六,凤凰出版社 2010 年版,第 119—120 页。

日鸡鸣起，夜半鸡鸣止，尽一昼夜，探其梗概，若膺师著《经韵楼文集》未定本，切属弗借予人。奂私心选录，加小圈以为记。若膺师曰："子兰何复借予人邪？"师猝无以应，唯曰："我馆陈徒好书，或者是。"若膺师指示圈记乃曰："果是陈徒，陈徒读书种子也，吾将往见之。"奂因是得识若膺师。①

嘉庆十七年（1812），陈奂至苏州，受业于段玉裁，并住宿在段氏枝园家中，帮助校刻《说文解字注》，直至成书。陈奂《师友渊源记》说明："壬申冬十二月，会《说文解字注》授梓，子兰师之闽而以校雠委任奂，遂受业师门。晨夕相亲，几席相接，难必问，疑必析，日之所请益，夜笔之簿记。"

嘉庆二十年（1815）三月，81岁的段玉裁命陈奂用李焘《五音韵谱》法，编次《说文》五百四十部之始一终亥，成《说文部目分韵》一卷。即今附《说文注》十五篇后者，强调"所以便学者"。末署"嘉庆乙亥春三月长洲陈焕编"。同时，陈奂撰《说文解字注跋》，揭示段氏注《说文》，遵循戴震所倡"以字考经，以经考字"，表明"小学明而经无不可明"：

> 焕闻诸先生曰："昔东原师之言，仆之学不外以字考经，以经考字。余之注《说文解字》也，盖窃取此二语而已。经与字未有不相合者，经与字有不相谋者，则转注段借为之枢也。"先生自乾隆庚子去官后，注此书先为长编，名《说文解字读》，抱经卢氏、云椒沈氏曾为之序。既乃简练成注，海内延颈望书之成已三十于兹矣。会徐直卿学士偕其友胡竹岩明经积成力任刊刻，江子兰师因率焕同司校雠，得朝夕诵读，而苦义蕴闳深，非浅涉所能知也。敬述先生所示著书之大要，分赠同人，窃谓小学明而经无不可明矣。乙亥三月受业长洲陈焕拜手敬书。

陈奂有《流翰仰瞻小传》一卷，复旦大学图书馆藏王氏学礼斋钞本，王欣夫《蛾术轩箧存善本书录》辛壬稿卷二载该书，中有"其后江建霞购得十之一，尚存段、江两家及胡竹村、汪孟慈各数札"之语。中国国家图

---

① 见陈奂《师友渊源记》之《江沅传》。

书馆藏道光九年许瀚钞本《陈石甫师述》一卷,前有陈奂自序:"先生好古,亹而不厌,虽一字句,必确得古人之义例。先之以声音,佐之以训诂,分肌擘理,道原达委,察之精,剖之密,千百年来无此作者。至平生出处大端与嘉言懿行,其外孙龚自珍言之详矣。今奂特述所成书,发凡起例,录其言之大者,著于左。"卷末许瀚跋:"道光己丑三月八日,汪孟慈农部以陈硕甫文学所为《段先生所著书总述》见示,受而读之,于段氏之学能撮其要领,观其会通也,洵段学嫡传哉! 录副藏诸笥。瀚识。"上述二书可见段玉裁与陈奂师生关系之深,后人称许陈奂为"段学嫡传"。

后人于此亦有评说,兹举二例。谭献《复堂日记》(甲子年)经师六:"江慎修先生。一传戴东原氏,二传段懋堂氏、金辈之氏,三传陈硕甫氏,四传戴望高。"①李慈铭《越缦堂读书记》咸丰庚申八月十二日条载:"近来老儒,若江苏陈奂硕甫之经学,直隶苗夔仙麓之小学及戈顺卿之词学,海内几以鲁灵光视之……陈为段懋堂弟子,授受具有渊源,所著有《毛诗传疏》,乃舍郑《笺》而别为说者,多取康成以前诸儒之说,征引浩博,自逞雄辩,盖段氏之教如此也。"②

陈奂撰写的《师友渊源记》还记载:段玉裁曾对陈奂说:"汝未出门交耳,读书舍此无它求矣。"鼓励陈奂游学,以增广见闻。后陈氏北上游学京师三年多,得识王念孙、郝懿行、刘逢禄等人。陈奂弟子张星鉴记载陈奂拜访王念孙的情况:

> 段君殁后,先生(指陈奂)游京师,谒王怀祖给事。时给事老病致仕,因其嗣伯申尚书贵,尚在都中。登其门,阍人曰:"主人卧床十余年,不与世周旋久矣。客何人,廷劳主人耶?"先生曰:"余长洲陈奂也。与尔主人有渊源,渴欲一见,试为吾通姓氏。"阍人如其言以告,给事曰:"是吾友段君高足也,欲见其人久矣。"遂令仆人扶之起,由内寝至堂。未见颜色,大呼硕甫先生,曰:"自茂堂老人殁后,天下读书种子几绝,先生继段君而起,如见故友,愿订忘年交。"谈

① 谭献:《复堂日记》,范旭仑、牟晓鹏整理,河北教育出版社 2001 年版,第 29 页。
② 李慈铭:《越缦堂读书记》,中华书局 1963 年新 1 版,第 1254—1255 页。

论良久而退。自后先生往给事所,径至卧室,商榷著述,如家人然。①

由此可见,段、王情谊与以学会友的重要。梁启超《中国近三百年学术史》认为:"硕甫是段茂堂弟子,最长于训诂,《毛传》是最古最好的训诂书,所以此书所疏训诂最为精粹。至于礼数名物,则《毛传》阙而不详。郑笺所补,以这部分为多。而硕甫不满于郑,他博引古书,广收前说,大抵用西汉以前之说,而与东汉人不苟同。这一点是他很用力的地方。但成功如何,我却未敢十分相信。总之这部书,硕甫'毕生念虑,荟萃于兹',其价值与《毛诗》同悬天壤,可断言也。"

(四)沈涛

沈涛(1792—1861),原名尔政,字西雍,号匏庐,浙江嘉兴人。清嘉庆十五年(1810)举人。幼有神童之称,尚考订,兼嗜金石。有《十经斋文集》4 卷、《说文古本考》14 卷、《论语孔注辨讹》2 卷、《柴辟亭诗集》4 卷、《匏庐诗话》3 卷、《瑟榭丛谈》2 卷、《交翠轩笔记》4 卷、《铜熨斗斋随笔》8 卷、《柴辟亭读书记》1 卷、《常山贞石志》24 卷等传世。

《清史稿》卷四八一《段玉裁传》记载:"玉裁弟子长洲徐颐、嘉兴沈涛及女夫仁和龚丽正俱知名,而奂尤得其传。"沈涛是与段氏交往最小的学者,交往的时间也不长,但留下的成果意义重大。

嘉庆十七年(1812)十月初一日,玉裁应沈涛 8 月的来信之请,为其《十经斋室初考》撰写《十经斋记》,提出在"十三经"的基础上,主张"纬不可废",充分肯定沈涛十经说"以纬注经"的重要理念,并褒扬"沈君天资卓荦,十二三时已倍诵《十三经》如瓶泻水,长益泛滥,辞章苕发颖竖,离众绝致,而犹自恐华而不实也,乃沈潜于《五经》,以《五纬》博其趣,筑室闭户,著述其中,不为声华驰逐,其于训诂名物制度民情物理之际,肇之深矣,此其志之远大何如哉,岂守兔园帖括,或剿说宋儒一二,以拾青紫、夸学问者所可辈哉"。并提出要求"顾请沈君为我作《二十一经堂记》以酬吾,以勉吾好学不倦,好礼不变,耄期称道不乱"。沈涛不负所望,很快撰写了《廿一经堂记》,称美段氏:"吐教陈机,钩河摘洛,五

---

① 《仰萧楼文集·书孙硕甫先生》,光绪九年刊本。

经之学,人谓无双康成,沉沉覃思,老而靡笃。"又广二十一经之义,认为增衍完全是"应天人之法,尊性道之闻",大有必要:

> 大小二戴共事曲台;孔子三朝莫传庆氏,政穆昭穆虽篇目之难稽,迁庙衅庙实逸礼之可考;琅邪师说传述罕闻,冲远义疏毁灭滋甚,仅有范阳之注略而不详,遂致信都之业坠而中绝,则礼宜益以《大戴礼》。又如左邱大义远胜严、颜外传,异闻亦高邹、夹。马迁蚕室因成太史之书,班氏兰台复续前朝之史,皆古训所具存治乱之条贯。至于天水一朝,人尚清虚、家传道学,温公独能博综载籍、驰骋古今,继百二十国之宝书,编三千余年之实录,信非紫阳纲目所可庶几,亦岂陇西长编为能钻仰,则春秋宜益以《国语》《史记》《汉书》《资治通鉴》。若乃一画孳乳创自史皇,六爻阴阳造于风后,保氏以之教胄,学者于焉游艺。盖自八体无传、六觚鲜识;重差句股,谬增夕桀之名;持十屈中,远昧形声之义;苟非臣冲书上,终止句而为苟;商高矩积,孰旁要以究算;则《说文解字》、《九章算经》、《周髀算经》尤为小学之至精,足补雅训所未备。是用顺考古道、卟合同异,撰集为廿一经,筑堂以授生徒、扶微学也。①

师生二人在广经观念上互相启发。嘉庆十八年九月,段氏又撰《说文刘字考》,答复沈涛来函问题,并谈"以许订许",对沈氏的"说文学"研究有所帮助。

第六节　校勘群籍

作为校勘学大家且喜与藏书家交游的段玉裁,一生不同时期校勘过众多典籍,刘盼遂《段玉裁先生年谱》中开列"先生著述考略"31种,第12种《汲古阁说文订》一卷除外,其中第16—24等9种为校勘典籍,即:

---

① 沈涛:《十经斋文集》卷一。

16.《卢本方言校正》。刘盼遂云："《钮匪石日记》:乾隆五十八年四月十四日,顾千里以段茂堂纠正卢抱经校刊之《方言》。"

17.《一切经音义》。刘盼遂云："段玉裁、顾广圻同校。(郑文焯《国朝未刊书目》)"段、顾合校本玄应《一切经音义》,未刊,郑文焯《国朝著述未刊书目》著录。今有徐乃昌据缪荃孙所藏旧本之过录本传世。有朱笔、墨笔二色校语,首有徐乃昌、范祥雍二家题跋。序首叶徐乃昌书端"金坛段若膺先生以宋本校订,用朱笔,间有墨笔,则高邮王怀祖先生校语也。辛酉六月过录毕",下钤印"随庵"。序首数行处又钤印"徐乃昌读"、"式古训斋藏书"、"吴丙湘校勘经籍印"。校语文字出处有二说。徐氏据缪荃孙藏旧本言为清代朴学大师段玉裁、王念孙合校。范氏称系王念孙据诸旧本参合段玉裁、卢文弨等诸家校语合成。

18.《广韵校定本》五卷。刘盼遂云："此书今归乌程蒋氏密均楼,末有黄尧圃跋云:校本有朱、墨两笔,中有朱墨圈及尖角在每字旁者,不知其命意所在,惟就正讹之处纤悉临摹,已见校勘此书之精矣。"《江苏艺文志》"常州卷"著录:"段氏原本不知下落,传世者过录本多种。如黄丕烈跋并录段氏校跋、王国维校并跋又录段氏校跋(并北京图书馆藏),清潘锡爵录惠栋、段氏、顾广圻批校(湖北省图书馆藏)等。"

嘉庆七年(1802)四月十四日,68岁的段玉裁撰《校本广韵跋》(其一),载于《经韵楼文集补编》卷上:"《广韵》,句容裴生名玉字兰珍物也。乾隆戊子,予馆于裴,此书相随三十余年,手订讹字极多,后之人将有取于此。嘉庆壬戌四月十四日,玉裁记于下津桥朝山墩之枝园。"段氏于《广韵》用力颇深,自信"后之人将有取于此",今人周祖谟先生《广韵校本》等均取段氏校语。顾广圻《思适斋书跋》卷一"《广韵五卷》校本"条载:"段若膺先生校尤精确,五月五日借读爰并录焉,广圻又识。嘉庆乙丑再读,觉旧校多未妥,广圻又记。"

19.《集韵校定本》十卷。刘盼遂云："先生此书后归归安陆心源,《皕宋楼藏书志》卷十六著录,清瑞安方雪斋(成珪)得此书传抄本,遂据之作《集韵校正》,为言《集韵》者之巨作。""《广韵》《集韵》校本段玉裁、顾广圻同校,《集韵》校本元稿在丁咏之士涵所。(郑氏《未刊书目》)"段氏以汲古阁影宋抄本《集韵》校康熙四十五年曹寅扬州使院刻本。清人有多种过录本。原书今藏浙江天一阁文物保管所。

相关文献有《经韵楼文集补编》卷上《校本集韵跋》:乾隆五十九年"甲寅三月,借周漪塘所藏毛抄下校宋本,每叶二十二行,凡照影宋本改者,书于本字本身旁例,凡以意正者,书于本行上下方,亦有照宋本字仍恐模糊者,书于上下方。若膺氏。""毛子晋影抄宋本,每叶版心之底,皆有某人重开,某人重刊,某人重雕。某人者,刻工姓名也。每误处用白涂之,乃更墨书之。每卷前后皆有毛晋子晋图书,毛扆斧季小图书。予既为之跋,还漪塘,又书于此,欲令子孙宝之,传之其人。玉裁。"

乾隆五十九年(1794)六月,从周锡瓒处借得汲古阁影宋钞本《集韵》,撰《汲古阁影宋钞本集韵跋》,评论《集韵》"资博览而通古音,其用最大";肯定汲古阁刻书传播之功,称"凡汲古阁所钞书散在人间者,无不精善,此书尤精乎善者也",亦指出"剜改有罪"。

陈鸿森《订补》说:"按段跋墨迹现存宁波天一阁(见谢国桢氏《江浙访书记》页二二一)。台北'中央图书馆'藏陈奂钞汲古阁影宋钞本《集韵》并《校勘记》,亦录有段氏此跋,其文稍详。此跋《文集》不载,《段集补编》亦未收,今据陈氏钞本迻录。"同年秋七月,段玉裁给刘端临写信,提及"弟暑天不能出门,借得毛子晋影宋抄《集韵》,校毕"之语。今据陈说,收录全文如下:

> 凡汲古阁所钞书散在人间者,无不精善,此书尤精乎善者也。书成于宋仁宗宝元二年,故太祖、太宗、真宗及太祖以上讳,及其所谓圣祖讳皆缺笔。"祯"字下云:"知盈切。上所称,《说文》:祥也。""上所称"者,犹言今上之名也,故空一格;不言讳者,嫌于名终则讳也。"祯"不缺笔,盖影写失之。或云:"祯"字本空白不书,但注云:"知盈切。上所称",以别于他讳也。自英宗以后讳皆不缺笔,则知此所影者,的为仁宗时本无疑。但其版心每叶皆云"某人重刊"、"某人重开"、"某人重习",则亦非最初板矣。丁度等引书兼综条贯,凡经史子集、小学方言,采撷殆遍。虽或稍有纰缪,然以是资博览而通古音,其用最大。自明时已无刊本,亭林以不得见为憾。康熙丙戌,栋亭曹氏乃刻之。今年居苏州朝山墩,从周君漪塘许借此本,校曹氏舛错,每当佳处,似倩麻姑痒处爬也。凡曹缺处,引本皆

完善;而曹所据本,与此本时有不同。上声十四贿,此本以"梁、益谓履曰屦"六字缀于"隧"字注,曹本则无此六字,而空白二寸弱。盖最初版当大书"屦"字,注云:"梁、益谓履曰屦",正在曹本空白处耳。余复以己见正二本之误,他日有重刊此书者,可以假道。"汲古阁"、"子晋"、"斧季"印章重重,当时宝爱亦云至矣;百数十年而周君珍藏,可谓传之其人。周君学问淹雅,又复能作荆州之借,流布善本于天地间,以视世之局镾宋椠不肯借读者,其度量相去何如也。乾隆五十有九年岁次甲寅六月十四日,金坛段玉裁跋。①

又顾广圻《思适斋书跋》卷一"《集韵十卷》校本"条记:"右临段茂堂先生校本,朱笔为依宋,墨笔以其意改者也。元悉朱笔,颇疑以意改,略有错入,依宋处尚须用漪塘景钞本细意覆勘耳。嘉庆乙丑二月,时寓秦淮河上。乙丑三月,以《广韵》对读。廿四日竟此卷,时在邗江郡斋。(以下在卷一后)"②对段校有所评论,可参考。

20.《十三经注疏校勘记》。刘盼遂云:"按由集中《十三经注疏校勘记序》《春秋左传校勘目录》及与刘端临、王石臞两公书观之,可知阮氏书成于先生之手。"段玉裁参加审订当无疑问,有原刻单行本,学海堂本;又散附阮刻《十三经注疏》各卷之后,较略。段氏《十三经注疏释文校勘记序》称"阮元""其学赡,共识精,成《十三经注疏校勘记》二百十七卷,附《释文校勘记》二十六卷,俾好古之士,以是鳞次栉比,详勘而丹黄之",似无意争著作权。参见本书第五章"与阮元的交游"一节。

21.《经典释文校勘记》。刘盼遂云:"萧山朱氏藏有临本,盖先生不满于卢氏刻本,故与刘端临书云:恨不得暇全校之也。又详臧在东《校影宋经典释文书后》篇中。"《中国古籍善本书目》著录有多种过录本。陈鸿森《订补》说:乾隆五十九年(1794)十二月初三日,跋叶林宗钞本《经典释文》。此文《文集》不载,《段集补编》亦失收,录次:

《经典释文》,明季叶林宗属谢行甫影写此一部。至康熙时,昆山徐氏梓入通志堂;乾隆初,此本归苏城朱君文游,近岁又归周君

① 陈鸿森:《〈段玉裁年谱〉订补》,《历史语言研究所集刊》第六十本第三分,1989 年 9 月。
② 顾广圻:《思适斋书跋》,上海古籍出版社 2007 年版,第 17 页。

漪塘。方在朱君所时,卢抱经学士曾借校重雕,今现行抱经堂本是也。写本一依宋刻,不无误字。徐氏校雠付梓,不为无功;而每改正从俗,是非倒置。卢刻更正之,作《考证》附后,可谓善矣。而去取犹有未当者,或校时忽易失检,如《周礼·大司乐》"三宥",宋余仁仲本同,徐刻误改"侑",卢从"侑";《仪礼·少牢》"柍音决",岳珂本同,徐刻改"柍"作"袂",卢从"袂",皆是也。有已经校出,犹豫未更者,如《尚书·无逸》"谚,五旦反",可以证开宝之前"谚"作"嗲",与《论语·先进》"嗲"字音义同,而仍从徐刻作"鱼变反"。《考工记》"鬐狠,苦很反","狠"字最古,而仍从徐刻作"垦",皆是也。与今本不同之处,往往与唐石经、《集韵》、《群经音辨》、宋监本、余仁仲本、岳珂本、张淳《仪礼识误》、王伯厚《玉海》等书相合,似违而善,不可枚数。天下仅有此本,苟此本湮没之后,治经者于何取证?因从周君漪塘假来,属吾友臧在东为详校一本,一无渗漏。异时刻经注者,每部附刻此《音义》于后,是为幸也。周君名锡瓒,淹雅好学而多藏书,又不吝荆州之借。余侨居于下津桥,以君居为春明坊也。乾隆癸丑十二月初三日,茂堂段玉裁书。(据本书迻录)①

刘盼遂按语:"臧镛堂《拜经楼集跋经典释文》云:'巫山知县段先生若膺曰:"写本名衔在《毛诗》末,甚是,故此书是南宋本,故《尚书》、《孝经》等《音义》窜改最甚,全非陆氏之旧,而《毛诗》或本之北宋,有乾德、开宝间名衔,因仍之。如徐、卢两家刻本移于卷终,似全书皆本北宋矣。"余是其论断之精,遂识以为校勘之跋。'今按:臧氏引先生此说,盖亦先生序跋《释文》之语,臧节取之;惟以不见全文为憾。又按:先生《经典释文》校语,已由上海涵芬楼撮录,附于所刊《四部丛刊》徐本《经典释文》后,为校记一卷。以上二跋,乃由萧山朱氏藏过录段、臧、王合校本录出,涵芬楼校记不出此跋。"

陈绍棠据周法高《中国语文论丛》下编"记诸家校本《经典释文》"一文,知刘氏"盖未亲见先生所校之本,致有遗漏也",补出六条,即"少牢礼:柍音决,今本乃作袂音决。袂不当有决音,此叶钞本之可贵也。

---

① 陈鸿森:《〈段玉裁年谱〉订补》,《历史语言研究所集刊》第六十本第三分,1989 年 9 月。

《仪礼》嘉靖本钟仁杰本皆作袆。若膺父。卷十《仪礼》";"七月初一日，又以钮非石校本补码事。（江校）（以上卷十七末，《左传》三）";"甲寅六月卅日，依宋刊校，墨笔是。（江校）（卷十八末，《左传》四）";"顾抱冲有北宋刊《春秋音义》，抱冲既为予以其善处书此本之上方矣。予乃借其校出本补注之，墨字是也。凡与叶抄合者，用黑圈。凡抱冲以红字书上方者，亦用黑圈。甲寅六月卅日。若膺氏";"凡不用黑圈者，皆不与叶抄同者也。（并江临）（卷二十末，《左传》六）";"《孝经音义》窜改，几不成理。（江校）（卷二十五末，《老子》）"。并说"先生所校，详见今《四部丛刊》本《经典释文》后校记，不具引"①。

顾广圻嘉庆七年（1802）正月、九年（1804）五月两次对段玉裁校《经典释文》一事有所批评，其言论载于《思适斋书跋》卷一《经典释文三十卷》校本："余尝言，近日此书有三厄：卢抱经重刻本所改多误，一厄也；段茂堂据叶钞更校，属其役于庸妄人，舛驳脱漏，均所不免，二厄也；阮云台办一书曰《考证》，以不识一字之某人临段本为据，踳驳错误，不计其数，三厄也。彼三种书行于天壤间一日，则陆氏之真面目晦盲否塞一日。计惟有购叶钞原本，重加精雕，而云雾庶几一扫，其厄或可救也。余无其力，识于此，以待爱惜古人者。涧蘋居士书。（在卷首）近知此人好变乱黑白，当不足凭据，拟借元本一覆之。壬戌正月记。"下文又有"叶钞原本在天壤之间，真有一发系千钧之危，安得真心好古之士，重为刊刻，以拯三厄，则先圣遗经实嘉赖之，岂惟陆氏受其赐乎。吾愿与绥阶祷祀以求之也。嘉庆甲子五月十九日，书识于无为州寓斋中，时将以此本还五砚楼。距始借时阅五岁云。涧蘋居士顾广圻记。"②

22.《国语校定本》。

23.《列女传校定本》。刘盼遂云："以上二书顾千里曾取入所刻《国语》《列女传》中。"

24.《荀子校定本》。刘盼遂云："当时谢墉刻本取先生语不尽详。先生与端临书第二十九。"

① 陈绍棠：《段玉裁先生著述系年》，载《新亚书院学术年刊》第 7 期，1965 年，第 160—161 页。
② 《思适斋书跋》卷一《经典释文三十卷》校本，上海古籍出版社 2007 年版，第 7—9 页。

林庆勋先生博士论文《段玉裁之生平及其学术研究》,共著录四十八种,分为"自著类""纂辑类""校批类""其他"四大类。

"自著类"十四种又细分为三大类:(一) 生前梓行者:1.《六书音均表》,2.《周礼汉读考》,3.《汲古阁说文订》,4.《说文解字注》,5.《戴东原先生年谱》;(二) 后人补刊者:6.《诗经小学》,7.《毛诗故训传定本小笺》,8.《古文尚书撰异》,9.《仪礼汉读考》,10.《经韵楼集》,11.《经韵楼丛书》,12.《经韵楼集补编》;(三) 未刊者:13.《诗》,14.《说文解字补正》。

"纂辑类"三种:1.《富顺县志》,2.《戴东原集》,3.《春秋左氏古经》。

"校批类"十九种:1.《干禄字书校定本》,2.《国语校本》,3.《方言校正》,4.《仪礼校本》,5.《周礼校本》,6.《公羊传校本》,7.《谷梁传校本》,8.《三礼经注校定本》,9.《毛诗校本》,10.《集韵校本》,11.《经典释文校本》,12.《荀子校本》,13.《广韵校本》,14.《陶渊明集手校》,15.《汉书校本》,16.《小尔雅义证手批》,17.《群经音辨校本》,18.《列女传校本》,19.《一切经音义校本》。

"其他"十二种:1.《诗经韵谱》,2.《群经韵谱》,3.《中水考》,4.《水经注注》,5.《书经小学》,6.《说文考证》,7.《说文解字读》,8.《释拜》,9.《说文转注释例》,10.《诗绠》,11.《学古编》,12.《十三经注疏校勘记》。

从数量上看,林氏较刘氏增多 10 种,收录书目最全,分类亦明晰,而其实多因分类标准不同而造成,刘氏仅少林氏的第 1《干禄字书校定本》、14《陶渊明集手校》、15《汉书校本》、16《小尔雅义证手批》、17《群经音辨校本》等种。

此外,还有一些散见的段氏校书文献。如陈鸿森《订补》称乾隆五十二年,段氏依张稷若《监本正误》校订《仪礼》。

陈鸿森《订补》称乾隆五十年(1785):"四月立夏日,过录惠定宇校宋本《礼记正义》。闻周漪塘言:惠氏所据校之北宋本,今在曲阜孔继涵家。(据'中央图书馆'藏江沅过段氏临校本)。"

"顾安道有宋刊《毛诗传笺》,南宋光宗时刻也。其好处与叶本略同,其所载《音义》佳处,略书于此本上。甲寅六月十九日,若膺氏。"(右《毛诗音义》尾跋语。)

嘉庆二年闰六月,助臧庸勘正萧该《汉书音义》。有拜经堂本《汉书音义》卷末臧庸《后序》为证:"萧博士《汉书音义》……兹精加别白,都由研审得之,不滥不漏,差堪自信,录为三卷,以存萧氏梗概……巫山知县段若膺见之欣赏,助为勘正谬误。"

此外,李审言在张之洞《书目答问》所列"选学家"以外,增补段玉裁、王念孙、顾千里、阮元四人,认为"此四君子乃真治《文选》学者"。[1]今未见《文选》段氏校读本,而梁章钜《文选旁证》所附《引用各部文选书目》,列有"段氏评《文选》",则段氏可能存在《文选》校读本,也可能其观点仅存于与顾氏论争材料、《经韵楼集》以及《说文解字注》《古文尚书撰异》《诗经小学》等文献中。刘跃进、徐华《段玉裁〈文选〉研究平议》[2]一文,系统全面梳理段氏的选学成就,认为:通观段玉裁在《文选》研究的理论思考,以及校读《文选》、回证《文选》的具体实践方面,主要体现出重视古音韵学的关注视点,综合形、音、义的切入方法,先立义例的操作顺序,还于当下的历史观念,求真求是的校勘原则,以及旁观综理的通达理念,显然是值得今人更好地重视研究的独到之法。当然,段氏选学研究也不可避免地存在诸如版本局限、勇改武断以及忽视文脉文理的纯文字化解读,而这也正无疑是今人需要认真思考的宝贵经验。

第七节　"段学"基石:《经韵楼集》及《补编》

除了上述各种段氏著作、散见的古籍批校,凝聚段氏一生学术思想、学术观点之精华当属其自编、家人刊刻完成的《经韵楼集》与刘盼遂编辑的《经韵楼文集补编》,二书共同构成了"段学"的重要基石。

---

[1]《李审言文集》上册,江苏古籍出版社1989年版,第548页。
[2]《文史》2017年第1期。

一、《经韵楼集》

嘉庆十九年(1815),开始刊刻《经韵楼集》,共十二卷。此书收录段玉裁文章近三百篇,包括经说、字释、书札、序跋、寿序、墓表、传记、题辞等。

按照文章内容和体制,分为八类。

(一)考字说经类

段玉裁一直坚持乃师戴震倡导的"以字考经,以经考字"的理念,《文集》中有关"三礼""毛诗""春秋三传"等论文,为其具体阐述。"三礼"历来以文辞简奥、礼节繁缛著称,段玉裁凭借他经学家的精深与小学家的睿智,命题作文,多发前人所未发,匡谬正俗,往往切中肯綮。在十三篇谈"礼"的文章中,四篇是"概论",九篇是"专论"。属于"概论"的四篇,一篇考证《仪礼》书名,一篇考证《古丧服经传无子夏传三字说》,另外两篇是《周礼汉读考序》和《书周礼汉读考后》,着重阐发他阅读《周礼》汉注总结的三个条例及对所发现"未确处"的补救。"专论"九篇中,《某读为某误易说》搜集《周礼》《礼记》《穆天子传》及《文选》等著作里的部分用例,说明"先用注说改正文,嗣又用已改之正文改注",是治理古籍所经常出现的毛病;《且字考》是对古注"且字"用法混乱情况的梳理和订正;其余各篇,集中论述《仪礼》之"丧服"。"丧服"依照亲疏差别分为斩衰、齐衰、大功、小功、缌麻五等,即所谓"五服","五服"又根据衣裳的细密程度(升)、丧棒的质地和形制(杖)、服丧期的长短等因素分为十一个级别,段氏的文章几乎均有精辟的分析。

《诗经》类文章大都集中在卷一,《毛诗故训传定本小笺题辞》是自己厘定《毛诗故训传》的序言。为了保存古义,他对毛诗世传本重加整理,正讹误,补脱落,考同异,定是非。对黄荛圃(丕烈)所藏"毛诗"残本的"跋语",旨在说明它的作用是可以校正殿本,为他本无法替代;《读诗序礼经二注》一文作于晚年,从古注的自相钽铻、讹舛阙字中得其是非,这是一般人不容易做到的,他为此自信、自喜,溢于言表。《济盈不濡轨》以下各篇,或者考释"轨"与"軓"、"皖"与"腕"、"炮"与"鸟"、"罙"与"采"的区别,或者从《大雅·大明》的"挚中氏任",引申出春秋时代男女氏、姓的使用习惯,或者从《鲁颂·闷宫》的第十二章共十句,前七句讲的是鲁国建造宫室的事,"奚斯所作"以下三句,讲主持这一伟大工程的人是鲁国大夫"奚斯",段氏从文法上论证这种倒叙手法的普遍性。

卷四一组十七篇文章,以"春秋三传"为主(其中有关《孟子》《尔雅》四篇),《春秋左氏古经题辞》和《春秋左传校勘记目录序》属于一类,说明经、注之纲、目关系是"读经以寻传,读传以释经";其他诸篇,或交代阮元《校勘记》所依据的版本及校勘条例,或辨别"杀"、"弑"用法等篇,强调正君臣名分的传统观念。

(二)考释词语类

段氏考释词语的最大特点是突破传统的重形不重音的束缚,重视形音义的相互依存,运用综合分析的方法,讲清古代典籍中许多不易说清的问题。除了前举数例外,还有很多典型文章。如卷五的《胸忍考》,考察了胸忍、曲蟺、蚯蟥均为"一音之转",找出"其地下湿,多胸忍虫,因以名县"的根据。《说荷》一文,则对"荷""茄""蔤""菡萏""莲""藕"分别表示植物的叶、茎、本、华、实、根,揭示了同义词产生的一般规律。卷六的《释拜》是一篇一万多字的长篇论文,是段氏治礼的重要成果。他批评了当时有代表性的方以智、顾炎武、阎若璩三家在自己相关著作中对"拜"解释的错误,详细分析了古代礼拜的方式和仪节,说明"九拜"间的细微差别。该文后来又以单卷本形式刊刻,足见其影响之大。

(三)研究音韵类

段氏古韵学成果集中反映在他的《六书音均表》中,《文集》中单篇论文,都是对自己音韵学观点的深化和补充。写于晚年的《答江晋三论韵》,就系统解释所列古韵六类十七部的背景、原因。他认为,清代古韵研究有成就的是顾(炎武)、江(永)、戴(东原)、段(玉裁)、孔(广森)五人,江(有诰)殿其后,"集五家之成"。他说:"(足下)能确知所以支、脂、之分为三之本源乎,何以陈、隋以前支韵必独用、千万中不一误乎,足下沈潜好学,当必能窥其机倪。仆老耄,倘得闻而死,岂非大幸也。"非常形象地表现段玉裁很自负又十分谦虚的性格特征。《声类表序》是为戴震《声类表》而作。戴氏《声类表》成书于乾隆四十二年(1777),"距易箦之期仅二十日,未及为例言",孔诵伯刊刻《声类表》的时候,将戴震作于乾隆四十一年的《答段若膺论韵》放在文章前面,权作例言,直到33年后的清嘉庆十四年(1809),段玉裁才写了这篇序言。这一年,戴震已逝世33年了,在戴震的阴阳入三声相配基础上、推阐为阴阳对转学说而成一家之言的孔广森,也逝世23年,段玉裁自己也是75岁的老人,抚今追昔,物是人非,国丧硕彦,感慨良多。他充分肯定老师所改定的九类二十五部,是"纲领既张,纤悉毕举"、集诸家大成的一部著作,又极力推崇孔广森"东、冬为二以配侯、幽,尤征妙悟",巧妙地指出戴的不足。文章学术性强,也彼有韵致。

(四)考证舆地类

这一成就主要表现在对《汉书·地理志》及《水经注》的校释方面。《地理志》记录郡国地理的具体方位,是研究秦汉以前地理沿革的主要依据。《汉书》作者班固及其后各家,均为之作注,但由于长期传抄翻刻,文字讹衍脱倒很多,给后人阅读使用带来很大困难。段玉裁的"校""释",首先是从"校勘"开始的。《汉书·地理志》全文近三万字,他究竟校了多少,有没有校完,今天已无法知晓。现在从《文集》中看到的,仅有京兆尹、左冯翊、右扶风、弘农郡、河东郡(录至"蒲城"),不足全文的七分之一。他的学生江沅说:"以下未及录出,此中班氏原注亦未全引,俟他日备录后则成一书。""俟他日"而杳杳无期,最终使本该完整的校勘专著成为残卷。《地理志观县考》《胊忍考》《澳濡溓三字考》等篇,可以看作是校释《地理志》的样本。如《观县考》一文,考证"畔""观"本二县名,并六条书证证明"观县"前所冠"畔"是衍文,"自宋刻已联缀不分,近人著述莫之谠正"。这个结论,至今仍为学术界所接受。

段氏还有关于《水经注》的系列文章。《水经》是我国第一部记载国家水脉的著作,北魏郦道元的《水经注》,集此前研究《水经》的大成。清代校释"郦注"的,大致分顺康、乾嘉、道咸以下三个时期。乾嘉时期的研究,以分别经、注的成绩最为突出,具有代表性的是全(祖望)、赵(一清)、戴(震)三家。三家之中,全氏成书最早,赵氏次之,戴氏又次之。而从刊行时间说,戴氏却早于赵氏。因此,赵、戴之间有无互相参考、甚至抄袭现象,竟成了学术界的一大疑案。梁玉绳、梁履绳兄弟在校刊赵氏《水经注释》时,凡发现经、注互讹处,往往采纳戴说以补正赵氏的不足,却又未明确注明"参取东原氏为之"。赵一清同里孙沣鼎校殿本《水经注》时,盛言戴书袭赵"十同九九"。后来,为了维护老师戴震的声誉,段氏作《与梁曜北书论戴赵二家水经注》,责备他不应袭戴,特别是不具名引用,容易造成后人"或谓戴取赵,或谓赵取戴"的误会。段氏的观点或被认为有回护乃师之嫌。胡适也曾极力为戴震辩护,然学术界仍有较多论述,认为戴有袭赵之嫌,越来越多的证据似乎对戴震不利。当然,段氏本人对《水经》颇感兴趣,留下一些论述,如卷七的《中水考》(上下)、《校水经江水》、《校水经溱水注》、《水经注三滹沱在南郡县北》、《水经无㴉河》,都是经得起时间考验、很有深度的力作。

戴震还受人之请,撰《直隶河渠书》,后被人删繁就简,改头换面,以《畿辅安澜志》面世。段氏《与方葆岩制府书》、《与方葆岩》即为此而作。

(五)论述校雠类

段玉裁本是文献校勘学家,这一点,往往会被他的文字音韵训诂成就所掩盖。在校勘方面,他的功力之深、识断之精,是一般学者所难以企及的。最著名的《与诸同志论校书之难》一文,"校书之难,非照本改字不讹不漏之难也,定其是非之难。是非有二:曰底本之是非,曰立说之是非。必先定其底本之是非,而后可断其立说之是非。二者不分,镠辖如治丝而棼,如算之涍其法实而瞀乱乃至不可理。何谓底本?著书者之稿本是也。何谓立说?著书者所言之义理是也。"提出校勘必须辨底本是非和立说是非的问题,底本又必须还原作者原来面貌,然后立说的结论才具有可靠性。其他关于校勘学的名言,见于《文集》的很多,如《与黄尧圃论孟子音义书》中反对"死校":"凡宋版古书,信其是处则从之,信其非处则改之,其疑而不定者,则姑存以俟之。不得勿论其是非,不敢改易一字,意欲存其真,适滋后来之惑也。"在《与胡孝廉世琦书》中又提出"从事经学,盖有三难:淹博难,识断难,审定难。仆以为定本子之是非,存乎淹博,定作书者之是非,则存乎识断、审定"。在《答顾千里书》中明确提出:"夫校经者,将以求其是也,审知经字有讹则改之,此汉人法也。汉人求诸义而当改则改之,不必其有佐证。""凡校书者,欲定其一是,明贤圣之义理于天下万世,非如今之俗子夸博瞻赡、夸能考核也""求其是""明义理",可以说是段氏学术精神之宣言。除校勘理论的建树外,据刘盼遂所编《段玉裁先生年谱》和其他资料统计,经他批校的著作有近二十种。段玉裁校勘的特色,与时代背景与师承等颇多关联,清代学术范式要求他以"求是"为目的,规定了他的校勘目的必然为"定是非",以"求道"为最终旨归,段氏的校勘理念导致了他采用"改字"的处理方式,成为"理校"的巨人,而段氏的学术素养、创新精神,也将理校推到了一个新的高度。

（六）据"礼"力争类

在"文集"中,关于"礼制"的文章比较显眼。卷十有一组是维护礼制的正统观念的,《明世宗非礼论》共十篇,第五篇文末有"庚午"二字,表明撰于嘉庆十五年。前四篇未记年月,应撰于此前不久。第六、七、八篇题后有"辛未三月"字样,应撰于同时;第九篇题后为"辛未"二字,无月份,盖稍晚;第十篇题后有"甲戌闰二月"字样,则已至嘉庆十九年。晚年的段玉裁突然对明朝第十一位皇帝明世宗感兴趣,这是因为在他登基之初发生了历史上轰动朝野的一场大礼仪之争。明世宗朱厚熜是从他的堂兄朱厚照(明武宗)手中接过王位的。这种"兄终弟继"的特殊性,就必然牵涉到明世宗的生父朱祐杬的封号问题。当时"礼官集议"有两种截然不同的观点,即大礼仪之争:一派主张维护大宗不绝传统,以弘治帝朱祐樘为皇考,以生父为皇叔父;一派主张"继统不继嗣",尊其生父为兴献皇帝(其生父曾封为兴献王)。明世宗赞成后一种观点,为其亲生父母争名,以加强皇权,打击文官势力,摆脱宰辅杨廷和等的控制。段玉裁根据礼制"为人后者为之子"的规定,列出过去许多朝代的事例来说明,每帝为一世,以国家爵邑之重相授受为世数,"受人爵邑之重"就为人后,为人后者为人子,不论其辈份,"古者,为人后之礼行而乱臣贼子知惧",认为世宗应该后武宗,即使原为堂兄弟关系,也应当对武宗行父子之礼,不如此,就是"不绝而绝""不篡而篡"[1],违反传统。明确以"明世宗非礼"入题,数年之间写出"十论"。后人将此十篇与《明三大案论》(作于嘉庆十二年六月)、《论红丸》,编为《明史十二论》,作为《昭代丛书》之一,沈楙惪跋

---

[1]《明世宗非礼论九》原文为"故曰当世宗时,明统不绝而绝,世宗不篡而篡也"。见《经韵楼集》卷十,凤凰出版社2010年版,第247页。

语说:"段氏所难者专在世宗一人,而笔力直与韩子相抗衡,理直则气壮,信哉!"段玉裁所称"三大案"指"靖难之役"、景泰末年的"夺门之变"以及嘉靖初年的"大礼议",每一案都是影响了明朝历史走向的历史大案。如"靖难之役"是明朝开国皇帝朱元璋去世后不久发生的政变,是明朝第一场为了争夺皇位而爆发的皇帝和藩王之间的一次政权争夺战,自燕王朱棣举兵"靖难"、建文帝"逊国",到弘光朝追上建文谥、庙号,经历多年,朱棣获胜登基(即明成祖,也称永乐皇帝,1402—1424年在位)、打击开国功臣集团、削弱北方强藩、恢复祖训,极大影响了此后二百多年明朝政治、思想的走向,但却史料湮没、事涉恍惚,建文帝和他的太子下落不明成为一段千古疑案。段玉裁敢于触及这种极为敏感的重大历史问题,充分反映了他在学术上追求真理的精神。

另一组是段、顾关于《礼记·王制》"虞庠在国之西郊"中"西郊"、"四郊"之争。包括卷十一的《与顾千里书》《答顾千里书》和卷十二《与顾千里书论学制备忘之记》七篇及《与黄绍武书》《与陈仲鱼书》《与诸同志论校书之难》等十多篇文章。二人矛盾由一字之争扩大到对对方学术观点、学术方法的否定。这场争论产生的原因,既有个人原因,也有社会原因。从个人来说,固执己见,自视甚高,造成互不相让,互不服输;从社会原因来说,段玉裁坚守的"皖派"更强调"立说之是非",在校勘上将"理校"即由义理推断古籍底本之是非,作为重要手段之一;顾千里(广圻)师从"吴派"惠栋,强调"不校之校",宁可保持古籍原貌,也不轻易改动文字。所以,段、顾之争也不排除学派之间的成见。从这场论争中,我们感受到的是那种坚持真理的理论勇气和敢于讲真话的学术良知。争论带给人们的另一个启示,是段玉裁对自己学术观点的正确性充满着自信。自信心是人生成功的最重要的动力,也是标新立异、不断提出问题、解决问题的必备条件。对待古代典籍及前人的注释,通过学习消化,吸取其正确部分,这是"先学后信"的科学态度,而不是"先信后学"的因循守旧。在"科学"与"迷信"的对立中,段氏始终采取科学的态度,这是值得我们继承、借鉴的。

（七）论学勉学类

这类文章中有"书序",如文集序、专书序、遗书序;有"书后",如《书汉书杨雄传后》《书干禄字书后》；有"说解"，如《在明明德在亲民说》《吴都赋蕉葛竹越解》，都谈到论学勉学的内容。而更多的是论学书札、文籍题跋。段氏勤于笔札，善于思考，凡友生质疑问难，无不详细解答；自己点勘书籍，多有题跋。在近三十篇文章中，大体包括以下类型：

一是对专书作评介。北宋夏竦编撰的《古文四声韵》，虽依《切韵》分列，但比《切韵》的二百零六韵多出四韵，为二百一十韵，他的朋友孔继涵曾向他求教，段氏当时"愧未能答"。这篇写于乾隆五十一年(1786)二月的"跋语"，就是借评介该书体例，回复孔继涵的问题。《刻声韵考序》既概括戴书的主要特点，又表明自己所撰《六书音均表》的"学有师承"。段氏对江晋三的《音学十书》评价极高。他在所作《江氏音学序》中说："盖顾氏及余，皆考古功多，审音功浅；江氏、戴氏二者皆深；而晋三于二者尤深。"在另一篇《答江晋三论韵》中，段氏明确表示江晋三是清朝研究古韵的代表人物的殿军，这里又说江晋三考古、审音两方面都超过前辈学者，表达了段氏对后来居上的年轻人的推崇和赞许。

二是辨析书目。《孟子字义疏证》是戴震的一部代表作，戴震用训诂的方法论证《孟子》字义，疏理、发挥其"理存于欲"的哲学思想。据段玉裁所知，该书创始于乙酉、丙戌，成于己丑(1765—1769)，即为《绪言》；改定于丙申冬后、丁酉春前(1776—1777年)，即为《孟子字义疏证》。戴氏于是年(1777)一月《答彭进士允初书》和四月作札与段玉裁均云，"仆生平著述最大者，为《孟子字义疏证》一书"。因此，认为孔继涵所刻《孟子字义疏证》"尚非定本，其定本改名《绪言》"的说法"恐不其然"，故段氏作《答程易田丈书》加以分析。

三是以"刍荛之说"纠正疏漏。《与阮芸台书》辨别"世父""舅氏""行状"的用法；《与钱辛楣学士书论粩字》；《与张涵斋书》论《归去来辞》的"巾车"之"巾"是"拂拭"的意思。

四是阐述为学的态度。《与胡孝廉世琦书》是通过肯定胡著《小尔雅疏证》，想到读书的"细心综核"的重要，引发出从事经学要达到淹博、识断、审定三个境界。《与黄尧圃论孟子音义书》，则通过蜀刻《孟子音义》的"未尽善"，说明对宋本书也要采取信则从、非则改、疑则存的实事求是态度。《左传刊杜序》在表扬张聪咸(阮林)的《左传杜注辨正》敢于对杜注规难发违的同时,揭示著书"不求胜于前人,而真是未尝不在其间"的道理。

其他"跋语""书后"中的《集韵》《广韵》《经典释文》《宋咸熙辑古周易音训跋》及《薛尚功历代钟鼎彝器款识法帖二十卷写本书后》《书干禄字书后》等文中,也都透露了段氏论学、勉学的精辟见解。

（八）其他类

卷七的《东原先生札册跋》,作于嘉庆十九年(1814)十二月二日。此跋涉及戴、段师生交往和学术讨论,对研究二人学术思想特别重要,引录如下:

> 辑先生手迹十五,汇为一册,时时览观。呜呼!哲人其萎,失声之哭,于兹三十有八年矣。思先生而不可见,于是修先生《年谱》一卷付刻,又裒先生札,得十四,付装潢,末附与渔卿家信并函封。渔卿者,名霖,先生之弟也。
>
> 呜呼!余与先生,乡举皆出青田韩介屏先生讳锡胙之门,时先生宰金匮,余于庚辰,东原于壬午。介屏先生学问渊博,有《滑疑集》行世。当时谓此二科得此二人,洵乎伯乐之能空马群也。余辛巳不第,旅食都门,癸未,东原先生至,心慕其学,屡请正师弟之称,不许。先生不第,归;遂致书称弟子。丙戌相见,遽言尊柬久欲奉还,朋友自可取益,奚必此也。今册中犹存三札,缴还称谓。于以知先生德盛礼恭,远出昌黎氏抗颜之上。其言《寿阳志》一札,寿阳令龚君导江以《寿阳志》稿请订正之答书也。其言"五支、六脂、七之,如清、真、蒸三韵之不相通,能发自唐以来讲韵者所未发,今春将古韵考订一番,断从此说为确论",则先生言韵之一变也。盖先生壬午以前,与江慎修氏成《古韵标准》,至己丑,余以《诗经》及《群经韵谱》请业,言支、脂、之不相通,初不以为然,迟之七年,至于癸巳,乃谓此说最确。从此古音之全,通邑大都,家谕户晓,谓非先生一言重于九鼎哉!又以见先生始之不轻信,终之勇于从,好学深思,闻义则服,岂比夫浅夫知非不改坚自护短者哉!其言"非从事于字义、制度、名物,无由以通《六经》"之语,言"非知天理之不外于人欲,则以意见误名之曰理而祸斯民。仆生平论述最大者为《孟子

字义疏证》一书,此正人心之要",此二札者,圣人之道在是,殆以玉裁可语此而传之也。其他具见朋友之谊。

此外,尚有二札,未能检得者。一为初铨贵州玉屏县时,自汾州寄都门,言"玉屏地在五岭发脉之所,想风气未开,未必不可施政教也"。一为在蜀时,自都门寄,言在四库馆校《水经注》事。二札久亡之,时往来于怀,吾侪有得之者,必能什袭珍之也。

乌呼!师弟之道不讲,故世无学问。玉裁年八十矣,距与先生在都门周旋讲学,已四十余年,犹于蛛丝煤尾蠹纸败墨,日夕摩挲,宛见先生之颀然长,伟然雄健,声如洪钟,容貌温睟,将终身以之者,盖向往之,诚有不容已;亦以传示子孙,俾知世有剽窃师门一二,遽勇于树帜,欲为逢蒙者之为可耻,而当以为大戒也。册之背,为故友孔㵎谷书,为先生令嗣中立札。嘉庆甲戌,十二月二日。段玉裁记。[①]

卷八的《八十自序》一篇,玉裁撰于嘉庆十九年(1814),此年《说文解字注》刊刻顺利,编撰《段东原先生年谱》,撰写《东原先生札册跋》,又开始刊刻《经韵楼集》。此序简记人生经历,抒发生命感悟,"回首平生,学业何在也?政绩何在也?"自然也是了解和研究段氏重要的文献,引述如下:

> 古有以文相寿者乎?曰:无有也。古有以文自寿者乎?尤无有也。虽然,祝颂之辞必曰曼寿,则相寿之始也;启期三乐,惟人与年,则自寿之始也。今余之自序,犹启期之意欤?非也。余幼时,先君子亲授经典,博陵尹师授以朱子《小学》。吾父吾师之爱我者至深,责我者至重也。乾隆辛未,先妣早逝。辛巳入都,庚寅出宰于黔,越三年,宰于蜀。至辛丑引疾归金坛,癸卯遭继母忧,壬子迁居于吴,癸亥先君子弃养,返葬金坛,时年六十九,忽忽至今遂已八十。回首平生,学业何在也?政绩何在也?自蜀告归,将以养亲,将以读书;然虽以此自期,而养亲未之能力也,而读书竟无成也。余之八十年不付诸逝水中乎?其将何以见吾父吾师于地下乎?此余之自悔也。
>
> 客曰:主人所言者,自慊之辞也。主人试以启期之乐为乐,其

① 见《经韵楼集》卷七,凤凰出版社 2010 年版,第 173—174 页。

亦有乐乎否? 余曰:天以年厚人,当其难也,一日是靳;余何天之厚而安敢薄焉而不乞假数年以补余过,以消余孽,自此以往,尚延性命,多见一善人,多闻一善言,多得一善书,莫非天之以寿厚我也。而余敢不自幸! 虽然,精力已消亡矣,多见一善人而不能则傚,多闻一善言而未之能行,多得一善书而未之能读,是何以异于未见未闻未得也! 是见之闻之得之,适贻己以自悔也。前之悔,犹将谊诸余年;余年之悔,将谊诸何日乎?

　　书一通以覆于客,以示子孙,俾知古人所乐者不徒年,有不虚其年者在,苟能不虚其年,则永短皆幸也;苟虚其年,则年愈永,悔愈多,而何幸之有乎! 有爱我者,慎勿以言相庆,以重余之罪戾可也。①

　　需要说明的是,"文集"卷四的《与郝户部论尔雅书》、卷七的《戴东原先生配享朱子祠议》和《上大兴朱中堂书》是"存目阙文",卷十二的《仪礼汉读考》是未写完的一部专著,已抽出另列,卷七的《记洞过水》,又见于段氏所刻《戴东原集》十二卷之卷六,均为"代寿阳令龚导江作",写作时间均为乾隆三十四年己丑,且二文一字不异,可能不是段作,而是戴作。《文集》的其他文章,从所注明的写作年月考核,前后达五十年之久,几乎涵盖了段玉裁的一生。

　　关于该书的版本,《清人别集总目》著录有:"嘉庆七叶衍堂刻本,道光元年七叶衍堂刻本,光绪十年秋树根斋重刻本,光绪十年刻戴段合刻本,光绪三十年秋树根重校刻本。"上说脱"祥"字,当为"七叶衍祥堂",因五代同堂,嘉庆六年赐以"七叶衍祥"匾而名。刘盼遂认为:"此本出后人编,故多有录无文。"钟敬华《经韵楼集·前言》说"《经韵楼集》有段氏七

图17　《经韵楼集》附《补编》等整理本

① 见《经韵楼集》卷八,凤凰出版社 2010 年版,第 193—194 页。

叶衍祥堂家刻本,刻工颇精,但其中讹字亦不在少数"。回避了具体的刻书时间。家刻本即今之《经韵楼丛书》本。可知,最早的为嘉庆七叶衍祥堂本十二卷(《续修四库全书》集部第1434—1435册影印清嘉庆十九年刻本),后有标注"七叶衍祥堂藏版"的道光元年本,光绪十年秋树根斋重刻本,光绪十年刻戴段合刻本,光绪三十年秋树根重校刻本等。《皇清经解》本《经韵楼集》六卷,为节录本,所收文章,或全录或节录,间有校改。经解本可资校勘,然亦有印刻和校改不当之处。上海古籍出版社于2008年出版、钟敬华先生校点的《经韵楼集》,是第一个校点本,凤凰出版社2010年出版、赵航整理的《段玉裁全集》之二《经韵楼集》是最新的整理本。

这部《文集》,题材广泛,内容丰富,颇多真知卓见。其最大特点应该是它的真实性、学术性。真实性,是指在内容上的敢讲真话。段玉裁并不因为逝世已近两百年而减少人缘,其自省、自律,勇于解剖自己,是一个重要原因;所谓学术性,是他的"序跋"皆缘于"文籍","书札"多为"论学",就连"墓表""寿序"一类文章,也都"知其人,论其世",或表彰节行、操守,或阐述"以书卷自养而多寿"的哲理。在卷八《潜研堂文集序》中,段玉裁对个人"文集"发表过这样的感慨:"古人以别集自见者多矣,而多不传;传矣,而不能久传;且久矣,而或不著。其传而久、久而著者,数十家而已。其何故哉?盖学有纯驳浅深而文又有工拙之不等也。"他评价钱大昕的《潜研堂文集》是合众艺而精深、拥多能而兼擅的大家之作,"传而能久、久而愈著"是历史的必然。我们认为,段氏是夫子自道,以此来衡量和评价其《文集》,恰如其分。该《文集》对于研究段氏的学术思想,研究清代乾嘉时期的学术史和中国语言学史等,都有着极其重要的史料价值。[①]

二、《经韵楼文集补编》

刘盼遂(1896—1966)先生辑校《经韵楼文集补编》上、下两卷,收录了段玉裁论学文章、序跋和书信七十多篇(封),附诗四首。

首先,《补编》所收论学专文不多,卷上所收《左旋右转说》《五声说》

---

① 此段参见赵宣、赵航《段玉裁著〈经韵楼集〉研究》,载《图书情报工作》2011年13期。

《释能》三篇,陈绍棠《段玉裁先生著述系年》说:"《经韵楼文集补编》有《左旋右转说》及《五声说》二文,乃刘盼遂氏由王昶编之《湖海文集》中辑出。年月不可考,惟据《湖海文集序》,谓是书成于嘉庆乙丑,所收之文,大底为乾隆一朝,今以之系于本年,盖明年即为嘉庆元年也。"①《释能》一文为嘉庆六年在诂经精舍所作,故收入阮元编《诂经精舍文集》卷九,陈绍棠考《诂经精舍文集》许宗彦序称"知此集成于嘉庆六年,盖先生于是年游杭,尝至诂经精舍,其事正合。且此文为程作,料为应阮芸台之请,为诸生作法式者"。②

其次,序跋有二十余篇,有段氏本人的序跋,涉及其生平行事与交游,如卷上《校本广韵跋》其一:"《广韵》,句容裴生名玉字兰珍物也。乾隆戊子,予馆于裴,此书相随三十余年,手订讹字极多,后之人将有取于此。嘉庆壬戌四月十四日,玉裁记于下津桥朝山墩之枝园。"透露出曾坐馆于句容裴氏之事。有为他人所作序跋,除评论学术以外,也记载交游与切磋之乐。如卷上《陈仲鱼简庄缀文叙》,记录了陈鳣由王念孙介绍来访,后成为来往甚密之友,言及"既而壬子、癸丑间,余始侨居苏之阊门外,钱辛楣詹事主讲紫阳书院,得时时过从讨论,而仲鱼十余年间为人作计,常往来扬、镇、常、苏数郡间,每岁亦必相见数回,见则各言所学,互相赏奇析疑,朋友之至乐也。"

第三,《补编》中以段氏致友人书信为多,给邵二云(晋涵)、刘端临(台拱)、王怀祖(念孙)等人的信函达四十五件。这些信函有论学的内容,如给王念孙书信六封,有较多学术信息,如言及"弟七十余耳,乃昏眊如八九十者,不能读书,唯恨前此三年,为人作嫁衣而不自作,致此时拙著不能成矣,所谓一个错也",流露对阮元之不满;有"近来后进无知,咸以谓弟之学窃取诸执事者,非大序不足以著鄙人所得也",请王念孙为《说文解字注》作序;有"寂寥中得手书及《经义述闻》,快读一过""俱精诣造极,将来更有《读书杂志》如竹汀《养新录》最妙"等语,谈论王氏父子的学术;言及《说文注》"当汲汲补竣,依大徐三十卷,尚有未成者二

① 陈绍棠:《段玉裁先生著述系年》,载《新亚书院学术年刊》第 7 期,1965 年,第 161 页。
② 陈绍棠:《段玉裁先生著述系年》,载《新亚书院学术年刊》第 7 期,1965 年,第 169 页。

卷也,今冬明春必欲完之,已刻者仅三卷耳",表示自己"精力衰甚,能成而死则幸矣",并有撰《说文转注释例》之计划。这些书信与相关序言对照,可见段王学术之互动。

而书信中更多的是互致问候,畅叙友情。其中交往最多的是江苏省宝应县人刘端临。从段氏与刘台拱的十几年的书信往来中,我们深深感受到他们的情真意切、情同手足的友谊。它成为生活上相互依存、事业上相互促进的支撑力量,不可或缺的力量。段玉裁在《刘端临先生家传》中说:"在润州时,与予及汪容甫讲论,尤称莫逆,或至丙夜不倦。"段玉裁从他们身上汲取了丰富的营养,拓宽了自己的知识领域,改善了自己的知识结构,这是段玉裁成为学术大师的重要条件。关于书信的编次,《补编》与刘盼遂所撰《段玉裁先生年谱》也不完全一致,与刘端临书、与王念孙书均有;关于其中的内容,与罗继祖《段懋堂先生年谱》所附录的文字也有不少异文。这些问题值得关注。

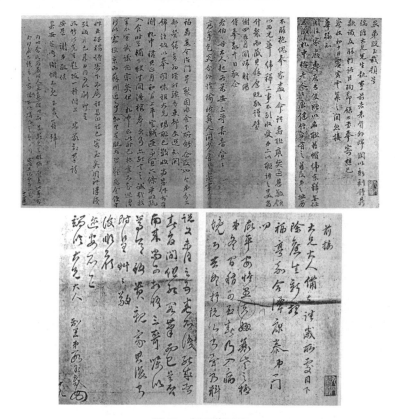

图 18　段玉裁手札

最后，谈谈段氏的诗歌。全书附诗四首，刘盼遂《段玉裁先生年谱》乾隆三十九年(1774)："《登雅州城楼》诗二首，应在是年。"《先生著述考略》记《段大令诗若干首》："丹阳陆炳著《蜀徼诗选》中有先生诗多首，今寻其书，不可得。盼遂按：先生在蜀时意必托意讽咏，今辑《经韵楼续集》，得诗数章，皆作于在东、西川时。"时人王兰泉《春融堂集》四十二《段得莘先生九十寿诗序》云："往予在蜀中，丹阳陆炳示予《蜀徼诗选》，中有段君诗，始知君为诗人。"四首诗均为即景感怀之作，于静谧幽清的描写中，抒发了作者怀古思乡的情怀，让我们从另一个侧面了解段氏少时慕为词的艺术才华。徐世昌《晚清簃诗汇》评论说："懋堂经学、小学，一代大家。词章非所置意，然如'滩声不厌喧终古，山色从来媚夕曛'之句，专家诗人所不易得也。"给予段玉裁较高的评价。

刘盼遂先生辑校段氏遗文，成《补编》一种，1936 年北平来薰阁书店印行，有功学林，但限于时代因素等仍有较多缺漏。陈绍棠先生《段玉裁先生著述系年》[①]、陈鸿森先生《〈段玉裁年谱〉订补》[②]等，对刘先生所作年谱、《补编》缺漏进行了大量的订正和补充。如乾隆五十九年(1794)夏秋间，作《校本经典释文跋》，《补编》卷上《校本经典释文跋》有："顾安道有宋刊《毛诗郑笺》，其所载《音义》特佳，足以证今本之误，略识于上方。甲寅夏、秋间事也，若膺。"(右《毛诗》上《释文》跋语。)"顾安道有宋刊《毛诗传笺》，南宋光宗时刻也。其好处与叶本略同，其所载《音义》佳处，略书于此本上。甲寅六月十九日，若膺氏。"(右《毛诗音义》尾跋语。)刘盼遂按语说："臧镛堂《拜经楼集跋经典释文》云：'巫山知县段先生若膺曰："写本名衔在《毛诗》末，甚是，故此书是南宋本，故《尚书》《孝经》等《音义》窜改最甚，全非陆氏之旧，而《毛诗》或本之北宋，有乾德、开宝间名衔，因仍之。如徐、卢两家刻本移于卷终，似全书皆本北宋矣。"余是其论断之精，遂识以为校勘之跋。'今按：臧氏引先生此说，盖亦先生序跋《释文》之语，臧节取之；惟以不见全文为憾。又按：先生《经典释文》校语，已由上海涵芬楼摄录，附于所刊《四部丛刊》徐本

① 陈绍棠：《段玉裁先生著述系年》，载《新亚书院学术年刊》第 7 期，1965 年，第 143—196 页。
② 见《历史语言研究所集刊》第六十本第三分，1989 年 9 月。

《经典释文》后，为校记一卷。以上二跋，乃由萧山朱氏藏过录段、臧、王合校本录出，涵芬楼校记不出此跋。"而陈绍棠据周法高《中国语文论丛》下编"记诸家校本《经典释文》"一文，知刘氏"盖未亲见先生所校之本，致有遗漏也"，补出六条，并说"先生所校，详见今《四部丛刊》本《经典释文》后校记，不具引"。又如，嘉庆十八年九月，段氏有《玉篇》跋。陈鸿森《订补》:《段集补编》失收，今据《适园藏书志》卷二录次:"此书四十年前置于琉璃厂。披阅既久，每一部略知或本许，或顾以后孙强辈所妄增，皆得其梗概。略有批点改正，亦注《说文》之一助也。癸酉九月，茂堂老人书于枝园。"

尽管如此，我们认为，刘盼遂先生对段玉裁文章的辑校以及对段玉裁研究的推进之功，是必须肯定和尊重的，《补编》对全面了解段玉裁的学术和生平等，具有重要的史料价值。

第八节　"求是"精神与学术思想

作为考据学昌盛时代、深受戴震学术影响的学者，段玉裁的治学特色、治学方法难免打上戴震的烙印，但段氏在相关领域有所拓展，有所创新，取得一系列学术成就，体现出了在戴震学术范式指导下研究不断深入的历史事实。从"清学"发源并繁盛于江浙皖一带的基本事实出发，结合段氏学术观点的多面性、重要的学术成果、强烈的学术个性，要求我们，从"清学"的维度来考察段氏，他已部分跳出了汉、宋对峙的旧思想模式，承顾炎武、追戴震、影响龚自珍、并由陈奂影响及俞樾、章太炎，段玉裁成为中国学术发展链条上重要的一环。

一、段玉裁对"求是"精神的继承与发展

戴震以文字、音韵、训诂、典章制度等知识对经典进行客观实证研究，钱大昕、凌廷堪等将戴氏的学风总结为"实事求是"，并大加推崇赞誉。本书第一章第二节"时风世运"也谈及"实事求是"已蔚为时代潮流，成为学者的共同精神纲领，段玉裁对此有深切的体认，并努力在学

术实践中有所落实,其标志性学术成果《说文解字注》自然有明显体现,而其晚年思想更加成熟,并述之笔端。

段氏治学态度上强调精益求精,并且既"广博"又"专精",如嘉庆十一年(1806)称赞钱大昕众艺皆精,"夫自古儒林能以一艺成名者罕,合众艺而精之,殆未之有也。若先生于儒者应有之艺,无弗习,无弗精,其学固一轨于正,不参以老佛功利之言,其文尤非好为古文以自雄坛坫者比也。中有所见,随意抒写,而皆经史之精液。其理明,故语无鹘突;其气和,故貌不矜张;其书味深,故条鬯而无好尽之失,法古而无摹仿之痕,辨论而无喧嚣攘袂之习。淳古澹泊,非必求工,非必不求工,而知言者必以为工。俾学者可由是以渐通经史,以津逮唐、宋以来诸大家之文,其传而能久,久而愈著者,固可必也。"①此点实亦可视作夫子自道。

读书治学应当追求真知并传于后世,并可神交古人与后人,获得精神的永恒,嘉庆十四年(1809)元月玉裁作《娱亲雅言序》说:

> 闻之东原师曰:知十而皆非真知,不若知一之为真知也。洞彻其本末,剺剖其是非,核诸群书而无碍,反之吾心而帖然,一字一句之安妥,亦天地位、万物育之气象也。久能所说,皆得诸真知,故近以自娱娱亲,远以娱人,涣然冰释,怡然理顺,其传世行后无疑也。
>
> 夫人有心得之处超乎古人者,必恨古人不我见,抑余以为古人有言有为,未尝不思后之人处此,必有善于我者,未尝不恨后之人不可见也。②

段玉裁重视"学有心得":"余尝以为,学者记所心得,无忘所能,可以自课,可以持赠同人,莫善于是;顾为之者其弊有二:一曰好为异说,一曰剿说雷同,皆中无所得,藉是邀名,自谓知古学而已。"甚至认为,学有心得,可以神交古人与后人,因而可获得超时空的精神愉悦:"夫人有心之处超乎古人者,必恨古人不我见,抑余以为古人有言有为,未尝不思后之人处此,必有善于我者,未尝不恨后之人不可见也。"学者的终极目标是"学为人也",将"求是"与"求道"进行有机的结合,将考据学与

---

① 段玉裁:《经韵楼集》卷八《潜研堂文集序》,凤凰出版社 2010 年版,第 179—180 页。
② 见《经韵楼集》卷八,凤凰出版社 2010 年版,第 184—185 页。

"身心性命之学"进行融合,这一精神与戴震是一致的,他说:"又以为考核者,学问之全体,学者所以学为人也,故考核在身心性命伦理族类之间,而以读书之考核辅之。今之言学者,身心伦理之不务,谓宋之理学不足言,谓汉之气节不足尚,别为异说,簧鼓后生,此又吾辈所当大为之防者,然则余之所望于久能者,勿以此自隘,有志于考核之大而已矣。"展示出对宋代理学伦理观念的认同。

而"求是"又是一种不断认识、深化的一个过程,治学态度上"非求胜""非要名",才可能"真是日出",嘉庆十六年(1811)七月,玉裁为张聪咸《左传刊杜》撰序,阐述为学之道:

> 凡著书者将以求其是而已,非将以求胜于前人而要名也。……郑氏之于《三礼》,得真是者最多,杜氏之于《左传》,得真是者较少,要其著书之时,固皆以求其是,而非以求胜于前人以要名也。今张君阮林有《左》癖,蕴积既久,乃取自汉以来及于国朝诸儒说异杜者,汇集其成,参以己说,为《刊杜》若干卷。夫亦将求其是以神《左氏》,而非欲求胜于前人以要名者,而真是未尝不在其间,书固可以传诸通邑大都矣!人之信之不以为幸,即有不信而更正之、补苴之,果确中其肯綮,且深以为幸也,此阮林之志也。①

最后归结为:"夫君子求为可信,不求人之信;求其真是,而亦不敢自必为真是。此真是之所以日出也。"

"实事求是"是"乾嘉学人"的共同旗帜。而段玉裁可谓是遵循清代学术范式、在校勘实践中将"求是"精神发挥到极致的一位。吴根友先生在《在"求是"中"求道"——"后戴震时代"与段玉裁的学术定位》一文中说:由戴震建立的乾嘉学术"范式"的精神纲领是:其一,经学研究必以"求道"为最终旨归。其二,"求道"的方法大抵上分成两大途径:(1)由字以通词,由词以通道。这是语言哲学的路径。(2)通过对古代典章制度、名物、数度、历律等古典人文知识与自然科学知识的研究,以把握六经之中的道。这是"知识考古学"的途径。这两条途径共同表现

---

① 《经韵楼集》卷四《左传刊杜序》,凤凰出版社 2010 年版,第 70 页。

出一种新的学术精神,即"人文实证主义"的哲学精神,用乾嘉学者自己惯用的语言来说,即是"实事求是"的精神。① 这种学术精神对当前投机取巧、急功近利、哗众取宠等不良学风,有着很好的疗救之效。

大师的精神品格是学术的灵魂,重在科学与求实。吾爱吾师,吾更爱真理。这一点在段玉裁身上体现得淋漓尽致。其师戴震也研究古韵,认为段氏"尤侯"两韵可以不用分,玉裁则明确指出:"先生曾言尤侯两韵可无用分。玉裁考周秦汉初之文,侯与尤相近而必独用。""先生又言顾亭林平仄通押之说未为非。所定四声,似更张大甚。玉裁按,今四声不同古,犹古部分不同今。抽绎《遗经雅记》,差可信其非妄。以上三者皆不敢为苟同之论,惟求研审音韵之真而已。"(《寄戴东原先生书》)。不作"苟同"之同,并因有《诗经韵谱》《群经韵谱》为据,针锋相对。他不因戴震近而恭维之,也不因江永远而贬抑之;不因戴震为其师而唯诺之,也不因郑玄古远而迷信之。这种理论交锋,直言不讳,以材料为依据,严谨求实的研究态度和对事不对人的学者风格值得今人学习。

二、段玉裁的学术思想

段玉裁因其成长的过程与鲜明个性等因素,呈现出他在思想行为上保持与其师戴震精神上的高度相似性与行为上的终生保持高度敬意,刊刻、总结戴震学术并加以传播与表彰,而在学术实践中并未盲目株守戴氏理论。他在经学方面,尊经治经,于《诗》《书》《礼》《春秋》等经典有专书行世,已见前文评述;确立乾嘉学术"以字考经,以经考字"理论,"主会通"而求义例,在汉、宋之争上不薄"宋学"并倾向于确立"清学"本身,提出"广经说"。在传统语言学领域,留下《说文解字注》《六书音均表》等重要成果,在音韵、文字、训诂研究上有独到见解,分古韵十七部,发明"之、脂、支三分,真、文两分,侯部独立",提出"同谐声者必同部"、"得音"最重要等观点;诠释"六书",将形音义三者分古今,由"三者互相求"推及"六者互相求",纵向考察语言的历史演变。在文献学领域,有大量校勘实践与论述,并成为"理校"代表人物。下面分三大类别

① 详见《宏德学刊》(第一辑),赖永海主编,江苏人民出版社2010年版,第152—165页。

第六章 移居苏州与苦耕砚田(下)

来引述部分段氏的学术主张并稍加评论。

（一）经学方面

1. 确立乾嘉学术"以字考经，以经考字"理论

从中国经学史与学术史的角度，有学者总结说："唐代孔颖达《五经正义》的修定标志古文经学的彻底性胜利，经学亦因此进入了一个大统一的时代。而以《五经正义》为代表的汉唐经学，其基本的治学方法应该说就是'由字以通其词，由词以通其道'的读经方法。"①清儒在小学特别是音韵学上有许多重要的发现与建树，认识到上古音读及文字通假的大体规律。如顾炎武《亭林文集》卷四《答李子德书》说："读九经自考文始，考文自知音始。"戴震《东原文集》卷九《与是仲明论学书》标榜此方法"由字以通其词，由词以通其道"，是有学术传承关系的。王念孙在《说文解字序》中说："训诂声音明而小学明，小学明而经学明。"段玉裁《经韵楼集》卷二《聘礼辞曰非礼也敢对曰非礼也敢》："凡治经，经典多用假借字，其本字多见于《说文》。学者必于《尔雅》、传注得经义，必于《说文》得字义。既读经注，复求之《说文》，则可知若叚借字，若本字，此治经之法也。"清儒做出既不同于汉儒、又不同于宋儒的新解读。段玉裁遵循而又益以声韵，有所发展，确立乾嘉学术"以字考经，以经考字"理论。

"以字考经"强调"识字"是"读经"的基础和工具，在段玉裁来说，是要通过《说文解字注》来证明许慎对字义的解释与汉儒注经时的字义解释是有不同的，注意到字的原始义与应用义的区别，而其实质又是"以许证经"，由字的本义出发，考释经文中字的来龙去脉及其理据。"以经考字"指用群经用例来印证字义的准确，在段玉裁这里，是通过群经用例来印证《说文解字注》是否科学，其实质又与"以经注许、以郑注许"相通，搜罗各家之说，进行周密考证，求得《说文》每一个字词的正确解释。段玉裁在学术实践中，既阐明说字与说经的不同，用段氏自己的话来说就是"凡为传注者，主说大义；造字书者，主说字形"，又指出两者并不相妨碍，用段氏自己的话来说就是"凡文字故训，引伸每多，如是说经与说

---

① 姜广辉主编《中国经学思想史》，第八十一章"解构与重构：走向近代的经典诠释"，第四卷，第29页。

字不相妨也",正确看待"字"与"经"的辩证关系,并初步认识到字词概括义与具体义的区别,对后世颇多启发,如黄侃指出:"小学家之说字,往往将一切义包括无遗;而经学家之解文,则只取字义中之一部分。"①

嘉庆十七年(1812)冬十二月,陈奂来苏州协助段玉裁校刻《说文解字注》,陈奂在《王石臞先生遗文编次序》中说:"奂忆嘉庆十七年壬申冬,金坛段若膺先生令校《说文注》十五卷,馆宿枝园,愿留而受业于门。段先生曰:余之治《说文》也'以字考经,以经考字',大指本徽郡戴氏,高邮王石臞先生渊源同出乎戴,故论学若合符节。"②嘉庆二十年三月,陈奂撰《说文解字注跋》:"焕闻诸先生曰:'昔东原师之言,仆之学不外以字考经,以经考字。余之注《说文解字》也,盖窃取此二语而已。经与字未有不相合者,经与字有不相谋者,则转注段借为之枢也。'……敬述先生所示著书之大要,分赠同人,窃谓小学明而经无不可明矣。乙亥三月受业长洲陈焕拜手敬书。"揭示段氏注《说文》,遵循戴震所倡"以字考经,以经考字",这与戴震提倡的"由故训以明理义""由字以通其词,由词以通其道"的治学路径大体一致,体现了戴震理论范式对段氏学术的深刻影响。段玉裁又将这一治学真谛传授给自己最得意的学生。

2."主会通"而求义例

胡适对清代经学的特点进行过理论概括,认为清代经学有四个特点,一、历史眼光;二、工具的发明;三、归纳的研究;四、证据的注重。并特重后两条,认为"用这种方法去治古书,真如同新得汽船飞艇,深入不曾开辟的奇境,日有所得而年有所成。才大的可以有创造的发现,而才小的也可以尽一点'襞绩补苴'的微劳。经学竟成了一个有趣味的新世界了"③。"主会通"而求义例,当是段氏"有趣味的新世界"之一,其经学代表性成果《周礼汉读考》《仪礼汉读考》,专门研究"汉读"术语,重在概括条例,已见前文。在段氏笔下,"义例"还是常见用语,如在致友人信中说"去年始悉力于《说文解字》,删繁就简,正其讹字,通其义例,搜转注假借之微言,备故训之大义,三年必可有成,亦左氏失明、孙子膑脚

① 黄侃述,黄焯编:《文字声韵训诂笔记》,上海古籍出版社1983年版,第182页。
②《高邮王氏遗书》,江苏古籍出版社2000年版,第116页。
③ 胡适:《胡适学术文集》(下),中华书局1997年版,第1006页。

之意也"①,强调"通其义例"。梁启超《中国近三百年学术史》:"戴氏治学,精锐无前,最能发明原则,以我驭书。"段氏"通其义例"是对戴氏"发明原则,以我驭书"特点的运用与发扬。

乾隆五十八年(1793)六月,段玉裁为臧琳遗著《经义杂记》撰序,称"千古之大业,未有盛于郑康成氏者也","郑君之学,不主于墨守,而主于兼综;不主于兼综,而主于独断。其于经字之当定者,必相其文义之离合,审其音韵之远近,以定众说之是非,而以己说为之补正。凡拟其音者,例曰'读如'、'读若',音同而义略可知也。凡易其字者,例曰'读为'、'读曰',谓易之以音相近之字而义乃憭然也。凡审知为声相近若形相似二者之误,则曰'当为',谓非六书假借而转写纰缪者也。汉人作注,皆不离此三者。惟郑君独探其本原",得出结论是:"今得其《经义杂记》三十卷读之,发疑正读,必中肯綮,旁罗参证,抉摘幽微,精心孤诣,所到冰释,宜百诗氏之赞叹欲绝也。"②八月,江声撰序,直引段氏"发疑正读,必中肯綮,旁罗参证,抉摘幽微,精心孤诣,所到冰释"之评,称"数语者,道是书之美备矣",称赞"是书将嘉惠来学于无穷也"。

钱大昕《潜研堂文集》卷二十四《臧玉林经义杂识序》称:"国朝通儒,若顾亭林、陈见桃、阎百诗、惠天牧诸先生,始笃志古学,研覃经训,由文字、声音、训诂,而得义理之真。同时毗陵有臧玉林先生,亦其流亚也。……尝谓《六经》者,圣人之言,因其言以求其义,则必自训诂始;谓诂训之外别有义理,如桑门以不立文字为最上乘者,非吾儒之学也。诂训必依汉儒,以其去古未远,家法相承,七十子之大义犹有存者,异于后人之不知而作也。三代以前,文字、声音与训诂相通,汉儒犹能识之。以古为师,师其是而已矣,夫岂陋今荣古,异趣以相高哉!先生之书,实事求是,别白精审,而未尝驰骋其辞,轻诋先哲,斯真儒者之学,务实而不矜名者。予是以重其书,而益重其人也。"③强调"以古为师,师其是",重汉儒之说,与段氏相呼应。

赵航认为:"惟有真学问,始有真思想",这是对段玉裁一生的最好

---

①《经韵楼文集补编》卷上《与邵二云书二》,凤凰出版社 2010 年版,第 27 页。

②《经韵楼集》卷八《经义杂记序》,凤凰出版社 2010 年版,第 181 页。

③《嘉定钱大昕全集》第 9 册,江苏古籍出版社 1997 年版,第 375 页。

概括。"真学问",是指他以读书为乐事,"一字之义,必本六书、贯群经以为定诂,由是尽通"的治学特点;"真思想",是指他终生心无旁骛,特立独行,有主见、有创见的学术规范和学术品质。这种学术思想是他用科学精神发扬传统文化的纲领,更是他所留下的经得起时间和历史检验的几百万字著作的精华。①

3. 不薄"宋学"

戴震将理义(义理)、制数(考据)、文章(词章)视同为学问之途,但三者之间有高下之分,义理、考据之学高于文章之学。至于义理与考据孰轻孰重,戴震的观点变化较大。早年认为汉儒、宋儒互有得失:"圣人之道在《六经》,汉儒得其制数,失其义理;宋儒得其义理,失其制数。"中年则尊考据而轻义理,认为"故训明则古经明,古经明则贤人圣人之理义明"。晚年更重义理:"义理即考核、文章二者之源也,义理又何源哉?吾前言过矣!"认为义理最重要,考据、词章只不过是通向义理的手段而已。其"义理之学"集中体现在他的"义理三书"即《原善》《绪言》与《孟子字义疏证》之中。段玉裁对师训深有所契,故知戴学之要领,在《戴东原先生年谱》中阐发说:"先生之治经,……盖由考核以通乎性与天道,既通乎性与天道矣,而考核益精,文章益盛。用则施政利民,舍则垂世立教而无弊。浅者乃求先生于一名一物、一字一句之间,惑矣!"

当然,戴震所论义理与宋儒有所不同。他批评"宋以来儒者,以己之见,硬为古贤圣立言之意,而语言文字实未之见"。他反对凭空臆说"义理",主张在考据的基础上重新发展儒家的义理之学。在《与某书》中说:"治经先考字义,次通文理,志存问道,必空所依傍。汉儒故训有师承,亦有时附会;吾人附会凿空益多,宋儒则恃胸臆为此,故其袭取者多谬,而不谬者在其所弃。我辈读书,原非与后儒竞立说,宜平心体会经文,有一字非其解,则所言之意必差,而道从此失。"梁启超认为,不能简单地将戴震看作是"汉学"派。

段氏似乎既不过分祖护理学,也不简单贬低理学,保持着实证主义的客观性、价值中立性,以相对中立的价值态度来分析理学思想的得失

① 赵航:《段玉裁评传》,江苏人民出版社 2009 年版,第 266 页。

及经世方面的积极作用,在研究态度上比较接近德国社会学家马克斯·韦伯(Max Weber)所讲的"价值中立"的理想。这由他的一系列言论有所体现。

嘉庆十三年（1808），74岁的段玉裁在四弟段玉立书架上得尹师会一所赐朱子《小学》二本，感触颇多，撰写了《博陵尹师所赐朱子小学恭跋》，文中叙读书、生活经历，并盛赞朱熹：

> 盖师之学宗朱子，尤重朱子《小学》，督学江苏以培植人才为先务，命诸生童皆熟《小学》为养正之功，以坊间所行陈恭愍注未善，惟高氏注条理秩然，得朱子编辑本意，重刊颁布，而手畀玉裁也。师盖有厚望焉，谓先君子曰："此儿端重，必教之成大器，勿自菲薄也。"先君子教玉裁，时举此书。已而师薨于松江试院。
>
> 玉裁至二十六，举于乡，入都，谒师令嗣亨山方伯，亦勤勤恳恳望以力学。顾不自振作，少壮之时，好习辞章，坐耗岁月。三十六，乃出为县令，不学而仕者十年，政事无可纪。四十六，因先君子已年过七十，请终养，未合例，遂引疾归，趋侍二十余年。癸亥，先君子见背，今又七年所矣。归里而后，人事纷糅，所读之书，又喜言训故考核，寻其枝叶，略其本根，老大无成，追悔已晚。
>
> 盖自乡无善俗，世乏良材，利欲纷拏，异言諠隘。而朱子集旧闻，觉来裔，本之以立教，实之以明伦敬身，广之以嘉言善行，二千年贤圣之可法者，胥于是乎在！或以为所言有非童蒙所得与者。夫立教、明伦、敬身之大义，不自蒙养时导之，及其长也，则以圣贤之学为分外事，我所与知与能者，时义辞章科第而已矣。乌呼！此天下所以无人材也。或又谓汉人之言"小学"，谓六书耳，非朱子所云也。此言尤悖。夫言各有当，汉人之"小学"，一艺也；朱子之"小学"，蒙养之全功也。子曰："弟子入则孝，出则弟，谨而信，汎爱众而亲仁。行有余力，则以学文。"此非教弟子之法乎？岂专学文是务乎？朱子之教童蒙者，本末兼赅，未尝异孔子教弟子之法也。
>
> 玉裁自入都，至黔，至蜀，久不见此本，在巫山曾作家书上先君子，请检寄之。先君子寄以他本，而梦寐间追忆在是。五年前乃于四弟玉立架上得之，喜极继以悲泣，盖痛吾师及吾母吾父之皆徂，

吾父所以训我,吾师所以郑重付我者,委之蛛丝煤尾间,不克如赵襄子之简,探诸怀中,愧恨何极! 幸吾师之编尚存,吾父之题字如新,年垂老耄,敬谨繙阅,绎其悃趣,以省平生之过,以求晚节末路之自全,以训吾子孙敬观熟读,习为孝弟恭敬,以告天下之教子孙者,必培其根而后可达其支,勿使以时义辞章科第自画也。此则小子之微意也夫!①

文中赞"朱子集旧闻,觉来裔,本之以立教,实之以明伦敬身,广之以嘉言善行,二千年贤圣之可法者,胥于是乎在",客观体现出汉学家对宋儒的态度,即否定宋儒摒弃训诂之学而专以性理之学阐释经书,而肯定宋儒所提倡的正心诚意立身制行之学。同时代的大师惠栋即称"汉人经术,宋人理学,兼之者乃为大儒"(《九曜斋笔记》卷二),皮锡瑞《经学历史》十《经学复兴时代》认为"戴震作《原善》、《孟子字义疏证》,虽与朱子说经觝牾,亦只是争一'理'字",戴震、段玉裁等人"未尝薄宋儒也"。

嘉庆十四年(1809)正月廿四日,为严久能(即元照)《娱亲雅言》作序,提出"今之言学者,身心伦理之不务,谓宋之理学不足言,谓汉之气节不足尚,别为异说,簧鼓后生,此又吾辈所当大为之防者"。此文对宋学持肯定态度,为后世学者重视。钱穆《中国学术思想史论丛》八《读段懋堂〈经韵楼集〉》说:"东原举义理、考据、辞章为学问三大纲,而独以能言义理自务。懋堂承其师说而变之,谓学问当首重考核。考核当在身心性命伦理族类之间,而以读书之考核辅之,其意首发于为其师《东原集》作序,而及是又发之,与其师所言,意趣有异,盖其心犹不忘宋儒之理学也。"认为段玉裁"承其师说而变之",启人思考。

嘉庆十九年(1814)九月,段玉裁致陈寿祺信,讨论近世学术及学风,涉汉学、宋学。陈鸿森《订补》认为"据此书,略可推见段氏晚年之思想及其对当时学风之批评。乃近世论乾嘉学术者,类多忽之不视,今亟宜表出之"。《左海文集》卷四《附懋堂先生书三通》之三内容更详,今据之逐录如次:

---

① 《经韵楼集》卷八《博陵尹师所赐朱子小学恭跋》,凤凰出版社 2010 年版,第 185—187 页。

恭甫大兄先生执事：伏惟侍奉万安，兴居多吉。今岁三奉手书，见赐《五经异义疏证》、《尚书》、《仪礼》诸经说，一一盥手雒诵，既博且精，无语不碻。如执事者，弟当铸金事之。以近日言学者，浅尝剿说，骋骛猎名而已，不求自得于中也。善乎执事之言曰："文藻日兴而经术日浅，才华益茂而气节益衰，固倡率者稀，亦由所处日蹙，无以安其身，此人心世道之忧也。"愚谓今日大病，在弃洛、闽、关中之学不讲，谓之庸腐，而立身苟简，气节败，政事芜，天下皆君子而无真君子，未必非表率之过也。故专言汉学，不治宋学，乃真人心世道之忧，而况所谓汉学者，如同画饼乎！贵乡如雷翠庭先生，今尚有嗣音否？万舍人乞为致候。江子兰札云邵武有高澍然亦良。执事主讲，宜与诸生讲求正学气节，以培真才，以翼气运。大箸尚当细读，以求请益。弟今年八秩，终日饱食而已，记一忘十，甚可笑也，安足以当执事之推许。玉裁再拜。①

皮锡瑞《经学历史·经学复盛朝代》评论说："雍、乾以后，古书渐出，经义大明。惠、戴诸儒，为汉学大宗，已尽弃宋诠，独标汉帜矣。惠周惕子士奇，孙栋，三世传经。栋所造尤邃，著《周易述》《古文尚书考》《春秋补注》《九经古义》等书。论者拟之汉儒，在何邵公、服子慎之间。而惠氏红豆山斋楹帖云：'《六经》宗孔、孟，百行法程、朱。'是惠氏之学未尝薄宋儒也。戴震著《毛郑诗考正》《考工记图》《孟子字义疏证》《仪礼正误》《尔雅文字考》，兼通历算声韵，其学本出江永，称永学自汉经师康成后，罕其俦匹。永尝注《朱子近思录》；所著《礼经纲目》，亦本朱子《仪礼经传通解》。戴震作《原善》《孟子字义疏证》，虽与朱子说经牴牾，亦只是争辨一理字。《毛郑诗考正》尝采朱子说。段玉裁受学于震，议以震配享朱子祠。又跋朱子《小学》云：'或谓汉人言小学谓六书，非朱子所云，此言尤悖。夫言各有当；汉人之小学，一艺也；朱子之小学，蒙养之全功也。'段以极精小学之人，而不以汉人小学薄朱子《小学》。是江、戴、段之学未尝薄宋儒也。宋儒之经说虽不合于古义，而宋儒之学行实不愧于古人。且其析理之精，多有独得之处。故惠、江、戴、段为汉

---

①《左海文集》卷四，第50页。

学帜志,皆不敢将宋儒抹杀。学求心得,勿争门户;若分门户,必起诟争。江藩作《国朝汉学师承记》,焦循贻书诤之,谓当改《国朝经学师承记》,立名较为浑融。江藩不从,方东树遂作《汉学商兑》,以反攻汉学。平心而论,江氏不脱门户之见,未免小疵;方氏纯以私意肆其谩骂,诋及黄震与顾炎武,名为扬宋抑汉,实则归心禅学,与其所著《书林扬觯》,皆阳儒阴释,不可为训。"①认为段氏甚至江永、戴震一脉均"未尝薄宋儒"。

嘉庆二十年(1815)三月,陈寿祺为其师孟超然遗著《孟氏八录》撰跋,引用段玉裁观点,评论当世学风说:"顷仪征阮抚部夫子、金坛段明府若膺寓书来,亦兢兢患风俗之弊。段君曰:'今日大病,在弃洛、闽、关中之学不讲,谓之庸腐,而立身苟简,气节败,政事芜,天下皆君子而无真君子。故专言汉学,不治宋学,乃真人心世道之忧,而况所谓汉学者,如同画饼乎!'"②张扬段氏之说。

4. 广经说

嘉庆十七年(1812)十月初一日,玉裁应邀为弟子沈涛撰《十经斋记》,"当广之为二十一经,《礼》益以《大戴礼》,《春秋》益以《国语》《史记》《汉书》《资治通鉴》,《周礼》'六艺'之书数,《尔雅》未足当之也,取《说文解字》《九章算经》《周髀算经》以益之,庶学者诵习佩服既久,于训诂名物制度之昭显,民情物理之隐微无不憭然,无道学之名而有其实",认为"'十经'者,有取于《南史》周赓之五经五纬,号曰十经也。纬亦经之辅,此亦五经广为十三、二十一之意与",欲广十三经为二十一经,论及六经宗旨与宋儒之异,主张"纬不可废",并重视"训诂、制度、名物、民情、物理"。沈涛回应作《廿一经堂记》,并阐释其意。

清人刘恭冕(1824—1883)承袭广经意,取其室名为"广经室",今人张舜徽《清人文集别录》卷二十二评论说:"始在嘉庆中,段玉裁为沈涛撰《十经斋记》,谓学者诵习十三经外,宜加入《大戴礼记》《国语》《史记》《汉书》《资治通鉴》《说文解字》《九章算术》《周髀算经》等八种,合为二十一经。其识义宏通,为雅儒所不能论。恭冕服膺其说,名所居曰'广

① 皮锡瑞:《经学历史》,中华书局 1959 年版,第 339 页。
② 陈寿祺:《左海文集》卷七《孟氏八录跋》,第 32 页。

经室',为之记以张之。虽所揭橥之书,与段氏稍有出入,然其意固已远矣。"对这一学术观念的变化有所揭示,因为"六经""七经""九经"到"十三经"乃至"十四经"历代经数与经目的变化,乃至排序的先后,其中反映了学术分化与开放的可能性,段玉裁、沈涛、刘恭冕等清代学者提出"十经""二十一经"将《大戴礼记》《国语》《史记》《汉书》《资治通鉴》《说文解字》《九章算术》《周髀算经》(刘氏主张补《荀子》《楚辞》)等著作列入经目,折射出乾嘉以来知识传统与学术典范在新形势下的扩张与转移,张寿安认为:"这相互欣赏的师徒二人不仅改变了经数改变了经目,甚至改变了经的定义。""段玉裁、沈涛、刘恭冕的广经说,一方面看来是扩大了学术典范的概念与内涵,必须被视为一种进步,尤其纳入史学、字学、算学、文献、文学的新典范。但从另一角度观察,他们的最大错误,则是淆乱了六经作为传统学术之本体的这个基石。"①

　　读经、治经,修身养性与著书立说,为古代知识分子的人生常态与共同理念,段玉裁曾有"凡古礼乐制度名物之昭著,义理性命之精微,求之《六经》,无不可得"②之说,而明确"根"与"支"的关系,段氏较常人有着清醒的认知,晚年归结为"必培其根而后可达其支,勿使以时义辞章科第自画也"③,并曾谆谆教导龚自珍。当然,段氏的经学思想,深受其师戴震经学观的影响。体现戴震经学思想体系的集成著作《七经小记》,被认为是经学方法论的教科书,或称"经学学",虽未成书,而玉裁在《戴东原先生年谱》中曾做扼要介绍。该书由专讲语言文字的《训诂篇》、讲述天文历算等自然科学的《原象篇》、本之于礼经总论而贯通四部礼学著作的《学礼篇》、谈地理学的《水地记》、探求人类情性的《原善篇》五部分构成,涉及语言文字学、自然科学、礼学、史地学、哲学等专门学问及其门类科学思想,原则与先后次序为"治经必分数大端以从事,各究洞原委。始于六书、九数,故有《训诂篇》、有《原象篇》,继以《学礼篇》,继以《水地篇》,约之于《原善篇》",结论为"圣人之学,如是而已

---

① 张寿安:《从"六经"到"二十一经"——十九世纪经学的知识扩张与典范转移》,载《学海》2011年第1期,第146—163页。

② 《经韵楼集》卷六《江氏音学序》,凤凰出版社2010年版,第120页。

③ 《经韵楼集》卷八《博陵尹师所赐朱子小学恭跋》,凤凰出版社2010年版,第87页。

矣"。由语言文字与各专门知识为入手以通经,继之以经学总纲"礼学"与自然世界、社会结构等,实现治经的目的和归属即达道,探讨人生、人性,一定程度上突破了传统经学的局限。段氏正是在戴震经学观的基础上有所发展,提出"广经学",有所拓展,扩经至史、子、集部,并加深对"训诂、制度、名物、民情、物理"等的理解,在观念上又宗汉而不薄宋,会通百家。

(二)语言学方面

前文说到,段玉裁在传统语言学领域,留下《说文解字注》《六书音均表》等重要成果,他还有许多散见的篇章,体现出语言学思想的光芒,这里略加引述。

嘉庆五年(1800)五月,致书刘端临,"来书推许太过,弟以注此书为读郑之阶级,读此注而知许、郑之异,亦知许、郑之同,而知天下之字无不异,而知天下之字无不同,其要在以经注许,以郑注许,而尤要在以许注许。此书赖足下促之,功莫大焉。弟亦敢恳《仪礼补疏》速成,勿孤日月也。敬贺节禧。不既。"[1]言及《说文注》"其要在以经注许,以郑注许,而尤要在以许注许"。八月,又致书刘端临,言及"以许注许,一经拈出,无人不称快""《经籍籑诂》一书甚善,乃学者之邓林也。但如一屋散钱,未上串。拙著《说文注》成,正此书之钱串也"[2]。

何九盈《乾嘉时代的语言学》一文认为,段玉裁"于十七部不熟,其小学必不到家,求诸形声,难为功也"的观点,"这一科学论断,是区别乾嘉语言学家成就高低的一个重要标准。"[3]充分赞扬了段玉裁在音韵学方面的杰出贡献。

洪诚梳理了音韵与训诂的关系,认为"训诂学的新发展,是在古音学的基础奠定之后。宋时古音学还在蒙昧时期。直到十八世纪清代中叶,经过了陈第(1541—1617)、顾炎武(1613—1682)、江永(1681—1762)、段玉裁(1735—1815)等人相继研究,古音学取得卓越的成就,训

① 《经韵楼文集补编》卷下《与刘端临第二十三书》,凤凰出版社 2010 年版,第 46 页。
② 《经韵楼文集补编》卷下《与刘端临第二十四书》,凤凰出版社 2010 年版,第 46 页。
③ 见《北京大学学报(哲学社会科学版)》1984 年第 1 期。

诂学因而也进入了新的阶段"①，彰显了段玉裁在训诂学清代复兴之际的巨大作用。

嘉庆十四年(1809)四月，为戴震遗著《声类表》撰序，论述清前期古音学之大要、自己研古音、与戴震商讨之过程：

> 始余乾隆癸未请业戴东原师，师方与秦文恭公论韵，言江慎修先生有《古韵标准》，据《毛诗》用韵为书，真至仙十四韵，宋郑庠谓汉魏杜、韩合为一者，《毛诗》实分为二，余闻而异之，顾未得见江氏书也。丁亥，自都门归里，取《毛诗》韵字，比类书之，诚画然分别，因又知萧、侯、尤之为三，真、文之为二，支、脂、之之必为三，二百六韵之书，总之为十七部，其入声总为八部，皆因《毛诗》之本然。已乃得崑山顾氏《音学五书》、婺源江氏《古韵标准》读之，叹两先生之勤至矣，后进所得，未敢自以为是也。己丑，就正吾师于都门，师谓支、脂、之分为三者，恐不其然。是年，随师至山西，明年，作吏入黔；又二年，入蜀。癸巳，师来札云："大著辨别五支、六脂、七之，如清、真、蒸三韵之不相通，能发自唐以来讲韵者所未发，今春将古韵考订一番，断从此说为确。"盖吾师详审数年而后许可也，有如是夫！
>
> 今音二百六部，分析至细，严于审音而已。古音之学，郑庠仅分阳、支、先、虞、尤、覃六部；顾氏更析东、阳、庚、蒸而四，析鱼、歌而二，故列十部；江氏于真以下十四韵、侵以下九韵，各析而二，萧、宵、肴、豪及尤、侯、幽亦为二，故列十三部；余书又广为十七部，吾师序之云：叹始为之之不易，后来加详者之信足以补其未逮。"始为之"，谓顾氏也；"后来加详者"，谓江氏及余也。
>
> 余书刻于丙申四月，由富顺寄都门，而师丁酉正月序之。丙申之春，师与余书，详论韵事，将令及未刻参酌改正，而此札浮沈不达。……今撝约又殁矣，余以为后之人合五家之书观之，古音今音之秘，尽于是矣。遂敬书诸简端，以复吾亡友，亦以质诸先师。

---

① 洪诚:《训诂学》,江苏古籍出版社 1984 年版,第 18 页。

嘉庆己巳四月,弟子段玉裁撰于苏州阊门外之枝园。①

嘉庆十七年(1812)七月,撰《答江晋三论韵》,论诸家古音学贡献,此文是音韵学重要文献,节引如下:

本朝言古韵者五人,曰顾氏,曰江氏,曰戴氏,曰段氏,曰孔氏,而足下殿之。江氏之为《古韵标准》也,戴氏实赞襄之,戴氏言韵,在仆之前,而成书在仆之后。岁己丑,仆以《毛诗》支、脂、之分为三,侯、尤分为二,真、文分为二,稿本就正于师,师未之信。洎乎癸巳,乃寓书于蜀,谓分为三者确论。丙申仆书刻成于蜀,乃接师论韵长篇,不及改正。顾氏之功在药、铎为二,江氏之功在真、文、元、寒为二,段氏之功在支、脂、之为三,尤、侯为二,真、文为二,戴氏之功在脂、微去入之分配真、文、元、寒为二,孔氏之功在屋、沃为二,东、冬为二,皆以分配侯、尤,足下继起之功,实有见于屋、沃之当为二,术、物与月、末之当为二,虽怃他人我先,而考古不谓不深也。盖仆《六书音均表》数易其稿,初稿有见于十五部入声分配文、元二部,如一易一会之不同,诗人所用,实有畛域,故十五表入声有分介之稿,既以犛于一二不可分者,且惑于一部不当首同尾异,竟浑并之,及东原师札来,乃知分者为是,今又得足下札正同,三占从二,仆书当改易明矣。②

嘉庆十七年(1812)十月,又撰《江氏音学序》③,称"古音今韵,无纤微凿枘不合""于前此五人,皆有匡补之功",赞扬为"盖顾氏及余皆考古功多,审音功浅,江氏、戴氏二者皆深,而晋三于二者尤深"。清代的古韵学,从顾炎武开始,经过江、戴、段、孔、王的不断修葺,到江晋三分二十二部而臻于完善。

无论后人对考据学的价值做什么样的评价,就学术本身来考虑,我们参考王国维《周代金石文韵读序》的概述:"自汉以后,学术之盛,莫过于近三百年。此三百年中,经学、史学皆足以凌驾前代,然其尤卓绝者

①《经韵楼集》卷六《声类表序》,凤凰出版社 2010 年版,第 116—118 页。
②《经韵楼集》卷六,凤凰出版社 2010 年版,第 126 页。
③《经韵楼集》卷六,凤凰出版社 2010 年版,第 119—120 页。

曰小学。小学之中,如高邮王氏、栖霞郝氏之于训诂,歙县程氏之于名物,金坛段氏之于《说文》,皆足以上掩前哲。然其尤卓绝者则为韵学。古韵之学,自昆山顾氏,而婺源江氏,而休宁戴氏,而金坛段氏,而曲阜孔氏,而高邮王氏,而歙县江氏,作者不过七人,然古音廿二部之目,遂令后世无可增损。故训诂、名物、文字之学有待于将来者甚多,至古韵之学,谓之前无古人、后无来者可也。原斯学所以完密至此者,以其材料不过群经诸子及汉魏有韵之文,其方法则皆因乎古人用韵之自然,而不容以后学私意参乎其间。其道至简,而其事有涯;以至简入有涯,故不数传而遂臻其极也。"①可以看出,段玉裁在清代学术尤其是传统语言学方面的学术贡献与地位,是不可磨灭的,也是永载史册的。

(三)校勘学方面

戴震提出"由字以通其词,由词由通其道"②,形成了明道必从字开始的认知模式。那么字对经义有着重要的影响,订正文本的讹误,对文献进行校勘就成为学人必做的工作。段玉裁有大量的校勘实践,至今留下了许多批校成果,而其校勘观念也在不同时期的文字中有所体现。

乾隆五十八年(1793)六月,为臧琳遗著《经义杂记》撰序,提出"郑君之学,不主于墨守,而主于兼综;不主于兼综,而主于独断",认为"国朝右文超轶前古,学士校雠之业至今日而极盛.前此顾宁人、阎百诗、江慎修、惠定宇诸先生实始基之",强调"校书必毋凿、毋泥、毋任己、毋任人,而顺其理"。③ 这里初步展示出"兼综""独断"与"四毋""顺理"观念。

嘉庆五年(1800)三月,为黄丕烈翻刻宋明道本《国语》撰《重刊明道二年国语序》,文中有"或曰:此本瑜瑕互见,安必其胜于宋公序氏所定之本耶? 余曰:凡书必有瑕也,而后以校定自任者出焉,校定之学识不到,则或指瑜为瑕,而疵类更甚,转不若多存其未校定之本,使学者随其学之浅深,以定其瑜瑕,而瑜瑕之真固在。今公序所据之本皆亡,惟此岿然独存,其讹误诚当为公序所黜,而其精粹又未必为公序所采,是以荛圃附之考证,持赠同人,此存古之盛心,读书之善法也",认为校勘者

① 《观堂集林》卷八"艺林八",中华书局 1995 年版。
② 见《与是仲明论学书》,见《戴震全书》之三十二,黄山书社 1995 年版,册六,第 370 页。
③ 《经韵楼集》卷八《经义杂记序》,凤凰出版社 2010 年版,第 181—182 页。

学识不够，乱改古书，还不如存古存旧，进而提出"古书之坏于不校者固多，坏于校者尤多。坏于不校者，以校治之；坏于校者，久且不可治"，主旨仍在"不校"，重"善思"而轻"擅改"。

段氏大量的校勘理论，主要产生于嘉庆十年到十四年与顾千里学术论争之时，二人的往复论难，对校勘的目的、原则、方法、理论等有了较为深入而系统的阐释。顾千里因家庭贫困，专门替人校书刻书，可以说是清代职业校勘者，因大量优秀校勘成果而被称为"清代校勘第一人"。他的校勘方法简单地说就是"不校校之"，此法被人称为"顾校"或对校法，今天仍见于通行的文献学教材。顾校的原始出处初见其自作《思适斋集》记："顾子贫，斋非所能有也；即身之所寓而思寓焉，而'思适'之名亦寓焉。当其坐斋中，陈书积几，居停氏之所藏，同志之所借，以及敝箧之所有，参互钩稽以致其思，思其孰为不校之误，孰为误于校也。思而不得，困于心，衡于虑，皇皇然如索其所失而杳乎无睹。人恒笑其不自适，而非不适也，乃所以求其适也。思而得之，豁然如启幽室而日月之；举世之适，诚莫有适于此也。"《思适斋集》18卷，包含其校书、刻书的序跋，卷十四《礼记考异跋》进一步明确说："书必以不校校之，毋改易其本来，不校之谓也。能知其是非得失之所以然，校之之谓也。"①一仍原貌，不改误文，而另述其误因，所谓"别撰《考异》以论其是非得失"。

段、顾之争，前文已经有所介绍，从表面上看，二人似是一字二字的正误之争，如《曲记》"二名不偏讳"的"偏"正字"徧"还是"偏"，《王制》"四郊"还是"西郊"，《王制》"有本有文"中的"有文"是否为衍文，本质上是涉及了校勘依据与校勘成果的保留形式等校勘原则问题，并被认为是段、顾二人所代表的皖派、吴派"在校勘的目的、原则、方法上都存在对立性。在这种情况下，两派人如果共同承担同一项校勘任务，工作过程中必然会产生严重分歧，致令工作中断。事实正是如此"②。本是段玉裁推荐加入阮元校书局的顾千里，持论与众相左而中途离开，至江宁

① 顾广圻：《思适斋书跋》，上海古籍出版社 2007 年版，第 186 页。
② 董莲池：《段玉裁评传》，南京大学出版社 2006 年版，第 248 页。

为张古余校刻宋本《仪礼》《礼记》，撰写《礼记考异》，段氏见《礼器》篇"先王之立礼也有本有文"，顾校认为"有文"为衍文，作《〈礼器〉先王之立礼也有本有文》，批驳顾氏所据唐石经及校勘方法，直称"校书者就一字一句异同卤莽立说，而不观上下文以求其义理，乃好厌常喜新之说，以欺眩天下，谓天下无能测我之浅深，当以千里鉴"①。

在《答顾千里书》中，有如下论述："夫校经者，将以求其是也，审知经字有讹则改之，此汉人法也。汉人求诸义而当改则改之，不必其有左证。""夫校书者，欲定其一是，明圣贤之义理于天下万世"②，阐发校经的目的与有讹则改的主张，并提出义理为重、不必有佐证的观点，该文在资料依据上提出重视异文。对宋版本的正解态度当是："所谓宋版书者，亦不过校书之一助，是则取之，不是则却之，宋版其必是耶？"

又在嘉庆十三年（1808）所撰《十三经注疏释文校勘记序》中，讨论宋版经书的构成："唐之经本，存者尚多，故课士于定本外许用习本。习本流传至宋，授受不同，合之者以所守之经、注，冠诸单行之疏，而未必为孔颖达、贾公彦所守之经、注也。其字其说，乃或龃龉不谋，浅者乃或改一就一。陆氏所守之本，又非孔、贾所守之本，其龃龉亦犹是也。"③对经、注、释文、疏的四个不同层次做了分析，实各有所据之经本。

嘉庆十三年，在《与诸同志书论校书之难》中提出定"底本之是非"与"定立说之是非"的主张："校书之难，非照本改字不讹不漏之难也，定其是非之难。是非有二：曰底本之是非，曰立说之是非。必先定其底本之是非，而后可断其立说之是非。二者不分，缪辖如治丝而棼，如算之淆其法实而瞀乱乃至不可理。何谓底本？著书者之稿本是也。何谓立说？著书者所言之义理是也。"并强调校勘的任务先要分清底本："故校经之法，必以贾还贾，以孔还孔，以陆还陆，以杜还杜，以郑还郑，各得其底本，而后判其义理之是非，而后经之底本可定，而后经之义理可以徐定。不先正注、疏、释文之底本，则多诬古人；不断其立说之是非，则多误今人。自宋人合正义、《释文》于经、注，而其字不相同者一切改之使

①《经韵楼集》卷十一，凤凰出版社 2010 年版，第 268 页。
②《经韵楼集》卷十一，凤凰出版社 2010 年版，第 282、283 页。
③《经韵楼集》卷一，凤凰出版社 2010 年版，第 1 页。

同，使学而不思者白首茫如，其自负能校经者分别又无真见，故三合之注疏本似便而易惑，久为经之贼而莫之觉也。"①

嘉庆十四年（1809），游浙东归，致函黄丕烈论其新刻《孟子音义》误字，提出"凡宋板古书，信其是处则从之，信其非处则改之，其疑而不定者则姑存以俟之，不得勿论其是非，不敢改易一字，意欲存其真，适滋后来之惑也"②。

嘉庆十五年（1810）八月，校阅胡世琦《小尔雅义证》；后撰《与胡孝廉世琦书》，谈及"顾读书有本子之是非，有作书者之是非。本子之是非，可雠校而定之；作书者之是非，则未易定也"，进而讨论"三难"问题："慎修先生、东原师皆曰：从事经学，盖有三难：淹博难，识断难，审定难。仆以为定本子之是非，存乎淹博；定作书者之是非，则存乎识断、审定，孟子所谓知言，韩子所谓识古书之正伪与虽正而不至者，在是也。东原师之学，不务博而务精，故博览非所事，其识断、审定，盖国朝之学者未能或之过也。"③段氏校书的重点在于识断，据义理而"定是非"，由此产生了校勘方法上的"理校法"，这一直以来作为段氏的一大学术贡献。

戴、段、二王等为代表的一批人，继承汉唐人古典校勘学的传统，小学根柢深厚，又博极群书，熟悉古书体例与致误规律，分析考辨各种异文，定其是非，并加改订，被称为理校派，"在总结校勘方法和归纳校勘通例方面，有着突出的贡献"。以卢文弨、顾广圻等为代表的一批人，继承了宋人古典校勘学的传统，虽有小学根柢，但尤以版本、目录学识为长，注重版本依据，异文比较，强调保持原貌，出校而不改，被称为对校派，"更多贡献于说明版本根据的重要原则"，这两派有一些争鸣，形成了学术的张力，对校勘学理论都作出了贡献。④

① 《经韵楼集》卷十二，凤凰出版社 2010 年版，分见第 313—314、317 页。
② 《经韵楼集》卷四《与黄荛圃论〈孟子音义〉书》，凤凰出版社 2010 年版，第 82 页。
③ 《经韵楼集》卷五，凤凰出版社 2010 年版，第 106—107 页。
④ 参见薛正兴《王念孙王引之评传》第四章"高邮王氏校勘学"第一节"清代校勘学概况"，南京大学出版社 2008 年版。

第七章 晚年"戴学"建构

段玉裁自拜师以后，终生礼敬戴震，戴震去世后仍珍藏老师的书信，经常拿出来学习。别人提及老师，段玉裁都要肃立。尽管自己并不富裕，需要学人助刻图书，但还坚持为老师出书，放下自己的学术研究来校刻，可谓尊师的典范。段氏因此也成为一些学者眼中"传家法"的典范，"守专门"的典型。皮锡瑞《经学历史·经学复盛朝代》谈道："家法专门，后汉已绝，至国朝乃能寻坠绪而继宗风。传家法则有本原，守颛门则无淆杂。名家指不胜屈，今姑举其荦荦大者。"其中"传家法"有"江、戴、段师弟"，又有"段玉裁女婿龚丽正，外孙自珍"。本书前文已有"师事戴震""尊师传学""编刻《东原文集》与《覆校札记》"等节介绍段氏尊师之举，下面再列举段氏辨《水经注》案，争《直隶河渠书》著作权，编撰《戴东原先生年谱》，撰写《东原先生札册跋》等，以展示其晚年对建构"戴学"所作贡献。

第一节 辨《水经注》案

《水经注》赵、戴或全、赵、戴是否存在抄袭这一学术公案由来已久，纷扰了200多年，相继有大批著名学者牵涉其中，以致成为郦学、戴学领域的一大公案。此案与段玉裁关系极大，甚至可以说，是因段氏引起而扩大。

一、起因

郦道元《水经注》，共四十卷，集六朝地志之大成，在地学、史学、农学和文学等众多方面均有很高价值。流传中宋代已佚五卷，且传刻讹误严重，向无善本。清乾隆年间，全祖望（1705—1755）、赵一清（1711—1764）、戴震（1724—1777）三家校勘《水经注》，都写成文稿并不断修订，有功于郦学。戴校四库本（也称殿本、官本、武英殿聚珍本）《水经注》于乾隆四十年（1775）最先公之于世，另有自刻本（有乾隆三十七年、四十一年两说）。赵书《水经注释》在1786年、1794年两次得以刊刻印行，以刻本面貌为世所知。全氏曾"七校"《水经注》，其校本在去世后一百多年才得以刻板问世。赵、戴"二人所校，大体相同"，而赵校注明出处，戴校不注明出处，引起世人疑惑。

段氏出言维护其师，似属不得已。乾隆四十五年（1780），赵一清同里孙泛鼎校殿本《水经注》时，最早称戴书袭赵"十同九九"①。不知段氏是否见到孙氏的评论。戴书在其同时代，似即有不同观点。如当时著名学者、福建学政朱筠在乾隆四十五年二月作《戴氏校订水经注书后》，评论戴震所校《水经注》，赞赏校雠精湛，而于所改"未敢以为尽然"：

> 此吾友休宁戴震东原初征四库馆，以其生平所校《水经注》本，更据《永乐大典》所引互校，损益至二三千言之多，而郦氏原序亦出焉，乃并录以成书，官刻编之聚珍板中者也。东原尝言，是书今本，经传混淆不少。顾赖其书例，可考而最易明者，若《经》称一水，必过一郡，而《注》则屡言是水径某县某故城，自西向南向东。此《经》与《注》一定之例也。传写者不知，往往取过与径字，妄改其旧，而郡县与故城之例具在，不可易也。其刻本混淆者，在抵自宋以后。于是博考唐以前撰著，若《通典》、《初学记》，诸书所引，辄与东原所意断是非符合。用是益以自信，而条理秩然。余谓其所校，有功于郦氏良多，然或过信其说，不疑而径改者间有之。虽十得其八九，然于孔圣多闻阙疑之指，未敢以为尽然也。要为近来校雠绝无之

---

① 原上海合众图书馆所藏孙泛鼎校殿本《〈水经注〉跋》。

本矣。……重阅之,因叹东原校雠之精,而墓草之宿,于兹三岁,于是乎书。①

而同时代的章学诚《文史通义·书朱陆篇后》却认为:"戴君学问深见古人大体,不愧一代巨儒,而心术未醇,颇为近日学者之患。"对戴震有相当严重的负面评语。

1809 年,已是 75 岁高龄的段玉裁见到赵一清《水经注释》刻本,注意到赵本与戴本在校勘体例与具体结果的高度相似,于是写信给梁玉绳(梁履绳之兄,此时履绳已死),称传闻赵氏后人在刊刻《水经注释》时,曾请同乡梁氏兄弟对稿本进行修改润色,质问"有不合者捃戴本以正之"这个传闻是否属实,实质认为其兄弟窃据戴书润色赵书。

此"赵袭戴"之怀疑后来遭到魏源(1794—1857)、张穆(1805—1849)等人的反驳,魏源指控戴震袭赵,张穆则认为戴震和赵氏后人均剿袭全氏,杨守敬(1839—1915)、王国维(1877—1927)、孟森(1868—1937)、胡适(1891—1962)、王重民(1903—1975)、郑德坤(1907—2001)、日本郦学家森鹿三等大批学者先后卷入此案,由学术发明权之争推导至对戴震人格的否定与肯定之争等,造成至今对此案众说纷纭、莫宗一是的复杂局面。

二、段氏言论

嘉庆十四年(1809)十一月,段氏致书梁曜北,辨赵一清、戴震《水经注》相袭事,首先说明戴氏的学术功力、治学方法、特别是区别经注的三大义例,肯定戴氏的"卓识":

> 玉裁拜白曜北大兄足下:迩者想侍奉万安,尊体佳胜。《水经注》一书,为言水道言地理者所必资,顾自宋以来,踳驳几不可读,惟吾师东原氏治之最勤,整齐其讹乱,钩棘引归,文从字顺,上邀高宗纯皇帝叹赏,诗褒悉心编纂,可为中尉素臣,食其利者沾溉无穷矣。然东原氏之功细大宜辨。据古本,搜群籍,审地望,寻文理,一

---

① 朱筠《笥河文集》卷六《戴氏校订水经注书后》。

字之夺必补之，一字之羡必删之，一字之误必更之，东原氏之能事也，然而其功细。自唐、宋浅学，迄书不知其义例，误认"过某""迳某"之文无区别，任意互讹，大抵注讹经者十八，经讹注者十之一二。东原氏得其例有三。一曰：独举、复举之不同。经文甚简，首举水名，下不再出；注文繁，一水内，必详其注入之小水，以间厕其间，是以主水之名屡举不厌，虽注入小水有所携带者相间，亦屡举小水之名，经文断无是也。一曰："过""迳"之不同也。经必曰"过某"，注则必曰"迳某"，所以别于经。一曰："某县"及"某县故城"之不同也。注所谓"某县故城"者，即经之"某县"也。经时之县，注时多为故城，经无言"故城"者也。执此三例，沛乎莫御，厘之有如振槁，承学读至白首不解者，豁然开朗，王伯厚、顾景范、胡朏明、阎百诗称引之误，今皆可正，此则东原氏功之大者也。东原氏明智卓绝，而于是书亦久乃得之。仆从先生游，见岁乙酉六月始因胡朏明南、北砾溪之误霍然大悟，将经注画清，是年八月，专写经文为一卷，摘注文前后倒乱甚者，附考于后，又举经注三例为跋尾，略同殿版《提要》。癸巳召入纂修四库，遂创改自宋以来经注，拘迂者骇不之信；其胆雄，由其识卓也。

然后再梳理戴、赵之成书与刻书各自先后情况，并从二书体例、具体文字的校勘情况相同，而二人从无学术交流着眼，提出疑问：

> 戴书上于甲午，奉命刊版，越十有三年，丙午，杭郡赵诚夫先生《水经注释》一书始出，而东原没于丁酉之夏矣。仆至今年始从友人借读赵书，其所据古本校本之多，所考诸史百家之富，所采诸老宿顾亭林、顾景范、阎百诗、胡朏明、何屺瞻、全谢山绪论，折衷群言，自掳所得，其于字句各本异同，别黑白，定一是，与戴书详略可互证，精诣可互求，而最异者，更正经注亦大略与戴无异。夫字句偶窜一二，校古之常也，取经注互易之，校古之枞，人所不能为者也，东原氏灼知而枞为之，故条举经注之义例，冠于全书之首，大白于天下，又于分注逐事疏通，以为不如是不可以信从也；诚夫于字句偶窜，必详其原本，而经注混淆突兀枞改者，不将何以互改之故

详于自序,及分注,及附录,及朱笺刊误,假今无戴书,则互改之必可信者,谁其知之? 为骇俗之事而深没其文,非著书之体也。

赵书成于乾隆甲戌,戴书成于乙酉,相距十二年,赵先于戴;戴书出于甲午,赵书出于丙午,相距十三年,戴先于赵。其果闭户造车,出门合辙与? 何以东原氏条举义例,诚夫不著一字也? 两先生之齿,赵长于戴,其将谓戴取诸赵与? 则东原氏之德行,非盗窃人物以欺主上及天下者也。仆从游日久,未尝言有所闻之也,且两先生者面未尝相识也,足未尝相过也,音问未尝相通也,诚夫之书,秘藏高庋,至其孙刊行,未尝稍传于外也,此两家子弟所知,不可诬者也。将谓赵取诸戴与? 则诚夫之学,亦必非盗窃人物以欺天下者也。未详其卒于何年,即乙酉以后,获闻东原氏之说,补缀己书,亦必明言所出,断不深没其文,默默而已也。此仆所不能无疑者也。

最后,由传闻梁氏兄弟校刻赵书时"参取东原氏书为之"入手,肯定"足下昆仲之意则善矣",进而希望梁氏能出面说明清楚:

丙午、丁未间,卢召弓先生为予言梁氏曜北、处素昆仲,校刊赵氏《水经注》,参取东原氏书为之。仆今追忆此言,意足下昆仲校刊时,一切仍旧,独经、注互讹之处,不从戴则多不可通,故勇于从戴,以补正赵书,以成郦书善本,与戴并行,所以护郦,而非所以阿赵。召弓所云'参取东原氏为之'者,此也。足下昆仲之意则善矣,但足下亦不宜深没其文,默默而已也。果出于闭户造车,出门合辙,当著其奇,以见东圣西圣,心理之必同,果出于相取,当著其实,以见多闻从善之有益;果二公未尝相取而出于校刊者集腋成裘,亦当为后序以发明之,以见期于郦书完善而非借光邻壁;不则无解于仆之疑,亦无解于天下后世或谓戴取赵,或谓赵取戴之疑。是则足下昆仲将尊戴而适侵戴,将助赵而适诬赵也。此仆之所以不敢不言也。

三代人作述,不自言姓字,惟其理明而已,后此乃諓諓自矜其名。觕而确之说,必出于命世大儒,言未尝不以人重也。令弟不可作矣,足下及今为后序,刊于赵书之末,洞陈原委,破天下后世之疑，俾两先生皆不被窃美之谤于地下，仆实企望焉。愿明以教我。①

此信主旨认为赵书袭戴，可以说拉开了此学术公案的序幕。除此信外，段氏还有《与方葆岩制府书》《与方葆岩》等，申论己说。

后来段氏在《戴东原先生年谱》仍有部分记载，乾隆"三十年乙酉，四十三岁"条："是年秋八月，定《水经》一卷。自记云：'夏六月，阅胡朏明《禹贡锥指》引《水经注》，疑之，因检郦氏书辗转推求，始知朏明所由致谬之故，实由唐以来经、注互讹。如济水，经文'东至砾溪南'，注文'又东南砾石溪水注之，水出荥阳城西南李泽，东北注于济，世谓之砾石涧，即经所谓砾溪矣。经云济水出其南，非也。今注重列为经，乃妄增字为北砾溪、南砾溪。朏明从之，不知注明言砾石溪东北注济，济实过其北。辨正经文，不当云至砾溪南，其无二砾溪，固显然也。书中类此者不胜悉数，今得其立文定例，就郦氏所注，考定经文，别为一卷。兼取注中前后例絫不可读者，为之订正，以附于后。是役也，为郦氏书还其脉络，非治《水经》而为之也。'玉裁按：此《水经》一卷，今未著录，然别经于注，今经、注不相乱，此卷最为明晰。后召入四库馆纂修此书，纲领不外乎是，特于讨论字句加详耳。玉裁昔年写得此本，并自记一篇，固当镂赠同志。"记载段氏本人亲见戴震《水经》校本内容。杨应芹《东原年谱订补》说："《水经》一卷由水经、附考、后记三部分组成，另外又附有作者'以河、江为纲，按地望先后'而考定的《水经》一百二十三条水的新次序，故又题名曰《水经考次》。《水经》一卷抄本今藏北京大学图书馆，《水经考次》今藏北京图书馆。从混淆的经、注中辨离出全部经文，是这一卷书的中心内容。《附考》乃力图补正《渭水篇》漏简和《颍水》诸篇错简之尝试。《后记》交代了辨析经、注的办法和标准，即四大义例。《后记》若作独立成篇的文章，当题名为《书水经后》。段玉裁收此篇入文集，误增一字曰《书水经注后》，又删去了'其语已见于前篇'的二百多字，其中包括四大义例。"《水经考次》卷末《书后》多有辨析经、注之文，如"《水经》立文，首云某水所出，已下不复重举水名。而注内详及所纳

①《经韵楼集》卷七《与梁曜北书论戴赵二家水经注》，凤凰出版社 2010 年版，第 166—168 页。

小水，加以采摭故实，彼此相杂，则一水之名不得不循文重举。《水经》叙次所过郡县，如云'又东过某县南'之类，一语实赅一县。而注内则自县西至东，详记水历委曲。《水经》所列，即当时县治，至善长作注时，已县邑流移。注既附经，是以云径某县故城，经无有称故城者也。凡经例云'过'，注例云'迳'。是书至唐、宋间遂残缺淆紊，经多误入注内，而注误为经，校者往往以意增改"。

"三十七年壬辰五十岁"条："是年，主讲浙东金华书院，刊自定《水经注》，至癸巳，未及四之一，而奉召入都矣。后在都踵成之，今不用校语之本是也。聚珍板本依旧时卷弟，全载校语，而经注相淆者悉更之，得之者可以知宋后本之无不舛误，自刻板本悉去校语，悉将正文改定，于注文循其段落每节跳起难读处，可一目了了，而不分卷数为十四册，以今所存水百二十三，每水为一篇，以河江为纲，按地望先后，分属于河江左右为次。得之者可以撇弃校订，专壹考古善长之书，合二本无遗憾矣。自刻本有先生自序及曲阜孔户部序，与聚珍板同时而出者也。"段谱将两种版本对照之，重点表彰自刻本，言其书例之优，123条水流"每水一篇，以河江为纲，按地望先后，分属于河江左右为次。得之者可以撇弃校订，专壹考古善长（郦道元字）之书"。聚珍版为四库之官版书，"经注相淆者悉更之"。段氏称当"合二本无憾矣"。

"三十九年甲午五十二岁"条下说："是年十月，先生校《水经注》成，恭上。……按先生于《水经注》改正经、注互淆者，使经必统注，注必统于经，其功最巨，此乃先生积久顿悟所成，非他人能赞一辞也。顾更正经、注，定于乾隆乙酉，入都即以示纪文达、钱晓征、姚姬传及玉裁不过四五人。钱、姚皆录于读本，玉裁亦以明人黄省曾刊本，依仿以朱分勒，自此传于四方矣。杭州赵东潜一清精于地理之学，研摩《水经注》者数十年，但其校本从未至京师。先生与赵虽或相闻，未尝相识，其所业未尝相观也。四库馆搜讨遗书，赵书亦得著录，其书校正字句，及剖析地理最详，而更正经、注一如戴本者，盖赵精诣绝群。鄞全谢山太史七校是书，深窥秘奥。两公交最深，或闭户暗合，或丽泽相取，而其说往往与先生同，是可以知著书精美，不患千年后无校雠谠正之人，而学问深醇，即未相谋面，所言如一。且赵书经钱塘梁处素履绳校刊，有不合者，攗戴本以正之,故今二本大段不同者少也。"段谱概述了戴氏区分经、注的三大体例①,并称其例功伟至于"迎刃分解,如庖丁解牛,故能正千年经、注之互讹,俾言地理者有最适于用之书"。段谱还叙述了如何正确看待四库戴校本和杭州赵一清本的关系,洵为"学问深醇,即未相谋面,所言如一"。杨应芹②认为戴震有两种《水经注》,自刻本有较多殿本可吸收之处。

三、基本情况与后世争议

全祖望(1705—1755),字绍衣,世称谢山先生,浙江鄞县人。乾隆元年(1736)进士。乾隆十三年,全祖望至扬州,始校《水经注》。十六年,全祖望在杭州校《水经注》,并与归安沈炳巽有学术交流。十七年,至广东,全氏《水经注》已七校。十九年,全祖望赴扬州,途经杭州,与故友赵昱之子赵一清商讨《水经注》,秋至扬州,仍治《水经》。全氏一生七校《水经注》,留下五校稿本与未完成之七校本。全氏去世后,七校本散佚,赖其同里后学王梓材(1792—1851)传钞整理,光绪十四年(1888)由薛福成刊行。五校本是全氏最具创造性的著作,而七校本被慈溪秀才林熙山声称是伪作,光绪十八年(1892)王先谦刊行《合校水经注》时就未收全校本。张穆认为赵一清《水经校释》抄袭全书,一般认为全、赵有学术交流,互通书札,所见有相同之处,故不构成抄袭。今有朱铸禹校订的《全祖望集汇校集注》三册本,上海古籍出版社2000年版2008年印本。

赵一清(1709—1764),字诚夫,号东潜,室名小山堂,浙江仁和人,所著《水经注释》最晚成书于乾隆十九年(1754),有赵氏家刻本并进呈四库,乾隆三十八年(1773)《水经注释》及其校勘记录《水经注笺刊误》被浙江巡抚采进,贡入新成立的四库全书馆,有了四库抄本。直到乾隆五十一年(1786),才有被认为其子赵载元曾请同里梁玉绳(字曜北)、履绳(字处素)兄弟修改润色开封刻本。

---

① 参见《段谱》该年。又可参李开《戴震评传》265页至278页对相关问题的说明。
② 杨应芹作为编纂《戴震全书》的主持者,在戴震研究上用力颇深,有关《水经注》的文章也有多篇,如《戴震与〈水经注〉》、《戴氏手校〈水经注〉》,近几年成果则《御用之作与独立研究的终极成果——戴震两种不同版本的〈水经注〉》,载《文史哲》2014年第2期。

几十年后的道光年间,魏源和张穆斥责戴书袭赵。近现代学者杨守敬猜测"赵之袭戴在身后""戴之袭赵在当躬"①;孟森证明"戴震袭赵",王重民对孟森之说进行补证,多数认为戴书袭赵,或说袭全、赵,胡适倾尽全力为乡贤辨诬,认为赵、戴校改相同是因为他们二人根据相同或不同的版本,胡氏同盟者不多,而日本郦学家森鹿三写有《关于戴校水经注》一文,论证戴书并未袭赵。

胡适在《水经注》版本搜集、考证和校勘上做出一定的功绩,但他欲申辩的意图没有实现,吴天任在《胡适手稿论水经注全赵戴案质疑》中指出:"是故胡适虽反复百端,为戴氏申辩,恐亦无法澄清。"刘跃进《段玉裁的两次学术论争及思考》认为"其实这些论据并不坚硬,只是顾左右而言他,并没有涉及问题的实质""这个问题现在虽还不能遽下论断,但是有越来越多的证据对戴震不利。"②

关于此案,也有一些折中看法,如支伟成《清代朴学大师列传·赵一清》认为:

> 赵一清字诚夫,号东潜,诗人谷林之子。少学于全祖望。初,祖望尝以郦道元《水经注》传写讹谬,绝少善本,雅有志审正之,校七遍矣,未有卒业。及得先世旧闻,始知道元注中有注本双行夹写,今混作大字,几不可辨。东潜因本其师说,辨验文义,离析其注中之注,以大字细字分别书之,使语不相杂,而文仍相属……成《水经注释》四十卷,考据订补,颇极精核。更附《刊误》十二卷,盖据以校正者凡四十家。其中如二顾、二黄、阎诸本均未写定,当只就原稿迻录,用力之勤如此。故博引旁征,既极淹贯,订疑辨讹,是正良多,全后戴前,诚无愧独树一帜者。惟与戴氏注本颇有类似之处,致启后人疑窦,聚讼纷纭,迄鲜定论。案东潜隐居草野,虽未得窥《大典》于中秘,而闭门造车,容竟合辙。东原入四库馆,见赵书每同《大典》,则但引《大典》作据,以并世之人,遂不别著赵名,正不足

---

① 1905 年出版《水经注疏要删》,自序有:"赵之袭戴在身后,一二小节,臧获隐匿,何得归狱主人? 戴之袭赵在当躬,千百宿赃,质证昭然,不得为攘夺者曲护。"
② 见《宏德学刊》第一辑,江苏人民出版社 2010 年版,第 206 页。

为两贤病也。

赵氏承袭全氏之说,形成"精核""无愧独树一帜"之书,戴见赵书,所据同《大典》,又为同世之人而"不别著赵名",不必为"两贤病"。梁启超在《中国近三百年学术史》中更是认为:"戴氏治学,精锐无前,最能发明原则,以我驭书。"戴震《水经注》研究发明了三大体例:一是经文首次说"某水所出",以下不更举水名,注则详及所纳群川更端屡举;二是各水所经州县,经只说"某县",注则年代既更,旧县或湮或移,故常说"某故城";三是经例说"过",注例说"迳"。为后人区别经、注文字提供了原则指导,梁氏认为:"此三例,戴氏所独创,发蒙振落,其他小节,或袭赵氏,不足为轻重。"

段氏本意在为其师正名,不知后世反因之起争议,而招致不少负面评论,引起重大争议而耗费精力,其功过是非也只能任由评说了。

第二节　《直隶河渠书》辨

与《水经注》案相关联、纷扰一时的戴震与《直隶河渠书》关系,因段玉裁有多篇书信文章涉及此事,又牵涉许多人,其他学者也有相关论述,因从起因、过程、基本事实、当代启示几个方面,做进一步的探讨。

一、起因

嘉庆十四年(1809),王履泰刻《畿辅安澜志》进呈获得朝廷嘉奖,"仍命武英殿刊行"。当年冬,戴震之子戴中孚"抱曲阜孔氏所藏真本入都,与军机章京龚丽正,往刻板处略观,知其悉用原书妄为删并,略增乾隆戊子以后事实,改百二卷为五十六卷,且移易其目次先后,原本首卫河,以地势自南而北为次也,今乃首永定河,则全失其义例",认为王履泰"实窃取戴书删改而成者",导致嘉庆十五年段玉裁撰《与方葆岩制府书》,认为"有吴江捐职通判王履泰者,攘窃此书,易名《畿辅安澜》",[①]引

① 《经韵楼集》卷七,凤凰出版社 2010 年版,第 169 页。

发了戴中孚、段玉裁等人关于该书著作权、署名权并涉及赵一清等人的争执。

二、过程

第一阶段，嘉庆十五年（1810）二月，戴震嗣子戴中孚无法向朝廷申辩，就携《直隶河渠书》稿至苏州，拟请段玉裁校刊。

段玉裁力能校而不能刊，故命孙辈抄一部收藏。段氏并撰《与方葆岩制府书》，托方观承之子方葆岩帮助查明此事，追究王履泰盗名之罪。嘉庆十五年，《与王怀祖第六书》说：

> 愚弟段玉裁顿首启怀祖大兄先生阁下：《直隶河渠书》一事，诚如尊谕，但鸠同志辑费刻之，此事恐难，安得此等同志也！故命孙辈抄一部藏之而已。方保岩制府进京，已托其清理改正，不知彼能办否？[①]

此时，段玉裁强调的是方观承主修，戴震主撰。"非恪敏经画，不能创此书规橅；非东原师熟于地理，博洽精敏，不能年余遂成。"[②]

第二阶段，段玉裁撰回复李松元的回信即《赵戴直隶河渠书辩》，以为"余披读往复，见其书繁重，纤悉毕备，因思吾师惟戊子年在恪敏处，一年内何以能成书之多至此？每与李松云太守言此必有底稿，断非出戴师一人之手也"，对嘉庆十五年杭州何元锡认为"《直隶河渠书》乃赵东潜作，于戴先生无涉，往者孔荭谷丈收入《戴氏遗书》中，误也"进行反驳。[③] 李松元帮助查证，段玉裁也多方验证，在李松元认为"盖赵草创而戴删改必矣"时，段氏仍称"今者二公之书，固当并存。赵虽精于地理，而地理之学尚不及戴，文章之学亦不及戴，在今日而论，自当以戴为主，以赵书校勘其讹字"。

第三阶段：嘉庆十六年，经查验赵本、戴本副本等，各方初步形成共识，即应方观承之邀，赵一清在戴震之前，曾撰次《直隶河渠水利书》稿

① 载《经韵楼文集补编》卷下，凤凰出版社 2010 年版，第 54 页。
②《经韵楼集》卷七，《与方葆岩制府书》，凤凰出版社 2010 年版，第 169 页。
③《经韵楼集》卷七《赵戴直隶河渠书辩》，凤凰出版社 2010 年版，第 171—173 页。

一百三十卷,戴震受邀修订,删定为一百零二卷,各有千秋。段玉裁认为王履泰书是在戴本基础上删定的。段玉裁在后来的《与方葆岩》一信中,最终承认:

> 直隶水道,棼如乱丝,较他省最难考,恪敏在督任,奋然钩考,乾隆甲申以前,延赵东潜草创之,戊子延东原师删定之。支干经纬,古今变迁,事实清晰,如视诸掌,令治水患兴水利者,虽百世有所持循,此其功不小矣。赵书名《直隶河渠水利书》,百三十二卷。戴改称《直隶河渠书》,去"水利"二字,百二卷,减原书三十卷,而滦河、热河仅存涯略一卷,因恪敏是年秋后薨于位,而书遂未竟也。赵书《滦河》六卷,若依戴本刊版,则滦河可取赵书补缀。戴本系影抄曲阜孔府原本,原本舛讹特甚,今有道本互校,想讹脱尚可推求。又热河今有志书,高宗御制《滦河濡水源考证》一篇,当时恪敏遣河间,同知黄立隆寻讨而得者,赵草创此书,在甲申以前,则非赵所知,即恪敏亦恐不及见《热河志》。阁下似宜恭载御制于全书卷首,以为冕弁。热河入滦河,故赵、戴俱无热河标目耳。毕竟刊刻用戴,用赵,惟手教示之。[1]

赵、戴先后关系,两稿取名之由、多寡情况、互异之处,有一基本认写,并尊重方氏刻本用何为底本。

三、基本事实

乾隆二十四年(1759)方观承擢为直隶总督,兼理河道,乾隆二十五年(1760)委任顺德知府金文淳主持编纂修直隶河渠水利书,而赵一清年末赴妹夫、定州知州姚立德处,赵与金相熟悉,这就有了乾隆二十六年赵氏受邀编书之事,时间持续近三年,止于乾隆二十八年夏秋之间,初稿名称多认为是《直隶河渠水利书》。

乾隆三十三年(1768),方观承又邀请戴震修撰《直隶河渠书》,书未成而方氏去世。接任者杨廷璋对戴震不够礼敬,戴震辞去,回京师。

① 《经韵楼集》卷七,凤凰出版社 2010 年版,第 170—171 页。

按段玉裁的说法，戴震去世后，戴震删改稿的清稿本有两部，一部藏于戴震姻亲曲阜孔继涵家，一部在吴江人直隶总督周元理家。而吴江人王履泰的父亲，是周元理的甥婿，从周家得到戴震删改稿的清稿，因此在嘉庆十四年删改付梓。而孔氏在汇辑戴震遗书而刊刻时，直接将《直隶河渠书》收入，并未作说明，客观上误导家人与学生认为此书是戴震自撰。

嘉庆十五年戴震之子戴中孚欲"张先人之著作，正王履泰之攘窃，未能如志"，听说方葆岩有重刻之念，段玉裁给方氏写信，为戴震争著作权，引发争端。

除了当时人的不同观点外，后人在此事方面有所扩大。如《赵戴直隶河渠书辩》中，段氏举例说："戴书唐河卷一中有云'杭人赵一清补注《水经》，于地理学甚核，尝游定州，为定州牧，姚立德作《卢奴水考》，并附于右下'。'附《卢奴水考》'云云，今此篇见东潜文稿，吾师方采撷赵文，此岂得谓戴书即赵书耶？"段玉裁原以此例为戴震力争《直隶河渠书》著作权，张穆于道光二十四年作《赵戴水经注校案》认为："夫经始著书甚难，踵事修书稍易，古今之通义也，然其功皆不可没。戴氏乃不欲自居于易，遂深没一清草创之功，虽以茂堂从学之久，其与论此书者非一端，亦不闻戴氏更有蓝本。直至何元锡从小山堂写其副本来，然后人知戴书即赵书。茂堂重复申辩，而其盗据之迹卒不可掩。"正举此例说明戴氏"作伪显然，可为鄙叹"①，反证戴震在《水经注》方面也有不当行为。孟森1936年提出："书系直隶总督官帑所修，例应署总督之名，承修者或署名，或竟不署名亦可。戴之不署赵名，亦可云留作官修酌定署名之地。身后由孔氏认为戴氏遗书，或非东原本意也。"从修书署名惯例为戴震的做法作了一些正面的解释。而戴震研究专家潘定武教授认为：段玉裁"对东原追慕之情的确令人为之动容，但其晚年断断然为老师争名，其结果诚所谓'虽曰爱之，其实害之'，而且显然有违乃师'不为一时之名，亦不期后世之名'的遗训。"②

① 张穆：《赵戴水经注校案》，《全祖望校水经注稿本合编》，第2173—2174页，中华全国图书馆文献缩微复制中心1996年。

② 《段玉裁〈戴东原先生年谱〉补苴三则》，《宏德学刊》第五辑，江苏人民出版社2016年版，第137页。

陈绍棠分析认为："盖王履泰窃取戴东原之《直隶河渠书》，略加修改，入名《畿辅安澜志》，上之以邀幸。先生乃发其覆，先生于庚午致书方葆岩，请其代上奏。然戴氏此书，实据赵一清之底稿而成，先生得戴氏之手稿凡廿四本，因疑戴氏不能于一年内成书百二卷之多，李氏所见赵一清之手稿，则多于戴本一倍，而方葆岩向李氏问此书作者之证据，李氏乃属之于先生，故有此文也。先生亦谓赵氏草创此书，而戴氏则删改之，戴氏乃采撷赵文，不得谓戴书即赵书也。"①大体符合历史事实。

　　此外，赵一清离开方氏后，余萧客是否继任此事，与戴震孰先孰后，后世也有不同看法，并涉及撰稿人及今人所谓的署名权问题。江藩《汉学师承记》记余萧客："直隶总督方恪敏公观承闻其名，延至保定，修《畿辅水利志》……因目疾复作，举歙戴震以代。"是余氏在前，戴氏在后，且在方氏生前；而段玉裁《戴东原先生年谱》记此事则为戴氏在前，余氏在后，且在方氏去世以后。1948 年，胡适《试判断〈直隶河渠书〉与〈畿辅安澜志〉的案子》认为"我们在二百年后，颇难断定谁是谁非"②，实不大赞同江藩的说法。陈鸿森在《汉学师承记笺释序》中认为："二说各出两家弟子所言，其说互异。余意江《传》近是，盖《东原年谱》成书于段氏暮年，其追述时有误忆者。"③直接肯定江藩之说。

　　胡适另有更为大胆的说法，即："王履泰呈献的《畿辅安澜志》是一个没有做过训诂考证功夫的试用通判做的……他有很固执的见解，这些见解既不合于赵一清、戴震两家《水经注》里的见解，又不合于我们所知道的《直隶河渠书》稿本的见解。所以，我们宣告王履泰的《安澜志》没有'攘窃'方观承的《直隶河渠书》的事实。一百多年前有人控诉王履泰'攘窃'《直隶河渠书》，我们宣告这种控诉缺乏证据。"④直接否定王氏所呈《畿辅安澜志》与《直隶河渠书》的关系，推翻段玉裁口中的"攘窃"。

① 陈绍棠：《段玉裁先生著述系年》，载《新亚书院学术年刊》第 7 期，1965 年，第 190 页。
②《胡适全集》第十五册，安徽教育出版社 2003 年版，第 438—466 页。
③ 载漆永祥《汉学师承记笺释》卷首，上海古籍出版社 2013 年版，第 5—6 页。
④《胡适全集》第十五册，安徽教育出版社 2003 年版，第 438—466 页。

其说是否允当,仍有待"小心的求证"。

四、当代启示

关于幕僚撰写图书的著作权问题,段玉裁参与阮元主持的《十三经注疏校勘记》一事,也留下了是否算段玉裁成果的学术纷争。段玉裁起初认为《直隶河渠书》为戴震一人所撰,与赵一清无关,在何元锡来信、李松元等人查证后,观点有了大转变,承认两人先后关系,但仍有学术水平高下之争在。潘定武认为:"戴震身后,最大之公案无疑为由《直隶河渠书》到《水经注》一案,时至今日,虽有渐趋平息之势,考察疑案之所起,仍有值得反思之处","其一,是书本非属于个人撰著,其虽经多人之手删订,但依中国古代著述惯例,其著作权归于方总督本应没有异议,且知情者(如姚鼐、袁牧等)确已将其视为方观承之书。另一方面,无论戴震、赵一清均无视其为己作之表示。换言之,《直隶河渠书》本无著作权争议之说,更无所谓赵、戴相袭问题。……因孔氏之误收,致戴震之子中孚误以为王履泰窃其父书,及段玉裁误判《河渠书》为其师所撰,进而开启赵戴《直隶河渠书》一案。"进而推而广之,指出"中国古代学者著述情况复杂,当时若无辨明,后来易生歧疑。《直隶河渠书》一案即一典型例证"。"其二,赵戴《直隶河渠书》一案实起自段玉裁(赵戴《水经注》案同样主要因段玉裁而起)。段氏本欲为东原师争取更高的学术成就与地位,结果却完全适得其反,为其老师招来了意想不到的种种非议,乃至长期影响了东原在思想学术史上的声誉,的确令人惋惜。"潘教授在提出这一后果的同时,又指出造成的原因,"段玉裁出于全力维护师门,且尊师过重,乃至执于一念,因而必有所蔽",爱其师,当更爱真理,段氏年事渐高后,激于师道衰弊之现实,尊师情结过浓,虽有可敬一面,而争名之举的结果是"虽曰爱之,其实害之"①。

---

① 《段玉裁〈戴东原先生年谱〉补苴三则》,《宏德学刊》第五辑,江苏人民出版社2016年版,第137页。

第三节 "戴学"奠基之作:《戴东原先生年谱》

嘉庆十九年(1814),段玉裁去世的前一年,编撰了《戴东原先生年谱》。这是最早的戴震年谱,也是研究戴震生平思想的重要文献。其主要内容是以按年份记戴震生平、交游与学术事迹,在四库馆校书、撰写的《四库总目提要》相关篇目与难以确定纪年的学术成果集中在正文后介绍。该谱记载传主其师戴震学术经历与学术思想特别丰富,有不少作者的亲身经历和感悟融入其中,情感真挚且语言生动。

关于戴震学术经历与相关成果,该谱记载详明。如"乾隆二十五年庚辰"(1760年,三十八岁),对此年戴震客居扬州时的学术活动记述较多,并有评论,对戴震研究有一定的帮助:

夏,有《沈处士大成戴笠图题咏序》。

冬,有《与卢侍讲绍弓书》,讨论校对《大戴礼记》事。段谱据此以考戴震行止。《大戴礼记》有卢见曾雅雨堂刻本,为卢文弨先行校本,刻成后戴震"复细校之",故有"庚辰冬、辛巳夏两与学士之书,胪举应改之字"。

冬,有《与任孝廉幼植书》,箴任大椿"毋轻议礼"。段谱:"《礼经》所谓兄弟与昆弟,立文大不同,至先生而其义始著。"

冬,《屈原赋注》刻成,含《注》七卷、《通释》二卷、《音义》三卷,凡十二卷。段谱证之以辛巳夏《再与卢侍讲书》"去冬刻就《屈原赋注》,属舍弟印送"语。认为此书成书于壬申(1752年)以前,此书为歙人汪梧凤氏刊板并跋语。后来孔继涵刊刻《戴氏遗书》时,"虽已刻者皆重刊,独此书但有歙汪氏刊板而已,愿好古者广其传焉"。

该谱记载段氏与其师的交往比比皆是,如"乾隆二十八年"癸未(1763年,四十一岁)记载:春,入都会试,不第后居京新安会馆,玉裁等从其讲学。是时秦蕙田闻江永和戴震于中古韵和上古韵有识[1],奏请乾隆刊正韵书,推荐戴震和钱大昕任其事,乾隆以韵书"相沿已久"而未

---

[1] 具体解释参见李开《戴震年谱》"1763年"。

允。段氏以戴震"深明音韵",列出成于此年的论韵之文四篇。

又该谱考得戴震佐助江永参定《古韵标准》分古韵十三部当在壬午年以前。至丙申(1776)戴震《答段若膺论韵》①又叙及此事。段谱:"是年,往江右,有《凤仪书院碑》。"夏,戴震离开北京,在江西瑞州(今高安)作此文字。被段氏称为"先生大制作"的《原善》上、中、下三篇,《尚书今古文考》、《春秋改元即位考》三篇,皆癸未(1763)以前,癸酉(1753)甲戌(1754)以后十年内著作,段谱记载了戴本人对"大制作"三篇的写作体会和评价。

对戴震整理研究《水经注》的经过,记载尤多,参见上文,此不赘述。

关于戴震的学术思想,该谱特别重视。如"乾隆二十年乙亥"(1755年,三十三岁),秋,戴震有《与方希原书》,提出"理义、制数、文章"学问三分说,开后人"义理、考据、词章"三分之先河。段述戴氏义理、考据、词章三分说,评论戴氏"于性与天道,了然贯彻,故吐辞为经",于学问三分"知无所蔽,行无所私",浩气、精义、修辞无不超迈前人。

全文胪列戴震三十六种著述以外,又缀述戴震言学术的语录,常以"先生言"提其首为语段标记,如:"先生言:'为古文,当读《檀弓》……'"如此而有三十六则。李开《段玉裁全书》之《〈戴东原先生年谱〉叙录》以类述之,如以"先生言"或段落挑起之首编出序号1到36,分为:

治学类:有1、8、9、10、12、13、18、23、24、29、31、32,共十二条。如第8条:"先生言:为学须读《礼》,读《礼》要知得圣人礼意。"

学人类:有2、3、4、11、15、17、36,共七条。例第2条言及阎若璩、顾炎武等。

事理学理类:有7、14、16、19、20、21、22、33、34、35,共十条。如第14条:"总须体会《孟子》'条理'二字,务要得其条理,由合而分,由分而合,则无不可为。"此实中国古代逻辑思想要旨。

学术批评和实践类:有5、6、25、26、27、28、30,共七条,例第5条评价朱熹《四书集注》,第28条致信段玉裁,言贵州玉屏"想风气未开,未必不可施教化也"。

---

① 见《戴震集》,第78页。

该谱作于段氏晚年,限于资料原因等,难免有一些疏误。杨应芹、李开先生等有较详细补订,潘定武等续有补充,可以参阅。而该谱对"戴学"建构的肇始之功当不可没。

第四节　段王之学

清代学术史分期,在前人研究中多有不同,有三期、四期等说,即使同时期也有正统派与非正统派等之分。而戴、段、二王,甚至梁启超视为"皆得统于高邮王氏"的俞樾、孙诒让等一脉,始终被公认为"正统派"。段玉裁师事戴震,而戴震既是久负盛誉的"皖派宗师",又是批判"以理杀人"的思想家,"当世号为通人"(章学诚语)。戴震重视声韵、训诂与意义之间的关系这一学术思想与治学路径,认为自己的学术是"空所依傍",即广泛获取前人的学术资源,获益其时代的学术营养,而开拓创新。章太炎《检论》卷四《清儒》称:"弟子最知名者,金坛段玉裁、高邮王念孙。"王念孙(1744—1832)、王引之(1766—1834)父子,以精通小学、校勘见长,人称"高邮二王""王念孙则在训诂学上坐第一把交椅"。后人将乾嘉时代的"小学"乃至乾嘉学派径称为"段王之学",[①]并称:"段、王二氏是乾嘉学派的代表,他们的著作是中国语言学走上科学道路的里程碑。"[②]充分肯定了段玉裁和王念孙父子的学术贡献。

戴、段、二王实证性的研究范式,由小学通经学所体现的言与意认知方式的改变,对天文历算与名物礼制等的关注所反映的学术视野的开拓,"求是""创新"的治学精神,考据性的朴学话语特点,昭示着他们的时代对传统认知与治学理念、文化观念等的重大改变。他们是在乾嘉考据学思潮中,有共同的学术宗旨、治学精神和学术传承,并留下众多学术文化理论性话语和颇具影响力的学术成果的一脉,或出仕京师,

---

① 王力:《中国语言学史》第三章"文字、声韵、训诂全面发展的时期":"清代是中国语言学发展的隆盛时期。一般人所称的乾嘉学派,指的是段、王之学,那是十八世纪下半期到十九世纪上半期。"复旦大学出版社 2007 年版,第 139 页。
② 王力:《中国语言学史》,复旦大学出版社 2007 年版,第 133 页。

或游幕修撰，或讲学京师、扬州、苏州、杭州等地，且交游论学广泛，又串连起京师学术圈、江南学术圈和全国多地学术圈，从总体性视角对他们展开进一步的探讨，或可略窥江南文脉乃至中华文脉。①

以下简要勾勒后世所称"段王之学"的段玉裁与王念孙交游情况，并略作评述。《经韵楼文集补编》卷下收录"与王怀祖书"六通，二人互为作序，段为王作《广雅疏证序》，王为段作《说文解字注序》，相互交流促进，二人在致他人书信中也多有提及对方之语，互相介绍学友，如陈鳢即由王念孙介绍认识玉裁，王念孙在段玉裁身后为他作《大清敕授文林郎四川巫山县知县段君墓志铭》，等等。

乾隆五十四年（1789），玉裁因家里遇"横逆之事"赴京，与王念孙初晤于京师，见《广雅疏证》，大为赞赏，"予见近代小学书多矣，动与古韵违异。此书所言声同、声近、通作、假借，揆之古韵部居，无不相合，可谓天下之至精矣"②。王念孙在致二人共同的朋友刘端临信中说"若膺先生在都时，快谈一切，窃恨相见之晚"，③段玉裁给刘端临信中说"非怀祖及足下安能知我也"，从此奠定了一生的情谊，留下一段学术佳话。

乾隆五十五年（1790）冬，王念孙致书刘台拱，语涉段玉裁。刘文兴《刘端临先生年谱》乾隆五十五年、四十岁条："若膺在都时，快谈一切，窃恨相见之晚。其所著《尚书考异》，发前人所未发，有功经学甚巨，与《说文解字读》《六书音均表》，皆不朽之业也。"

乾隆五十六年（1791）八月，为王念孙《广雅疏证》撰序，称"尤能以古音得经义，盖天下一人而已矣"。此序多有个人学术主张，并体现于《说文解字注》，与王氏学术相得益彰，历来受到学术界重视，引述如下：

> 小学有形、有音、有义，三者互相求，举一可得其二；有古形、有今形，有古音、有今音，有古义、有今义，六者互相求，举一可得其五。古今者，不定之名也。三代为古，则汉为今；汉、魏、晋为古，则唐、宋以下为今。圣人之制字，有义而后有音，有音而后有形；学者

---

① 参见拙文《"戴段二王"的学术特色》，载《光明日报》2019年10月7日第7版。
② 刘盼遂辑校：《王伯申文集补编》卷上《光禄公寿辰征文启事》，第9页。
③ 罗振玉校录：《高邮王氏遗书·王石臞遗文》卷四乾隆庚辰《与刘端临第二书》，第9页。

之考字,因形以得其音,因音以得其义。《周官》六书,指事、象形、形声、会意四者,形也;转注、假借二者,驭形者也。音与义也,治经莫重乎得义,得义莫切于得音。三代小学之书多不传,今之存者,形书《说文》为之首,《玉篇》已下次之;音书《广韵》为之首,《集韵》已下次之;义书《尔雅》为之首,《方言》、《释名》、《广雅》已下次之。《尔雅》、《方言》、《释名》、《广雅》者,转注、假借之条目也。义主于形,是为转注,义主于音,是为假借。稚让为魏博士,作《广雅》,盖魏以前经传谣俗之形音义汇绰于是。不执于古形、古音、古义,则其说之存者,无由甄综;其说之已亡者,无由比例推测。形失,则谓《说文》之外字皆可废;音失,则惑于字母、七音,犹治丝棼之;义失,则梏于《说文》所说之本义,而废其假借,又或言假借而昧其古音;是皆无与于小学者也。怀祖氏能以三者互求,以六者互求,尤能以古音得经义,盖天下一人而已矣。假《广雅》以证其所得,其注之精粹,再有子云,必能知之。敢以是质于怀祖氏,并质诸天下后世言小学者。乾隆辛亥八月,段玉裁撰。①

乾隆五十七年(1792)春,王念孙来书,请刘台拱转递。

乾隆五十九年(1794),陈鸿森《订补》记载:本年王念孙有与刘端临书,中有云:"来札云若膺居苏州甚安适,可以肆力于古,甚为欣慰。其所著《尚书撰异》,王青浦携来京邸。其中精确者至多,惜今世无赏识者,曲高和寡,自古叹之矣。"(原札载《刘氏清芬外集》,今从刘文兴氏《刘端临先生年谱》迻录)

嘉庆四年(1799),段玉裁收到王念孙来书,通报弹劾和珅事,并附所赠对联。七月玉裁在《与刘端临书》中说:"怀祖大兄赐联已敬收,当另作书奉谢。札中称其正月初八日上平定贼匪事宜六条,平明疏入,食时首辅下狱。"

同年八月末,玉裁致刘端临信,提及"怀祖何日南来?其《广雅》发价甚昂,近者补刻表序,而拙序竟不刻,不得其解,便中试为讯之"。②

---

① 《经韵楼集》卷八《王怀祖广雅注序》,凤凰出版社 2010 年版,第 180—181 页。
② 《经韵楼文集补编》卷下《与刘端临第二十书》,凤凰出版社 2010 年版,第 38 页。

嘉庆五年(1800)十月,读王念孙《广雅疏证》。陈鸿森《订补》:十月,读王氏《广雅疏证》,见《释言》"仪,贤也"条,王伯申之说与《撰异·尧典》及《大诰》说正同。自识云:盖理惟其精,即闭户造车,出门合辙有如此者。(《古文尚书撰异》卷二,页二十八)

嘉庆九年(1804)夏,致书王念孙,言及"弟七十余耳,乃昏眊如八九十者,不能读书,唯恨前此三年,为人作嫁衣而不自作,致此时拙著不能成矣,所谓一个错也",流露对阮元之不满。①

同年十二月廿二日,致书王念孙,言及阮元助刻《说文注》之事,并请王念孙助刻。

嘉庆十一年(1806)四月初二日,年届古稀的段玉裁,由弟玉立携书王念孙,请其作序,称"近来后进无知,咸以谓弟之学窃取诸执事者,非大序不足以著鄙人所得也";并请帮助四弟玉立。此时,一直对玉裁有所帮助的钱大昕、一生最重要的挚友刘台拱去世了,与阮元关系并不和谐,因助刻书事与王绍兰发生矛盾,最重要的是与顾千里开始发生严重的学术争论,玉裁特别需要得到友人的关心和帮助,而攻击段玉裁的人竟然称《说文注》抄袭了王念孙成果,于是向王念孙发出了诚挚的请求:

> 寂寥中得手书及《经义述闻》,快读一过,何减麻姑痒处搔也。乔梓何啻汉之向、歆乎!迩来兴居大佳。弟落魄无似,时观理学之书。《说文注》近日可成,乞为作一序。近来后进无知,咸以谓弟之学窃取诸执事者,非大序不足以著鄙人所得也,引领望之。竹汀、端临皆逝,竹汀近年相益最多,今乃无友矣。易田今岁未得其书。执事不得一晤,我劳如何!舍弟玉立,蒙爱最久,今贫而入京,乞推分助其资斧,则弟同身受矣。敬候怀祖观察大兄大人升安,弟玉裁顿首。
>
> 今年得手书,已作覆札矣。四月初二日。此上年嘉平作也,今舍弟四月方从此起行辙,又题数字于后。②

---

① 《经韵楼文集补编》卷下《与王怀祖第一书》,凤凰出版社2010年版,第51页。
② 《经韵楼文集补编》卷下《与王怀祖第三书》,凤凰出版社2010年版,第53页。

刘盼遂按：先生四弟玉立，于嘉庆十一年丙寅入都，以后居龚丽正家，观《定庵文集补·丙戌秋游法源寺诗》注可证也。

札中有"近来后进无知，咸以谓弟之学窃取诸执事者，非大序不足以著鄙人所得也"语，陈鸿森《订补》考证："据此，知当时学界盖颇有以段氏《说文注》为剿袭王氏之说者。又按朱士端《石臞先生注说文轶语》云：'王宽夫先生（森按：王念孙次子敬之，字宽甫）言其家大人石臞先生曾注《说文》，因段氏书成，未卒业，并以其稿付之。后先生见《段注》妄改许书，不觉甚悔。'（《说文诂林》前编下，页三四八）朱士端尝从王念孙游，其所引述王宽夫语谓王念孙曾以其《说文》稿付段氏，当非无端。余近考之，知《段注》诚有掩袭王说者，别详拙作《段玉裁说文解字读考辨》。"王念孙《说文》注稿赠段玉裁之说，未见于段、王本人的记载，朱氏引述王敬之的话亦未见于王敬之本人的记载，故赠稿之说不宜确信。

陈鸿森教授又有《段玉裁〈说文注〉成书的另一侧面——段氏学术的光与影》一文，通过对《汲古阁说文订》、台湾藏《说文补正》抄本、国图藏《说文解字读》残本等的考察，结合《说文注》的修订与出版过程，指出"北京本（指《读》残本）不象是长编性质，毋宁说更近于条考式札记""系由《补正》之类的札记，加上后来考订所得，增益而成""还不是一个最后定本""全书誊写必在五十一年中秋之后"，结合与《古文尚书撰异》文字雷同、引用王念孙"芘"字一条等，"写成年代至早应该在乾隆五十五年前后，甚至在《尚书撰异》五十六年成书之后"。再以段氏与刘台拱等人书信为依据进行考证，认为"这一540卷有长编事实上并不存在""段氏掩用他人成说之举"，故借长编加以掩饰。最后评价"段玉裁《说文注》自足千古，他的创见与成就不容抹杀，也无可抹杀，但《段注》的光彩，其中部分实为乾嘉江南学者《说文》研究的结晶"。[①] 陈先生勇于质疑，提出的问题值得关注。

嘉庆十一年（1806）十月望日，致书王念孙，言及"鄙著《说文注》已竣，蒙阮公刻成一卷"，再请助刻。此信涉及玉裁"老病贫"，对研究段王关系、段氏心态等具有重要作用，引述如下：

---

① 刊于刘梦溪主编《中国文化》第四十一期，2015年5月。

　　愚弟段玉裁顿首上怀祖先生执事：自上年奉书后，接令嗣手札，知天眷优渥，起居万安。迩者河道安澜，漕舟迅速，勤劳茂著，可胜翘企。玉裁老病贫三者兼之，向者耻言贫，今日乃更不能自讳也。鄙著《说文注》已竣，蒙阮公刻成一卷，一以为唱，用呈请政，并希量力伙助，庶乎集腋成裘。向时尊处书价二十金，为寄书人龚绳正所失，尚未暇还，抱愧之甚，如同拜赐之感而已。春夏则病乘之，秋冬而后稍可，年只七十而老耄过于八九十者，是可叹也！执事清臞劳鹿，万宜颐养性真，勿如贱子之蒲柳易彫也。敬请升安，诸惟雅鉴，不具。玉裁再拜。十月望日。[1]

　　同年秋冬之际，又致书王念孙，言及《说文注》"当汲汲补竣，依大徐三十卷，尚有未成者二卷也，今冬明春必欲完之，已刻者仅三卷耳"，表示"精力衰甚，能成而死则幸矣"，并有撰《说文转注释例》之计划，再次表明求序的诚意，内容丰富。其信如下：

　　愚弟段玉裁顿首怀祖大兄先生执事：去冬得大著并手书，业经雒诵，布陈倾倒之怀。嗣频接手函，近者又惠以四十金，俾得刻资，此种高谊，不胜感泗。弟夏天体中极不适，冬日稍可，当汲汲补竣，依大徐三十卷，尚有未成者二卷也。十二之下、十三之下。今冬明春必欲完之，已刻者仅三卷耳。精力衰甚，能成而死则幸矣。所赐当即刻之。弟以《说文》转写，未必皆本字，如：'恖，愁也'；'愁，恖也'，为转注，而今本'恖'作'忧'，行和之貌，与'愁'何涉乎？他书可用假借字，许书说解中用假借多窒碍而不可通，曾举数十事发明之，今拟将此等字不下数百通举出为《释例》，以附于其后，就正有道焉。子田《钩沈》蒙补刻，幸甚！而端临遗书，恐碎简不成片段，非执事精心，恐不能成书也。《经义述闻》乔梓之学，俱精诣造极，将来更有《读书杂志》如竹汀《养新录》最妙，令郎南归，未得晤，曾作札布候，并自陈笔误，恐未达。四舍弟入都，恐其资粮之或不给也，为作数行奉渎，想执事又有以资之，令人感泣也。易田二年来未得

①《经韵楼文集补编》卷下《与王怀祖第四书》，凤凰出版社2010年版，第52页。

其消息，近日正拟作札问之，今八十二矣。兰泉少寇，六月仙逝，海内又少一个。竹汀已宿草矣。肃此述阔怀并陈谢恼，伏惟近安，临纸不胜瞻想。玉裁顿首。

《经义述闻》已抄一部与张涵虚，令郎先生均此候安。

求序出于至诚，前函已详。①

嘉庆十三年（1808）五月，王念孙为段玉裁《说文解字读》撰序，称"训诂、声音明而小学明，小学明而经学明，盖千七百年来无此作矣"：

> 《说文》之为书，以文字而兼声音、训诂者也。……吾友段氏若膺于古音之条理，察之精，剖之密，尝为《六书音韵表》，立十七部以综覈之，因为《说文解字读》一书，形声、读若，一以十七部之远近分合求之，而声音之道大明。于许氏之说正义、借义，知其典要，观其会通。而引经与今本异者，不以本字废借字，不以借字易本字，揆诸经义，例以本书，有相合无相害也，而训诂之道大明。训诂、声音明而小学明，小学明而经学明，盖千七百年来无此作矣！则若膺之书之为功也大矣。若夫辨点画之正俗，察篆隶之繁省，沾沾自谓得之，而于形声、读若、转注、假借之通训茫乎未之有闻，是知有文字而不知有声音、训诂也。其视若膺之学，浅深相去为何如耶！余交若膺久，知若膺深，而又皆从事于小学，故敢举其荦荦大者，以告缀学之士云。②

关于王序，陈鸿森《订补》第 638 页注称"其文与段注书前所冠王氏序文并同，惟王序'因是为《说文注》'一语，本集作'因是为《说文解字读》一书'为异耳。因知王集此文，盖后人编家集时改从段氏所改易者，已非王氏原文矣"。

今残存《说文解字读》抄本，首有卢文弨、沈初两序，未收王念孙序。而罗振玉所辑《王石臞先生遗文》则为《说文解字读序》。《说文解字注》刻本收有王念孙序，而无卢、沈序。《读序》与《注序》小有异文，除陈氏

---

① 《经韵楼文集补编》卷下《与王怀祖第五书》，凤凰出版社 2010 年版，第 169 页。
② 罗振玉校录：王念孙《王石臞先生遗文》卷二《段若膺〈说文解字读〉叙》，第 7—8 页。

所揭示外,尚有数处:《读序》"有相合无相害也",《注序》作"若合符节";《读序》"则若膺之书之为功也大矣",《注序》无;《读序》"形声、读若、转注、假借之通训",《注序》作"转注、假借之通例";《读序》未署时间,《注序》署"嘉庆戊辰五月,高邮王念孙序"。

接王念孙序文后,段氏覆函致谢,言及"今日之弊,在不尚品行政事,而尚剿说汉学,亦与河患相同,然则理学不可不讲也"。罗继祖《段懋堂先生年谱》收录,转引如下:

> 愚弟段玉裁顿首启,怀祖大兄先生阁下:今岁接手札二、大序一,感谢之甚。拙著得此序,如皇甫之序《三都》,声价倍增。奖借处能见其大,行文尚于鄙意有未惬处,容小更易,再呈大教。陈兄启宗以鄙札奉谒,中有"棘人"字,彼于裁服未阕时取有拙札,迟之又久而后行,乃又取札,不用后札而用前札,殊愦愦也。先生念旧,广为推毂,甚善。又于文襄公之孙在东河候补别驾,倘能照拂,裁有荣施。(以上系于"嘉庆十三年",云"此札缺下半")

> 执事去年有折子而部驳,未见尊稿,乞未之。河事日非,伊于胡底,可胜杞忧。执事尚能出所见一言否?裁《说文注》已成,而无大力者为主。所赐四十金,曾命工刻之,而刻甚劣。目下裁惟读书、做古文,精神尚好。薪水之资,有太仓书院为助,委心任去留而已。执事尚能解组南归,倘羊至苏杭,犹可联床风雨,共谈所得也。今日之弊,在不尚品行政事,而尚剿说汉学,亦与河患相同,然则理学不可不讲也,执事其有意乎。顺候升安,玉裁载拜。(以上系于"嘉庆十五年",云"缺上半")

陈鸿森《订补》认为:"此札原自'裁有荣施'处断裂为二……今以王念孙覆函(见下文十四年条下)证之,知二者当合为一札,罗氏自失考耳。知者,王氏覆函有'拙序本不惬意,得蒙教训'之语,正与段札上半'行文尚于鄙意有未惬处,容小更易'合;而王札'并无折子上闻,经部驳饬。来札所云,以告者过也'一节,复与段札下半'执事去年有折子而部驳'云云者契合,则此二断片原系一札,要无可疑","今据此札言王序'行文尚于鄙意有未惬处,容小更易',及王氏答书'拙序本不惬意,得蒙教训'之语观之,可知今《段注》书前所冠王序,已经段氏改易,非尽王氏原文也。"

段玉裁、王念孙等以小学通经,取得很高成就。梁启超《清代学术概论》总结说:"清儒以小学为治经之途径,嗜之甚笃,附庸遂蔚为大国。其在《说文》,则有段玉裁之《说文注》,桂馥之《说文义证》,王筠之《说文释例》《说文句读》,朱骏声之《说文通训定声》。其在《说文》以外之古字书,则有戴震之《方言疏证》,江声之《释名疏证》,宋翔凤之《小尔雅训纂》,胡承珙之《小尔雅义证》,王念孙之《广雅疏证》,此与《尔雅》之邵、郝二疏略同体例。得此而六朝以前之字书,差无疑滞矣。而以极严正之训诂家法贯穴群书而会其通者,则王念孙之《经传释词》(按,今多属之王引之)、俞樾之《古书疑义举例》最精凿。"

嘉庆十四年(1809)十月四日,王念孙来信,言及《说文序》"本不惬意,得蒙教训,幸甚感甚",给人段氏改王序的猜想空间。又涉及宦海风涛,并议刻、评论戴震遗著《直隶河渠书》事。陈鸿森《订补》指出:"此札罗振玉氏《王石臞先生遗文》、刘盼遂氏《王石臞文集补编》俱未收",《罗谱》系于十五年,陈氏据王引之《石臞府君行状》、本札与段玉裁回信,认为"必作于十四年十月"。此信有较高的史料价值,兹据《罗谱》转录如下:

> 愚弟王念孙顿首启,若膺大兄先生阁下:前奉手书,碌碌未暇作答为歉。拙序本不惬意,得蒙教训,幸甚感甚。弟前在运河,不过循分供职,于地方事宜,不敢妄为陈说。即河务敝坏,所患亦在大江以南,尤不便越俎创议,以此并无折子上闻,经部驳饬。来札所云,以告者过也。弟今秋仰荷谕旨,调任永定,以衰惫之年,重临获咎之地,事繁且险,悚惧不可言状。弟每观宦海风涛之险,非不欲引疾求退,而无如家乡历被淹浸,三径久荒,欲归不得耳。恋栈之讥,无由自解,抱愧极矣。顷戴信堂世兄携东原师《河渠书》稿本,并将先生寄信堂原札见示,足征尊崇师谊,日久不渝,实深叹服。弟检阅戴世兄所携之稿,当日却为方宫保代作。今王通判所呈之本,是否即系原本,抑已被改头换面?未见其书,难以悬断。如欲伸理,则方氏现有贵显后裔,尚须伺伊动静;且戴世兄又无力

第七章　晚年「戴学」建构

301

与人争胜,亦只可隐忍有待而已。刻下戴世兄与弟相商,意欲付梓,以别真伪,拟即请先生校雠,嘱弟作序。弟本不胜任,且于师弟名分又不敢称序,可否恳先生校定,添加一跋语,以传千秋。将来刊刻时,卷帙繁多,必得同门相好十数人共襄斯举;弟名下若干,当无不尽力也。微有商者,此书虽出自东原师手笔,究系方宫保出名,将来若不易名,则为方氏刻书,同人亦断不肯助力。倘竟换东原师之名,未免与当日草创本意有违;且东原师所著之书精且简,未有卷帙浩繁若此者,是不可不斟酌尽善也。弟识见浅隘,不敢臆断,还祈先生有以教之。专函奉布,敬候台安,诸希朗鉴。念孙载拜,十月初四日。①

嘉庆十五年(1810)十月,76岁的段玉裁致书王念孙,回复《直隶河渠书》事,此后与方葆岩信谈王履泰盗名;又语涉助刻《说文注》挪作他用,并谈欲刻《孟子字义疏证》之事。

愚弟段玉裁顿首启怀祖大兄先生阁下:《直隶河渠书》一事,诚如尊谕,但鸠同志辑费刻之,此事恐难,安得此等同志也!故命孙辈抄一部藏之而已。方保岩制府进京,已托其清理改正,不知彼能办否?吾兄眠食无恙,令郎任满入都,可以就其禄养,似无庸尽疲于衰耄也。弟今年七十有六,心脉甚虚,既不能读书,又不喜闲坐,甚有暇日,幸有以教之。东坡云:"疾病连年,人皆相传已死。"柳州与王粲元书:"因人南来,致书访死生。"《说文注》未能刻,吾兄之相助者他用矣。东原师著作皆简严,比书详赡,亦各有体也。谨候近安。诸惟珍摄自重,不宣。玉裁再拜。

东原师曾与弟书云:仆生平著述,以《孟子字义疏证》为第一,所以正人心也。今详味其书,实实见得宋儒说理学其流弊甚大,阁下可曾孰之覆之?弟拟刻此书以广其传,俾言义理者有所折衷。又拜。②

---

① 罗继祖:《段懋堂先生年谱》,收入《段玉裁全书》第四册,江苏人民出版社,2015年版。
② 《经韵楼文集补编》卷下《与王怀祖第六书》,凤凰出版社2010年版,第54页。

此信刘氏《补编》本:"东坡云:'疾病连年,人皆相传已死。'柳州与王粲元书:'因人南来,致书访死生。'"《罗谱》嘉庆十五年下录文"已死"前有"为"字,"王粲元"作"王参元"。今查东坡之语,出自《谢量移汝州》,正有"为"字;柳州指柳宗元,"因人南来,致书访死生"句出自柳氏《贺进士王参元失火书》,正作"王参元"。可知《罗谱》不误,《补编》当为手民之误。或可推测,刘氏在辑补时文字方面除客观上发生讹误外,主观上可能有所增删。①

玉裁去世后的第二年,王念孙应玉裁儿子之请,作《大清敕授文林郎四川巫山县知县段君墓志铭并序》:

> 君讳玉裁(笔者按:手稿"玉裁"二字缺笔),字若膺,金坛人。曾祖武,祖文,父世续,并隶学舍,以君贵赠文林郎。君生颖异,读书有兼人之资。年十三,入学为附生,有时名。初治词术,受知于沈尚书德潜,于时李侍郎因培督学江苏,尤加激赏。乾隆二十五年,举江南乡试,寻充景山教习。期满,授贵州玉屏县知县。被议去官。总督察君状,奏请开复,得旨,发往四川以知县用,寻摄富顺,再摄南溪。王师申讨金酋,储偫输挽,不绝于道。君密勿在公,克举其职,大吏廉君之才久于蜀未得即真,奏补巫山县知县。在官引疾归。自是闭户著书,不复出。

> 君治声音训诂之学,受益戴先生震,日益进,谓《说文》五百四十部次第以形相联,每部之中次第以义相属,每字之下兼说其古义古形古音。其说古义者,训释是也。其说古形者,象某形从某某声是也。其说古音者,某声读若某是也。三者合而后一字乃全。

> 其根氏经传以说古义者,如:《虞书》"至于岱宗,柴",《诗》"祝祭于祊"(手稿原字上"彭"下"示"结构),此说字之本义也。《商书》"无有作姁"(手稿原字左"丑"右"女"结构,),《周书》"布重蔑(手稿原字上'首'下'火'结构)席",此说假借此字之义也。

① 翁玉强:《段玉裁〈与刘端临书〉考注》说:"据本人考察,凡《经韵楼文集补编》与刘文兴《刘端临先生年谱》所引的《与刘端临书》出现文字差异时,后者往往优于前者。"见《经学文献研究集刊》第十五辑,上海书店出版社 2016 年版,第 225 页。该文考注段玉裁《与刘端临书》原墨,多有发明。承虞万里教授惠赐该刊,特此鸣谢!

有根氏经传以说古形者,如:《周易》"百穀草木丽于地",说蘿(手稿原字上"艹"下"丽"结构)从草,丽之义;"丰其屋",说寷从宀,丰之意;"突如其来如",说突(手稿原字"厶"中间加"一"结构)从倒子之意;"先庚三日",说庸从庚之意是也。

有根氏经传以说古音者,如:"龤"读若"施罟濊濊"(手稿原脱"施"字,据《说文》补);"佛"(手稿原字上"大"下"弗"结构)读若"予违女弼"是也。

成《说文解字注》三十卷,谓韵之立也,与文字俱起。文字未有,而部分立故有,字即有所归。有物斯有名,有名斯有字,有字象形指事而字形立(手稿"指事"原讹为"指字",今改)。形立其声,必有所归之部,以形益形曰会意,而字形滋以声益形曰谐声,而字形益滋其声,必有所归之部。《周官经》达之、谕之、保氏教之,十年就傅,而学盖必有部分之书达于天下。是以《诗三百》,自商迄于东周,自天子达于田夫野妇,其韵部无不同者。秦火而后,部分之书亡,今据《三百篇》所同韵字,立之部分,以求其转注、假借,成《六书音韵》十七部。谓汉人注经,有读如、有读为、有当为。读如,主于说音;读为,主于更字说义;当为,主于纠正误字。如者,比方之辞;为者,变化之辞;当为者,纠正之辞。读如,不易其字,故下文仍用经之本字;读为,必易其字,故下文仍用所易之字。《说文》者,说字之书,故有读如,无读为;说经之书,则必兼斯二者,成《周礼汉读考》。又著《毛诗小学》、《尚书撰异》、《仪礼汉读考》、《汉书地理志音释》、《汲古阁说文订》,文集诗集藏于家。以嘉庆二十年遘疾卒,春秋八十有一。取于氏,县学生某女。子二,骧,国子监生;驦,县学生。女一,适江南苏松太兵备(手稿无"苏松太兵备"五字)道龚丽正(手稿无"丽正"二字)。孙五,美中,县学生,美度、美制、美蕴、美璘。君卒之明年,君之子葬君于某原,来请铭。念孙(手稿二字空匡)与君为问学交,义不敢辞。铭曰:

曲阿之英,金山之灵。一行作吏,矻矻穷经。

中岁解绂,优游井里。孝友睦婣,壶殮橐米。

上规汉氏,剖烬求书。叔其遗叶,扬其坠华。

以食以息，息于古人。以羡以延，延于大年。

飘风振林，夺我修干。不朽有三，立言其选。

覆屋若堂，肖然墓门。我铭志之，引翼子孙。

按：刘盼遂《王石臞文集补编》有按语说："右文稿藏新会陈氏，亦新收得不数年者，曩日上虞罗参事拟撰《段若膺年谱》，以未得见此铭因致中辍。又按文中玉裁、念孙、丽正、苏松太兵备等字，均系空匡，今补出。"手稿可参薛正兴著、南京大学出版社 2008 年版《王念孙王引之评传》卷首。

王念孙所作段玉裁墓志铭，对段氏一生简要经历、学术师承、重要学术观点、主要成果和学术贡献等，做了精当的评述，该文是研究段玉裁重要的文献资料，"问学交"三字也是二人交游最精当的写照。

第八章　魂归故里与后世遗响

第一节　魂归故里

嘉庆二十年乙亥（1815）九月初八日，段玉裁在苏州去世。后归葬于故里金坛。关于卒年，陈奂《师友渊源记》有"丙子"年之说，"丙子秋，从海门归，谒师，喟然曰：'吾似春蚕一般，茧既成，唯待毙焉。'已八月，金陵试毕，视师疾，曰：'吾年二十余曾遘疾，六十年未尝一日呻吟，今病不起矣。'九月八日终于枝园，寿八十有一。……咸丰三年，奂请诸金坛学官丁君士淳详祀乡贤，军兴，未达礼部。"刘盼遂说："先生卒年，各家记载均作嘉庆二十年乙亥，陈氏独系嘉庆丙子，未详其故。或以《渊源录》成于晚岁，追记致失坚搞耳。"刘说为各家材料所验证，似可从。

图19　金坛县政府与中国训诂学研究会立碑（钱争艳摄）

关于去世地点，一般认为在"枝园"，而《罗谱》据《江苏诗征》引阮亨说，称本年阮元延主杭州敷文书院讲席，未几卒。陈鸿森《订补》认为："此则诸家墓志传记所未言及者。阮亨为阮元弟，其说当必有据。若然，则亦非卒于枝园自宅也。"可备一说。

关于归葬金坛时间,马树杉《〈段玉裁先生年谱〉补正》认为:"光绪《金坛县志》载段玉裁嘉庆二十年卒,后反葬金坛大坝头,但未注明何年反葬。刘盼遂《段玉裁先生年谱》亦未提及。王念孙所撰《大清敕授文林郎四川巫山县知县段君墓志铭》云:'君卒之明年,君之子葬君于某原,来请铭。'据此可知段玉裁之子于嘉庆二十一年反葬段玉裁。"那么,段玉裁魂归故里的时间为嘉庆二十一年,即公元1816年。

段玉裁之墓,今位于常州市金坛区薛埠镇河口行政村大坝头自然村,常州市生态农业观光园(盛天生态园)内。《常州文物古迹》记载:"段玉裁墓位于金坛市薛埠镇大坝头村……段玉裁墓1985年由江苏省文化厅拨款重修,四周砌建围墙,形成东西长23米余,南北宽13米余,面积达300余平方米的长方形墓园。园内有段玉裁夫妇墓冢、段玉裁母亲墓冢和现代学者为纪念段玉裁而树的墓表。园门南向,段玉裁墓正对园门,为一砖砌的圆形冢,冢径350厘米,冢前南向树墓碑,碑文阴刻楷书,曰:'清故段茂堂公夫妇墓',碑通高141厘米,宽40余厘米;东侧段母墓,亦砖砌冢,冢前南向立碑,碑文阴刻楷书曰:'嘉庆八年十二月 皇清敕赠孺人显妣史太孺人之墓 孝男玉章、玉裁、玉立敬立。'西侧纪念碑……碑通高230余厘米,宽66.5厘米。园内遍植松、柏、水杉。整个墓区背倚茅山、环境幽雅,气势伟

图20　段玉裁母子墓(钱争艳摄)

观,是一方风水宝地。2002 年 10 月,省人民政府公布为江苏省文物保护单位。"

关于段墓的发现过程,《新民晚报》1984 年 5 月 22 日报道"金坛找到段玉裁墓碑":"我国清代著名的音韵、训诂、文字学家段玉裁的墓碑,最近在他的家乡江苏金坛县花山乡发现,从而确定了他的墓地。段玉裁生于一七三五年,卒于一八一五年,据《金坛县志》记载,段墓葬县西大坝头村。解放后,段氏海内外后裔曾数次到金坛寻先祖墓,但都查无下落。因为从金坛西门到茅山脚下,这方圆六十华里内,统称县西。而这一范围内却有好几个'大坝头'。所以到底何处才是这位朴学大师的归宿地,一直是个'谜'。四月中旬,金坛县人民政府根据南京师范大学徐复教授提供的线索,来到花山乡大坝头村,发动群众找寻段墓,终于在一小水库的涵洞下面挖到了两块段氏的墓碑。"1984 年第 4 期《史学情报》有《江苏省金坛县找到段玉裁墓碑》一文,《中国历史学年鉴 · 1985》收录《金坛县找到段玉裁墓碑》一文,表述大致相同。

金坛故里非常爱戴这位作出重大贡献的文化名人,建造了"段玉裁纪念馆"。1982 年 11 月,在中国训诂学研究会苏州会议上,先师徐复先生等建议,筹备纪念高邮王氏父子和金坛段玉裁,并整理出版他们的训诂著作。1985 年,在段玉裁诞辰 250 周年之际,中国训诂学研究会与金坛县人民政府联合举办学术研讨会暨段玉裁纪念馆开馆仪式,隆重纪念。舒同题写馆名"段玉裁纪念馆"。《江苏文物综录》载:"段玉裁纪念馆建在金坛县大南门外愚池一号。1984 年 10 月奠基,翌年 8 月竣工。馆址总面积约 65 亩,其中水面占 35 亩,建筑面积 600 多平方米。"馆前墙壁上嵌有 1984 年 11 月"段玉裁纪念馆奠基"碑,以及 1985 年 8 月 20 日"段玉裁纪念馆竣工碑"。正殿外对联:"撰韵表剖精析密论辩思深为后贤开新路,注说文刊误正体因声辨义真许学第一人",横批"乾嘉祭酒",为陈振寰先生题写。正殿内上方悬挂沙孟海题写"朴学宗师",两侧对联为赵朴初先生题写:"九经陶铸资群彦,一字源流奠万哗"。著名学者北京大学教授周祖谟先生为纪念馆撰联赞誉:"说字解经功超许郑,审音辨韵名震乾嘉。"

图 21　　金坛段玉裁纪念馆（钱争艳等摄）

徐复先生为纪念馆撰写《重修段玉裁先生墓碑记》，考其生平，论其学术成就及对后世影响，全文如下：

清代学术，至乾嘉而号极盛，吴始惠栋，其学好博而尊闻，皖南始戴震，综形名，任裁断，此其所异也。金坛段玉裁先生，字若膺，号懋堂，戴氏弟子也，传其学，天下称之。先生乾隆二十五年举江南乡试，历任贵州玉屏、四川富顺、南溪、巫山县令，案牍之余，未尝忘情著述。其《六书音均表》五卷，定古韵为十七部，析支、脂、之为三，实为古韵学之大成，其师戴氏自汾州寓书玉屏，谓"古音十七部,可以千古",厥功伟矣。旋以亲老引疾归,卜居苏州金阊门外之枝园,键户不与人世交者垂三十年。先生笃意许书,先为《说文解字读》五百四十卷,后简练而洮汰之,成《说文解字注》三十卷,本经义以注《说文》,思凑单微,为世绝业。其友王念孙序其书,谓"训诂明而小学明,小学明而经学明,盖千七百年来无此书矣"。清末章太炎先生撰《訄书》,其《清儒》一文亦称"玉裁为《六书音均表》以解《说文》,《说文》明"。二书璧合辉映,并显于代焉。先生尝谓汉人注经,有读如,有读为,有当为:读如主于说音,读为主于说义,当为主于纠正误字。其说之也,自成体例,不明乎此,则汉注难读,经义难明,所著《周礼汉读考》六卷、《仪礼汉读考》一卷,可覆按以证其说。先生著有《古文尚书撰异》三十三卷,《毛诗故训传定本小笺》三十卷,《春秋古经》十二卷,《汲古阁说文订》一卷,《广韵校定本》五卷,《集韵校定本》十卷,皆其校雠之精审者,有深博之誉。世又谓阮伯元《十三经注疏校勘记》大半成于先生之手。呜呼!卓尔之才,为不可尚已。先生生当雍正十三年乙卯,至嘉庆二十年乙亥卒于苏州寓居,春秋八十有一,同年归葬金坛县西之大坝头。王念孙为撰墓志铭。入民国,刘盼遂作年谱,详其行事。今年为先生诞生二百五十周年,中国训诂学研究会暨金坛县人民政府佥议在今年十月召集纪念会,开展学术讨论,表彰先生业绩,以昭示后人。并议在城南兴建纪念馆,重修大坝头茔墓,立碑以垂久远。兹纪念馆已落成,堂构轩敞,阖邑欢庆;茔地亦整葺一新,与会者当恭谒墓前,同申敬仰。是役也,周尚达县长实主其事,故得聿观厥成。同人以复参其事,嘱为碑文以志颠末,爰不辞谫薄而为之记,其感奋为何如耶!

此文收入《徐复语言文字学丛稿》,末署"1985 年 7 月谨撰,同年 10 月刻石"。墓碑文字与此文稍异,文字略简,并有"公元一千九百八十五年十月　中国训诂学研究会会长、南京师范大学教授徐复谨记/中国训诂学研究会顾问、河南大学教授于安澜篆额/金坛县书法协会会员哀重庆书丹"字样。

第二节　后世遗响

段玉裁留下了丰硕的学术成果,在中国学术文化史上有着重要的地位和影响,在当时有众多学者于论著、书信中有所评述,王念孙作《墓志铭》记述较详,后来《清史稿》卷四八一有《段玉裁传》,刘盼遂撰有《段玉裁先生年谱》,罗继祖撰有《段茂堂先生年谱》,大量论著也为段氏列出专门章节,在今日已有陈绍棠著《段玉裁先生著述系年》、董莲池著《段玉裁评传》、赵航著《段玉裁评传》、王双林著《段玉裁传》、笔者著《段玉裁年谱长编》等专书,另有大量学术研究文章,各种乾嘉学术、经学史、学术史、学术思想史资料或研究均有涉及。下面从段玉裁著作的整理与研究,段玉裁年谱、评传的编纂与研究,段玉裁学术会议与纪念活动,段学、清学与中华文化四个方面简要勾勒段氏的后世遗响。

一、段玉裁著作的整理与研究

段玉裁著作的种数,因单行与合刻,或不断修改而形成的异称,或校本与校勘记分行,或校勘记为他人刻录,或散佚,或刻他人著作等,种数与卷数问题不一,学术界曾有多种探讨成果。

目前所知著录较多、分类明晰的,当属林庆勋先生博士论文《段玉裁之生平及其学术研究》[①],共著录四十八种,分为"自著类""纂辑类""校批类""其他"四大类。

"自著类"十四种又细分为:(一) 生前梓行者:1.《六书音均表》,2.《周礼汉读考》,3.《汲古阁说文订》,4.《说文解字注》,5.《戴东原先生年谱》;(二) 后人补刊者:6.《诗经小学》,7.《毛诗故训传定本小笺》,8.《古文尚书撰异》,9.《仪礼汉读考》,10.《经韵楼集》,11.《经韵楼丛书》,12.《经韵楼集补编》;(三) 未刊者:13.《诗》,14.《说文解字补正》。

"纂辑类"三种:1.《富顺县志》,2.《戴东原集》,3.《春秋左氏古经》。

---

① 林庆勋:《段玉裁之生平及其学术研究》,中国文化大学中研所 1979 年博士学位论文。

"校批类"十九种:1.《干禄字书校定本》,2.《国语校本》,3.《方言校正》,4.《仪礼校本》,5.《周礼校本》,6.《公羊传校本》,7.《谷梁传校本》,8.《三礼经注校定本》,9.《毛诗校本》,10.《集韵校本》,11.《经典释文校本》,12.《荀子校本》,13.《广韵校本》,14.《陶渊明集手校》,15.《汉书校本》,16.《小尔雅义证手批》,17.《群经音辨校本》,18.《列女传校本》,19.《一切经音义校本》。

"其他"十二种:1.《诗经韵谱》,2.《群经韵谱》,3.《中水考》,4.《水经注注》,5.《书经小学》,6.《说文考证》,7.《说文解字读》,8.《释拜》,9.《说文转注释例》,10.《诗缏》,11.《学古编》,12.《十三经注疏校勘记》。

因《段玉裁全书》辑印工作之需,笔者曾参考刘盼遂《段玉裁先生年谱》、罗继祖《段懋堂先生年谱》、《江苏艺文志·常州卷》、陈绍棠《段玉裁先生著述系年》(1965)等文献,对段氏著述及其版本略作梳理,撰有《段玉裁著述及其版本考略》一稿以供研讨①。

关于段氏文集的编辑,刘盼遂做编补,自有开创之功,已见前文。刘氏之不足,过去关注不多。主要有两方面,一是体现在收集不全,如王振华"旁搜博采,又得文六篇、诗二首",其文汇为《经韵楼遗文辑考》②一文,补得《〈集韵〉跋》《〈春秋左传正义〉跋》《懋堂先生书三通》《论书札》。二是辑补之文不够完善,文字的缺漏衍误不少。由翁玉强《段玉裁〈与刘端临书〉考注》等文来看,刘先生似乎有意隐去不少有关段玉裁生活方面或可能不利于段氏形象的记载。③

20世纪80年代,在徐复先生指导下,原江苏铁道师范学院唐文教授、南京大学许惟贤教授、当时还在扬州师院的赵航教授、江苏古籍出版社薛正兴编审,四位先生相约编纂整理《段玉裁全集》。直到20多年以后的2007年,首部成果即许惟贤先生整理的《说文解字注》才由凤凰出版社出版,2011年赵航先生整理的《经韵楼集》及《续集》,薛正兴先生整理的《周礼汉读考》和《仪礼汉读考》一同出版。而其他各书的整理

---

① 赖永海主编:《宏德学刊》第一辑,江苏人民出版社2010年版。
② 赖永海主编:《宏德学刊》第三辑,江苏人民出版社2012年版。
③ 载于虞万里主编《经学文献研究集刊》第十五辑,上海书店出版社2016年版。

工作仍在进行之中。

南京大学许惟贤教授举十余年之力,对段注进行全面系统的校勘、标点和补注工作,推出《说文解字注》整理本。参考学者与辞书专家徐复、郭锡良、赵诚、赵伯义、史建桥、李开等先生的推荐书和书评等①,可知新整理本有以下几个特点:

一、选用底本精良,版面美观大方。本书选用清嘉庆二十年(1815)段玉裁生前刻印完成的经韵楼初刻本为底本,徐复先生认为"此本印制较早,故版面清晰,极少烂脱引起之讹误,故为善本可信"。徐先生又举某影印本"千里"二字烂脱为"十里"之例以说明之。赵诚先生认为"此书版面美观大方,大小字相间,楷书篆字并立,读之醒目、舒适。尤其是有那么多怪字、僻字,制作得相当自然。加之印刷、装订精良,可以说设计、工艺均相当出色"。

二、进行了全面系统的校理。参考前人有关研究成果,时加个人研究新成果,进行较为系统的校勘和补注工作,除少数因手民刊刻产生的误字径改为正字外,增加了1270条附注。个人研究与前人成果相结合,集段注研究之大成。同时,对段注引书讹误及解说不当进行归纳,作者在《前言》中概括为十六个方面:如张冠李戴、引文增字成义、引文中夹引注文而不分析、引文有讹衍脱倒、引文破句或误用、引文与断语时有矛盾,等等。

三、第一次加了新式标点。郭锡良先生认为"这是一项相当艰巨的大工程。标点一般古籍就不容易,标点《段注》更难""加新式标点比圈点困难得多,没有深厚的国学根基和严肃认真的朴实学风,标点时书名号和引号的使用就会乱象丛生。整理本在这方面却表现得相当出色"。

四、提供字形和语义研究平台。段注在说解本义,推阐引申义时,注重字或词的类比研究,既丰富了注的内容,也增补了《说文》的内容。本书编为《类比字索引》,共收5335个条目。赵诚先生指出:"此当是整理者多年来研究段注的心血结晶,本可以写成个人的研究专著出版,现在却类集在一起,仅仅作为附录,放在他人的著作之后,贡献给读者,的

---

① 李开:《学术宝山里的点金术——读许惟贤教授〈说文解字注〉整理本》,载《辞书研究》2010年第4期。

确使人感动。如果没有一颗学术爱心,很难做到。"

五、附录相关文献,编制索引。为方便读者充分利用《说文》及段注的成果,本书还附录有关文献资料,新编了几种索引。

该书出版后受到学术界和出版界的普遍好评。如北京大学郭锡良教授认为,该书是《说文》段注中的"最佳版本",为"读者提供了很多方便",也为"继承传统语言学作出了贡献";中华书局赵诚编审认为,新整理本在吸收前人和时贤研究成果的基础上,屡有新得,"有利于阅读、研究、备查""确是当前最善之本";南京大学李开教授认为"新整理本围绕段注引用书证十六种疏失等进行校注,标点段注全书,发明段注条例,概述段注释义方法,特别是归纳段注中的类比字,编成'类比字索引,为学术界提供了研究段注的新平台"。该书于 2008 年先后荣获全国优秀古籍图书奖一等奖、华东地区古籍优秀图书奖特等奖、教育部社科奖二等奖等,2013 年入选"首届向全国推荐优秀古籍整理图书"(共 91 种)。

由于段著整理出版艰难,而段氏著作分散,甚至于《诗经小学》仅有四卷本通行、原三十卷本被误认为已经失传,因此影印出版《段玉裁全书》就被提上议事日程。

江苏宏德文化出版基金会在著名学者、南京大学资深教授赖永海先生领导下,致力于推进中华传统文化的研究和成果展示,对段王之学情有独钟,继召开国际学术研讨会、出版论文专集《宏德学刊》(第一辑)以后,在赖教授和南京大学李开教授的共同努力下,专门成立"清学和段王之学学术研究咨询委员会",多次召开小型会议,提前筹划 2015 年举办"段玉裁诞辰 280 周年"纪念活动,并拟届时推出全书。全书定位为基础性和资料性,重在"求全""存真""便用"。此后成立了"《段玉裁全书》编纂委员会",名单如下:

名誉主编:许嘉璐

主　　编:赖永海

副 主 编:王华宝(常务)　赵　航

编纂委员会(按音序):段业辉　董志翘　府建明　高小方　管国兴　黄德宽　黄　征　赖永海　李建国　李　开　柳士镇　鲁国尧　马树杉　钱宗武　乔全生　全　勤　王华宝　王继如　王月清　王云

路　吴根友　吴金华　许嘉璐　许惟贤　姚小平　朱小健　臧克和
张玉来　赵　航　钟海连

　　编委会为《全书》提供了强有力的学术保障，像许惟贤老师，李建国老师，鲁国尧老师，王继如老师，柳士镇老师，李开老师，黄德宽老师，主编赖永海老师，府建明编审等等，多次参加编纂工作会议，给予多方指导。名誉主编许嘉璐先生，从学术高度，文化传承，《全书》出版的意义等角度，以专业情感，撰写《总序》。许惟贤、鲁国尧、李建国、王继如、李开、滕志贤、马树杉、钱宗武、朱小健等先生，撰写各书学术性的"叙录"，朱小健先生还提供了详明的《说文解字读校勘记》。江苏宏德文化出版基金会从人员、资金、组织运行等多个方面给予全方位的支持和帮助，江苏人民出版社高度重视，全程参与，保障了《全书》按时、保质出版。《段玉裁全书》被列为 2015 年度江苏省文化产业引导资金文化艺术精品补助项目。

图 22　会议合影

　　2015 年 8 月，《段玉裁全书》在南京首发，共收入段氏自著作品 15 种，附录 2 种，计 175 卷近 400 万字，可谓第一次将段玉裁个人的著作归为一书，圆了 30 年来我国训诂学界两代学人编纂段氏全书的夙愿。《段玉裁全书》的出版发行，首先给学术界提供新的研究平台；其次，段玉裁本身在学术思想史上就占有一定的地位，所以《段玉裁全书》必然对段学、清学、清代文化乃至中华传统文化的学术复兴有一定的推动作用。江苏人民出版社总编府建明编审认为:"《段玉裁全书》的出版展现了清代学术的面貌和精神。换言之,它也体现了中国传统学术中是有精神存在的,而这样一种科学的精神对提升中国的学术水平,对开发我们传统文化的科学精神也是具有重要意义的,并且对整个中国的学术具有重大影响的。"

笔者对此书的特色用三个字概括,即"全""新""精"。一是"全"。汇辑、影印段玉裁个人全部著作,现收录段氏个人著作 15 种,附录 2种,计 175 卷,近 400 万字。《诗经小学》30 卷本、4 卷本各有特色,可以互补,一并收录。二是"新"。提供新的版本和学术讯息。如首次将《诗经小学》30 卷本、《说文补正》等材料公开出版;为《说文解字读》提供全面完善的"校勘记";全书"总序"和各书的"叙录",体现当前研究水平;并附两种段玉裁年谱,定位在基础性和资料性,目的是打造面向研究者的学术平台。三是"精"。编纂之初,编者即要求保持精品意识和文化传承意识,减少失误,力求使本书的学术水准和出版水准达到一个新的高度。全书内容精深之外,装帧尤其精美。[①]

二、段玉裁年谱、评传的编纂与研究

民国时期有刘盼遂、罗继祖先生所撰两种段玉裁年谱问世。"年谱"按谱主的生卒时间顺序来编年记事,可考知谱主所处的时代背景,不同时期的学术思想和治学方法等,各论著之撰写背景与过程等,因此,考察这两种年谱,对研究段玉裁乃至清代学术、中国学术史等均有帮助。下面先分别考述刘、罗两谱,并探讨两谱的关系,再简要概述董莲池、赵航《段玉裁评传》,最后略述《段玉裁年谱长编》。

（一）刘盼遂《段玉裁先生年谱》及订补

《段玉裁先生年谱》为刘盼遂（1896—1966）先生所撰。刘先生名铭志,字盼遂,河南信阳人。曾师从王国维、梁启超、陈寅恪等先哲,1928

---

① 《〈段玉裁全书〉的编纂及其特点——段玉裁诞辰 280 周年纪念暨段学、清学国际学术研讨会大会发言》,见《宏德学刊》第五辑,江苏人民出版社 2016 年版,第 10—12 页。

年毕业于清华国学研究院,先后执教于河南中州大学、北京女子师范大学、清华大学、河南大学、燕京大学、辅仁大学、北平师范学院、北京师范大学等。一生从事古典文献的整理与研究,在经学、小学、史学、文学、文献学等方面造诣精深。尤精于传统语言文字之学,曾出版《文字音韵学论丛》《段王学五种》(《经韵楼文集补编》上下卷,《王石臞文集补编》,《王伯申文集补编》上下卷,《段玉裁先生年谱》,《高邮王氏父子年谱》)等著作,对古音分部和段王学的整理与研究,远迈前贤,达到新的高度。他还著有《论衡校笺》《颜氏家训校笺》《颜氏家训校笺补证》《世说新语集解》《天问校笺》等,曾与郭预衡先生共同主编《中国历代散文选》。作于1936年的于省吾《段王学五种序》,即称赞刘盼遂"深于斠雠考据之学,其矜慎明塙饶有乾嘉诸老之遗风"。聂石樵先生辑校其文成《刘盼遂文集》[①],大体可见其学术成就。

刘氏所撰《段玉裁先生年谱》,按段氏生卒时序,详细记叙段玉裁的生平事迹、著述情况等,尽可能对相关论著进行系年,并时下按语,多方考证。按其自述,"故兹谱多以书札原墨为据,览者引而傍稽,庶可得其实在矣"。此谱内容丰富,考述精当,为研究段玉裁及乾嘉学术等提供了大量的第一手资料,有功学林,自不必多说。关于此谱之利用,宜注意数端。

一是关于该谱版本。通行本为民国25年(1936)北平来薰阁印行之《段王学五种》本。全书陈三立题写书名,于省吾序,《段玉裁先生年谱》则为刘盼遂友人谢国桢题写书名。后世有影印本流布。而新式标点本则有钟敬华校点本,附于上海古籍出版社2008年版《经韵楼集》。另有《清华学报》(自然科学版)1932年第2期所载《段玉裁先生年谱》(以下简称《学报》本),共52页)。年谱之末有"补佚四则",最后"嘉庆十九甲戌"条末有"壬申谷雨补志"六字,1932年为"壬申"。经过初步核对,可知两者有较大不同。从内容多少来说,《学报》本较《段王学五种》本为简,少了大量的条目,《先生著述考略》也少了两种,即第十六

---

① 北京师范大学出版社2002年版。刘盼遂先生资料,可参刘铭恕《家兄刘盼遂先生遗事》,载《河南文史资料》第五十四辑;晋阳学刊编辑部编《中国现代社会科学家传略(第三辑)》载刘盼遂传,山西人民出版社1983年版;之远、章增安《刘盼遂先生学术年谱简编》,载《华北水利水电学院学报:社会科学版》2011年第6期等。

《卢本方言校正》和第十七种《一切经音义》,可以得出初步结论,《学报》本为早期版本,《段王学五种》本为增补修订本。但《学报》本也并非毫无价值。也有少量内容为《段王学五种》本所无,如乾隆五十五年"七月"条"盼遂按","胥在焉"后有"故今先尽将书札,由各收藏家搜录,钩稽事实,以定其年月,别为一编,另行刊布。盖一则行迹借以证实,一则秘文由之流传。其大部出自宝应刘楚桢宝楠所编之《刘氏清芬集外编稿本》,由友人刘诗孙处借观。余则仁和吴氏之《昭代名人尺牍》上虞罗氏所辑《昭代经师手简》,杞县侯氏意园、新会陈氏援庵及臧氏《拜经堂文集》附录一首而已。故兹谱多以书札原墨为据,览者引而傍稽,庶可得其实在矣"一大段,此段可见刘氏搜罗编辑之功。从具体异文来看,也有少量的改动或异文有一定的校勘价值。如乾隆十二年条"赐饭,宠异之而许入泮,并谓先生父曰",《学报》本"而"作"面",参《经韵楼集》卷八《博陵尹师所赐朱子小学恭跋》"试卷面呈,面许入泮",作"面"近是。乾隆三十八年"十月三十日,东原自京师来书"条,《学报》本"京师"为"浙东"且文字简略,有所不足。从形式方面来看,《学报》本已施句读,对文义的理解有所帮助,甚或可以订正今之新式标点本之误。如乾隆十二年条,今标点为"陆先生有女,择配以贤,不以势",《学报》本为"陆先生有女择配,以贤不以势";"顷试金坛,有段玉裁者,年方十二,系廪生,段世续之子","顷试金坛,有段玉裁者,年方十二,系廪生段世续之子"。"以贤不以势"、"廪生"指段玉裁之父,似更为合理。乾隆三十九年"九月署理南溪县事"条,通行本接前条排,而《学报》本另行排,为另一事,更为准确。《学报》本之末有"补佚四则",通行本虽已移入正文,但也有变化。如第三则《跋陈芳林藏蜀石〈左传〉昭公二年残本》,原接嘉庆六年之后,今则编入嘉庆七年。这些都是可以关注之处。

　　二是年谱与刘氏《补编》的关系问题。刘氏《年谱》末《先生著述考略》,今有"三十一　《经韵楼续集》二卷　息县刘盼遂辑校",《学报》本作《经韵楼集外文》二卷　息县刘盼遂辑。得文约四十首,书札约四十首"。由此可见所辑之书书名与内容多寡之变化情况。还有《补编》与《年谱》的编次差异。如《补编》所收《与刘端临书》《与王怀祖书》,与刘氏自撰的《年谱》排序有所不同。

三是后人的订补问题。刘氏《年谱》最为通行,今人续有补正。如马树杉有《〈段玉裁先生年谱〉补正》①。最为详明的当属陈鸿森《〈段玉裁年谱〉订补》②,或订正讹误,或补充史料,辑补了《补编》所遗书信、序跋等数十。兹举一例,段玉裁借戴震书,临校北宋《礼记注疏》、明道二年《国语》各一部。段氏自己有乾隆三十一年与三十四年两说。《经韵楼集》卷八《重刊明道二年国语序》:"乾隆己丑,予在都门,时东原师有北宋《礼记注疏》及明道二年《国语》,皆假诸苏州滋兰堂朱丈文游所照校者,予复各照校一部。"乾隆己丑为乾隆三十四年。而段玉裁撰《戴东原先生年谱》"乾隆三十一年"条下记:"入都时,在苏州借朱文游兵所藏《礼记注疏》,此书乃惠定宇先生依吴进士泰来所藏宋刊本校出,凡为卷七十,与《唐》《宋志》合。除此本外,无不六十三卷者,其字句不同处,今本脱去连行无考处,一一完善。程太史鱼门晋芳、姚比部姬传鼐及玉裁皆临缮一部。"刘谱据段氏撰《戴东原先生年谱》记于乾隆三十一年段氏三十二岁时(未及《国语》)。陈鸿森《订补》说:"按此二文并出段氏所自言者,其参差如此。今考段氏当日临戴东原校本《国语》跋记,末题乾隆己丑五月五日(详下),则此事当在乾隆三十四年无疑。《戴东原年谱》成于段氏暮年。丙戌、己丑二岁,戴、段二人并入都与试,《戴东原年谱》所记,盖段氏晚年记忆混之耳,此当以三十四年为定。"蒋汝藻《传书堂藏善本书志》史部卷二著录段玉裁临校本《国语》:"此《国语》为孔继涵伯所赠,与嘉靖戊子泽远堂刊本无异,于时本为胜,而阙误尚多。因借东原先生以明道二年刻本合宋公序《补音》刻本校补者正之。明道二年本,苏州朱兵文游所藏。嘉靖本有'嘉靖戊子吴郡后学金李校刻于泽远堂'十六字,在韦氏序后。书中多避宋讳字,盖仿宋刻也;或镵去十六字,伪为宋刻。乾隆己丑五月五日跋于樱桃斜街寓斋,进将至山右。段玉裁。"可以参证。此外,陈绍棠《段玉裁先生著述系年》③,虽非年谱,但其将段氏著述进行系年,实多可参之处,此不详述。
　　四是与罗氏《年谱》的关系问题。刘谱于嘉庆二十年末云:"罗氏振

① 马树杉:《〈段玉裁先生年谱〉补正》,载《山西师大学报(社会科学版)》1984年第4期。
② 陈鸿森:《〈段玉裁年谱〉订补》,载《历史语言研究所集刊》第六十本第三分,1989年9月。
③ 陈绍棠:《段玉裁先生著述系年》,载《新亚书院学术年刊》第7期,1965年,第143—196页。

玉《高邮王氏遗书目叙》云:往在东海(引者按:《学报》本作'海东'),作《金坛段茂堂先生年谱》,读《苏州府志》,知王石臞曾撰茂堂先生墓志,因求石臞文集,不可得。及返国购得文简父子手稿一箱,亟求茂堂先生墓志,仍不可得也。按罗氏谱未见,盖未尝起草欤?"特别提及"罗氏谱"。从内容方面来说,今传刘谱与署名罗继祖的《段懋堂先生年谱》两谱有较多的相似之处。如罗谱在乾隆元年、三至五、七、十一、十四、十五、十七、十八、二十至二十四、二十七、二十九、三十三、三十六、四十七、五十、五十三、嘉庆十年共计二十三个年份均无纪事,刘谱也有乾隆元年、三、四、十四、十五、十七、十八、二十一、二十二(《学报》本无,后补)、二十四、二十七、二十九、三十三(《学报》本无,后补)、四十七年共计十四个年份全无纪事。尽管可以说,这些年份段氏可记之事难觅,但也并非绝对没有。如《诗经小学》卷十九"哆兮侈兮"条下云:"又按……壬子七月阅臧氏琳《经义杂记》,因为定说如此。"可知乾隆四十七年七月,可补充读臧琳《经义杂记》而增补《诗经小学》事。当然,总的来说,刘谱内容多于罗谱,罗谱不少资料未交待出处,不便于复核,仅有少量内容为刘谱所无。从时间方面来说,刘谱通行本为民国25年(1936)北平来薰阁印行之《段王学五种》本,似较罗继祖所撰民国23年(1934)库籍整理处校印《朱程段三先生年谱》本为后,而《学报》本之1932年则较罗继祖本为早。于省吾《段王学五种序》明称"段氏年谱曾刊于《清华学报》",《学报》本今仍可见。我们宜有所关注,有所比较。这里还涉及一个问题,此处刘盼遂所指"罗氏谱",罗当指罗继祖之祖父罗振玉而言,谱即指罗振玉在《高邮王氏遗书目录》下所记"往在海东,作《金坛段茂堂先生年谱》"。从时间角度来看,1934年,罗继祖年方21,是否有能力撰写出今日所见段谱呢?或疑今传罗氏谱为振玉先生所作。如果按成果问世来看,刘谱之1932年较罗谱之1934年为早。如从罗振玉作谱之角度来谈,则在罗氏1919年由日本回国之前。此中疑问,或可探究。

最后,关于刘谱之应用,有些问题尚有待考证。如段玉裁是否真正就读于扬州安定书院?如果去了,则在何年?有什么史料可以佐证?刘谱"乾隆二十三年戊寅　先生二十四岁"记载可商,参见前文。还有少量手民之误需要注意。如乾隆三十五年"戴东原自汾州寄书玉屏"条,注

"《经均楼集》十一《答黄绍武书》"。今见《答黄绍武书》在卷十二。钟敬华先生《经韵楼集》附《年谱》校点本附校勘记五十八条,多有匡正,也可参阅。

（二）罗继祖《段懋堂先生年谱》

罗继祖(1913—2002年)先生,生于日本京都,名继祖,国学大师罗振玉50岁得孙,亲为取名。字奉高,后改字甘孺,晚年号鲠翁。浙江上虞人。自幼从塾师读古书、习书画,并在祖父指导下读书治学。曾整理罗氏家藏图书九万册,捐献给国家。历任沈阳博物馆研究员,东北人民大学、吉林大学历史系教授等。罗继祖早年随侍祖父,为祖父誊抄、校核文稿,由此潜移默化,逐渐懂得治学方法。先后撰写《朱程段三先生年谱》《李厪园(李天植)年谱》《明宰相世臣传》《毛文龙传》《辽汉臣世系表》《辽史校勘记》等考据学专著。其父罗福成经营"贻安堂书店",其叔罗福葆开设"博爱印刷厂",这批早期著作得以出版。曾参加《二十四史》之《宋史》点校工作。晚年撰写《永丰乡人行年录》《庭闻忆略——回忆祖父罗振玉的一生》《枫窗胜语》《墐户录》《两启轩主人自订年谱》《甘孺丛稿》《雪堂剩墨》等,对罗振玉思想和学术、东北史、近代学术史研究等大有裨益。《墨佣小记》则收入论书之作,涉及结字、执笔、帖学、碑学等,均可宝贵。

民国23年(1934)库籍整理处校印《朱程段三先生年谱》本问世,罗继祖编,有牌记分三行为"康德元年/秋库籍整/理处校印"。康德是"伪满"康德皇帝溥仪的年号。三年谱分别为《朱笥河(朱筠)年谱》《程易畴(程瑶田)年谱》《段懋堂(段玉裁)年谱》。

长期以来,因有刘盼遂先生《段玉裁先生年谱》行世,罗氏《段懋堂先生年谱》不为学界关注,有关研究也少。从内容上说,尽管罗谱没有刘谱丰富,但也有着不可替代的价值。除了大量内容与刘谱相近,可以互相印证外,还有以下数端。

一是部分材料为刘谱所无,弥可宝贵。如与陈寿祺(1771—1834)的交往,刘谱记载较少。曾有段玉裁所说的"为弟解纷之作",指翁方纲读段氏《周礼汉读考》后,颇有异议,作《书金坛段氏汉读考》[①],陈寿祺作

---

① 见《复初斋文集》卷十六。

《答翁覃溪学士》[①]，为段氏辩护，有"而如左右所诃，得为平心论事乎？""治经之道，当实事求是，不可党同妒真"等语。此事涉及学术论争，影响较大。罗谱于嘉庆十八年、十九年各收录段玉裁与陈氏书一封，并在嘉庆十八年条《与陈恭甫书》下有按语说："按先生致陈书三通，皆附载《左海》，集录其二，余一以年不可考且无要语不录。"刘谱未收此段氏书函，所辑《经韵楼文集补编》亦未收，当为缺漏。又如乾隆十二年段玉裁应童子试、受知尹会一事，《清史列传》卷六八《段玉裁传》载："段玉裁，字若膺，江苏金坛人，生而颖异，读书有兼人之资，年十三，补诸生，学使尹会一授以小学书，遂究心焉。"可见，尹会一的赏识，对段玉裁的促动很大。段氏也终生不忘，七十岁"于四弟玉立架上得之，喜极继以悲泣"，犹记应试时"能背诵《小学》、四子书、《诗》、《书》、《易》、《周礼》、《礼记》、《春秋左氏传》及胡传"[②]而刘谱记载此事较为笼统，罗谱有"六月，学使者博野尹公会一按试镇江，洁斋先生及先生皆返里与试"，与吕炽《尹健余先生年谱》卷下"六月，考试镇江府"条"公以小学立教，吴中士子多烦言。按试金坛，生员段士续对小学策详明，擢第一。其子玉裁，年十三，九经小学已成诵，即予入泮，以示鼓励"，多有呼应。罗谱交待时间、地点、学籍情况等较为明确，有稍胜之处。他如乾隆二十五年中式恩科乡试、乾隆五十六年按语涉及段玉裁与汪中交往事等，嘉庆五年记孙星衍九月至苏州、十一月归金陵事，亦较为详细，可以参考。

二是许多异文值得关注。以两谱相校，罗谱有部分异文可供参考。如嘉庆六年，刘谱有"十月，黄荛圃丕烈招先生及钱竹汀大昕、陈曼生鸿寿、顾南雅仪集于红树山馆"的记载。"红树山馆"，罗谱作"红椒山馆"。核之史料，黄氏藏书室之一为"红椒山馆"，则刘谱或为手民之误。再如嘉庆九年，引及与王念孙第二书，刘谱有"弟春夏多病，秋冬稍可，权读书而欠精力"语，《补编》作"欲读书"，而罗谱同《补编》，"欲"字义顺，可以参证。再如嘉庆十一年引及与王念孙书有"近来后进无知，咸以谓弟之学窃取诸执事者，非大序不足以著鄙人所得也"，《补编》卷下《与王怀

---

① 见《左海文集》卷四。
② 见《经均楼集》卷八《博陵尹师所赐朱子小学恭跋》，凤凰出版社2010年版，第185—187页。

祖第三书》同，而罗谱"咸以谓"作"或有谓"，两者文义相差甚远，可参考。又如《补编》下文"敬候怀祖观查大兄大人升安，弟玉裁顿首"句，"观查"于义有碍，罗谱作"观察"，近是。

再以罗谱引文与刘辑《经韵楼文集补编》相校，也有许多异文可以帮助疏解文义。如《补编》卷上《与邵二云书》"惠赐《尔雅正义》，元元本本，既赡且确，何待言矣"。"何待言矣"句较突兀，而罗继祖《年谱》乾隆五十五条录此书信全文，前有"十佰邢氏"四字，语义完足。"实斋神交已久，今始得见其史学，可谓得其本原"，而罗谱"史学"前有"于"，或可标点为"实斋神交已久，今始得见；其于史学，可谓得其本原"。再如《与邵二云书二》"迩来想新祉便蕃，起居万安。玉裁愧不能亲炙细读也。"罗谱在"玉裁"前有"著述之宏富"句，无"玉"字。"令郎于宋史之学亦深，想必相得益彰，将来删削繁芜，继踪马、班，能令郎人尚及见否？""郎人"于义未安，罗谱作"敝人"，段氏自称，末句意为能让我还来得及读到吗。两处似以罗谱为义胜。又如卷下《与王怀祖第六书》："东坡云：'疾病连年，人皆相传已死。'柳州与王粲元书：'因人南来，致书访死生。'"罗谱嘉庆十五年下录文"已死"前有"为"字，"王粲元"作"王参元"。今查东坡之语，出自《谢量移汝州》，正有"为"字；柳州指柳宗元，"因人南来，致书访死生"句出自柳氏《贺进士王参元失火书》，正作"王参元"。可知罗谱不误，刘谱当为手民之误。

第三，罗谱之末有系统的学术评述。谱末有近五分之一的篇幅，对段玉裁的家庭情况、著述成果、学术思想、学术地位与影响等进行评论。首节交待子孙情况，下按语说："先生不知几女。驯有回金坛重晤三妹于舟中话旧有作诗，是不祇一女也"，提出段玉裁二子，或不止一女。次节谈段玉裁接受父亲忠告而"锐意于经史之学"，"先后成《古文尚书撰异》三十二卷、《毛诗诂训传》三十卷、《诗经小学》三十卷、《周礼汉读考》六卷、《仪礼汉读考》一卷、《春秋左氏古经》十二卷、《说文解字注》三十卷、《汲古阁说文订》一卷、《六书音韵表》五卷、《戴东原先生年谱》一卷、《经韵楼集》十二卷"，而身前印行者仅五种。第三节主要讨论《说文注》及其评价，称"诸家先后有订补之作，其学皆不逮先生远甚，至正校写之小失，申幽奥之微旨，单辞片义或资壤流，然先生创始之功迥不可及矣"，高度肯定段氏的学术地位。第四节主要介绍段氏学术思想,对古音学的贡献,"训诂声音明而小学明,小学明而经学明",文与道的关系、汉学与宋学的关系,进而认为,"不意先生生汉学方兴之日,已藉藉以为世道之忧,得勿推为先识哉"。第五节由翁方纲入手,指出段氏"未尝祖汉以绌宋",并对翁氏诋戴震、批段氏《周礼汉读考》,陈寿祺为段氏辩护事进行评论。此段评论基于年谱中的史料,对段氏进行学术史的定位,显示出罗氏深厚的学术素养。

总体来说,刘盼遂《段玉裁先生年谱》纪事周详,资料出处明确,并多考订,是一部质量较高的学术性年谱。罗谱对史料的排列,与刘谱不完全一致,引文小有错误,还有大量的文献资料未能采用,所用资料也多未交待出处,按现代学术观点来衡量,有较多不足之处,然有不少材料具有文献价值,按语也显示出罗氏的学术见解,具有一定的参考价值,不可忽视。刘谱发表时间在前,罗谱可能撰稿时间在前,两谱可能各有所本,不相关涉。两谱之筚路蓝缕,功不可没,而过于简略,不无可商,陈鸿森先生等对刘谱多有订补。段玉裁的行迹、交游、著述及其版本等,特别是与江南学术文化圈之关系,当前还存在一些不同的认识,仍有散佚之材料、相关之文献可以收集汇总,可见仍有必要做一详细的段玉裁年谱长编,以为研究段玉裁学术思想乃至乾嘉学术、中国文化史之一助。

(三)董莲池《段玉裁评传》

董莲池教授一直从事汉语史、古文献学研究,在《说文》学、古文字

图23 董莲池《段玉裁评传》

学等众多领域最得卓越成就,所著《段玉裁评传》,为匡亚明先生主编的《中国思想家评传丛书》之一,南京大学出版社2006年版,31.7万字。该评传分为四章:第一章 家世、举业和从师,第二章 七品官、致仕后的交游和杜门著述,第三章 乾嘉学坛的圣光,第四章 铸造中国语言学史三座丰碑。第一、二两章共占全书的十分之一,第三章占全书的十分之六,其小节与目的标题为:一、段玉裁之前的经学;二、时代赋予的经学

思想,(一) 尊经治经,(二) 非宋崇汉,(三) 主张由小学而经学,以探求经书义理为指归,(四) 在经义研究上提出"得音"的思想;三、投身经学文献的海洋,(一)《毛诗》的古韵学、文字学考察,(二)《尚书》今古文的撰异,(三)《礼》的"汉读"之考及其他,(四) 未能忘情的《春秋》;四、"小学"文献研究的巅峰,(一) 校订《汲古阁说文》,(二) 注释《说文解字》;五、"理校"的巨人——校勘学理论的贡献;六、舆地探研和舆地文献整理,(一) 修撰方志,(二) 考证郡国地望、山川、水文,(三) 校《汉书地理志注》,(四) 校《水经注》;七、礼学的捍卫者。由全书结构、论述重点分布与作者"后记"所述可见,该评传"从段玉裁给后人留下的成果本身的实际价值出发",在反复研读段氏著作的基础上,来为自己最敬仰的先哲来作传的,并"以写学术为主"。全书从经学、语言学、文献学、史学等角度,研讨段氏的生平、学术思想和文化贡献,真知灼见,惠人良多。书末附录人名索引、文献索引、重要词语索引,方便阅读。

(四) 赵航《段玉裁评传》

赵航先生(1937—2013),语言学家、扬州学派研究专家,原扬州师范学院、南京晓庄学院教授①。所著《段玉裁评传》,为茅家琦先生主编的《常州清代文化研究丛书》之一,江苏人民出版社 2009 年版。

图 24　赵航及其《段玉裁评传》

① 参见班吉庆教授《良师益友 业精于勤:赵航先生逝世周年祭》,载江苏省语言学会主编《语言研究集刊》第八辑,江苏教育出版社 2015 年版。《赵航学术文集》,江苏人民出版社 2016 年版。

赵先生长期浸润于段王之学,20世纪70年末,参加教育部委托、在南京大学举办的全国训诂师资培训班,是中国训诂学研究会1983年在扬州举办的"纪念段玉裁、王念孙父子学术讨论会"的承办者,1985年在段氏故里金坛举办"纪念段玉裁诞辰250周年学术讨论会"的重要参与者,参与重修段玉裁墓、修建段玉裁纪念馆,并与同仁相约整理《段玉裁全集》,实际承担《经韵楼集》与《续编》的整理。并在所著《扬州学派新论》中列出专章评介段玉裁。为金坛原宣传部副部长王双林先生撰写的传记《一代朴学宗师——段玉裁》花费大量时间精力审稿。该书2005年由南京出版社出版。

关于段玉裁研究,赵先生在《段玉裁评论》"后记"中说:"我以段玉裁为研究课题,最早是受到徐复先生的启发。"赵先生有着明确学术理念,"后记"中还写道:"学术研究的灵魂是创新,惟有创新,才能确保学术论著的质量。而创新绝不是向壁虚造,绝不是哗众取宠。创新是读懂'文本'基础上的思想升华,是尊重客观事实基础上的事、文、义三位一体的结合,而尤贵乎求'义'。离开主体的介入和解释,离开作者的见识,是无法还原历史的本来面目的。"该书就是赵先生在阅读大量文献的基础上,参考前贤、时哲的研究成果,经过反复思考而撰就。全书分为六章:第一章 段玉裁的生平述略,下分五节;第二章 段玉裁的光辉人生,下分五节;第三章 段玉裁的经学主张和主要成果,下分四节;第四章 段玉裁小学研究的理念和突出贡献,下分三节;第五章 段玉裁校勘学的理论及实践,下分三节;第六章 段玉裁学术思想的历史功绩,下分三节。

该书对段玉裁的学术评价,多基于段氏论著出发,而落笔时常注意学术史的梳理。如乾隆二十年,戴震馆纪晓岚家,酝酿撰写《方言疏证》,先期准备将扬雄《方言》分抄于宋李焘《许氏说文五音韵谱》之上方,"字与训两写,详略互见",比较《方言》《说文》之异同。后来段玉裁向戴震借"分写本",颇受启发,赵航认为:"戴震把《说文》的训释分写到《方言》之上,从事'疏证'工作,段玉裁的《说文注》同样以《说文》的单字为训释对象。这种运用文字、音韵、训诂和版本、校勘等科学方法,以古今文献资料为佐证,注重语言事实,反对主观臆断的朴学精神,肇始于戴震,形成于乾嘉诸学者,段玉裁是其中杰出的代表人物之一。"①

此后,2010 年 6 月,赵航先生受聘于南京大学中华文化研究院设立的"段玉裁研究中心",为"清学和段王之学学术研究咨询委员会"成员。后又与学界同仁共同汇编《段玉裁全书》,担任副主编。同时与笔者相约共同编纂《段玉裁年谱长编》,可惜天不假年,2013 年 3 月,自知身染沉疴的赵先生便将记录自己许多思考的文字转赠,嘱咐完成这一艰巨而繁重的使命。《段玉裁年谱长编》于 2016 年 11 月由江苏人民出版社出版,其中保存了许多赵先生的真知卓见,详见该书"后记"。

(五)王华宝《段玉裁年谱长编》

为配合《段玉裁全书》的阅读,按照编委会当初的设想,撰写一部材料丰富的段氏年谱长编,拟由赵航先生与笔者承担。后赵先生因病仙去,笔者采纳赵先生许多建设性的意见,并得鲁国尧、李开等先生的指导帮助而勉力成稿。段玉裁是乾嘉学派的代表人物之一,又是个性较为鲜明的学者,通过对其个人成果以及段氏与百余人的学术师承、交往、辩难及其主要成果和见解,通过政治与学术的互动,对中央及地方之学术举措及其对学者的影响等,进行较为系统的梳理和考辨,可为江南乃至清代学术、思想研究之助。宜以贯通的视角来审视乾嘉时期学术发展的脉络、走向、主流及意义所在,汉学、宋学有对立,也有融合,思想主流还是理学,戴震在四库馆受到责难,就是典型事件,考据学似不分汉、宋,段玉裁本人对朱子学、对戴震《孟子字义疏证》中所表现出的理学观念是赞许的。

该年谱长编旨在考察谱主段玉裁一生行实,而以乾嘉学术为其时代背景,故凡涉及段氏学术思想、著述刊布、交游人物等,均详为记述,有关乾嘉学术文化之事件、人物等,则略加记述,借以略窥百余年间学术演进之历程,以推动清代学术思想史研究的深入。②

年谱以提供翔实的实证材料为主,贵在实事求是,故遵循史学方

---

① 赵航:《段玉裁评传》,江苏人民出版社 2009 年版,第 18 页。

② 参见鲁国尧"前修未密,后出转精"——王华宝教授《段玉裁年谱长编〉序 》,载《常熟理工学院学
　报》2017 年第 6 期。万久富:《段玉裁研究的里程碑之作》,见《中华读书报》2017 年 10 月 25 日第
　10 版。

法;材料需经考证,故多用考据方法,重文献调查法;编撰该谱,希望有助于段玉裁本人、乾嘉学派与清代学术史的研究,故重比较研究与综合研究法。力求做到宏观把握与微观研究、文献考辨与理论探讨、共时层面与历时层面、定量分析与定性分析等多方面的结合。

具体做法是依编年史体例编撰。第一,选载时事,记述与谱主相关之国家大事、文化要事,相关人物之重要著述或生卒等。或详或略,不求一律。第二,详列行实,尽量严格地按月、日顺序编列,概述谱主之生平、交游、著述等。无法确定日期而能大致确定月份的,则注明月份;无法确定月份而能大致确定季节的,则注明季节;无法确定月份及季节,而能确定年份的,则系于当年已确定月份、季节之全部内容后,以"年内"领起。所述之依据,随文注出。第三,为考述,本谱为避篇幅冗杂,尽量以原始材料说明,需予以考证的,考述文字统以"按"字领起,或说明编年之理由,或考证交游者之生平,或述引前贤时人之评论,或订正旧说之不足,或引述相关文献以明缘由,以广知识。《经韵楼集》与《补编》未收之文献,则全文录入,以备参阅。第四,段氏交游甚广,谱主及师友诗文、书信、序跋中颇多讨论学术者,足资考察其行实,酌情节录或径录全文。材料之繁简,视具体情况而定,若标题已可证行实,则不再引录正文;书信与序跋多涉学术与情谊等,无论长短,一般全录,对方讨

论学术的书信,亦酌情收录;能反映谱主性情才识和重要事迹之作,则多收录。主观上注意三点:一、记事详尽,博考精审。二、客观求实,重学术演进脉络。三、重原始文献,纠旧谱之误,补其不足。增补大量有价值的文章、书信。

按其生平事迹,大体分为五个时期:

一是乡试中式之前的学习时期,从清世宗雍正十三年乙卯(1735)到乾隆二十四年己卯(1759)。

图25 王华宝《段玉裁年谱长编》

二是中举后之"京师十年"，从乾隆二十五年庚辰（1760）到乾隆三十四年己丑（1769）。

三是亦仕亦学的十年，从乾隆三十五年庚寅（1770）到乾隆四十五年庚子（1780）。

四是广结学友的金坛时期，从乾隆四十六年辛丑（1781）到乾隆五十六年辛亥（1791）。

五是成果丰硕的苏州时期，从乾隆五十七年壬子（1792）到嘉庆二十年乙亥（1815）去世。

另正文前有图片资料，刊载谱主之遗影、遗墨、书影等，以助学者得窥谱主全貌。正文后有附录三种，一是段玉裁著述目录，交待段书的存佚情况；二是段玉裁交游人名索引，便于了解段氏与乾嘉学人的关系；三是主要参考文献。

三、段玉裁学术会议与纪念活动

作为中国学术史上有着巨大贡献的学人，段玉裁及其学术成果一直受到关注，相关研究论著从未间断。而专门召开学术会议或纪念活动，对推动段学研究进一步深化，意义重大。近数十年，中国训诂学研究会、江苏省语言学会、江苏宏德文化出版基金会、段玉裁的家乡金坛、在江苏的南京大学、东南大学、南京师范大学、扬州大学、常州工学院等高校以及许多学者，发挥了重要作用，举办了许多活动。以下列举数例。

1983 年 10 月，中国训诂学研究会在江苏扬州召开"纪念段玉裁、王念孙父子学术讨论会"，周祖谟、胡厚宣、殷孟伦、徐复、杨潜斋、赵振铎、黄绮、刘君惠、周秉钧、余心乐等一百多人亲临盛会。扬州市和高邮县有关领导同志参加开幕式，金坛（段玉裁家乡）、郾城（许慎家乡）、蕲春（黄侃家乡）三县县委派代表参加了大会。大会收到论文 77 篇，以学会友，以会促学。这是新时期较早举办的有关段玉裁的专门学术讨论会。

中国训诂学研究会、金坛县人民政府于 1985 年 10 月 25 日—31 日在江苏省金坛县举行"纪念段玉裁诞生 250 周年学术讨论会"。重修段墓,新建段玉裁纪念馆,并邀请知名人士为段玉裁纪念馆、段玉裁故居题词、作画。时任会长徐复先生、副会长唐文先生以及时任县长周尚达先生等许多人付出了大量的时间精力。①

2005年5月27日至29日,江苏省语言学会第17届学术年会暨纪念段玉裁诞辰270周年大会在江苏常熟市常熟理工学院举行,来自全省各高校、科研院所、出版社等近150名语言文字工作者出席了会议。此次会议收到论文70多篇,段玉裁及其论著《说文解字注》等为会议中心议题之一。

2010年,又逢段玉裁诞辰275周年。6月,由江苏省金坛市人民政府与南京大学中华文化研究院主办"段玉裁与清代学术国际研讨会"。原全国人大常委会副委员长、著名语言文字学家许嘉璐,江苏省政协主席张连珍分别为大会专门发来贺信。中国训诂学会会长李建国、中国音韵学会会长鲁国尧以及来自德国、捷克、香港、台湾等国家和地区的40余位海内外汉语言文字学专家出席了这次文化盛会。南京大学党委副书记任利剑,南京大学中华文化研究院院长赖永海,常州市与金坛市领导及有关部门负责人出席了研讨会开幕式。该次研讨会与会专家学者就段玉裁的学术贡献、段注《说文》的儒学传统、哲学解读、思想史视域中的段玉裁、西方汉学与段玉裁研究、经史之争与乾嘉学术知识的独立等清代学术思想,以主题演讲、专题讨论和闭幕式发言等一系列交流研讨方式展开。其中28篇文章结集为江苏宏德文化出版基金会主办、赖永海主编的《宏德学刊》第一辑,由江苏人民出版社2010年出版。

2015年是段玉裁诞辰280周年、逝世200周年。由南京大学中华文化研究院、中国训诂学研究会主办,江苏宏德文化出版基金会承办的"段玉裁诞辰280周年纪念暨段学、清学国际学术研讨会",于2015年8月15日在南京开幕,《段玉裁全书》首发式同步举行。来自中国(含香港、台湾地区)、美国、德国的一百多名学者,围绕段学、清学领域的十五个议题展开为期两天的学术研讨与交流②。许嘉璐教授等发来贺信。

---

① 唐文:《隆重纪念段玉裁诞辰250周年》,载《铁道师范学报》(社会科学版)1985年第4期。
② 参见李开:《丰硕的成果——段玉裁诞辰280周年纪念暨段学、清学国际学术研讨会学术成果述要》,见《宏德学刊》第五辑,江苏人民出版社2016年版,第1—9页。

许先生在贺信中说:"懋堂先生逝世已整整 200 年。他留给后人的遗产,直接关涉到中华民族传统文化的继承和弘扬,具有超越时代的巨大价值;而他的著述本身也已经成为传统文化的组成部分。"开幕式上,南京大学中华文化研究院院长、江苏宏德基金会理事长赖永海致欢迎辞。中国训诂学研究会会长、北京师范大学人文宗教高等研究院常务副院长朱小健代表学界致辞。常州市金坛区人民政府副区长王艳红代表段玉裁家乡 55 万人民表达了对乡贤的敬仰。开幕式上还举行了《段玉裁全书》首发和赠书仪式。会议主办方分别向南京图书馆、南京大学图书馆、东南大学图书馆捐赠了《段玉裁全书》。其中 61 篇文章结集为《宏德学刊》第五辑,由江苏人民出版社 2016 年出版。

图 26　金坛赠书现场

2017 年 9 月 23 日,由东南大学古文献学研究所、东南大学人文学院中文系主办的"段王之学与清代学术研究论坛"在南京举行。本次论坛聚焦"段玉裁、王念孙、段王之学研究的现状与展望,清代学术研究的创新与方法,清代学术研究与中华优秀传统文化的传承发展",探讨段王之学与清代学术研究的当下价值,激发中华优秀传统文化的活力。中国训诂学研究会副会长、复旦大学汪少华教授,中国历史文献研究会副会长、南京师范大学赵生群教授,江苏省语言学会会长、南京师范大学段业辉教授,南通大学图书馆馆长万久富教授,贵州大学黄诚教授,江苏省社会科学院文学所所长姜健研究员,东南大学学报主编徐子方教授、徐嘉教授,东南大学王华宝、乔光辉、张天来、刘艳梅等教授,以及凤凰出版传媒集团、中国辞书学会、江苏宏德出版文化基金会、常州市金坛区政协等单位的专家学者40余人与会。江苏人民出版社总编辑府建明编审总结了本次论坛的四个特点,期待大家共同奋斗,将段王之学打造为一个文化品牌。

四、段学、清学与中华文化

如何评价段玉裁,讨论段学在清学以及中华文化史上的贡献,无论从微观还是从宏观角度,均宜有客观公正的学术史观,我们相信,在中华文化伟大复兴的时代,段氏的学术及其思想也将会得到更多人、更深切的体认。

苏宝荣《"段学"渊源考》既肯定前贤研究中重视"段学"形成历史条件的一面,也努力探求"段学"成就的特殊契机,并从源"许"源"郑"、非"许"非"郑",源"汉"源"宋"、非"汉"非"宋",主攻"小学"、取养"文学"三个方面加以研讨,得出"段玉裁作为独树一帜的乾嘉学者,既有与同时代其他学者共同的特点,又有自己独特的学术思想、治学方法及其形成的条件。只有实事求是地说明其学术思想来源及其发展,才能揭示这位伟大学者做出杰出成就的真正原因,并使后人从中受到启迪"。①

赵丽明《段学述要》一文给"段学"所下定义为"所谓段学,一般专指段玉裁《说文解字注》的研究,也涉及段氏其他著作,可以说是以《段注》为中心的段氏说文学的研究,其中包括版本、校勘、古音、文字、训诂以及段氏小学理论和方法论的研究",并从学术史的高度谈到"从十八世纪末迄今二百年来此学不衰。近年来,国内外对段学的研究日臻深入","段学本身的价值和影响即是传统语言学的具有顶峰性质的里程碑。段学推动了传统语言学的发展,充分展示了其精华与局限,也体现

① 见《宏德学刊》第五辑,江苏人民出版社2016年版,第155至160页。

了良好的学风"①。

　　段玉裁《说文解字注》在"说文学"、文字学乃至中国学术史上的地位毋庸置疑,后世开展对段注的研究也就势所必然,专书已有数十部之多。胡朴安先生《中国文字学史》说:"段氏之书为研究文字学之人所公认为博且精者,惟吾人以客观的眼光述文字学史,断不容稍有成见,为一说之家所囿。吾人遵从段氏之书,而反对段氏之论,尤宜平心静读,以见学问之真。所以自段氏以后之著作,无论其'匡段''订段''补段''申段''笺段',皆文字学史上所当记述,俾学者愈以见段氏之书在文字学上之重要,且因此对于段氏文字学之认识,愈加深刻。"②胡先生在观念上、方法上均有提示,至今仍值得参考。马景仑著有《段注训诂研究》,江苏教育出版社 1997 年出版,徐复先生序言说:"此书之成是对段注研究新的突破,且达到了一定的新水平,足为训诂生色。"张标《20 世纪〈说文〉学流别考论》则从学术史的角度给予高度评价:《段注训诂研究》是第一部从训诂学角度全面系统、深入细致地研究《段注》的专著",“专一于训诂而精当入微”,“材料、剖析并臻佳境”,其“鲜明特色”表现为“首创性”、“系统性”、“理论性”、“时代性”,处于“20 世纪下半叶《段注》训诂研究中的领先和杰出代表的地位”。③

　　评论段玉裁,离不开历史语境。段学终将在清学、在中国学术史平台上来展开。如梁启超《清代学术概论(十二)》“戴门后学”评论说:“戴、段、二王之学,其所以特异于惠派者:惠派之治经也,如不通欧语之人读欧书,视译人为神圣,汉儒则其译人也,故信凭之不敢有所出入。戴派不然,对于译人不轻信焉,必求原文之正确然后即安。惠派所得,则断章零句,援古正后而已。戴派每发明一义例,则通诸群书而皆得其读。是故惠派可名之曰汉学,戴派则确为清学而非汉学。”是从学术史的维度来讨论“段学”的。姜广辉主编的《中国经学思想史》第四卷第八十一章《解构与重构:走向近代的经典诠释》说:“对于清代学术,学者通

---

① 见《宏德学刊》第五辑,江苏人民出版社 2016 年版,第 263 至 279 页。

② 上海书店出版社 1984 年版,第 299 页。

③ 参见何书《马景仑学术纪念文集·编后记》,广陵书社 2015 年版,第 435 页。《马景仑学术纪念文集》的“说文段注研究”一栏有 16 篇文章,可以参阅。

常将它分为三个阶段：一是清初对理学批判与总结的思潮（或称'反理学思潮'、'早期启蒙思潮'、'经世致用思潮'等），二是清中叶的考据学思潮（或称'乾嘉汉学思潮'）；三是晚清的今文经学思潮。无论从哪种意义上说，清代学术思想史的这三个发展阶段都是很明显的。"第八十九章《乾嘉考据学形成的历史原因》更是称"三个阶段学术各有擅长，但并非截然划界。而就清代学术发展的主线而言，能贯通清代学术全程，并称得上清代学术特色的，便是'考据之学'，故我们可以称之为'清代考据学'。"①学术史上，学者常将考据学风盛行的乾嘉时期称为"鼎盛期"或"全盛期"。当然，也有不同的看法，如朱维铮《晚清汉学："排荀"与"尊荀"》一文说："因此，梁启超论清学史，总把乾隆间的所谓汉学唤作做'正统派'，那蕴含的不仅是贬义。的确，从汉宋对峙的意义上，所谓汉学，'其成学著系统者，自乾隆朝始。'照梁启超的形容，乾隆、嘉庆两朝（1736—1820）八十多年里，属于它的'全盛期'。但历史表明，这期间，汉学'盛'或有之，'全'则未必。第一，它的重心，始终只在长江下游三角洲地区。第二，它的传播，虽然北至京师，南及粤海，也主要是在沿海经济文化较发达地区。第三，它的从业者，不仅限于这些地区的文化'精英'，而且只占这个层面中间很小的比例。第四，它的社会效应，即使在它重心所在的苏皖浙诸省，也只限于少数'书香人家'，在全国知识分子中间几等于零。以上几点，如今均属清学史的常识，毋庸赘述。同样已成常识的，还有第五，它的内部，从开始便存在取向不一的学派，即使对待帝国君主重新判定属于真'理'的朱学某些教义，态度也不一致。"②第 348 页注第 16 说："胡适曾对清代汉学的工作有段著名的总评：'他们自以为打倒了宋学，然而全国的学校里读的书仍旧是朱熹的《四书集注》、《诗集传》、《易本义》等书。他们自以为打倒了伪《古文尚书》，然而全国村学堂里的学究仍旧继续用蔡沈的《书集传》。三百年第一流的精力，二千四百三十卷的《经解》，仍旧不能替换朱熹一个人的几部启蒙的小书！'（见胡适《整理国学的三种途径》。）胡适以为这表明清

① 姜广辉主编：《中国经学思想史》第四卷，分见第 4 页、第 250 页。
② 朱维铮：《求索真文明：晚清学术史论》，上海古籍出版社 1997 年版，第 335 页。

代汉学'单靠功力而不重理解的失败',固然不算确论,但他指出汉学'在社会的生活思想上几乎全不发生影响'则是符合清代历史实相的描述。"这也可以说是具有一定代表性的对乾嘉汉学思潮历史价值的质疑,予人警醒与启发。

段玉裁与乾嘉学术,前有留下了大量笔墨,无论后人对考据学的价值做什么样的评价,就学术本身来考量,我们参考王国维《观堂集林》卷八"艺林八"《周代金石文韵读序》的概述:"自汉以后,学术之盛,莫过于近三百年。此三百年中,经学、史学皆足以凌驾前代,然其尤卓绝者曰小学。小学之中,如高邮王氏、栖霞郝氏之于训诂,歙县程氏之于名物,金坛段氏之于《说文》,皆足以上掩前哲。然其尤卓绝者则为韵学。古韵之学,自昆山顾氏,而婺源江氏,而休宁戴氏,而金坛段氏,而曲阜孔氏,而高邮王氏,而歙县江氏,作者不过七人,然古音廿二部之目,遂令后世无可增损。故训故、名物、文字之学有待于将来者甚多,至古韵之学,谓之前无古人、后无来者可也。原斯学所以完密至此者,以其材料不过群经诸子及汉魏有韵之文,其方法则皆因乎古人用韵之自然,而不容以后学私意参乎其间。其道至简,而其事有涯;以至简入有涯,故不数传而遂臻其极也。"可以看出,段玉裁在清代学术尤其是小学方面的学术贡献与地位,是不可磨灭的,也是永载史册的。

今人吴根友、孙邦金等著《戴震乾嘉学术与中国文化》第二编《戴震、皖派汉学与古典人文知识的增长》第三章《段玉裁的"求是"精神与其语言哲学思想》,有这样的结语:"就段玉裁的学术精神而言,他基本上继承并丰富了乾嘉学术的'实事求是'精神,通过'因音求义'的语言学方法,以及对汉人训诂原则的总结,追求经典训释过程中追求一字之'本义',力求贴近经典产生时代的意思,体现了某种'求是'的精神。但从哲学思考的方法论层面看,则又体现了某种历史还原主义的思想倾向。在政治、伦理思想立场上,段玉裁表现出了维护儒家君道至上、父权至上、夫权至上的思想倾向,带有较强的保守性。从思想史的角度看,是从戴震进步思想立场上的一种倒退与后撤,因而是'明清早期启蒙思潮'中的'历史洄流'的具体表现。但段氏的大量学术成果,尤其是

《说文解字注》,以及他的音韵方面的研究成果,是乾嘉时代不可多得的古典语文学研究成果,在促进古典人文知识增长的方面做出了独特的贡献,值得肯定与表扬。"①

鲁国尧《新知:语言学思想家段玉裁及〈六书音均表〉书谱》一文,用"书谱"形式以表段玉裁《六书音均表》撰作的历时过程,并有首创之举,提出"尊段玉裁为中国语言学思想家"。其立论基于段氏《六书音均表》所富含独创的思想,而且自成一完整而严密的体系,表明中国学者具有高度的"抽象""分类"、创建理论的能力,《六书音均表》应定性为中国语言学思想史上的前无古人后乏来者的大制作。鲁先生认为"时人和后人对此缺乏认识,虽近代文化名人梁启超、王国维亦不能免。'中国语言学思想史''语言学思想家段玉裁',此二者学界多年来未之

图27　会议论文集

或省,今一旦划发,岂非稽古大快事欤"。提倡以"全球史观"观照、评骘中国语言学史:十八世纪,中国语言学在理论思维、思想建设、形成体系等方面处于世界语言学的前列。②

李开在《丰硕的成果——段玉裁诞辰280周年纪念暨段学、清学国际学术研讨会学术成果述要》中讲了三大问题,一是围绕段学和清学有哪些创新,二是大会论文体现的严谨求实的学风,三是今后研究段学和清学的学术走向,并细分15个方面来阐述。文中说到"英国哲人波普将世界分为三个:客体世界、主体心理世界、语言世界。段玉裁是属于

---

① 吴根友、孙邦金等著《戴震乾嘉学术与中国文化》,福建教育出版社2015年版,第363—364页。"倒退与后撤""'历史涧流'的具体表现"的表述,与其上文第344页的表述"在学术与思想方面,他对戴震的学术、思想或继承,或发展,且终身对其保持高度的敬意。一旦遇到恰当的地方,就对戴震的思想加以传播与表彰"不太相合,可能值得商讨。参见本书第二章第三节"本经术为治术"等。
②《汉语学报》2015年第4期。

语言世界的。可以说,在语言世界内段玉裁拥有永久的话语权,特别在传统语言文字学领域内,段玉裁是一个永远说不完的中国学术故事,这恐怕是一项霸王条款"。①

　　时贤从不同维度研究段玉裁的成果层出不穷,评论有高有低,各自心得,共同推动现代学术的繁荣发展。梁启超《清代学术概论》说:"戴门后学,名家甚众,而最能光大为业者,莫如金坛段玉裁,高邮王念孙及念孙子引之,故世称戴、段、二王焉。"以戴震为代表、以段王为后继的那一批乾嘉学人,对后世学术文化影响巨大。从学术与思想的角度看,中国有自身的传统与现代性根芽,在吸收一切外来文化的合理因素之时,必须尊重、继承并创新自己的学术思想传统,以建设发展现代中华文化。于省吾《段王学五种序》说:"考据家之有段王,正如诗家之有李杜,文家之有韩柳,皆一世并生,旷世罕伦者也。"②段玉裁终将是中华文化史上一位杰出的学术明星,世人也会不断品味段玉裁这一则中国学术故事。

①　见赖永海主编:《宏德学刊》第五辑,江苏人民出版社 2016 年版,第 1 至 9 页。
②　刊于刘盼遂编:《段王学五种》卷首,北平来薰阁书店排印本,1936 年版。

主要参考文献

一、段玉裁著作

［清］段玉裁著,赖永海主编:《段玉裁全书》,江苏人民出版社 2015 年版。

［清］段玉裁注,许惟贤整理:《说文解字注》,凤凰出版社 2007 年版。

［清］段玉裁撰,赵航、薛正兴整理:《经韵楼集》附《补编》《两考》,凤凰出版社 2010 年版。

［清］段玉裁撰,钟敬华校点:《经韵楼集》附补编、年谱,上海古籍出版社 2008 年版。

［清］段玉裁撰,朱小健、张和生点校:《说文解字读》,北京师范大学出版社 2000 年版。

二、年谱、传记、研究论著

［清］段浚源:《段氏家乘》十卷首末各一卷,清光绪七年(1881)刻本,南京大学图书馆藏。

刘盼遂:《段玉裁先生年谱》,《北京图书馆藏珍本年谱丛刊》第 108 册影印民国 25 年北平来薰阁书店铅印《段王学五种》本,北京图书馆出版社 1999 年版。

罗继祖:《段懋堂先生年谱》,《北京图书馆藏珍本年谱丛刊》第 108 册影印上虞罗氏墨缘堂 1934 年石印本。

王华宝:《段玉裁年谱长编》,江苏人民出版社 2016 年版。

丁寅生:《字仙段玉裁》,上海书店出版社 2001 年版。

董莲池:《段玉裁评传》,南京大学出版社 2006 年版。

郭在贻、傅杰:《段玉裁评传》,收入《中国古代语言学家评传》,山西教育出版社 1992 年版。

齐心:《段玉裁》,辽海出版社 2012 年版。

王双林:《一代朴学宗师——段玉裁》,南京出版社 2004 年版。

赵航:《段玉裁评传》,江苏人民出版社 2009 年版。

赖永海主编:《宏德学刊》(第一辑《段玉裁与清代学术国际研讨会论文专辑》),江苏人民出版社 2010 年版。

赖永海主编:《宏德学刊》(第五辑,段玉裁诞辰 280 周年纪念暨段学、清学国际研讨会论文集),江苏人民出版社 2016 年版。

三、相关资料

[美]艾尔曼著、赵刚译《从理学到朴学——中华帝国晚期思想与社会变化面面观》,江苏人民出版社 1995 年版。

卞孝萱、徐雁平:《书院与文化传承》,中华书局 2008 年版。

[清]陈奂:《师友渊源记》,光绪十二年《函雅堂丛书》本。

陈居渊:《焦循 阮元评传》,南京大学出版社 2006 年版。

陈居渊:《汉学更新运动研究——清代学术新论》,凤凰出版社 2013 年版。

[清]陈寿祺:《左海文集》,《续修四库全书》第 1496 册影印清刻本。

陈祖武,朱彤窗:《乾嘉学术编年》,河北人民出版社 2005 年版。

陈祖武等:《乾嘉学派研究》,河北人民出版社 2005 年版。

[清]程瑶田撰,陈冠明等校点:《程瑶田全集》,黄山书社 2008 年版。

[清]戴震:《戴震文集》(附段玉裁《戴东原先生年谱》),上海古籍出版社 1980 年版。

[清]戴震撰,张岱年主编:《戴震全书》,黄山书社 1994—1997

年版。

邓洪波:《中国书院史》,东方出版中心 2004 年版。

方向东:《孙诒让训诂研究》,中华书局 2007 年版。

冯煦等纂:《金坛县志》,商务印书馆 1926 年版。

[清]福格撰,汪北平点校:《清代史料笔记丛刊》本《听雨谈丛》,中华书局 2007 年版。

葛兆光:《中国思想史》,复旦大学出版社 2005 年版。

[清]顾广圻:《思适斋集》,《续修四库全书》第 1491 册影印清道光二十九年徐渭仁刻本。

[清]顾广圻:《思适斋书跋》,上海古籍出版社 2007 年版。

顾廷龙:《顾廷龙文集》,北京图书馆出版社、上海科学技术出版社 2002 年版。

[清]顾炎武撰,严佐之等点校:《顾炎武全集》,上海古籍出版社 2011 年版。

[清]桂文灿:《经学博采录》,广西师范大学出版社 2011 年版。

郭在贻:《郭在贻文集》,中华书局 2002 年版。

黄爱平:《18 世纪的中国与世界:思想文化卷》,辽海出版社 1999 年版。

黄文相:《王西庄先生年谱》,王云五《新编中国名人年谱集成》第 20 辑影印本。

何九盈:《中国古代语言学史》,广东教育出版社 2000 年版。

洪诚:《训诂学》,江苏古籍出版社 1984 年版。

胡适:《胡适全集》,安徽教育出版社 2003 年版。

胡朴安:《中国文字学史》,商务印书馆 1998 年版。

胡奇光:《中国文祸史》,上海人民出版社 1993 年版。

华学诚:《周秦汉晋方言研究史》,上海人民出版社 2014 年版。

[清]江声:《尚书集注音疏》,《续修四库全书》第 44 册影印清乾隆十八年近市居刻本。

姜广辉主编:《中国经学思想史》第四卷,中国社会科学出版社 2010 年版。

[清]纪昀等:《四库全书总目》,中华书局1965年版。

纪玲妹:《清代毗陵诗派研究》,凤凰出版社2009年版。

[清]梁玉绳撰,贺次君整理:《史记志疑》,中华书局1981年版。

[清]李斗:《扬州画舫录》,中华书局2001年版。

李开:《戴震语文学研究》,江苏古籍出版社1998年版。

李开:《戴震评传》,南京大学出版社2004年版。

李审言:《李审言文集》,江苏古籍出版社1989年版。

连山等修,李友梁等纂:《巫山县志》,巴蜀书社1992年版。

梁启超:《中国近三百年学术史》,复旦大学出版社1985年版。

刘墨:《乾嘉学术十论》,生活·读书·新知三联书店2006年版。

刘建臻:《清代扬州学派经学研究》,江苏人民出版社2004年版。

柳向春:《陈奂交游研究》,华东师范大学出版社2010年版。

[清]凌廷堪:《校礼堂文集》,《续修四库全书》第1480册影印清道光六年张其锦刻本。

罗炳良:《清代乾嘉历史考证学研究》,北京图书馆出版社2007年版。

路新生:《中国近三百年疑古思潮研究》,上海人民出版社2001年版。

[清]卢文弨著,王文锦点校:《抱经堂文集》,中华书局2006年版。

鲁国尧:《鲁国尧语言学论文集》,江苏教育出版社2003年版。

鲁国尧:《鲁国尧语言学文集——衰年变法丛稿》,上海古籍出版社2013年版。

马景仑、薛正兴主编:《朴学之路——徐复教授90寿辰学术讨论会论文集》,江苏教育出版社2003年版。

马景仑:《段注训诂研究》,江苏教育出版社1997年版。

马景仑:《马景仑学术纪念文集》,广陵书社2015年版。

马文大,陈坚:《清代经学图鉴》,国际文化出版公司1998年版。

梅光迪:《梅光迪文录》,辽宁教育出版社2001年版。

彭林主编:《清代学术讲论》,广西师范大学出版社2005年版。

漆永祥:《乾嘉考据学研究》,中国社会科学出版社1998年版。

漆永祥:《汉学师承记笺释》,上海古籍出版社 2013 年版。

钱穆:《中国学术思想史论》,安徽教育出版社 2004 年版。

钱穆:《国学概论》,商务印书馆 1997 年版。

钱璱之主编:《江苏艺文志·常州卷》,江苏人民出版社 1994 年版。

钱玄:《校勘学》,江苏古籍出版社 1988 年版。

钱宗武:《〈尚书〉诠释研究》,社会科学文献出版社 2017 年版。

钱宗武:《〈尚书〉传承研究》,湖南人民出版社 2017 年版。

[清]阮元校刻:《十三经注疏》,中华书局 1980 年影印本。

上海图书馆编:《中国家谱总目》,上海古籍出版社 2008 年版。

[日]山本悌二郎,纪成虎一:《宋元明清书画名贤详传》东京:筑地活版制造所,日本昭和 2 年(1927)铅印本。

孙钦善:《中国古文献学史》,中华书局 1994 年版。

孙钦善:《清代考据学》,中华书局 2018 年版。

孙洵:《清代乾嘉学派与书法》,天津人民美术出版社 2005 年版。

苏惇元:《方望溪先生年谱》,《北京图书馆珍藏本年谱丛编》第 89 册影印本。

申屠炉明:《常州学派研究》,江苏人民出版社 2012 年版。

田汉云:《中国近代经学史》,三秦出版社 1996 年版。

田汉云:《清代扬州学派研究论文集》,凤凰出版社 2016 年版。

万久富:《文史语言研究丛稿》,中国社会科学出版社 2013 年版。

王记录:《中国史学思想通史》(清代卷),吴怀祺主编,黄山书社 2002 年版。

王俊义:《清代学术探研录》,中国社会科学出版社 2002 年版。

王力:《中国语言学史》,复旦大学出版社 2007 年版。

[清]王念孙、王引之等:《高邮王氏遗书》,江苏古籍出版社 2000 年版。

王利:《王鸣盛〈尚书后案〉研究》,台北市万卷楼 2020 年 10 月出版。

王云路:《词汇训诂论稿》,北京语言文化大学出版社 2002 年版。

王章涛:《王念孙王引之年谱》,广陵书社 2006 年版。

王钟翰点校:《清史列传》,中华书局 1987 年版。

[清]汪喜孙:《容甫先生年谱》,《北京图书馆藏珍本年谱丛刊》第111 册影印民国十四年上海中国书店影印《江都汪氏丛书》本。

汪启明:《考据学论稿》,巴蜀书社 2009 年版。

汪学群:《清代学问的门径》,中华书局 2009 年版。

吴根友、孙邦金等:《戴震乾嘉学术与中国文化》,福建教育出版社2015 年版。

吴金华:《古文献研究丛稿》,江苏教育出版社 1995 年版。

[清]吴修:《昭代名人尺牍小传》卷二十三,清光绪刻本。

吴雁南、秦学颀、李禹阶主编:《中国经学史》,福建人民出版社 2005年版。

薛正兴:《王念孙王引之评传》,南京大学 2008 年版。

薛正兴:《薛正兴文存》,凤凰出版社 2011 年版。

徐复:《后读书杂志》,上海古籍出版社 1996 年版。

徐复:《訄书详注》,上海古籍出版社 2001 年版。

徐复、宋文民:《说文五百四十部首正解》,江苏古籍出版社 2003年版。

[清]姚鼐:《惜抱轩全集》,中国书店 1991 年版。

杨峰、张伟:《清代经学学术编年》,凤凰出版社 2015 年版。

杨旭辉:《清代经学与文学——以常州文人群体为典范的研究》,凤凰出版社 2006 年版。

杨永生主编:《2017 年全国戴震学术研讨会论文集》,安徽人民出版社 2019 年版。

[清]阎若璩:《尚书古文疏证》,影印文渊阁《四库本书》本第 66 册。

俞樟华、毛策、姚成荣撰:《中国学术编年·清代卷》,华东师范大学出版社 2013 年版。

虞万里:《榆枋斋学术论集》,江苏古籍出版社 2001 年版。

虞万里:《榆枋斋学林》,华东师范大学出版社 2012 年版。

叶景葵:《叶景葵杂著·卷盦札记》,上海古籍出版社 1986 年版

[清]臧庸:《拜经堂文集》,《续修四库全书》第 1491 册影印民国十

九年宗氏石印本。

张民权:《清代前期古音学研究》,北京广播学院出版社 2002 年版。

张其昀:《"说文学"源流考略》,贵州人民出版社 1998 年版。

赵尔巽等:《清史稿》,中华书局 1977 年版。

赵昌智、田汉云主编,张连生、秦跃宇点校:《宝应刘氏集》,广陵书社 2006 年版。

赵航:《赵航学术文集》,江苏人民出版社 2016 年版。

赵航:《扬州学派概论》,广陵书社 2003 年版。

赵所生、薛正兴主编:《中国历代书院志》,江苏教育出版社 1995 年版。

赵生群:《〈春秋〉经传研究》,上海古籍出版社 2000 年版。

郑晓霞、吴平标点:《扬州学派年谱合刊》,广陵书社 2008 年版。

支伟成:《清代朴学大师列传》,岳麓书社 1986 年版。

周勋初:《周勋初文集》,江苏古籍出版社 2000 年版。

周予同:《中国经学史讲义》,上海文艺出版社 1999 年版。

周祖谟:《文字音韵训诂论集》,北京大学出版社 2000 版。

朱维铮:《求索真文明:晚清学术史论》,上海古籍出版社 1997 年版。

[宋]朱熹注、王华宝整理:《四书集注》,凤凰出版社 2016 年版。

[清]朱云骏:《画庄类稿》十五卷,乾隆五十年刻本。

四、部分研究论文

班吉庆:《良师益友 业精于勤:赵航先生逝世周年祭》,江苏省语言学会主编《语言研究集刊》第八辑,江苏教育出版社 2015 年版。

蔡锦芳:《钱载与戴震交恶之缘起》,《上海大学学报(社会科学版)》2006 年第 1 期。

陈东辉:《阮元与段玉裁之恩怨探析》,《浙江大学学报》(人文社会科学版)2005 年第 3 期。

陈国安:《段玉裁诗经学论略》,《福州大学学报》(哲学社会科学版)2009 年第 4 期。

陈绍棠:《段玉裁先生著述系年》,《新亚书院学术年刊》第七期,1965年。

陈鸿森:《〈段玉裁年谱〉订补》,《历史语言研究所集刊》第六十本第三分,1989年9月。

陈鸿森:《段玉裁〈说文注〉成书的另一侧面——段氏学术的光与影》,刘梦溪主编《中国文化》第四十一期(2015年5月)。

樊宁:《段玉裁与〈春秋左传注疏校勘记〉修纂关系考述》,虞万里主编《经学文献研究集刊》第22辑,上海书店出版社2019年版。

何九盈:《乾嘉时代的语言学》,《北京大学学报(哲学社会科学版)》1984年第1期。

胡奇光:《试论段玉裁语言学思想的特点》,《复旦学报》(社会科学版)1981年第1期。

蒋文野:《金坛望族 经学世家——关于段玉裁家世的考索》,《镇江师专学报》(社会科学版)1985年第4期。

李开:《丰硕的成果——段玉裁诞辰280周年纪念暨段学、清学国际学术研讨会学术成果述要》,《宏德学刊》第五辑,江苏人民出版社2016年版。

李建国:《段玉裁的经学进路》,《宏德学刊》第五辑,江苏人民出版社2016年版。

林庆勋:《段玉裁之生平及其学术成就》,中国文化大学中研所1979年博士论文。

鲁国尧:《新知:语言学思想家段玉裁及〈六书音均表〉书谱》,《汉语学报》2015年第4期。

鲁国尧:《"前修未密,后出转精"——王华宝教授〈段玉裁年谱长编〉序》,《常熟理工学院学报》2017年第6期。

马树杉:《〈段玉裁先生年谱〉补正》,《山西师大学报(社会科学版)》1984年第4期。

毛远明:《段玉裁〈古文尚书撰异〉的文献价值》,《文献》2000年第2期。

潘定武:《段玉裁〈戴东原先生年谱〉补苴三则》,《宏德学刊》第五

主要参考文献

345

辑,江苏人民出版社 2016 年版。

王华宝:《段玉裁著述及其版本考略》,《宏德学刊》第一辑,江苏人民出版社 2010 年版。

王华宝:《论段玉裁校勘学之特色》,《东南大学学报》2014 年第 3 期。

王华宝:《"戴段二王"的学术特色》,《光明日报》2019 年 10 月 7 日第 7 版。

王华宝:《段玉裁书法的独特性与研究价值》,《中国艺术报》2021 年 12 月 29 日"学苑"版。

王洪军:《段驯龚自璋抄本诗集考》,《文献》1998 年第 2 期。

吴根友:《段玉裁的"求是"精神与其语言哲学思想》,《华东师范大学学报》(哲学社会科学版)2009 年第 2 期。

翁玉强:《段玉裁〈与刘端临书〉考注》,虞万里主编《经学文献研究集刊》第十五辑,上海书店出版社 2016 年版。

杨应芹:《御用之作与独立研究的终极成果——戴震两种不同版本的〈水经注〉》,《文史哲》2014 年第 2 期。

叶鹏飞:《停拔秀雅 一丝不苟——段玉裁行书〈论书札〉》,《青少年书法》2002 年第 8 期。

虞万里:《段玉裁〈诗经小学〉研究》,《辞书研究》1985 年第 5 期。

张和生、朱小健:《〈说文解字读〉考》,《北京师范大学学报》(社会科学版)1987 年第 5 期。

张寿安:《从"六经"到"二十一经"——十九世纪经学的知识扩张与典范转移》,《学海》2011 年第 1 期。

赵宣、赵航:《段玉裁著〈经韵楼集〉研究》,《图书情报工作》2011 年 13 期。

之远、章增安:《刘盼遂先生学术年谱简编》,《华北水利水电学院学报:社会科学版》2011 年第 6 期。

后　记

　　在江苏省社科院江苏文脉研究院副院长姜建先生的不断勉励和亲切关怀下,《段玉裁传》终于在推迟一年多时间后成稿,参考几位专家的审阅意见,又经过近3个月的修改,终于进入出版环节。为做到交稿要求的齐清定,着手补齐"后记",略述成稿经过与感怀如下。

　　以段玉裁与乾嘉学派成果为学习与研究对象,在个人而言,虽然早在30多年前大学读书期间受老师影响已有所明确,但是要做专业研究、出学术成果,则非常困难。除了学术大师成果本身艰深难懂、涉及面广,如段玉裁《说文解字注》《古文尚书撰异》真不好读,此外涉及到的相关前期成果非常丰富,也难评价。而由于各种机缘,数十年来,段王之学始终是我学习、工作和生活中的一个重中之重。这在《段玉裁年谱长编·后记》中已作说明,不再重复。

　　2012年10月,开始了古籍专业编辑向高校教师的人生转型,从研究角度说,似乎标志着由业余向专业的转变。高校教师,既要站稳三尺讲台,还要做好科学研究,服务社会。而进入东南大学近十年,我最耗精力的对象非段老夫子莫属。2010年商议筹办2015年的段玉裁诞辰280周年纪念活动,当时提出编撰《段玉裁全书》与《段玉裁年谱长编》。此时所议,我的重点是协助南京大学赖永海先生、在编委会的指导帮助下,做好《段玉裁全书》编撰工作,由南京晓庄学院赵航先生撰写《段玉裁年谱长编》。在20多位先生的共同努力下,克服各种困难,2015年《全书》按时保质成书,得到学术界的好评,详见《宏德学刊》第五辑《段玉裁诞辰280周年纪念暨段学、清学国际学术研讨会论文集》与相关报导,此不赘述。而《年谱长编》因赵先生的身体原因,由商议的二人合作,最终由我独自来做,这让我焦虑、煎熬、苦苦坚持了四年,直到2016年下半年才算"解脱"。初到高校,在考核机制下,需要有相关课题、论著与获奖等支撑;而我耗费四年主要精力的成果,并无学校认可的相关名目,自然会受到一些影响,而这些只能自我消化。好在有众多师友的关心和指导帮助,在学术之路上,本人无论做编辑、当教师都是痛并快乐着,从来不回避、不退缩。

江苏开展文脉整理与研究工程,出版《江苏文库》,有幸忝列编委之列,其中有江苏历代文化名人传,负责此事的姜建先生是我尊敬的学者,姜夫人还是我大学时代的老师,2017年姜先生认为我理当承担《段玉裁传》,我只能认为义不容辞,决无二话,但内心还要惦记着回归《史记》整理研究,完成相关的科研课题。两方面的工作交替进行,有做段氏《全书》与《年谱长编》的基础,《段玉裁传》的初稿一年多就基本成型,但始终过不了自己的关。在姜老师的督促下,2020年暑假与寒假,投入全部精力通读审改。基于对段玉裁的人生历程、全部著述、前贤及时人研究等的了解与研读感受,特别是对董莲池、赵航两位先生《段玉裁评传》的尊重,依据"文化名人传"的撰写体例,重新确立本传呈现传主学术精神成长的内在逻辑与完整过程、结合历史语境展示段氏的学术特色与个性风采、适度观照乾嘉学派精神风貌的修改思路,同时考虑"言之无文,行而不远",力求成为基于史料而有可读性的传记读本,讲好段玉裁的故事,讲好中国学术故事。因此,对书稿进行较大幅度的调整,耐心研磨,这就让答应交稿的时间一变再变,两年完成变为四年成稿。这也给姜先生造成一些被动,深为抱歉!

江苏文脉研究院组织多轮书稿评审,评审专家有着深邃的认知,有所勉励,也提出宝贵的修改建议。前辈学者、南京大学李开教授,曾撰《戴震评传》、指导《段玉裁全书》编撰,在评审意见中写到:"段玉裁的一生主要是学者的一生,学术的一生,甚至可以说学术是他生命的全部,为学者、学术作传,并非要以学术为对象物作重新研究,并非要重新作逻辑的过滤,并非要重新去揭橥学术本体内部的机关,重新打开其学术缄默,而是要照着讲,创新性地讲好相关的学术故事。""该书的现实价值,是通过其学术文化价值体现的,传统文化研究的现实价值的伟钜,于段玉裁研究是独占鳌头的。当代学者应立于潮头,宏扬传统,走进现实,创新思想,以历史担当谱写时代新论,建构新话语权系统。《段玉裁传》的内容,气派,精神,正与此息息相关,脉脉相契。""综上所述,《段玉裁传》全书历史资料极富,引据详审,作为传述体构境的故事性极强,叙事显豁,是传统立说和现代历史科学研究法的结合。全书思路清晰,娓娓道来,学术本体彰显于'照着讲'的立论和展叙之中,学术性与可读性并臻。全书贯彻江苏文脉文化工程的时代精神和学术要求,秉旨铭心,教化普育,化段氏高精尖学术文化为当代谱系,实属难能可贵之器识成事。"国家社科项目《戴震年谱长编》主持人、黄山学院潘定武教授认为:"该成果建立在丰富的文献和对文献阅读、考辨的基础上。著者文献基础厚实,视野宽阔,文献征引与解读总体准确度高。著者文献与文学功底均好,全书结构合理、行文晓畅,整体规范性高,可读性强。"两位先生仔细审核全稿,对观点可商、鲁鱼豕亥、格式规范等提出详细的意见和建议,匡补不足,惠我良多。两位教授对学术文化认真负责的精神,铭感在心,还有研究编主编樊和平教授以及不知道姓名的评审专家,谨此一并致谢!

写作《段玉裁传》的四年中,与段玉裁研究相关的活动还有一些。如2017年中国训诂学研究会理事会提交论文《论段玉裁学术文化的独特性》,刊发于《江苏社会科学》2017年第6期。应香港中文大学中文系张锦少先生之邀,赴港参加"清代乾嘉学术与科学思想研讨会",部分论文以《"戴段二王"的学术特色》为题,发表于《光明日报》2019年10月7日"国学"版。2020年10月28日至31日,在无锡参加由光明日报社、中共江苏省委宣传部、中共无锡市委共同主办的"第二届江南文脉论坛",提交论文"段玉裁学术交流与江南学术圈研究"。承蒙常州市同仁的厚爱,聘请担任常州社会科学院盐文化研究中心特聘研究员,与段玉裁的家乡,与江苏宏德出版文化基金会的同仁,还保持着精神上的互动。承蒙常州市金坛区政协的钱争艳书记,用她摄影家专业水平,提供多幅段玉裁纪念馆等照片。友生孙博涵博士帮助校对文稿,匡补不逮。谨此向有关专家、编辑老师和各位同仁致以衷心的感谢!

李开先生认为,"段玉裁是一个永远说不完的中国学术故事",本传只是个人在当代的一种叙事,浅陋与误解恐所难免,敬祈方家批评指正,也期待大家将中国学术故事不断讲下去,永远说不完,永远说下去。普世遭受影响的疫情,虽未过去,而信念还在,生活有爱,终将春暖花开!

王华宝

2021 年 7 月 23 日

于南京龙江友于书斋